Fritz Hofmann · Egon Erwin Kisch

NEUES LEBEN

Egon Erwin Kisch

Der rasende Reporter
Biografie
von Fritz Hofmann

Verlag Neues Leben Berlin

ISBN 3-355-00361-1

 · Lizenz Nr. 303 (305/14/88) · LSV 7001 · Gesamtgestaltung: Gerhard Christian Schulz · Schrift: 10p Timeless · Gesamtherstellung: INTERDRUCK Graphischer Großbetrieb Leipzig, Betrieb der ausgezeichneten Qualitätsarbeit, III/18/97 · Bestell-Nr. 644 223 4 · 01820

Vorspruch

»Über fremde Wege wölbt sich der eigene, und manchmal kommt einer vom verklärten Urwald her: aus dem Lande Vergangenheit.

Stehend auf unserem Viadukt, schauen wir auf die fremde Straße hinunter, stemmen unsere Gedanken gegen die Strömung, wollen zu den Quellen.

Zu den Quellen im verschwundenen Land.«

Den Weg zu den Quellen können wir nur gemeinsam mit dem Autor gehen. Die ferne Straße bleibt uns fremd ohne seine Zuwendung.

Egon Erwin Kisch hat die Geschichte seines Lebens immer wieder nachgezeichnet und aufgelöst in eine Folge von Geschichten und Anekdoten. Seine Bücher, seine Reportagen, Aufsätze, Feuilletons, Referate und Kritiken geben Auskunft über alle wichtigen Stationen seiner Entwicklung. Das Abenteuer seiner Existenz ist eingegangen in die Abenteuer seiner Bücher.

Noch scheint es kaum möglich, diesen Lebensweg detailliert beschreiben zu können. Vieles bleibt noch zu recherchieren und aufzuhellen. Aus der Fülle der Fakten und Stationen lassen sich nur einige wesentliche herausstellen und verfolgen.

Über Egon Erwin Kisch laufen viele Legenden um; nicht selten stammen sie von ihm selbst. Als junger Journalist und Schriftsteller, als Belieferer des kapitalistischen Buchmarktes arbeitete Kisch mit Geschick und Leidenschaft an seinem Image, am Bild des Bohemiens und Abenteurers, des erfolgreichen Detektivs und Kriminalisten, des »rasenden Reporters«. Später fiel es ihm oft nicht leicht, dadurch entstandene Vorurteile aus dem Wege zu räumen, Fehlinterpretationen abzuwehren.

Es sei schwierig, meint Kisch, zu einem Publizisten Stellung zu nehmen, der selbst immer Stellung nimmt, über jemanden zu sprechen, der selbst immer spricht. Mit seinem Werk suggeriert uns der Verfasser ein Bild seiner selbst. Erinnerungen an Kisch – das sind oft nur von ihm erzählte Anekdoten.

Der Autor ist in seinen Werken immer gegenwärtig, als Rechercheur, als Interviewer, als Erzähler, als Inszenator seiner selbst. Mit seinen Reportagen und Geschichten hat er sich eine Biographie geschrieben, »mit der sich so bald keine andere vergleichen läßt«, wie Louis Fürnberg sagt. Werk und Persönlichkeit sind bei Egon Erwin Kisch wie bei kaum einem anderen Schriftsteller zu einer Einheit verschmolzen.

Da der Berichterstatter auf dem Wahrheitsgehalt seiner Rapporte besteht, ist die Verlockung groß, ihn beim Wort zu nehmen. Emil Utitz hat den »rasenden Reporter« seinen »eigenen besten Biographen« genannt, und Nico Rost meint, daß nur einer imstande sei, kongenial über den großen Künstler und Menschen Egon Erwin Kisch zu schreiben: er selbst.

Der Sachwalter des Authentischen fordert dazu auf, sich an die Zeugnisse zu halten, die er für uns hinterlassen hat. Eine Kisch-Biographie wird über weite Strecken ein Geschichtenbuch bleiben, vom Helden der Erzählung souffliert. Das Bild, das der Schreiber von sich selbst entwirft, muß jede kritische Bemühung um seine Persönlichkeit beeinflussen.

Über ganze Abschnitte dieser unruhigen, wechselvollen Existenz liegen nur spärliche Angaben vor. Wahrscheinlich wird es niemals möglich sein, Kischs unzählige Reisen und »Entdeckungsfahrten« auch nur annähernd zu rekonstruieren. Meist erhalten wir Aufschluß nur über das Werk, Spiegel und Zeugnis eines rastlosen Journalistenlebens.

Nicht immer läßt sich Kisch in die Karten sehen, mitunter verwischt er Spuren, führt er uns an der Nase herum. Hier und da vielleicht mögen sich Sachverhalte aufklären, Vorspiegelungen denunzieren, Legenden zerstören lassen. Am Ende aber kann eine solche biographische Darstellung immer nur als Versuch betrachtet werden, sich einem Schriftsteller anzunähern, zu einem literarischen Werk hinzuführen.

1.
Eine Kindheit in Prag

Dieser Mittwoch Ende April 1885 ist ein ungewöhnlich warmer Frühlingstag. Schon am Vormittag steigt das Thermometer in Prag auf über zwanzig, am Nachmittag auf fast siebenundzwanzig Grad. Die Sonne scheint von einem »fast heiteren« Himmel, und in den Gärten rings um die Stadt blühen die Pfirsich- und Aprikosenbäume. Im Restaurant auf dem Belvedere findet am Nachmittag ein »großes Militär-Concert« statt, und im Deutschen Landestheater spielt man am Abend »Die bezähmte Widerständige. Lustspiel in 5 Acten von Shakespeare«.

Die Zeitungen berichten, daß »Se. Maj. der Kaiser Montag, den 4. Mai d. J., um 11 Uhr vormittags in Budapest Audienzen ertheilen« wird, und sie spekulieren darüber, ob die Spannungen zwischen Großbritannien und Rußland wegen der Krise um Afghanistan zum Abbruch der diplomatischen Beziehungen oder gar zum Kriege führen werden. Deutschland nimmt bei diesem Konflikt offenbar eine neutrale Haltung ein, denn das deutschsprachige Tageblatt »Bohemia« meldet aus Berlin: »Kaiser Wilhelm machte gestern nachmittag auf der hiesigen englischen Botschaft einen längeren Besuch. Da es nicht an findigen Leuten fehlen dürfte, die diese Thatsache zu einem politischen Ereigniß stempeln und daran bedeutsame Combinationen knüpfen, so sei vorweg bemerkt, daß es sich dabei lediglich um einen Höflichkeitsact handelte ...« Kein Wunder, daß die Vorbörse in Wien »mit Rücksicht auf die vorliegenden politischen Meldungen« eine »lustlose« Haltung zeigt.

An einem solchen relativ friedsamen und sonnigen Tage wird in der Prager Melantrichgasse ein Knabe geboren. Der Betroffene, in späteren Jahren von Berufs wegen zu exakter Auskunft verpflichtet, wird es sich nicht versagen, auch über seinen Lebenseintritt Nachforschungen anzustellen. Er befragt den maßgebenden Zeugen, die Mutter, und legt an geeigneter Stelle ein »uneröffnetes Dokument« vor:

»Solche Erlebnisse vergißt eine Mutter nicht – wie wenn es heute wäre, ist mir alles vor Augen. Du bist mir, lieber Egon ..., an einem Mittwochnachmittag geboren, um vier Uhr, bei herrlichem Frühlingswetter. Eine Stunde vorher hatte ich noch mit Onkel Semi aus dem Fenster auf die Straße hinuntergesprochen, als er um vier Uhr im Geschäft die Nachricht bekam, daß du angekommen bist, sagte er: ›Unmöglich, ich hab doch die Ernestine jetzt gesprochen!‹ Und die Hebamme, eine Frau Rosenthal, sagte mir, du hättest ein Grübchen im Nabel, du wirst ein Herzganeff sein.«

Als Sohn des Tuchhändlers Hermann Kisch, Sohn des Jonas Kisch und der Marie Kisch, geborene Österreicher, und der Ernestine Kisch, Tochter des Zacharias Kuh und der Marie Kuh, geborene Fischl, erblickt Egon Kisch am 29. April 1885 in der Prager Altstadt das Licht der Welt. In der jüdischen Matrikel ist der Neugeborene unter der Konskriptionsnummer 475 verzeichnet. Die Beschneidung erfolgt am 6. Mai 1885.

Mit seinem Bruder Samuel betreibt Hermann Kisch das Tuch- und Wollwarengeschäft »S. Kisch & Bruder«, das sich im Erdgeschoß des Hauses »Zu den zwei goldenen Bären« in der Melantrichgasse unweit des Altstädter Rathauses befindet. Der Verkaufsraum ist langgestreckt und schmal, durch den Ladentisch längsseits halbiert. An den Wänden liegen die Tuchballen gestapelt, schwarze, dunkelbraune, dunkelblaue, dunkelgraue Stoffe. Aus der Provinz kommen die Schneider nach Prag, um sich mit Tuch einzudecken.

Hermann Kisch gilt als ruhiger, seßhafter Mann. Er rühmt sich, von Jugend an im gleichen Bett geschlafen zu haben. Als bedeutendste Ereignisse in seinem Leben gelten der Prager Juniaufstand von 1848 und der Krieg zwischen Preußen und Österreich im Jahre 1866.

Als er 1882 die zwanzigjährige Ernestine Kuh heiratet, steht er im dreiundvierzigsten Lebensjahr. Seine erste Frau ist 1880 zweiundzwanzigjährig gestorben. Aus der zweiten Ehe gehen fünf Söhne hervor: Paul wird 1883 geboren, Egon 1885, Wolfgang 1887, Arnold 1890 und Friedrich 1894.

Die Führung des Geschäfts überläßt Hermann Kisch gern dem Bruder. Er liebt Bücher und Literatur, besitzt eine reichhaltige Bi-

Hermann und Ernestine Kisch

bliothek. Roda Roda gehört zu seinen Lieblingsautoren. Journalisten und Schriftsteller, wie Josef Willomitzer, Chefredakteur, und Alfred Klaar, Literatur- und Theaterkritiker der »Bohemia«, gehen in seinem Hause ein und aus. Der Verein deutscher Schriftsteller und Künstler in Prag, »Concordia«, zählt ihn zu seinen Gründungsmitgliedern und Förderern. Hin und wieder schreibt er selbst Gedichte und trägt sie im Freundeskreise vor.

Der Vater vermittelt den Kindern das Bewußtsein, auf vielfältige Weise mit der deutschen Kulturtradition verbunden zu sein. Er ist ein leidenschaftlicher Leser der Schriften von Moses Mendelssohn. Nicht ohne Stolz weist er auf dessen Freundschaft mit dem Dichter Ephraim Moses Kuh und dem Arzt Dr. Abraham Kisch hin. Beide gehören zu den Vorfahren Egon Erwin Kischs. Durch eine Großtante gibt es Beziehungen zu Goethe und Heine. Von anderen Verwandten aus führen Wege zu Richard Wagner und Franz Liszt.

Der Junge wächst auf in einer »erbeingesessenen Familie«, in der die jüdische Tradition noch lebendig ist. Überall in der Prager Altstadt stößt man auf Spuren und Zeugnisse jüdischer Kultur. Die überlieferten Bücher und Bräuche üben eine starke Anziehungskraft aus. Von den Vätern und ihrer Beschäftigung mit der jüdischen Vergangenheit überträgt sich der Sinn für Geschichte und Tradition. Obwohl von Haus aus der deutschen Sprache und Kultur zugehörig, wird Kisch, im Gegensatz etwa zu Karl Kraus oder Hugo von Hofmannsthal, seine jüdische Herkunft niemals verleugnen. Vor allem nach den Erfahrungen mit dem Hitlerfaschismus wendet er sich stärker denn je der figuren- und legendenreichen Historie des jüdischen Volkes zu.

Während des ersten Weltkrieges, als Etappenoffizier in der ungarischen Provinzstadt Gyula und im Wiener Pressequartier, vergräbt sich Kisch in die Geschichte der Familie und ist überrascht von der »Noblesse des Geschlechtes, daß es sich so lange eben seiner selbst bewußt ist, daß es sich durch Jahrhunderte die Erinnerung an seinen Stamm lebendig erhält«. Der den Spuren seiner Voreltern nachgehende Reporter findet in der zwölfbändigen »Jewish Encyclopedia« einen eigenen Artikel über die Familie Kisch. Es handele sich, liest er dort, um eine angesehene Familie, die im sechzehnten Jahrhundert aus Chiesch, einer kleinen Gemeinde in der Nähe von Eger, ausgewandert sei.

Portal des Hauses »Zu den zwei goldenen Bären«

Großmutter Kisch

Die Kischs sind mehrere Generationen hindurch im Besitz der privilegierten Juden-Apotheke in der Prager Altstadt. Im achtzehnten Jahrhundert werden die Apotheker von Ärzten abgelöst. Abraham Kisch, der Freund des Berliner Aufklärers Mendelssohn, ist Apothekersohn und gilt als erster Mediziner der Familie.

Viele Kischs machen sich als Ärzte einen Namen. Einer von ihnen, Professor Heinrich Enoch Kisch, amtiert als Kurarzt in Marienbad. Seine 1914 veröffentlichten Erinnerungen unter dem Titel »Erlebtes und Erstrebtes« bilden eine wichtige Quelle für die Familiengeschichte der Kischs.

Das Haus »Zu den zwei goldenen Bären« befindet sich seit 1866 im Besitz der Familie. Großvater Jonas Enoch Kisch hat es für etwa hunderttausend Gulden von einem aus Italien stammenden Prager Bürger erworben. Das geschichts- und geschichtenträchtige Haus gehört zu den ältesten Gebäuden der Prager Altstadt. Im vierzehnten

Jahrhundert, zur Zeit Kaiser Karls IV., wurde es erbaut und zeigt Spuren verschiedener Stilepochen. Im Erdgeschoß sind noch Reste eines ehemals gotischen Baues zu erkennen. Das prächtige Renaissanceportal mit dem Hauszeichen der zwei goldenen Bären stammt aus dem sechzehnten Jahrhundert.

Einst soll hier ein Kloster gestanden haben. Die Keller reichen drei Stockwerk tief unter das Straßenniveau, und ihre romanischen Wölbungen weisen zurück in die Uranfänge der städtischen Siedlung. Man erzählt von unterirdischen Gängen, die zum Rathaus und zur Teinkirche führen sollen.

Zu den ältesten Eigentümern des Hauses gehört ein Georg Brunhauser, der im vierzehnten Jahrhundert lebte – seinen Familiennamen benutzt Kisch später gern als Pseudonym. Anfang des fünfzehnten Jahrhunderts wird das Gebäude von einem Brauereibesitzer bewohnt, und Mitte des sechzehnten Jahrhunderts geht das Bärenhaus mit anliegender Brauerei an Johann Nastojte über, dessen Sohn sich als Bürgermeister der Prager Altstadt einen Namen macht. Auch ein Buchdrucker treibt hier sein Geschäft, Jan Kosořský; er druckt das größte tschechische Buch jener Zeit, eine Übersetzung der »Cosmographia universalis« von Sebastian Münster.

Ein Haus mit solch »unerhörtem Lebensschicksal« beschäftigt die Phantasie des Heranwachsenden. Im untersten Keller, so wird geflüstert, liegen Leichen Ermordeter verscharrt. Des Nachts wandeln die Geister längst Verstorbener im Hause umher.

Die krummen Gassen, die altersgrauen Gebäude rings um das Altstädter Rathaus stecken voller Geheimnisse, die es zu enträtseln, voller Geschichten, die es zu entschlüsseln gilt. Schon früh spürt der Knabe, daß sich »in der Lokalhistorie Prags wie kaum in der einer anderen Stadt Mitteleuropas das Weltgeschehen projiziert«. Die böhmische Metropole ist der geheimnisvolle Bezugspunkt, von dem aus viele Wege in die Welt hinausführen, denen man nur zu folgen braucht, um beispiellose Abenteuer zu erleben.

Er sei, sagt Kisch, bis zu seinem zehnten Lebensjahr in Klöstern erzogen worden. Anfangs besucht er eine Privatschule, die sich im Servitenkloster zu St. Michael, Melantrichgasse Nr. 17, in der Nähe des elterlichen Hauses befindet. Später geht er in die Piaristenschule in der Herrengasse, der Panská, einer Seitenstraße des Grabens.

Die Piaristenschule bereitet die Knaben auf das Gymnasium oder die Realschule vor. Schon hier sondern sich die Kinder nach ihren Elternhäusern voneinander ab. In den jüdisch-deutschen Kreisen herrscht ein ausgeprägtes Kastenwesen. Zwischen einem Konfektionär der Altstadt und einem Bankdirektor im Stadtparkviertel gibt es kaum eine Beziehung.

Bereits am ersten Tag in der neuen Schule erregt Egon Kisch peinliches Aufsehen. Er kommt zu spät zum Unterricht. Bloßgestellt, den schadenfrohen Blicken seiner künftigen Klassenkameraden ausgeliefert, rutscht ihm der Strumpf hinunter.

»Wer sich erinnert (und wer erinnert sich nicht!), wie willkommen jede noch so geringe Ablenkung vom Unterricht in einer Schulklasse ist, wer es noch weiß, welches Aufsehen der Eintritt eines Zuspätkommenden oder des Schuldieners darstellt, und wer hiezu die Sensation addiert, die die Ankunft eines Neuen verursacht, kann sich ungefähr ausmalen, wie ich, ein bisher völlig Unbekannter, der noch vor wenigen Sekunden unschlüssig und fremd auf dem menschenleeren Gang gestanden war, von Blicken gemustert, durchbohrt, seziert, vom Lachen und Lächeln zerfleischt wurde.

Schon drei Jahre, also ein Drittel ihres Lebens, saßen die Buben, die sich nach mir die Hälse ausrenkten, auf gleichen Bänken. Sie trugen alle schöne blaue Matrosenanzüge, wohnten in einem Bezirk, und die aus dem Stadtpark verhielten sich exklusiv gegen die aus der Bredauergasse, während die aus der Mariengasse die vom Heuwagsplatz verachten durften, und die, die sich in den Ferien in Heringsdorf getroffen hatten, bildeten eine geschlossene, noble Gruppe, während die Sommergäste von St. Wolfgang naturgemäß über ihre Mitschüler in Schandau die Achsel zuckten und kaum einer auf gleicher Basis mit einem verkehrt hätte, dessen Eltern für diesen Sommer bloß Salesl als Erholungsort bestimmt hatten.

Ich aber kam aus der Altstadt, so daß keiner der vielen ein Bekannter, ein Nachbarskind war, ich trug keineswegs einen Matrosenanzug, und meiner Familie Sommerséjour war Krtsch, Wschenor oder Libotz. Ich glaube, in jenem Moment, als ich die Tür des gefüllten Schulzimmers betrat, muß es mir impressionell klargeworden sein, daß all das etwas Schmähliches sei.«

Der Tuchhändlersohn Egon Kisch kommt aus einem begüterten Elternhaus. Dennoch trennt ihn nicht nur die Straße Am Graben von

Egon Erwin Kisch mit drei oder vier Jahren

den reichen jüdisch-deutschen Patrizierfamilien im Stadtparkviertel, die neben dem Adel der Kleinseite in der Prager Gesellschaft den Ton angeben. Die Mutter ist eine einfache, resolute Frau. Sie hat nicht den Ehrgeiz, zu den ersten Kreisen zu gehören. »Flonz«, wie sie das Vornehmtun anderer Leute nennt, ist ihr ein Greuel.

Verwandte, nähere und entferntere, besitzen die Kischs in Überzahl, vor allem zur mütterlichen Seite, zu den »Kuhischen« hin. Fanny Ascher, die Schwester des Vaters, wohnt mit ihrer Familie in der zweiten Etage des Hauses »Zu den zwei goldenen Bären«. Die Aschers haben ebenfalls mehrere Jungen, so daß es in den Loggien und auf dem engen Hof oft recht wild zugeht.

Die meisten der alteingesessenen jüdischen Familien in Prag sind mehr oder weniger miteinander verwandt. »In keiner Stadt der Welt ist das Begrabene lebendiger, die Verwesung anheimelnder«, schreibt Anton Kuh. »Am Familiendunst, der aus engem Gassengewirr aufsteigt, hat die Chronik soviel Anteil wie die Gegenwart. Zu Mittag setzt sich der tote Urahne an den Tisch.« Obwohl Anton Kuh erst mit neunzehn Jahren nach Prag kommt, spürt er noch immer die Ghettoatmosphäre. »Das Kainszeichen der Unentrinnbarkeit brennt auf deren Stirnen; sie kennen einander, ihre Urkunden, Stammbäume und Familiengeschichten und genießen wechselseitig das Nachbarsrecht, durch Wandspalt und Schlüsselloch zu sehen.«

Nur wenige hundert Meter vom Bärenhaus entfernt erstreckt sich das Gäßchengewirr der Josephstadt. Neugierig durchstreifen die Kinder den düsteren, geheimnisvollen Bezirk mit seinen niedrigen baufälligen Häusern, mit den Trödlern und Antiquaren, den dunklen Kaschemmen. Das ehemalige Ghetto, Heimstatt der Armut und der Prostitution, ist 1852 zwar offiziell aufgelöst worden, behält aber noch bis zur Jahrhundertwende seine ursprüngliche Gestalt. 1895 beginnt die Assanierung des Viertels, die sich über zwanzig Jahre erstreckt. Alle Ghettobilder, die Kisch später in der Welt sammelt, sind geprägt von den Kindheitseindrücken.

Allmählich verändert sich das Bild der Stadt. Die industrielle Entwicklung sprengt die Grenzen des alten Prag. Arbeitervorstädte mit weitgehend tschechischer Bevölkerung breiten sich aus und drängen das deutsche Element zurück. Im Jahre 1880 leben in Prag 228 000 Tschechen und 42 000 Deutsche. 1900 zählt man bereits 415 000 Einwohner mit tschechischer und nur noch 34 000 mit deutscher Umgangssprache. Der Anteil der deutschsprachigen Bevölkerung sinkt innerhalb von zwanzig Jahren um mehr als die Hälfte.

Prag entwickelt sich zum Zentrum der tschechischen Unabhängigkeitsbewegung. Wirtschaftlich und kulturell nimmt Böhmen unter den Provinzen des Vielvölkerstaates längst eine Vormachtstellung ein. Jetzt fordert die Bevölkerung des Landes auch politische Gleichstellung.

Die Deutschen in Prag aber wollen die Veränderungen nicht wahrhaben. In vieler Hinsicht privilegiert, eng mit Wien verbunden, fühlen sie sich nach wie vor als Herren des Landes. »Das deutsche Prag!« vermerkt Kisch. »Das waren fast ausschließlich Großbürger, Besitzer der Braunkohlengruben, Verwaltungsräte der Montanunter-

Die Altneusynagoge in der Prager Altstadt

nehmungen und der Skodaschen Waffenfabrik, Hopfenhändler, die zwischen Saaz und Nordamerika hin- und herfuhren, Zucker-, Textil- und Papierfabrikanten sowie Bankdirektoren; in ihrem Kreis verkehrten Professoren, höhere Offiziere und Staatsbeamte. Ein deutsches Proletariat gab es nicht. Die fünfundzwanzigtausend Deutschen, nur fünf Prozent der Bewohnerschaft Prags, besaßen zwei prunkvolle Theater, ein riesiges Konzertgebäude, zwei Hochschulen, fünf Gymnasien und vier Oberrealschulen, zwei Tageszeitungen, die morgens und abends erschienen, große Vereinsgebäude und ein reges Gesellschaftsleben.«

Die revolutionären Ereignisse von 1848 haben der tschechischen Nationalbewegung starken Auftrieb gegeben. Nach dem kaiserlichen »Diplom zur Regelung der inneren staatsrechtlichen Verhältnisse der Monarchie«, dem sogenannten Oktoberdiplom von 1860, und der Bildung tschechischer Parteien, nach der Niederlage Österreichs gegen Preußen von 1866 und dem österreichisch-ungarischen Ausgleich von 1867, der den Ungarn innerhalb des Vielvölkerstaates eine gewisse Unabhängigkeit gewährt, tragen die Tschechen ihre Souveränitätsansprüche immer selbstbewußter vor. Anfangs versucht das Bürgertum, gemeinsam mit der deutschösterreichischen Bourgeoisie politische Forderungen durchzusetzen. Diese Bemühungen scheitern, und das politische Leben radikalisiert sich von Jahr zu Jahr. Hauptstreitpunkte sind die Schulpolitik und die Sprachenverordnungen, die Entscheidung darüber, inwiefern das Tschechische dem Deutschen gegenüber als gleichberechtigte Sprache anerkannt wird.

Anfang der neunziger Jahre kommt es in Prag zu antiösterreichischen Demonstrationen, die von der Polizei auseinandergetrieben werden. Der tschechische Geheimbund »Omladina« (Jugend) bereitet eine Verschwörung vor. An den öffentlichen Gebäuden der Stadt werden Staatswappen und Doppeladler des Nachts mit Teer überstrichen oder zertrümmert. Ein buckliger Handschuhmachergehilfe, der dem Geheimbund angehört und der den Decknamen »Rigoletto von Toskana« trägt, verrät die Verschwörer und wird am Weihnachtsabend 1893 ermordet aufgefunden. Ein Jahr später findet die Verhandlung gegen die Täter statt.

Der neunjährige Egon Kisch verschlingt die detaillierten Prozeßberichte, mit denen die Zeitungen angefüllt sind. Räuber- und Mordgeschichten beschäftigen seine Phantasie. Von den Abenteuern des

Räuberhauptmanns Babinsky weiß er ebenso anschaulich zu erzählen wie von der Ermordung der Fürstin Windischgrätz in Prag 1848 oder von den Untaten des Dienstbotenmörders Hugo Schenk in den achtziger Jahren.

Wenige Jahre nach dem Mord an dem Handschuhmachergehilfen findet man im Walde bei dem Dorfe Polna die Leiche eines Mädchens. Ein jüdischer Trödler aus der Gegend namens Leopold Hilsner wird verhaftet und des Ritualmordes angeklagt. Der Fall Hilsner beschäftigt wochenlang die Presse und entfacht eine Pogromhetze.

Die Juden in Prag machen etwa drei Viertel der deutschsprachigen Einwohner aus. Durch Sprache und Tradition den Deutschen verbunden, sehen sie sich in eine Front gestellt gegen die Tschechen. Aber sowohl von deutscher als auch von tschechischer Seite müssen sie sich gegen antisemitische Angriffe zur Wehr setzen.

Der Knabe Kisch fühlt sich verpflichtet, öffentlich Stellung zu nehmen. Unter dem Stehpult des väterlichen Ladens verborgen, gibt er mit Hilfe eines Kinderdruckkastens eine eigene Zeitung heraus »zur Aufklärung der Massen«. Geheimnisvolle Bluttaten, mysteriöse Verwicklungen liefern den Stoff für die Artikel.

Abenteuergeschichten sind die eigentlichen Bildungserlebnisse dieser Jahre. Indianer, Seeräuber, Entdeckungsreisende bevölkern die Vorstellungswelt des Heranwachsenden. Der unerschrockene Held nimmt es gegen eine Welt von Feinden auf, setzt sich gegen alle Widerstände durch und triumphiert am Ende. Hier ist ein Grundmuster vorgezeichnet, das auch mancher Reportage oder Erzählung von Kisch als Folie dient. Karl May gehört zu den Lieblingsautoren. Von 1892 an erscheint die von Fehsenfeld herausgegebene Ausgabe der Werke Karl Mays mit dem dunkelgrünen Einband.

Als Karl May Ende 1898 Prag besucht, belagern die Jungen das Hotel de Saxe, um den berühmten Schriftsteller zu sehen. Sie warten so lange, bis eine Delegation vorgelassen wird. Egon Kisch als Sprecher der Schüler erhält als Geschenk einen Band von »Old Surehand« mit einem Spruch auf der ersten Seite. Noch in den dreißiger Jahren zeigt Mutter Kisch den Besuchern das zerlesene Exemplar mit der Eintragung von Karl May und der handschriftlichen Hinzufügung des Vaters: »Prag, am 17. Oktober 1898«.

Im Dezember 1897 erreicht die antiösterreichische Bewegung in Prag einen neuen Höhepunkt. Die Schulen bleiben geschlossen. Alle

Haustore sind verriegelt. Die Jungen stehen hinter den Fenstern und starren hinunter. Immer wieder kommen Gruppen von Demonstranten am Hause vorbei.

»Als größtes Thema für meine Jugendjournalistik hätte sich eigentlich der Prager Dezember von 1897 darbieten müssen. Das waren wilde Tage. Die deutschen Abgeordneten im Reichsrat, die Tumulte an der Wiener Universität und die Straßendemonstrationen in Graz hatten den Sturz des Ministerpräsidenten Badeni erzwungen und die Zurückziehung seiner slawenfreundlichen Sprachenverordnungen. Daraufhin erhoben sich die Tschechen. Deutsche Gebäude und Geschäfte in Prag wurden gestürmt, ihre Einrichtungen zertrümmert, Firmenschilder und Fensterscheiben eingeschlagen.«

Auch die Kinder bleiben von den »nationalen Kriegen« nicht verschont. Schon die Jugend ficht den Kampf der Volksgruppen unter sich aus. »Vor dem Schulgebäude fingen oft Tschechen mit uns Streit an«, schreibt Kisch über seine Erfahrungen in der Piaristenschule.

Aber die Szene wandelt sich schnell. Wo eben noch geprügelt wurde, entstehen Spielgemeinschaften. Im Stadtpark zwischen dem Neuen Deutschen Theater, dem heutigen Smetana-Theater, und der verlängerten Promenade befindet sich ein großer sandiger Platz. Hier trifft sich die Stadtparkjugend. Man spielt Murmeln, Schlagball, später auch Fußball. Hier bahnt sich manche Freundschaft an zwischen deutschen und tschechischen Jungen.

Von Ostern 1896 an besucht Egon Kisch die erste deutsche Staatsrealschule in Prag, Nikolandergasse 3, die »Nikolander«. Zu Hause hat man so entschieden, weil der Zweitgeborene weniger begabt erscheint als Paul, der Älteste, der schon mit vier Jahren die Firmentafeln in den Straßen lesen konnte.

Die Zurücksetzung schmerzt; noch in späteren Jahren beklagt sich Kisch über die Entscheidung des Vaters. Realschüler haben es wesentlich schwerer, in der Öffentlichkeit anerkannt zu werden. Der Zugang zu den Universitäten bleibt ihnen verschlossen. Ein Journalist ohne Gymnasialbildung wird über die Schulter angesehen. Ein Grund mehr für Egon Kisch, der Welt seine Fähigkeiten zu beweisen.

Die »Nikolander« ist eine altberühmte Anstalt; der tschechische

Die Brüder Kisch 1896. Von links nach rechts: Friedrich, Paul, Egon, Wolfgang; vorn: Arnold

Schriftsteller Jan Neruda hat hier einst als Lehrer gearbeitet. Seither jedoch ist der Unterricht nicht besser geworden. Lerndrill herrscht vor. Jede Eigenwilligkeit und Aufsässigkeit wird mit Karzer, mit Verweisung von der Schule bestraft.

Sieben Jahre lang wehrt sich Kisch gegen den Geist einer solchen Erziehung. Er ist alles andere als ein Musterschüler. Sein lebhaftes Temperament, die rege Phantasie machen ihm den Unterricht oft zur Qual. Mathematik und Geometrie sind ihm ein Greuel. Wiederholt wird die Mutter in die Sprechstunde des Lehrers bestellt. Mehrmals droht der Junge sitzenzubleiben, aber durch seine Leistungen in Deutsch und in den Fremdsprachen weiß er sich immer wieder herauszuwinden.

Einmal gibt der Deutschlehrer im Gespräch mit der Mutter zu erkennen, daß Egon zu den begabtesten Schülern der Anstalt gehört. Ernestine Kisch, daran gewöhnt, nur Klagen über Disziplinlosigkeit und mangelhaftes Interesse zu hören, sieht sich erstaunt um, weil sie glaubt, der Lehrer habe mit einem anderen gesprochen.

Außerhalb der Schule lockt die Stadt mit ihren Abenteuern. Der Weg zur Schule und nach Hause durch die winkligen Gassen mit ihren Durchgängen und Durchhäusern bringt jeden Tag neue Erlebnisse. Hier lockt ein Kino, dort das Panorama mit seinen bunten Bilderfolgen, da der Obst- und Gemüsemarkt mit den Holzbuden oder der alte Buchladen an der Ecke.

Während der warmen Jahreszeit regiert die Badeanstalt an der Moldau, ein Eldorado für fröhliche Streiche und waghalsige Unternehmungen: Man kann wasserscheue Schwimmer vom Steg stoßen, unter Kähnen hindurchschwimmen, sich von Flößen fortziehen lassen. Für Schularbeiten bleibt wenig Zeit.

Mehr Stunden noch fordert das Fußballspiel. Es ist in Mitteleuropa gerade erst heimisch geworden. Bislang gibt es kaum deutsche Bezeichnungen für die Regeln und für die Akteure des Spiels. Vor allem Schüler höherer Schulen, junge Kaufleute und Studenten spielen Fußball. Jede unbebaute Fläche, jede Vorstadtwiese, jeder Exerzierplatz wird zum Spielfeld. Die Ablehnung der »englischen Krankheit« durch Schule und Staat macht das Kicken nur noch beliebter. Wer Fußball spielt, rebelliert gegen die alten Autoritäten.

»Alle Todesstrafen standen auf das Fußballspiel, alle Todesstrafen, die die Schule zu vergeben hat: strenges Prüfen, Karzer, Repetieren, Ausschluß.

Weh dem, der spielt! Und alle spielen.

Was bedeuten die ärgsten Strafen gegenüber dem Vergnügen, zweimal je fünfunddreißig Minuten der Gelegenheit nachjagen zu dürfen, ein Goal zu schießen! Zweimal fünfunddreißig Minuten? Nein, uns schlug keine Stunde, uns pfiff kein Schiedsrichter Halftime und Time. Wir spielten von zwei Uhr nachmittags, bis der Abenddämmer das Feld belegte.«

1898 wird der Ballspielklub »Sturm« aus der Taufe gehoben. Kisch zählt zu den Mitbegründern des Klubs und gehört ihm fünfzehn Jahre lang an.

Mehr noch jedoch als alle Spiele der Straße, als alle verpönte Körperbetätigung lockt die Welt der geistigen Abenteuer. Goethe und Schiller liefern die großen, von der Schule vorgezeichneten Leitbilder. Längst aber hat sich eine neue Schriftstellergeneration zu Wort gemeldet. Sie bringt Wirklichkeiten ins Bewußtsein, die als Herausforderung, als Bedrohung empfunden werden.

In den neunziger Jahren erscheinen die Romane Emile Zolas in deutscher Übertragung, Gerhart Hauptmanns Dramen beginnen die Bühne zu erobern, Maxim Gorkis Erzählungen werden bekannt. Gorki gehört zu den entscheidenden Erlebnissen der jungen Leser um 1900. »Die Enterbten standen plötzlich als Objekte der Kunst, als Helden des Dramas, der Novelle, des Romans vor einer staunenden Generation.«

Das Theater übt große Anziehungskraft aus. »Der Theaterbesuch war unser Sport, unsere Leidenschaft. Stehgalerie, Stehgalerie! Du schönste Jugenderinnerung! Hoch vom Olymp herab ward uns die Freude, ward uns der Jugendgöttertrank beschert.« Das Neue Deutsche Theater, 1888 eröffnet, entwickelt sich zu einer der führenden deutschsprachigen Bühnen. Hier lernt Kisch die Stücke von Schiller und Sudermann, aber auch von Ibsen und Hauptmann kennen.

Gemeinsam mit Klassenkameraden geht Kisch oft statieren. Ein Gaudium gibt es fast immer. Haben die kleinen Statisten balgende Buben darzustellen, so wird daraus eine handfeste Prügelei. In einem Stück, in dem sie als Ministranten auftreten, ziehen sie auf offener Bühne statt in die Kirche in das Wirtshaus.

Die Theaterleidenschaft macht auch zu Hause nicht halt. Die jugendlichen Enthusiasten gründen einen »Verein zur Hebung literarisch Gesunkener und zur Rettung des deutschen Dramas«. Wenn sie in den elterlichen Wohnungen »proben«, dann laufen, durch das Gebrüll erschreckt, die Hausbewohner zusammen.

Der Fünfzehnjährige beginnt eigene Stücke zu schreiben. Ein Schauspiel »Die Rathausuhr« entsteht. Aber das dramatische Schaffen bleibt offenbar hinter der lyrischen Produktion zurück. Schon hat der Schüler Egon Kisch eine solche Fertigkeit im Herstellen von Versen erlangt, daß er auf Kneipabenden eigene Werke vortragen, bei zärtlichen Unternehmungen sich lyrisch artikulieren kann.

Seine »literarische Defloration« datiert Kisch mit der Jahreswende 1899/1900. Der Redakteur, der das erste Gedicht drucken läßt, nennt als Verfasser Erwin Kisch. In jener Zeit gibt sich der junge Poet den Schriftstellernamen Egon Erwin Kisch.

In der Schule kommt es wegen der unerlaubten Veröffentlichung fast zum Eklat. Der Chemielehrer, der Kisch nicht leiden kann, fragt ihn, ob er der Verfasser sei. Der Dichter verleugnet sein Werk und schiebt einen Bruder vor.

»Ihr Bruder scheint ja den Grips für die ganze Familie abbekommen zu haben«, sagt der Lehrer. »Ja, ja, manchmal findet sich in der gleichen Familie ein gescheiter Mensch und ein kompletter Trottel.«

Am 19. Januar 1901 stirbt der Vater. Onkel Samuel folgt ihm wenig später nach. Die Tuchhandlung »S. Kisch & Bruder« wird im Handelsregister gelöscht. Das Haus, in dem mehrere Wohnungen vermietet sind, und ein kleines Vermögen gewähren finanzielle Sicherheit.

Für die Mutter ist es nicht leicht, mit der neuen Situation fertig zu werden. Die Jungen drohen ihr über den Kopf zu wachsen. Sie führt ein strenges Regiment und läßt nichts durchgehen. »Sie war sehr herb«, sagt Friedrich Kisch. »Wir wurden nie von ihr verwöhnt.«

Die weitläufige Wohnung im ersten Stock des Hauses »Zu den zwei goldenen Bären« mit den Loggien und Arkaden zum Hofe und dem balkonartigen Vorbau zur Straße hin ist ein beliebter Treffpunkt der Altstädter Jugend. Das große Eckzimmer mit den fünf Fenstern und die Terrasse dienen als Probebühne für Theateraufführungen, als Sportarena und als Fußballplatz. Mutter Kisch und die Hauswirtschafterin, Frau Maschenka, haben alle Hände voll zu tun, um Ordnung zu halten.

Für die Zukunft der Jungen ist gesorgt. Alle besuchen sie das Gymnasium oder die Realschule. Paul Kisch bezieht 1903 die deutsche Universität in Prag, Wolfgang wird Kaufmann wie sein Vater, Arnold studiert Jura und arbeitet als Bankangestellter, und Friedrich, der Jüngste, tritt in die Fußstapfen seiner Vorväter und wird Arzt.

Lediglich der Beruf von Egon bereitet einige Schwierigkeiten. Die leidige Poetenfrage: Wie wird man Dichter? weiß auch er nicht zu beantworten. Aber er scheint fest entschlossen, seine Schreibfertigkeit beruflich auszubeuten. Journalistik allerdings ist in den Berufsplänen der Schule nicht vorgesehen.

»Alljährlich vor Schulschluß wurden die Absolventen der Realschule nach ihrem künftigen Lebensberuf befragt. Lächerlicherweise gab es nur sechs Berufe, aus denen man zu wählen hatte: Bauingenieurwesen, Architektur, Maschinenbau, Chemie oder Militärwissenschaft. Für den Kaufmannsberuf prangte im gedruckten Jahresprogramm das stolze Wort ›Handelswissenschaft‹.

Als ich 1902 gefragt wurde, antwortete ich: ›Journalistik.‹

›Ich verbitte mir Ihre albernen Scherze‹, herrschte mich der Klassenlehrer an.

›Ich will wirklich Journalist werden‹, sagte ich.

›Natürlich, Sie müssen immer eine Extrawurst haben! So etwas kann ich nicht eintragen.‹ Nach einer Pause des Unwillens: ›Das muß ich der Lehrerkonferenz zur Entscheidung vorlegen.‹

Die Lehrerkonferenz beschloß, daß mein Lebensberuf ›Publizistik‹ zu sein habe.«

Der Schulabschluß rückt näher und mit ihm die Abituriententanzstunde. Kisch und seine Kameraden bereiten sich gut darauf vor. Auf den Tanzböden der Prager Vorstädte sammeln sie Erfahrungen, ehe sie in »blöden Tanzstunden mit gezierten Backfischen ihre Fertigkeit« erweisen. »Eine Bauernregel der Prager Gesellschaft hat in der Zeit meiner Flegeljahre besagt: Um sich in der Abituriententanzstunde nicht zu blamieren, lerne man zuvor auf der ›Klamovka‹ tanzen.«

Die »Klamovka«, ein Wirtshaus mit Tanzsaal im Prager Vorort Koschiř, im ehemaligen Park der Grafen Clam gelegen, ist ein beliebtes Ausflugsziel der Prager Jugend. Hier lernt Kisch die Modetänze der Zeit kennen, die er Jahre später mit großer Meisterschaft in den Nachtcafés vorführt.

In der »Klamovka«-Zeit, unter Dienstmädchen, Näherinnen und Fabrikarbeiterinnen, hat Kisch vermutlich sein erstes ernsteres Liebeserlebnis. Bei der Schilderung jener Tage gerät er in schwärmerisches Pathos. »Ein Vollgefühl des Wonneschauers hält rings den ganzen Saal gepackt, man geht, man dreht sich nun im Takt zur Melodie des Gassenhauers. Die Schulter zuckt, das Auge schließt sich, die Sohle liebkost das Parkett, Musik und Lust und Weib ergießt sich mit dir in den Garten, Duft umfließt dich, und Strauch ist Kuß, und Nacht ist Bett ... Hingabe der Natur an die Natur, vollendete Harmonie zwischen Fühlen und Umwelt, ein ungeheucheltes, unberechnetes Sicheinanderverschenken, höchste Moral in gegenseitigem Vertrauen, Lieben und Erfüllen, wie man es nur im manuellen Proletariat findet.«

Die Pennäler sehen sich bereits als Studenten, demonstrieren es in Auftreten und Redeweise. Auch sie sind in einer Korporation zusammengeschlossen, einer sogenannten »Blase«. Stolz tragen sie das grünsilbernblaue Band ihrer Verbindung. Sie haben ihre Kneipzeitung, eine »Kommerskassa mit zehn Heller Wochenbeitrag und besonderen Taxen für bewilligtes Abschreiben und Abzeichnen« und die alljährlichen »Schlußkneipen«.

Die gesellschaftlichen Talente Egon Erwin Kischs treten auf vielfältige Weise hervor. Als Festredner und -organisator, als Redakteur der Kneipzeitung gehört er zu den führenden Köpfen der Korporation. Als Verfasser von »Mitschülersatiren, Professorenverspottungsgedichten« weiß er die Lacher auf seiner Seite.

Die öffentliche Bestätigung seiner Fähigkeiten hilft ihm, der Reifeprüfung im Frühjahr 1903 gelassen entgegenzusehen. Kaltblütig und selbstsicher tritt er vor die Kommission. Man nimmt das als Zeichen einer guten Vorbereitung und erläßt ihm manche heikle Frage. Was niemand für möglich hält, was der Betroffene selbst nicht zu hoffen wagt, gelingt: Kisch schafft das Abitur im ersten Anlauf, zumal er versprochen hat, niemals einen naturwissenschaftlichen Beruf zu ergreifen.

Vor der Schule empfangen ihn jubelnd die Mitglieder der Spielvereinigung »Sturm«. Bisher war Egon Erwin Kisch unter Decknamen Ballwart und Kapitän. Jetzt wird er zum Obmann und die Vereinigung zum behördlich konzessionierten Ballspielklub aufrücken.

Begeistert zieht die Meute mit ihrem künftigen Obmann durch die

Straßen. In der Obstgasse kommt ihnen Mutter Kisch entgegen; sie hat es zu Hause vor Aufregung nicht ausgehalten. Die Klubkameraden stürzen auf sie zu und beglückwünschen sie. Da verklärt sich das Gesicht der Mutter, und glückstrahlend ruft sie ihrem Sohne zu: »Ist es wirklich wahr? Du hast Reparatur?«

2.
Der Sprung in die Literatur

Er liebt das Bild des Springens. Seine Neugier, sein Wagemut verführen ihn immer wieder, in neue Verhältnisse hineinzuspringen und sie zu erobern. Die »ewige Unruhe und Sprungbereitschaft« des Journalisten, an der nicht wenige seiner Kollegen leiden, ist für ihn Lebenselexier und Stimulans der Arbeit. Von mancher Sperrmauer und Grenze springt er hinab in abgeschirmte Bezirke des Daseins, um sie auszuforschen und publik zu machen.

Der sprunghafte Wechsel und Aufstieg ist kennzeichnend für viele jüdische Schicksale im Zeitalter bürgerlicher Emanzipation. Die Befreiung aus den Fesseln des Ghettos setzt Energien frei, die das europäische Geistesleben nachhaltig beeinflussen. Kisch geht manchem der abenteuerreichen Schicksale nach; mitunter begegnet er sich selbst.

Den Lebensläufen dieser Juden, die aus dem Dunkel des Ghettos in das Licht der Geschichte treten, haftet etwas Napoleonisches an; viele verehren in Napoleon Bonaparte den Repräsentanten der Freiheit. Auch Egon Erwin Kisch wächst auf im Bewußtsein eines Jahrhunderts, da die Welt noch bezwingbar erscheint durch die Gewalt eines einzelnen. Anton Kuh versucht aus der Unanonymität des Ghettos den Ehrgeiz zu erklären, »der Bonaparte zu werden, der's seinem Ajaccio und der ganzen Ajaccio-Mischpoche ... einmal zeigen wird«, und er konstatiert: »So sind wir denn kurzerweg an den Ursprung des Phänomens gelangt: warum aus fast allen jungen Pragern etwas wird; warum sie zum Beispiel derzeit in der deutschen Literatur den Ton angeben.«

Als Anton Kuh Ende der zwanziger Jahre diese Sätze notiert, haben die Großen der Prager deutschen Literatur die Stadt längst verlassen. Das geistig-kulturelle Klima der jüdisch-deutschen Enklave

Das Haus »Zu den zwei goldenen Bären« in der Melantrichgasse bringt zwar Talente hervor, aber diese können sich nur entfalten jenseits der unsichtbaren Barrieren. Die jungen Literaten spüren die Problematik ihrer Existenz und versuchen sie zu überwinden.

Ein stenographiertes »Lustreisetagebuch« von 1903 zeigt, wie zielsicher der Achtzehnjährige auf den journalistischen Beruf zusteuert. Nach bestandener Reifeprüfung wird ihm von der Mutter eine Ferienreise nach Bayern und Österreich gewährt. In der Zeit vom 25. August bis zum 17. September 1903 besucht er München, Berchtesgaden, Bad Ischl, Hallstatt, Gmunden, Linz und Wien.

Der junge Reisende sieht sich als Enkel Heinrich Heines. Er notiert seine Eindrücke und versucht sie literarisch zu stilisieren. Beiläufig läßt er Bildungsgut einfließen und reflektiert über Künstler und Könige. In der Haltung eines Globetrotters beobachtet er das Treiben in den Salzburger Ferienzentren und macht seine Glossen.

Mit einem »Reisegefährten« durchstreift Kisch die bayrische Metropole, nimmt auf, was die Stadt an Sehenswürdigkeiten bietet. Museen und Galerien, bemerkenswerte Gebäude und Denkmäler, das Atelier eines Malers, die Kaffeehäuser, das Hofbräuhaus – nichts wird ausgelassen. Fast jeden Abend geht er ins Theater. Sudermann, Gerhart Hauptmann stehen auf dem Programm, vermutlich auch Wedekind.

Nach einer Woche hat er genug gesehen. »Mit leichtem Herzen und leichtem Säckel« setzt er sich in den Zug nach Salzburg, ohne genauen Zielort. In Prien unterbricht er die Fahrt. Rucksack und Mantel auf dem Rücken, wandert er nach Stock hinüber, um dem Chiemsee seine Reverenz zu erweisen.

Soviel eindrucksvolle Natur muß im Tagebuch vermerkt werden: »Der herrliche Anblick, das azurblaue Wasser des Sees, der von den schneebedeckten Alpenriesen umsäumt ist, läßt sich nicht schildern.« Dagegen bietet das Schloß Herrenchiemsee hinreichend Gelegenheit, über Ludwig II. und Richard Wagner, Schack und Böcklin zu räsonieren.

Am Abend im Hotel stellen sich gar noch Verse ein. Der kommende Geburtstag der Mutter am 9. September ist Grund genug, einen lyrischen Gruß vorzubereiten.

»Wohl ist's zum erstenmal seit achtzehn Jahren,
daß ich nicht nahe, küssend Deine Hand,

doch einen Glückwunsch – keinen minder wahren
send ich Dir heut aus fremdem Land.
Denn sieh: daß ich die Wälder froh genieße,
der See mich kann freuen tagelang
und daß ich staunend seh die Alpenriesen
füg ich zum Glückwunsch heut Dir heißen Dank.«

In Salzburg besucht der Reisende im Rahmen eines Ferienhochschulkurses einen Vortrag über vergleichende europäische Sozialgeschichte, später ein Kolleg über Sprach- und Literaturhistorie. Auch beteiligt er sich an einem Zechgelage der freiwilligen Feuerwehr.

Ausflüge in die nähere Umgebung führen ihn nach Berchtesgaden, wo beiläufig ein Bergwerk besichtigt wird. Der Königsee liefert die malerische Kulisse für eine kleine Liebesromanze, die auf einer solchen Lustreise nicht fehlen darf. Der Schreiber behandelt sie mit Ironie.

»Lieber Gott, warum warst du so blöd«, heißt es da. »Oder um mich in der Sprache der Frommen auszudrücken: warum hat es deinem unerforschlichen Ratschlusse gefallen, mein Tagebuch über den 5. September nicht gestern abends zu schreiben, sondern erst heute den 6., wo ich mich in einer Gemütsstimmung – doch davon morgen.«

Mit einem jungen Mädchen und ihrem Papa besteigt Kisch am nächsten Tag die Schafbergspitze, »den schönsten Aussichtspunkt der Monarchie«, wie ihm in der Schule versichert wurde. Am Abend kann er nicht einschlafen, weil er an eine »Schöpfungsgeschichte« denken muß, in deren Mittelpunkt das »göttliche Weib« steht.

Die klassischen Ferienorte der Wiener und der Prager gewinnen dem jungen Weltmann nur ein müdes Lächeln ab. Er wandert nach St. Wolfgang, wo er »massenhaft Bekannte« trifft. Den Ort selbst findet er »ziemlich kläglich«. Auch Bad Ischl enttäuscht ihn.

Später, in Gmunden, notiert er: »Folgendes ist mir ein Rätsel: Ischl hat keinen See, keine Berge, keine Wälder, eine Esplanade, die in ihrem graslosen Wüstencharakter mit ihren kahlen Bäumen fast an den Prager Stadtpark erinnert, aber unzählig viele Sommerfrischler, Gmunden in seiner herrlichen Lage am wunderbaren Traunsee, mit den herrlichen Bergen in seiner Mitte, dem romantisch in den See hineinragenden Schlosse Ort, einer breiten Boulevard-Esplanade am Seegestade, mit einer schattigen Allee, gepflegten und wilden Anlagen an beiden Enden sowie in der Mitte derselben, Villen mit Aussicht auf Esplanade und See, aber im Verhältnis keine Sommerfrischler! Woran das liegt: Dummheit, dein Name ist Mode; Mode, dein Name ist heuer Bad Ischl.«

So löst er kurz entschlossen eine Fahrkarte nach Hallstadt, sieht sich das Museum an, die Kirche, den Friedhof mit dem Beinehaus und macht aufs Geratewohl einen »Spaziergang« ins Dachsteingebirge. Nachdem er nach stundenlanger Wanderung in einer Berghütte übernachtet hat, versucht er am nächsten Morgen mit anderen Touristen, einen Gipfel zu besteigen, aber Nebel und eisige Kälte zwingen zur Rückkehr. Immerhin jedoch gewähren »die vielen ungeheuren Berge«, »die Riesengipfel der Dachsteingruppe in nächster Nähe« hin und wieder imposante Ausblicke.

In Wien erreicht die Reise ihren Höhepunkt. Wieder werden Museen und Kunstsammlungen aufgesucht, aber auch Prater, Tiergarten, Panoptikum. Vor allem lockt das Burgtheater. Kisch sieht sich Gerhart Hauptmanns »Versunkene Glocke« mit Joseph Kainz an, zwei Tage später sein »Lieblingsstück«, den »Cyrano de Bergerac« von Rostand, wiederum mit Kainz in der Titelrolle.

Gegen solche Aufführungen fällt das Raimundtheater deutlich ab. »Man sagt den ›Sommernachtstraum‹ auf«, notiert der weltläufige Beschauer. Dafür tröstet er sich mit »ehemaligen Prager Sportfreunden, jetzt Wiener Oberdrahrer«, denen er zufällig über den Weg läuft und mit denen er das Nachtleben »betrachtet«.

Als zuletzt gar noch Wilhelm II. zu einem Kaiserbesuch in Wien eintrifft, kann der Reisende mit dem Gefühl nach Hause fahren, nichts Wesentliches übersehen und versäumt zu haben.

In Prag gibt es viel zu erzählen. Erstaunlich, was der Achtzehnjährige in diesen dreieinhalb Wochen aufgesucht, kritisch in Augenschein genommen hat. Die fremden Städte und Landschaften haben seine Phantasie beflügelt, sein Assoziationsvermögen gestärkt. Reisen, Unterwegssein ist sein Element.

Die stenographischen Aufzeichnungen verraten bei aller Pose eine scharfe Beobachtungsgabe und einen Sinn für Details. Der Ferienreisende genießt das Gefühl errungener Freiheit. Alles, was ihm begegnet, schmeichelt seinem Selbstgefühl. Bei aller Koketterie weiß er ziemlich genau, wohin er gehen muß.

Am 6. Oktober 1903 wird Egon Erwin Kisch an der Prager deutschen technischen Hochschule, die sich in der Husgasse befindet, immatrikuliert. Die Hochschule mit ihren knapp tausend Hörern gliedert sich in eine Bauingenieurschule, eine chemisch-technische Schule, eine Schule für Hochbau, eine Allgemeine Abteilung und eine Maschinenbauschule.

Noch scheint der Vorsatz des Vaters, den Sohn einen naturwissenschaftlich-technischen Beruf ergreifen zu lassen, für die Studienwahl maßgebend zu sein. Kisch ist an der Bauingenieurschule eingeschrieben. Die Mathematik macht ihm nach wie vor zu schaffen.

»Hätte dort das Studium mit Materialkunde und Technologie samt Exkursionen begonnen, wäre ich vielleicht dabeigeblieben. Es begann mit Integral- und Infinitesimalrechnung (oder wie immer man es ausspricht), und in solchen Fächern stand ich schon als Realschüler kläglich da. So schwänzte ich Collegia. Unser geheimer Fußballklub ›Sturm‹ war jetzt, da einige seiner Mitglieder zu akademischen Bürgern aufgestiegen waren, ein öffentlicher, registrierter Verein und gab mir viel zu tun. Immerhin blieb mir Zeit, mich in der Literarischen Sektion des Studentenverbandes ›Lesehalle‹ zu betätigen ...«

Die korporative und gesellige Seite des Studiums interessiert Kisch weit mehr als der Besuch von Vorlesungen. Paukböden und Mensurlokale ziehen ihn an. Er liebt die sportliche Auseinandersetzung, auch mit Degen und Säbel. Sorgsam werden Partien anderer notiert. Er will genau wissen, was im Kreis der Freunde und Bekannten vor sich geht.

Bei den Feiern und Zusammenkünften steht er im Mittelpunkt. Stets gibt es etwas zu organisieren, eine Rede zu halten, ein Gedicht vorzutragen. Für das fünfte »Stiftungsfest« des Deutschen Ballspielklubs »Sturm«, das »in gesellschaftlicher, sportlicher, künstlerischer und finanzieller Beziehung einen gewaltigen Erfolg« zeitigt, schreibt er ein »Festsonett«: »Fünf schwere Arbeitsjahre sind verflossen, / Welch lange Frist ist doch ein halb Dezenn', / Seitdem ein kleiner Kreis sportfreudiger Genossen / Den Club von heut im kleinen ließ erstehn.«

Das Notizbuch füllt sich mit Gedichten. Der Ingenieurstudent bereitet sein literarisches Debüt vor. Schon hat er genug Verse gesammelt, um einen Band zu füllen. Allerdings muß er die Edition selbst

Lieber Paul!

Dein Schreiben vom 2./III. erledigend teile ich Dir mit das ich selbiges erhalten habe. Friedel hat 2 Zweier aus Lesen u. Schreiben, besonders der letztere hat den Wolfgang sehr aufgeregt. Dieser Tage sollte bei Erich Sp.! mit den Pilsnern steigen, kam ohne Vorwissen der Eltern nach Prag, stieg bei Wind ab. Die Partie wurde jedoch polizeilich aufgehoben. Wind hat sich zugleich mit dem Mensurzeug auch das Fuchsenprotokoll mitgenommen, er will angeblich das Saxoneninventar hineinschreiben. Sonst ist in Prag nichts besonderes Neues, denn dass das 5. Stiftungsfest des D.B.C. „Sturm" in gesellschaftlicher, sportlicher, künstlerischer und financieller Beziehung einen gewaltigen Erfolg gezeitigt hat, was als selbstverständlich vorauszusehen.

Fass Ex.! will ebenso wie Falkenau von der Matura zurücktreten. Gestern hat Sturm gegen D.F.C. I. (erste Mannsch.) mit 4:0 verloren. Meine Redeübung lautet: „Charakter Cyrano's von Bergerac im Spiegel der Rostand'schen Dichtung." Wenn Du hiezu eine originelle Idee haben solltest übermittle mir dieselbe möglichst bald.

Brief Egon Erwin Kischs an den Bruder Paul vom 9. 12. 1903

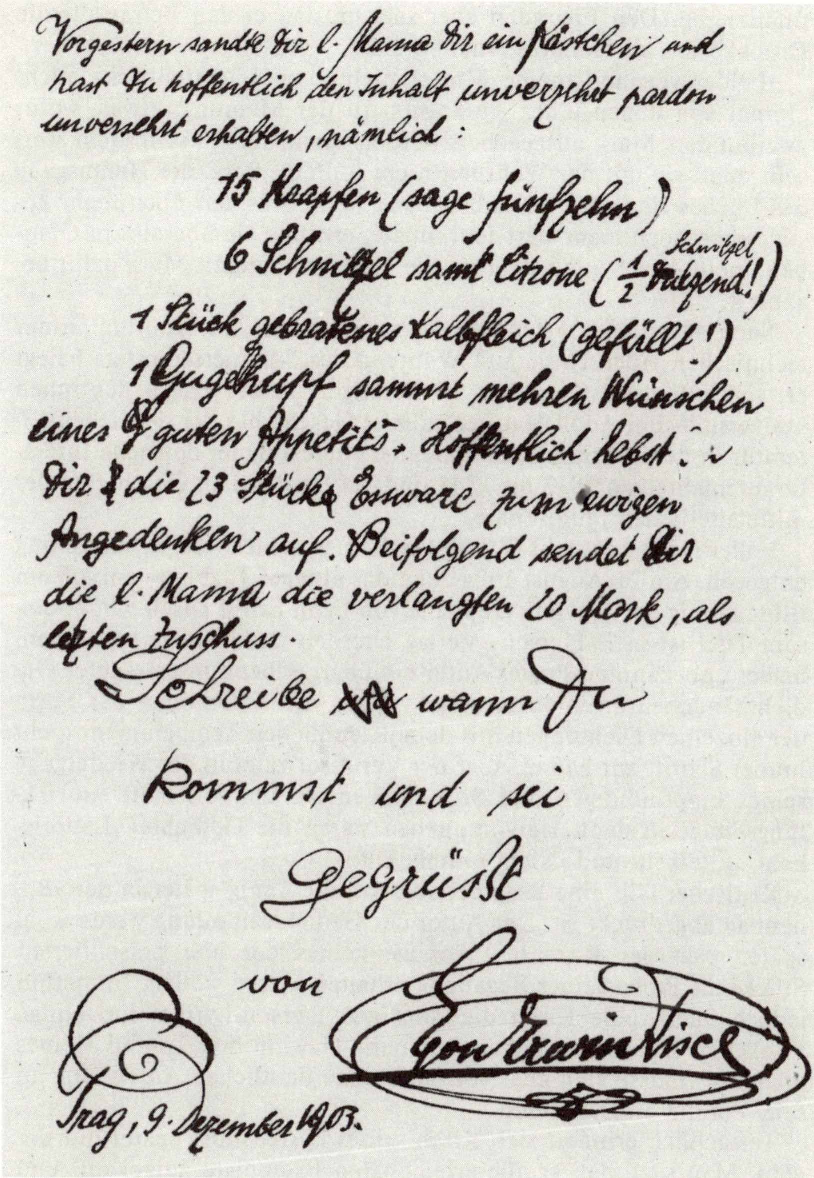

Vorgestern sandte Dir l. Mama Dir ein Kästchen und hast Du hoffentlich den Inhalt unverzehrt pardon unversehrt erhalten, nämlich:

15 Krapfen (sage fünfzehn)

6 Schnitzel samt Citrone ($\frac{1}{2}$ Schnitzel Dutzend!)

1 Stück gebratenes Kalbfleisch (gefüllt!)

1 Gugelhupf sammt mehren Wünschen eines guten Appetits. Hoffentlich hebst Du Dir die 23 Stück Esswaare zum ewigen Angedenken auf. Beifolgend sendet Dir die l. Mama die verlangten 20 Mark, als letzten Zuschuss.

Schreibe wann Du kommst und sei gegrüsst von Egon Erwin Kisch

Prag, 9. Dezember 1903.

finanzieren. Den Freunden aber sagt er, daß er den Betrag für die Druckkosten als Honorar erhalten habe.

»Leider verstand meine Mutter nichts von Literatentricks, nicht einmal von denen eines Anfängers. In der Meinung, etwas, wofür zweihundert Mark ausgegeben worden seien, müsse sein Geld wert sein, hielt sie mit der Wahrheit nicht hinterm Berg, die Herausgabe des Buches finanziert zu haben. Und weil etwas, das noch mehr kostet, auch noch mehr wert sein müsse, erzählte sie überall, im Glauben, mein Ansehen zu steigern, sie hätte dreihundert Mark dafür bezahlt.«

Nach Ablauf des ersten Semesters gibt Kisch das Studium an der technischen Hochschule auf. Während des Sommersemesters belegt er, vermutlich als Gasthörer, Vorlesungen an der Prager deutschen Universität. Bei Adolf Hauffen hört er Geschichte der deutschen Literatur in der klassischen Periode, bei August Sauer deutsche Literaturgeschichte von 1832 bis 1848 und bei Emil Arleth Geschichte der mittelalterlichen Philosophie.

Voller Hoffnung sieht er dem Erscheinen seiner Gedichtsammlung entgegen. Am 21. August 1904 zeigt das »Prager Tagblatt« an: »›Vom Blütenzweig der Jugend.‹ Gedichte von Egon Erwin Kisch. Unter diesem Titel ist in E. Piersons Verlag Dresden und Leipzig von einem bisher unbekannten Prager Autor ein überraschend interessantes Gedichtbändchen erschienen. Zwar vermag die Vollendung der Form der einzelnen Dichtungen mit dem jugendlichen Temperament nicht immer Schritt zur halten, aber der Verfasser zeigt in der Wiedergabe seiner Empfindungen und Stimmungen ein unzweifelhaft entwicklungsfähiges Talent. Hervorzuheben wären die Gedichte: ›Lotterleben‹, ›Eitelkeit‹ und ›Nicht einmal Du‹.«

Kritischer fällt eine Besprechung aus, die wenig später in der »Bohemia« abgedruckt ist. Der Autor der Gedichtsammlung werde wohl später, sagt der Rezensent voraus, keines der hier präsentierten Stücke als Probe seiner Begabung erhalten wissen wollen. Immerhin jedoch überstrahle Kisch die sonstigen Pierson-Lyriker um einige Fünkchen Humor. Er habe nicht ohne Gewinn den Tonfall Heines erlauscht, müsse sich aber vor einer allzu deutlichen Anlehnung an sein Vorbild emanzipieren.

Tatsächlich erinnert sich Kisch seines Lyrikbandes später nur ungern. Man sagt, daß er alle erreichbaren Exemplare aufgekauft und vernichtet habe. »Der Tonfall der Verse war von Heinrich Heine entlehnt, das Stoffliche von den ›Elf Scharfrichtern‹, einer Münchner Künstlergruppe. Heine ist ein Meister des Verses, und die ›Elf Scharfrichter‹ besaßen eine kühne Thematik, aber in den Gedichten desjenigen, der sie plünderte, findet sich von diesen Vorzügen nichts. Wenn man Erstlingswerken symptomatische Bedeutung beimißt, mußte man den Schluß ziehen, daß ein solcher Blütenzweig in der Zeit der Reife ungenießbare Früchte tragen werde.«

Als junger Lokalreporter allerdings schämt sich Kisch seiner lyrischen Produktion noch keineswegs. Er schreibt nach wie vor Gedichte und veröffentlicht sie in der »Bohemia«. Schon 1906 sind in seinem Notizbuch fast hundert neue Titel verzeichnet, möglicherweise für einen geplanten weiteren Band.

Der Verfasser des Bandes »Vom Blütenzweig der Jugend« sagt unbekümmert heraus, was ihn bewegt. Liebessehnsucht, Enttäuschung und Abschiedsschmerz gehören zu den vorherrschenden Themen. Von Küssen und Kosen ist die Rede, von Frühling und goldigem Haar, Herz wird auf Schmerz gereimt.

Durch Nonchalance und Ironie versucht der Achtzehnjährige den Eindruck eines routinierten Dichters zu erwecken, der die »Liebe oft in Vers und Wort gefeiert« und der die Stoffe seiner Lieder »schon zu lang« gebraucht. Er kokettiert mit seiner »Dichtungsgabe«, der »Dichterkraft«, der »Glut des Dichters«.

An Selbstbewußtsein mangelt es offenbar nicht. Einem lebenserfahrenen Schreiber gleich, streut der Dichter Epigramme aus, moralisch-belehrende, ironisch-satirische. Nur hin und wieder kommen Zweifel, Ohnmachtsgefühle auf, aber auch sie wirken eher angelesen.

Lediglich dort, wo der Autor den Bereich konventioneller Liebesdichtung verläßt und, der Wedekindschen Bürgerschreckmanier folgend, einen frischen, frechen Ton anschlägt, bekommen seine Verse Farbe. In dem Gedicht »Lotterleben« macht er sich zum Sprecher gesellschaftlicher Außenseiter:

»Wir sind zwei Sünder, hartgesotten.
Wir leben lustig in den Tag,
Und sorglos durch die Nacht wir trotten:
Wir sind zwei Muster von Falotten
Aus unverfälschtem Lumpenschlag!

…
Das Glas, das Weib an unsrem Munde,
So führen wir den Lebenslauf.
Ein Leben wie die Lumpenhunde.
Wir gehen beide dran zugrunde
Und sind doch beide stolz darauf!«

Auch das moritatenhaft angelegte Gedicht »Laura«, die »Geschichte einer Schülerliebe«, verrät den Einfluß Wedekinds. Erzählt wird das Schicksal eines Mädchens, das wegen seiner Liebe zu einem Studenten von den Eltern verstoßen wird. Am Ende bleibt dem Mädchen nichts übrig, als auf die Straße zu gehen.

»Nun kann bei Nacht man stets erblicken
Die Laura. Sie ist stadtbekannt
Und zeigt (viel mehr, als sich's tät schicken)
Ihr Strümpfchen, das so straff gespannt.
Doch unbefleckt und unzerrissen
Blieb's heilige Familienband,
Weil sie die Eltern rausgeschmissen
Zur rechten Zeit, mit weiser Hand.«

In der Handschrift heißt die Heldin noch Zdenka. Die ursprüngliche Version kommt der Wirklichkeit näher. Dringt der Schreiber in die unteren Regionen der Gesellschaft vor, berührt er zwangsläufig das Nationalitätenproblem.

Ein Gedicht fällt schon äußerlich aus dem Rahmen der Sammlung. Es trägt die Überschrift »Meine Heimat«. Der Titel assoziiert eine Beziehung zu Smetanas symphonischer Dichtung »Má vlast« (Mein Vaterland). Jeden ironischen Unterton, jede Koketterie meidend, hat es die Einfachheit eines Bekenntnisses.

»Schreit ich durch die engen, steilen,
Krummen, winkeligen Gassen
Unsrer altersschönen Stadt, so mischt sich
Ins Gefühl des Stolzes, ob der hehren,
Wunderhehren, grauen Heimat
Ein Gefühl des Neids, des Mitleids
Und der Ohnmacht …«

Der Autor macht auf die zwiespältige Situation eines deutschen Dichters in Prag aufmerksam. Unüberbrückbar scheint der Gegensatz zwischen Heimatgefühl und Weltanschauung. Die Menschen, die den Dichter umgeben, sind getrennt durch Sprache und Bewußtsein. Wir haben Sänger, sagt Kisch, und wir haben eine Heimat, aber beide stehen sich fremd gegenüber.

»Unsere Dichter singen Lieder,
Von der Spanier Stiergefechte,
Von Toreros, Matadoren,
Von Italiens Glutenhimmel,
Und vergessen *ihres* Landes.
Oder spotten sie der Heimat
Und des harten Böhmervolkes,
Statt zu sinnen ob dem Volke,
Das in gleicher, steter Sphäre
Auf genau demselben Kampfplatz
Mit dem deutschen Volk hier wohnet
Und trotz allem sich die Sitten
Sich die Laster und die Fehler
Und die Schönheit ihrer Liebe
Zu dem Vaterlande Böhmen
Durch manch Säkulum erhalten.
Unsere Dichter sprechen feige:
›Wir sind keine Chauvinisten,
Doch der Rassenkampf gebietet,
Daß wir von dem Volke schweigen,
Das als Gegner wir betrachten.‹
Und weil sie dies Volk nicht kennen,
Kennen sie nicht seine Lieder,
Seine Sagen, seine Mären.
Kurz: Sie kennen nicht die Heimat.
Arme Dichter! ...«

Frühzeitig erkennt Kisch die Bedeutung der Nationalitätenfrage für jeden, der dem deutschen Kulturkreis in Prag angehört. Der nationalistisch geschürte Gegensatz zwischen Deutschen und Tschechen, das spannungsreiche Nebeneinander verschiedener Lebens- und Kultursphären muß jede literarische Äußerung beeinflussen. Der junge Autor zeichnet das Wunschbild eines Dichters, der mit Hilfe der Poesie die Widersprüche überwindet. Doch er ist sich der Unzulänglichkeit seiner Mittel bewußt.

»... Könnt ich singen
Von der hunderttürmigen Heimat,
Von den Schlössern, von den Sagen,
Von dem Ghetto und der Moldau,
Von den Wällen und Basteien;
Tausendfachen Nachhall wecken
Würd ich mit den Heimatliedern!
Aber ach! Aus jedem Verse
Starrt der Ohnmacht grelle Fratze
Schadenfreudig mir entgegen.«

Auch die Gasthörerschaft an der Universität bleibt Episode. Nach Ablauf des Sommersemesters meldet sich Kisch als Einjährig-Freiwilliger, um sein Dienstjahr abzuleisten. Das Prager Hausregiment Nr. 11 empfängt ihn am 3. Oktober 1904 »zur aktiven Dienstleistung«. Ausgebildet wird er in der Albrechtkaserne im Prager Vorort Smíchov.

Ein Jahr lang lebt er in Tuchfühlung mit Fabrikarbeitern, Bürogehilfen, Landarbeiter- und Bauernsöhnen, lernt er Lebensbereiche kennen, die ihm bisher kaum zugänglich waren. Was er an den tschechischen Männern so schätzt, daß ihnen der Sinn fehlt »für Feierlichkeit, Würde, Hierarchie und Uniform«, umgibt ihn hier jeden Tag. Ein Hauch von Schwejk weht ihn an, macht ihn empfänglich für den Geist jenes versteckten Ungehorsams, jener lächelnd-naiven, entwaffnenden Widersetzlichkeit, von dem die Armee des Vielvölkerstaates durchsetzt ist. Als sein Bruder Paul einige Jahre später im »Bierkomment, Duellkodex« zu versinken droht, empfiehlt er ihm: »Das einzige, was Dich aus Deinem engen Kreis herauszureißen vermag, Dich mit anderen Menschen, mit anderen Lebenszwecken in Berührung bringt ..., ist nur allein das Militär.«

Von seinem Militärjahr erzählt Kisch oft und gern, aber es sind nicht die besten Erinnerungen. Am meisten weiß er über das Arrestgebäude zu berichten. Der temperamentvolle, eigenwillige Bürgersohn lehnt sich auf gegen den Zwang, den Drill der Unteroffiziere, die Stupidität des Dienstbetriebes. Wiederholt wird er für seine Widersetzlichkeit zur Rechenschaft gezogen und eingesperrt.

Mitunter räsoniert er über seine Situation und fürchtet, klein beigeben zu müssen. In einem Gedicht aus dieser Zeit mit dem Titel »Zellenwirkung« heißt es:

»Mir fehlt – wie im Befehl zu lesen –
Die Liebe zum Soldatenwesen,
Dann Ehrgeiz, Ernst sowie Fleiß.
Drum ließen mich die edlen Herren,
Mir's beizubringen, schlauerweis –
Ins finstere Arrestloch mich sperren.
Da sitz ich nun total verbittert,
An Leib und Seele gleich erschüttert,
Frostbeulen, Husten, Hals entzunden,
Gedankenkräfte fast entschwunden,
Und nach und nach bekomm ich schon
Auch die Soldatenambition.
Und sollt' mich aus der Kerkerkälte
Kein Rettungsschicksal bald erlösen,
Dann krieg ich noch – ich fühl's – in Bälde
Auch Liebe zum Soldatenwesen.«

Das »finstere Arrestloch« in der Kaserne vergißt sich so leicht nicht. »An dem kleinen Eckhause der Petřingasse und der Smíchower Königsstraße gehe ich nie ohne leisen Schauer vorbei«, heißt es später in einem Feuilleton. »Ich habe in einem meiner Bücher und in vielen Geschichten Heiteres von meinen beim Militär verübten Streichen erzählt. Aber die Strafen habe ich immer nur mit kurzen Worten gestreift. Sonst wäre es schnell mit dem Humor vorbei gewesen. Meine ›Festungstid‹ war die böseste Zeit meines Lebens.«

Nach dem Kriege, nach militärischen Erfahrungen ganz anderer Art, gibt Kisch genauere Daten. Zweihundertsechzig Tage Arrest habe er abbüßen müssen. Zweihundertsechzig von dreihundertfünfundsechzig Tagen – das scheint ungewöhnlich. Später reduziert der Autor die Zahl seiner Arresttage auf hundertsiebenundvierzig.

Daß ein Offiziersanwärter sich derart renitent aufführt und – wie oft auch immer – eingesperrt wird, kommt sicher nicht alle Tage vor. Auch in der Haft behält der Einjährig-Freiwillige den anderen Arrestanten gegenüber eine Sonderstellung, was er als doppelte Demütigung empfinden muß.

So darf er die Zelle nicht mit gewöhnlichen Mannschaftspersonen teilen und sitzt in Einzelhaft. Auch ist ihm verwehrt, an dem morgendlichen Spaziergang im Hof teilzunehmen, damit niemand den künftigen Offizier als Häftling sehen soll. Ebensowenig darf er sich an der Reinigung des Hauses beteiligen wie die anderen Häftlinge und sich auf den Korridoren und in der Wachstube unterhalten.

Aber es gibt Wege und Möglichkeiten, die strengen Vorschriften zu umgehen. Manchen Abend verbringt Kisch in der Wachstube gemeinsam mit seinen Mitgefangenen. Hier sitzt er zusammen mit Taschendieben, Raufbolden, Zuhältern und anderen dunklen Existenzen.

Die Erfahrungen im Arrestgebäude zählen zu den nachhaltigsten seines Militärjahres. Sie machen ihn mit einem Lebensbereich vertraut, den er kaum kennt.

»Neugierig und fasziniert hörte ich die Gespräche aus Regionen, von denen ich bisher nur in der Zeitung gelesen. Meine Mitgefangenen erklärten einander verschiedenartige Praktiken beim Gebrauch des Dietrichs, sie unterhielten sich über Leben und Treiben in den Spelunken, über ein Zuhälterkonsortium und den Handel mit Jungfrauenschaft und über die Möglichkeit von Fluchtversuchen aus Inquisitionsspital und Garnisonsgericht. Das war eine andere Welt als die, in der ich bisher gelebt, da gab's manches zu lernen, manches zu verlernen. Ich, der ich nicht einmal mit einem meiner Brüder aus der gleichen Kaffeetasse getrunken hätte, trank jetzt aus der Schnapsflasche, die reihum ging. Ich sog an dem gemeinsamen Zigarrenstummel. Ich ließ mich tätowieren, um zu beweisen, daß ich mich weder fürchte noch ekle vor der rostigen Nadel und dem schmutzigen Lappen, mit dem das ausströmende Blut und die einströmende Farbe auf der durchlöcherten Haut verrieben wurden.«

Einer der Mithäftlinge, der Lithograph der Regimentskanzlei, erklärt sich bereit, den Einjährigen zu tätowieren. Aber statt eines Stilllebens sticht der arglistige Künstler ein porträtähnliches Bild des Regimentskommandeurs auf dem Rücken ein, wie dieser, kopfabwärts und mit herausgestreckter Zunge, den Buckel hinunterrutscht. Die

Untat wird ruchbar und kommt dem Porträtierten vor Augen, der, der bodenlosen Beleidigung angesichtig, einen Schlaganfall erleidet und bald darauf das Zeitliche segnet. Als die trauernde Witwe von der Tatsache erfährt, daß ein Soldat das Bild des Obersten sich auf den Rücken hat tätowieren lassen, ist sie so gerührt, daß sie den Einjährigen im Arrestgebäude aufsucht und das Porträt ihres verstorbenen Mannes mit Küssen bedeckt.

Die Geschichte seiner Tätowierungen gehört zu jenen Anekdoten, die Kisch oft erzählt und die er ständig weiter ausschmückt. Der groteske Vorgang gipfelt in einer Pointe von makabrer Komik. Wenn Kisch an seine Militärzeit denkt, kommt ihm, besonders während der Exiljahre, angesichts der Untaten der deutschen Faschisten, die Galle hoch und gibt ihm jene höhnisch-satirische Darstellung ein.

Wie viele Tage Kisch im Militärarrest zugebracht und wie die Geschichte seiner Tätowierungen sich auch immer zugetragen haben mag, der Einjährig-Freiwillige aus der Melantrichgasse bereitet seinen Vorgesetzten wenig Freude. Am 20. Oktober 1905, einige Wochen nach der Entlassung, setzt die Militärbehörde den Reserve-Infanteristen Titularkorporal Egon Kisch davon in Kenntnis, daß er den Bedingungen der Beförderungsvorschrift nicht entspreche und daß er im Hinblick auf seine »unvorteilhafte Konduite zur Beförderung zum Reserveoffizier beziehungsweise Kadetten nicht in Vorschlag gebracht« werde.

Als der Brief in der Melantrichgasse eintrifft, befindet sich Kisch längst nicht mehr in Prag. Nachdem das Dienstjahr absolviert ist, steht der beruflichen Laufbahn nichts mehr im Wege.

Als Vorbereitung dient ein Kolleg von September 1905 bis März 1906 an der von dem Zeitungswissenschaftler und Publizisten Richard Wrede 1899 gegründeten Schule für angehende Journalisten in Berlin. In einem am »Sonntag, dem 10. September 1905 in Prag« begonnenen Notizbuch bezeichnet er sich als »Hörer der Wredeschen Journalisten-Hochschule zu Berlin W 35, Steglitzer Str. 84«. Hier macht er sich mit der Zeitungsarbeit, wie Redigieren, Berichterstatten, Roman- und Theaterkritik, Depeschenabfertigen und Korrespondieren, mit Druckwesen, Ästhetik und Staatswissenschaft vertraut. In seinem Notizheft vermerkt er: »Die Kunst des Journalisten besteht darin, aus möglichst geringen Kenntnissen einen möglichst großen, möglichst guten Artikel zu bringen.« Unter anderem beschäftigt er sich mit Friedrich Hebbel und fertigt, mit Hilfe seines Bruders Paul, einen Leitartikel an über das Thema »Völkerfrage in Österreich«.

Stolz berichtet er dem Bruder: »In der Journalistenhochschule habe ich Karriere gemacht. Es sind da zwar einige hochintelligente Leute, Doktoren, Redakteure, 1 Schauspieler*in* und 2 gewöhnliche Damen, ich habe es aber, vermittels meiner Possen, Aufschneidereien, Zitaten- und Titelkenntnis, hauptsächlich aber durch meinen frechen Stil, zum primus omnium gebracht.« In seinem Taschenbüchlein notiert er: »Großtun bringt Zinsen. – Not lehrt treten. – Vorsicht ist die Mutter der Feigheit. – Der erste Ausdruck ist oft der bleibende. – Wer zuerst kommt, prahlt zuerst.«

In jenen Wochen besucht Kisch offenbar auch die Universität. So sind in seinem Notizbuch Vorlesungen über Strafprozeßrecht, Kriminalanthropologie, gerichtliche Medizin, Geschlechtskrankheiten, Geschichte der deutschen Literatur und Philosophie des neunzehnten Jahrhunderts verzeichnet. In einem Seminar über »Lessings Leben und Schriften« hält er ein Referat über »Laokoon«. Sein Vortrag, säuberlich ausgearbeitet, zielt auf den Kern der Frage. »Können wir ein kritisches Werk auf eine bessere Art lesen, als indem wir selbst einen kritischen Maßstab anlegen?« fragt er. Und er stellt fest: »Seit Jahren wird (angeblich um den Sinn für und die Liebe zu den Klassikern zu erwecken, in Wirklichkeit aber aus kritischer Unfähigkeit und Feigheit) in Schule, Haus, Gesellschaft, Presse den Klassikern Weihrauch und den Leuten Sand in die Augen gestreut.«

Neben den Studien sucht Kisch in Berlin »Menschen und Leben kennenzulernen«. Er trifft sich mit Prager Bekannten, macht Anstandsbesuche bei entfernten Verwandten, geht ins Theater, durchstreift die Straßen. Den Theaterkritiker der »Vossischen Zeitung« Alfred Klaar, einen Freund seines Vaters, sucht er »überflüssigerweise jede Woche zweimal« auf, vermutlich auch, um sich mit ihm über berufliche Aussichten zu beraten. Klaar verschafft ihm offenbar die Möglichkeit, einige Bücher für die »Vossische« zu rezensieren.

Die Metropole des Wilhelminischen Deutschlands behagt dem Journalistik-Studenten nur wenig. »Berlin im allgemeinen ist direkt furchtbar«, schreibt er am 11. November 1905 an das »blödsinnige Halbbrüderchen« Paul. »Trotz der Annehmlichkeit, welche das unge-

Berlin Alexanderplatz Anfang des Jahrhunderts

störte, selbständige Leben bietet, wäre ich lieber in Prag. Der Berliner ist im allgemeinen ein Ekel, im besonderen zwei Ekel, die Berlinerin ein ganzes Konglomerat von Ekeln. Und der Byzantinismus hier – die Karikaturen der Witzblätter sind noch Lobeshymnen dagegen. Der Kaiser in allen Auslagen, in allen Gemälden, und dabei sieht man erst in der Nähe, wie er die Stadt ruiniert. Über die Siegesallee ist viel, vielleicht für manchen zuviel gespottet worden, aber vor dem Brandenburger Tor zum Beispiel steht das Denkmal Kaiser Friedrichs und seiner Gemahlin, das mir, auf Ehrenwort, direkt Brechreiz verursacht ...«

Auch die »stieren studentischen Verhältnisse«, die »versumpften Couleurstudenten« in Berlin lehnt er ab. Im gleichen Atemzug jedoch erkundigt er sich bei seinem Bruder nach den »Partien Bekannter« und kündigt neue Mensuren an.

Der Zwanzigjährige arbeitet zielstrebig an seiner literarischen Karriere. Neben Buchkritiken schreibt er Erzählungen, die den beruflichen Start fördern sollen.

Vorerst trägt sich Kisch mit der Absicht, in die Redaktion des »Prager Tagblatts« einzutreten. Wahrscheinlich bewirbt er sich während des Weihnachtsurlaubs in Prag um eine Stellung, kann auch schon ein Vortragsreferat über den Berliner Juristen Josef Kohler im Blatt unterbringen. An den Chefredakteur Heinrich Teweles gibt er eine seiner Erzählungen, den »Dragotin Podravič«. Doch Teweles will die Geschichte nur drucken, wenn sie um zwanzig Zeilen gekürzt wird. Der Autor lehnt das ab.

So leitet Kisch die »slowenische Geschichte« Anfang 1906 an den Chefredakteur der »Bohemia«, Richard Katz, weiter. Auch der macht Schwierigkeiten. Er will die Erzählung erst »nach desinfizierender Behandlung mit Blei- und Blaustift« publizieren.

Das Gastspiel Kischs als Volontär und Vortragsreferent am »Prager Tagblatt« währt nur wenige Wochen. Lediglich im März 1906 finden sich hier zwei mit e. e. k. gezeichnete Artikel. Nachdem der Neuling, wie er erzählt, einen einflußreichen Schriftsteller mit einer Glosse abgefertigt hat, wird er zum Chefredakteur befohlen, der ihn mit den Worten zurechtweist: »Einen solchen Ton schlägt man nur gegen die Roten an, merken Sie sich das.«

Heinrich Teweles, Dramaturg und späterer Intendant des Neuen Deutschen Theaters in Prag, spielt im deutschen Kulturleben der Stadt eine bedeutende Rolle. Kisch wird von ihm nie recht anerkannt. »Teweles war Anhänger des humanistischen Gymnasiums und hielt alle für ungebildet, die nicht acht Jahre Latein und Griechisch gelernt hatten ... Ich, der Benjamin, hatte nur Realschulstudium und war außerdem ein leidenschaftlicher Fußballer, was nicht allein dem Chefredakteur, sondern selbst den nicht humanistisch gebildeten Kollegen als der Gipfel von Unseriosität erschien. Wer da öffentlich schreibt, muß privat Würde an den Tag legen, das galt als die Vorbedingung von Erfolg und Anerkennung. Ich habe die Würde nie erlernt, das schadete mir zeitlebens ...«

Schon wenige Tage nach der Episode am »Prager Tagblatt« debütiert Kisch mit einer Erzählung, »Glücklich abgewöhnt«, in der »Bohemia«. Es handelt sich um eine jener Geschichten, die in den Berliner Monaten geschrieben oder zu Ende gebracht worden sind. Sie kommen im Frühjahr 1906 unter dem Titel »Der freche Franz« gesammelt heraus.

Diesen ersten und einzigen Erzählungsband habe er lediglich veröffentlicht, meint Kisch, um sein klägliches Debüt mit der Gedichtsammlung wettzumachen. Fünf der sechs Texte sind Schüler- und Studentengeschichten mit autobiographischem Hintergrund. Meist steht eine Liebesepisode im Mittelpunkt.

Hinter dem Helden der Titelgeschichte, Franz Siegfried Kletting, der auch in anderen Erzählungen auftritt, ist unschwer der Verfasser zu erkennen, das »altklügste, frechste und terribelste enfant terrible«, das sich denken läßt. Mit Bravour geht er in die Matura. »Das Fehlen der Prüfungsangst nahm man als Zeichen der sichern Präparation, und der freche Franz hatte auch dieses Hindernis genommen.«

Auch Edgar Bleichert, zentrale Figur der Erzählung »Frühling und Jugend«, kann die verwandtschaftliche Beziehung zum Autor nicht leugnen. Er ist ein »schneidiger Bursche«, der gegen Elternhaus und Schule rebelliert und froh ist, als man ihn vom Gymnasium relegiert. »Mit allen Fasern seines Herzens« zieht es ihn zu einer »journalistischen Tätigkeit«, zu der er die »richtigen Fähigkeiten« in sich fühlt.

Mit der Geschichte »Das Ladenmädel« variiert Kisch ein aktuelles soziales Thema, das auch in den Gedichten anklingt. Er erzählt von einem jener armen Mädchen, die als Verkäuferinnen, Dienstboten oder Fabrikarbeiterinnen ihr Brot verdienen. Ein Opfer reicher Bürgersöhne, verführt und sitzengelassen, enden sie oft als Prostituierte.

In der letzten Geschichte des Bandes »Dragotin Podravič, der Slowene« gewinnt das Thema Käuflichkeit und Prostitution allgemeinere Bedeutung. Der Verfasser löst sich von eigenen Erlebnissen und behandelt ein menschliches Schicksal, das über den besonderen Fall hinausweist. Als einzige der frühen Geschichten nimmt Kisch sie auch in eine spätere Sammlung »Prager Kinder« auf.

Erzählt wird von einem Lehrersohn aus einem slowenischen Dorf, der in Triest das deutsche Gymnasium besucht hat und in Prag sein Dienstjahr ableistet. Podravič hat »nur einen Gedanken, eine Leidenschaft, eine Liebe, einen Lebenszweck: sein Volk – seine Slowenen, seine Heimat – sein Illyrien«. Sein Haß richtet sich gegen die Unterdrücker der Freiheit seines Volkes: gegen die Italiener, die Pfaffen, die Deutschen, die k.u.k. Monarchie, die den »anderthalb Millionen

Slowenen keine Amtssprache, keinen Landsmannminister, keine Fakultät, ja, nicht einmal eine Mittelschule« gewährt.

In Prag lernt Podravič die Prostituierte Wida Neralič kennen, ein Mädchen aus seinem Dorf. Lebensweg, Ansichten und Absichten dieser Frau zerstören das Weltbild des slowenischen Patrioten.

Wida hat in ihrer Heimat einen österreichischen Offizier kennengelernt und ist ihm nach Prag gefolgt. Hier löst sich das Verhältnis, und das Mädchen gerät in ein Bordell. »Sie empfand Scheu vor dem Neuen, Unbekannten und Furcht vor Sünde und Schande. Aber dann hat es ihrem Südländerblut doch gefallen, dieses sorglose, ungebundene Luxusleben. Und jetzt möchte sie überhaupt nicht mehr fort. Sie verdient Geld, und das genügt ihr. In die Heimat will sie gar nicht, obwohl sie es könnte. Ihre Eltern hat sie durch Geldsendungen ausgesöhnt, und diese wollen nun auch die vierzehnjährige Tochter zu Wida schicken, damit ihr diese auch eine so einträgliche Stellung verschaffe.«

»Dragotin Podravič« ist gradlinig erzählt, ohne falsche Poetisierung. Der Autor tritt lediglich als Berichterstatter in Erscheinung. Was er übermittelt, berührt einen Grundwiderspruch des österreichisch-ungarischen Vielvölkerstaates.

Die nationalen Gruppen innerhalb der Monarchie sind in die Rolle von Bedienstetenvölkern gedrängt. Ein Teil der Bevölkerung identifiziert sich mit dieser Rolle. Seine passive Haltung jedoch gerät in immer stärkeren Gegensatz zu den politischen Gegebenheiten. Die Dirnenproblematik erweist sich als Teil eines allgemeinen Konflikts. Die Prostituierte, Vertreterin eines unterdrückten Volkes, wird zum Symbol nationaler Demütigung.

Nur einzelnen Texten des Bandes »Der freche Franz«, wie der Titelerzählung und »Dragotin Podravič«, gesteht Kisch später noch eine gewisse Bedeutung zu. Die anderen Geschichten mit ihren Weitschweifigkeiten sind schon vom Gegenstand her wenig geeignet, ein allgemeineres Interesse zu wecken.

In der »Bohemia« bescheinigt Emil Faktor dem Autor Sinn für humoristische Pointen und eine gewisse Leichtigkeit der Auffassung und Wiedergabe. »Das bißchen falsche Sentimentalität gehört ebenso zum Charakter dieser Geschichten wie der saloppe Ton, der nur allzu häufig aus dem Vorrate burschikoser Tanzstundendialoge schöpft.«

Aufschlußreich ist eine Bemerkung, die ein Problem berührt, mit dem sich Kisch lange beschäftigen wird. »Auch wäre dem Verfasser mehr Phantasie zu wünschen, da er sich zu enge an Erinnerungen anschmiegt und bloß aus eigenen Erlebnissen den Faden der Erzählung zu spinnen scheint.« Noch drei Jahrzehnte später, in einem Aufsatz zum fünfzigsten Geburtstag von Kisch, kommt Emil Faktor auf diesen Punkt zurück: »Phantasie zählt nicht zu den Grundelementen seiner Darstellungskunst, weshalb Schaffensgebiete wie seine Epik oder das Drama sich ihm trotz interessanten Ansätzen und Umrissen nicht zu Ende formen. Das mag in seinem Bewußtsein ein empfindlicher Punkt sein.«

Mit dem Geschichtenband stößt Egon Erwin Kisch an die Grenze seines erzählerischen Vermögens. Die Phantasie läßt sich anregen durch Lebenspraxis und Wirklichkeitserfahrung. Im Journalismus scheint eine Möglichkeit geboten, Realitätskenntnis zu gewinnen und der Literatur treu zu bleiben.

3.
Lokal- und Provinzial-Chronik

Den Zeitungsredakteur kennzeichne Überkompensation eines Minderwertigkeitskomplexes, sagt Kisch. Schon die Wahl des Berufes beweise das. Der Journalist sei der Bürger, der den bürgerlichen Beruf verfehlt habe, der Künstler, der nicht soviel Künstler sei, um es zu wagen, der Unbill des Nichtgesichertseins und des persönlichen Mißerfolges zu trotzen. Man könne ihn den »Nichtkünstler aus Skepsis« oder den »Nichtbürger aus Anmaßung« nennen.

Der Zeitungsschreiber leide an der Tatsache, daß er durch einen Zufall in seine Stellung geraten sei. »Von seinem ersten Schritt aus der Bürgerlichkeit hängt seine Wertung für die Zukunft ab. Von einem Zufall! Hätte er seine erste Schrift an einen Bücherverlag oder an eine vornehme Zeitschrift gesendet und Erfolg gehabt, wäre er ein Dichter, ein Schriftsteller geworden. Aber er hat dies eben aus Skepsis nicht getan, ist Journalist geworden, hat an eine Tageszeitung eingeschickt oder sich um eine Anstellung bei einer solchen beworben.« Leidenschaftliche Hinwendung zur Literatur und Furcht vor dem Risiko einer freien künstlerischen Existenz stehen im Widerstreit bei der Berufsentscheidung Egon Erwin Kischs.

Nicht nur der Eintritt in die Redaktion, meint Kisch, auch das Arbeitsgebiet sei beim Journalisten oft vom Zufall bestimmt. Für den Lokalreporter gar wird der Zufall zur Existenzfrage.

In der Redaktion der »Bohemia« ist die Stelle des Lokalreporters vakant, also wird der junge Anwärter Lokalreporter. Später, im »Marktplatz der Sensationen«, läßt sich Kisch eine bewegte Szene dazu einfallen. Er versammelt führende Vertreter der deutschen Literatur in Prag, um seinem Eintritt in die Journalistik einen würdigen Rahmen zu geben. Er überträgt, wie so manches Mal, eine Episode aus späteren Jahren in die Anfänge seiner Laufbahn. Rainer Maria

Rilke überdies, Symbolfigur der Poesie, der erste bedeutende Vertreter der Prager deutschen Literatur, befindet sich zu dieser Zeit längst nicht mehr in der Stadt.

Mitten in einer erregten Kaffeehausdiskussion über Dichtkunst, Liebe und Gottesglaube erhält Kisch von einem alten Redakteur der »Bohemia« das Angebot, die frei gewordene Stelle des Herrn Melzer, des »Spezialisten in Mordfällen«, einzunehmen.

»Ich könnte den Posten sofort antreten«, sagt Kisch spontan.

»Sicherlich hätte ich auch angenommen, wenn man mir eine Stellung in der Handelsrubrik oder im Sportteil, als Leitartikler oder als Kunstkritiker angeboten hätte. Wäre dann mein Leben anders verlaufen?

Nun, wohin immer mich der Zufall hingesetzt, der Sitz wäre jedenfalls sehr bald ein Auslug geworden, dafür hätte die heftigste meiner Eigenschaften gesorgt: die Neugierde.«

So ganz zufällig jedoch scheint die Ressortwahl nicht zu sein. Vielleicht hat der Redaktionskollege Emil Faktor nicht unrecht, wenn er meint, daß der »junge Mann lieber Theaterkritiken« geschrieben hätte. Zweifellos aber übt die Lokalredaktion auf Kisch einen großen Reiz aus. Nicht von ungefähr interessierte er sich in Berlin so angelegentlich für Gerichtsmedizin, Strafrecht und Kriminalanthropologie.

Als Egon Erwin Kisch in die Redaktion der »Bohemia« eintritt, steht die 1828 gegründete Zeitung in ihrem 79. Jahrgang. Gegenüber dem jüngeren und auflagenstärkeren »Prager Tagblatt«, das sich durch einen umfangreichen Handelsteil auszeichnet, versucht sich die »Bohemia« durch detaillierte Lokalberichte, durch Nachrichten aus der Provinz und durch ihre Unterhaltungsbeilagen zu behaupten.

Politisch vertritt das Blatt die Interessen der deutschen Fortschrittspartei. Aus den Kämpfen von 1848 hervorgegangen, bewahrt diese liberale bürgerliche Partei in den deutschsprachigen Randgebieten Böhmens lange Zeit ihre vorherrschende Stellung. Mit der wachsenden Industrialisierung und dem Erstarken der Sozialdemokratie jedoch schwindet ihr Einfluß, reduziert sich auch der Leserkreis der »Bohemia«.

In Prag dominiert die Fortschrittspartei nach wie vor. Unter dem Eindruck der wirtschaftlichen und politischen Entwicklung in Deutschland allerdings gewinnt die deutschnationale Bewegung in den böhmischen Randgebieten an Boden. Diesem Trend folgt die

Zeitung nur zögernd. Aber der Niedergang des Liberalismus in Österreich verstärkt auch in ihren Spalten die konservativen und antitschechischen Tendenzen.

»Bei der ›Bohemia‹ … herrschten patriarchalische Verhältnisse. Sie war achtzig Jahre alt und ein vornehmlich politisches Blatt. Ihre Stellungnahme galt als die aller Deutschen in Böhmen, wurde von den Provinzzeitungen nachgedruckt und an ausländische Zeitungen telefoniert. Der Prager Korrespondent der allmächtigen Wiener ›Neuen Freien Presse‹, Herr Hermann Katz, war gleichzeitig Redakteur der ›Bohemia‹, auch die Prager Korrespondenten anderer Wiener und Berliner Zeitungen saßen in unserer Redaktion.

Die Innenpolitik war ein Seilziehen darum, ob die Deutschen oder die Tschechen von seiten der österreichischen Regierung benachteiligt seien, ob der neue Postbote der Landgemeinde Melnik ein Tscheche oder ein Deutscher sein müsse, ob auf den Wegweisern im Böhmerwald die tschechischen Ortsnamen oberhalb oder unterhalb der deutschen stehen sollten …«

Dem ehrwürdigen Habitus des Blattes entsprechen die Mitarbeiter. Alt geworden im Dienste der Zeitung, sperren sie sich gegen alle Neuerungen. Kisch glaubt sich zu erinnern, daß zu seiner Zeit noch die Schreibung »Local- und Provincial-Nachrichten« üblich gewesen sei, »obwohl sich längst kein Lokal mit einem c und keine Provinz ohne ein z schrieb. Ich schlug vor, die beiden Buchstaben zu ändern, worauf ich die sarkastische Antwort bekam: ›Warum nicht! Wir können ja ›Lozal- und Provinkial-Nachrichten‹ schreiben.‹«

Die antiquierte Schreibung trifft wohl für die älteren Jahrgänge des Blattes zu. Als Kisch in die Redaktion eintritt, ist die Rubrik längst mit »Lokal- und Provinzial-Chronik« überschrieben. In der typographischen Gestaltung jedoch wirkt das Blatt noch recht altväterlich und kann seine Herkunft aus einem Journal des frühen neunzehnten Jahrhunderts nicht verleugnen.

Die Morgen-Ausgabe beginnt in der Regel mit dem Leitartikel, der nicht selten die ganze erste Seite einnimmt. An bestimmten Tagen teilt er die erste und zweite Seite mit dem Feuilleton, der Theater- oder Musikkritik. Dann erst kommen Meldungen über wichtige politische Ereignisse. Informationen über politische Vorgänge im Ausland sind in der Rubrik »Drahtnachrichten der ›Bohemia‹« zusammengefaßt. Unter der Überschrift »Mosaik« schließlich findet sich ein Sammelsurium von Nachrichten über Kriminalfälle, Grubenunglücke, Brandkatastrophen und dergleichen, auch über kulturelle Ereignisse, über Veränderungen an den Hochschulen und Bibliotheken, mit »Anekdoten« und »Humoristika« am Schluß.

Jetzt erst folgt die »Lokal- und Provinzial-Chronik« mit Meldungen aus Prag und der weiteren Umgebung. Über Wechsel und Beförderungen an den Gerichten, Rathausdebatten oder Handwerkerversammlungen wird hier ebenso berichtet wie über Firmenjubiläen, Konkurse, Verlobungen, Sterbefälle, öffentliche Vorträge und Theaterveranstaltungen.

Aufgabe des Lokalreporters ist es, die beiden letzten Rubriken täglich mit neuen Nachrichten zu füllen. Manches wird aus amtlichen Verlautbarungen oder aus Provinzblättern übernommen, das meiste aber muß der Mitarbeiter selbst besorgen. Diese mühselige Arbeit ist nur zu bewältigen durch eine Absprache zwischen den Reportern der verschiedenen deutschen und tschechischen Zeitungen. Regelmäßig treffen sie sich und tauschen Nachrichten aus.

Die Aufgabenbereiche innerhalb dieser »Börse der Nachrichten« sind streng verteilt. Einer hat die Verbindung zum Rathaus aufrechtzuerhalten, ein zweiter geht zur Feuerwehr, ein dritter zur Polizei, ein vierter zu den Krankenhäusern. Dem Vertreter der »Bohemia« obliegt es, sich um das Gendarmeriekommando zu kümmern.

Das Polizeiressort kommt den Neigungen Kischs entgegen. Bald gehört auch das Strafgericht am Karlsplatz zu seinem Jagdgebiet. Hier, im Kreis der Zeitungsleute, hält er sich gern auf, sogar außerhalb der Dienststunden. Hier lernt er viele tschechische Kollegen kennen, unter anderen Jaroslav Hašek.

In den Gerichtsverhandlungen sieht er sich nicht selten Leuten gegenüber, denen er in den Arresttagen während seiner Militärzeit begegnet sein könnte. Er verfolgt ihre Schicksale, forscht nach Ursachen und Motiven. Die Polizeirapporte allein genügen ihm nicht; manchem Fall geht er selbst nach, spricht mit den Betroffenen, sucht nach Hintergründen.

Er will das Milieu kennenlernen, das dem Kriminalgericht die Fälle liefert. Er besucht die Kneipen und Nachtlokale, wo die kleinen Diebe und Hehler, die Dirnen und Zuhälter verkehren. Durch seine burschikose Art verschafft er sich überall Zugang und Zutrauen.

Vor allem muß er so sprechen lernen, wie die Leute sprechen, mit denen er Kontakt sucht. In seinem Merkheft notiert er tschechische Floskeln und Wendungen, die er nicht versteht. Während der Pausen zwischen den Gerichtsverhandlungen läßt er sich von tschechischen Kollegen die Ausdrücke erklären, sein fehlerhaftes Tschechisch korrigieren. Ohne Kenntnis der tschechischen Sprache kann man in Prag keine wirklichen Lokalberichte schreiben.

Kisch weiß, was gründliche Recherchen, schnelle Auffassungsgabe und ein gutes Gedächtnis wert sind in der Journalistik. Prag ist eine kleine Welt, in der es viel zu lernen gibt für die große. Die Stadt, die er zu kennen glaubt, wird ihm vertraut auf neue Art.

Die Lokalchronik, die er mit Alltagssensationen zu füllen hat, bietet Raum genug, den Blick zu schärfen für Realitäten, die Sprache geschmeidig zu machen für Tatsachen. So eng das »Lokal« des Reporters sein mag, seine Erscheinungsfülle ist unbegrenzt. Ereignen kann sich alles. Und über alles, was sich ereignet, muß Egon Erwin Kisch berichten.

Der Neuling drängt nach vorn, möchte für besondere Aufgaben herangezogen werden. Er will den »alten Herren« der Redaktion beweisen, daß manches anders und besser gemacht werden kann. Nicht immer findet er die Zustimmung seiner Kollegen. Manchmal gerät er mit Emil Faktor aneinander, der »nicht jede Zeile, nicht jedes Wort« des neuen Mitarbeiters drucken will. »Der Anfänger Kisch war in der Form viel unentwickelter als andere Anfänger, die weit weniger Ideen hatten.«

Hin und wieder gibt es eine Berichterstattung außerhalb von Prag, bei der sich der junge Adept bewähren darf. Mitunter gelingt es sogar, einen »Solokarpfen« zu fangen, einem außergewöhnlichen Ereignis auf die Spur zu kommen, das der Öffentlichkeit vorenthalten werden soll.

Eine erste Gelegenheit, sich auszuzeichnen, ergibt sich im Juni 1906. In den Abendstunden des 17. Juni ist es nach einem »gewaltigen Wolkenbruch« im Gebiet von Beneschau zu starken Überschwemmungen gekommen. Die »Bohemia« schickt einen Berichterstatter in das Hochwassergebiet, ihren Lokalreporter Egon Erwin Kisch.

Das Ereignis beansprucht deshalb allgemeineres Interesse, weil sich in der Nähe von Beneschau das Schloß Konopischt befindet, der Wohnsitz des österreichischen Thronfolgers Franz Ferdinand.

Die »Bohemia« bringt ausführliche Berichte. Bereits in der Abend-Ausgabe vom 18. Juni ist der »an Ort und Stelle entsandte Berichterstatter mitzuteilen in der Lage«, daß von dem Besitz Franz Ferdinands nur der links von der Straße gelegene Teil, wo der Erzherzog wohnt, unbeschädigt geblieben sei.

Rasch verschafft sich der Reporter einen Überblick. Die Morgen-Ausgabe vom 19. Juni meldet, daß die furchtbaren Wirkungen, die die Katastrophe in einem Umkreise von fast fünfzehn Kilometer Durchmesser für die gesamte Landbevölkerung gehabt habe, noch nicht annähernd abzuschätzen seien. Es werde etwa drei Jahre dauern, ehe der Boden seine frühere Ertragfähigkeit wieder erreicht.

Auch die Teichwirtschaft des Sazawagebietes ist stark in Mitleidenschaft gezogen. »Wie groß der durch den Fischverlust entstandene Schaden ist, kann man sich am besten vor Augen führen, wenn man bedenkt, daß der dem Erzherzog Franz Ferdinand gehörende Konopischter Teich allein jährlich zwei- bis dreihundert Meterzentner Fische – die bekannten Konopischter Karpfen – auf den Markt bringt ...«

Nichts aber schreibt der Korrespondent davon, daß zum Schutze des Schlosses und des Parks auf Befehl des Erzherzogs Militär und Gendarmerie herangezogen worden sei. Davon schreibt er erst dreißig Jahre später. Die Aufgabe der Gendarmen besteht darin, die Fische zu konfiszieren, die aus den Teichen auf die Landstraße geschwemmt und von den Bauern eingesammelt worden sind. Die toten Fische aber werden gebraucht, um die kostbare Rosenzucht auf Konopischt damit zu düngen.

»Ein so junger Journalist ich auch war, ich hatte schon eine ziemliche Anzahl von Dingen verschweigen müssen, und es sollte eine sehr große Anzahl werden, bevor ich ein alter Journalist wurde. Wenn Kollegen sich brüsten, sie seien nie in ihrem Leben im Schreiben beschränkt worden, nie würde ihnen ein Gedanke gestrichen, so ist das nur ein Beweis dafür, daß sie sich von selbst innerhalb der Zensurgrenzen bewegen, ihre Denkweise nirgends über die Hürden der vorgeschriebenen Ideologie hinausstrebt.«

Bei seiner Berichterstattung aus Beneschau bietet sich für Egon Erwin Kisch wahrscheinlich zum erstenmal die Möglichkeit, nicht nur für die »Bohemia« zu schreiben. Jeder ehrgeizige Journalist strebt danach, auch von anderen Zeitungen als Mitarbeiter herangezogen zu werden. Höchstes Ziel jedoch ist es, Korrespondent eines namhaften Blattes in Wien oder Berlin zu sein.

In seinen Erinnerungen erzählt Kisch, wie er von Moriz Benedikt, dem Herausgeber der liberalen Wiener Zeitung »Neue Freie Presse«, einem erklärten Gegner des österreichischen Thronfolgers, den Auftrag erhält, über Konopischt zu schreiben. Um Zugang zu erhalten und nicht ohne Stolz fährt der junge Journalist mit Zylinder und Zweispänner hinaus ins Schloß. Die Wache läßt ihn passieren, und er durcheilt den Park, um Eindrücke zu sammeln.

Natürlich kommt es – der Erzähler wechselt vom Präteritum ins Präsens – zum Zusammenstoß mit Franz Ferdinand. Während der Reporter an der Bruchstelle des geborstenen Dammes steht, um sich »panoramische Notizen« zu machen, erscheint auf der anderen Seite der Bresche der Erzherzog.

»›Unerhört! Ich habe Ihnen doch sagen lassen: Ich dulde nicht, daß über das Schloß etwas in die Zeitung kommt‹, schreit er.

Aus seinen Pupillen blitzen Drohungen, die ihre Wirkung gewohnt sind. Aber sie verfehlen ihre Wirkung auf mich, der ich von höherer Seite gesandt bin.

Über den klaffenden Abgrund hinweg schallt meine Antwort: ›Kaiserliche Hoheit, was in der ›Neuen Freien Presse‹ erscheint, bestimmt niemand anderer ...‹

Bei dem Wort ›Neue Freie Presse‹ wird sein Gesicht puterrot vor Wut, seine Finger krampfen sich zusammen, als wollten sie jemanden erwürgen.

›... bestimmt niemand anderer als Herr Moriz Benedikt.‹

Damit wende ich dem Erben des Weltreichs den Rücken zu und schreite über den ungeborstenen Teil des geborstenen Dammes in die Richtung zum Tor.«

Tatsächlich bezieht sich die »Neue Freie Presse« am 18. Juni auf Telegramme aus Prag. Und in ihrer Ausgabe vom 19. Juni beruft sich die Zeitung auf einen Journalisten, dem der Erzherzog den Dammbruch ausführlich geschildert habe: »Das Wasser ergoß sich wie ein Strom in den Park, und der ganze Park wurde sofort unter Wasser gesetzt. Das Schloß selbst blieb, da es auf einer Anhöhe liegt, unbeschädigt. Erzherzog Franz Ferdinand ordnete sofort an, daß alle obdachlos gewordenen Familien in den leerstehenden Häusern des Erzherzogs untergebracht werden.« –

Ein weit gewichtigerer »Solokarpfen« geht dem Reporter wenige Monate später, im Oktober 1906, ins Netz. Wiederum handelt es sich um eine namhafte Persönlichkeit des öffentlichen Lebens.

In der Oktobernummer der in Stuttgart erscheinenden Zeitschrift »Über Land und Meer« werden Auszüge aus den »Denkwürdigkeiten« des Fürsten Chlodwig zu Hohenlohe-Schillingsfürst, von 1894 bis 1900 deutscher Reichskanzler und preußischer Ministerpräsident, veröffentlicht. Die »Bohemia« druckt einige Passagen nach und schreibt dazu: »Dieser Abschnitt bringt eine Reihe interessanter Mitteilungen über die Entlassung Bismarcks, die zum Teile nicht bekannt sind, zum Teile die damaligen Vorgänge in neue Beleuchtung rücken.«

Einen Tag später, in der Abend-Ausgabe vom 8. Oktober 1906, bringt die Zeitung unter der Überschrift »Kaiser Wilhelm an den Prinzen Hohenlohe. Ein scharfer Tadel wegen der Veröffentlichung der ›Denkwürdigkeiten‹ des Fürsten Chlodwig Hohenlohe-Schillingsfürst« einen Bericht »von besonderer Seite«.

»Kaiser Wilhelm hat an den Prinzen Hohenlohe auf Schloß Podiebrad eine Depesche gerichtet des Inhalts, daß er von den in den Journalen erfolgten Veröffentlichungen, welche sein Verhältnis zu dem Fürsten Bismarck und die Gründe der Entlassung desselben betreffen, mit der größten Entrüstung Kenntnis erhalten habe. Der Kaiser bezeichnet es als eine grobe Taktlosigkeit, daß ohne seine vorherige Erlaubnis Angelegenheiten, die seine Person betreffen und die unabsehbare Konsequenzen nach sich ziehen können, veröffentlicht wurden, und spricht aus diesem Anlasse dem Prinzen den schärfsten Tadel aus.«

Die Veröffentlichung des Telegramms macht Aufsehen in der Weltpresse. Wilhelm II. sieht sich gezwungen, in der »Norddeutschen Allgemeinen Zeitung« gegenüber der »ungenauen Wiedergabe« der »Bohemia« den »authentischen Text« der Depesche zu publizieren.

Bei einem Vergleich dieses »authentischen Wortlautes« mit dem von ihr wiedergegebenen Inhalt der Kaiserdepesche, so steht am 10. Oktober in der »Bohemia« zu lesen, ergibt sich, daß sie sich dem Sinne nach vollständig decken. Bemerkenswert aber sei, daß die von der »Bohemia« mitgeteilte Stelle des Telegramms Wilhelms II. von den »unabsehbaren Konsequenzen« in dem von der »Norddeutschen

Nr. 277. **Abend-Ausgabe.** 79. Jahrgang.

BOHEMIA

Prag, Montag, 8. Oktober 1906.

Einzelnummer: 2 h. durch die Post 4 h.

Kaiser Wilhelm an den Prinzen Hohenlohe.

Ein scharfer Tadel wegen der Veröffentlichung der „Denkwürdigkeiten des Fürsten Chlodwig Hohenlohe-Schillingsfürst."

Berlin, 8. Oktober.

(Von besonderer Seite.)

Kaiser Wilhelm hat an den Prinzen Hohenlohe auf Schloß Podiebrad eine Depesche gerichtet des Inhalts, daß er von den in den Journalen erfolgten Veröffentlichungen, welche sein Verhältnis zu dem Fürsten Bismarck und die Gründe der Entlassung desselben betreffen, mit der größten Entrüstung Kenntnis erhalten habe. Der Kaiser bezeichnet es als eine grobe Taktlosigkeit, daß ohne seine vorherige Erlaubnis Angelegenheiten, die seine Person betreffen und die unabsehbare Konsequenzen nach sich ziehen können, veröffentlicht wurden, und spricht aus diesem Anlasse dem Prinzen den schärfsten Tadel aus.

Dieses überaus scharf gehaltene Telegramm Kaiser Wilhelms bezieht sich auf die Veröffentlichung eines Teiles der „Denkwürdigkeiten des Fürsten Chlodwig zu Hohenlohe-Schillingsfürst", die im Auftrage des Prinzen Alexander zu Hohenlohe-Schillingsfürst erfolgt ist. Wir haben einen Teil aus diesen Denkwürdigkeiten, die sich hauptsächlich mit der Entlassung des Fürsten Bismarck beschäftigen, in unserer Sonntagsausgabe veröffentlicht. Die Mitteilungen des Fürsten Hohenlohe-Schillingsfürst haben insbesondere durch dort wiedergegebene angebliche Aeußerungen Bismarcks über Oesterreich sowie auch durch verschiedene Aeußerungen, die der Kaiser selbst u. a. auch über das Verhältnis Deutschlands zu Rußland getan hat, großes Aufsehen erregt. Daß Kaiser Wilhelm selbst diesen Mitteilungen die größte Bedeutung beilegt, ist aus der oben mitgeteilten Depesche ersichtlich. In der uns übermittelten Nachricht heißt es, daß die Depesche des Kaisers an den „Prinzen Hohenlohe auf Schloß Podiebrad" gerichtet ist. Der Schloßherr von Podiebrad ist Fürst Philipp zu Hohenlohe-Schillingsfürst, der Chef des Hauses und Bruder des Prinzen Alexander zu Hohenlohe-Schillingsfürst, in dessen Auftrag, wie mitgeteilt wurde, die Herausgabe der „Denkwürdigkeiten", über deren Veröffentlichung Kaiser Wilhelm so entrüstet ist, erfolgte. Der Kaiser scheint also durch seine Depesche den Chef des Hauses Hohenlohe-Schillingsfürst für die Veröffentlichung verantwortlich zu machen.

Drahtnachrichten der „Bohemia".

Erkrankung des Eisenbahnministers.

Wien, 8. Okt. (Privat). Eisenbahnminister Dr. von Derschatta ist an einer schweren Halsentzündung mit Fiebererscheinungen erkrankt.

Gegen eine öffentliche tschechische Schule in Znaim.

Znaim, 8. Okt. (Privat). Gestern fand im deutschen Bürgervereinshause eine Volksversammlung statt, in welcher folgende Resolution angenommen wurde: „Die Anwesenden erklären das von den Tschechen gestellte Begehren um Errichtung einer öffentlichen Volksschule aus Gemeindemitteln in Znaim als nationalen Einbruchsversuch in unsere bisher seit ihrer Gründung deutsch gewesene Stadt Znaim, den sie auf das entschiedenste zurückweisen und verurteilen müssen."

Sozialistische Wahlrechtsversammlungen in Ungarn.

Pest, 7. Oktober. Die Sozialisten hielten heute eine Versammlung ab, an welcher ungefähr 15.000 Personen teilnahmen. Nachdem mehrere Redner gesprochen hatten, wurde ein Resolutionsantrag angenommen, in welchem beschlossen wurde, das Abgeordnetenhaus auf die bezüglich der Wahlreform übernommenen Verpflichtungen aufmerksam zu machen. Weiters wurde das Abgeordnetenhaus in der Resolution aufgefordert, die in dem Krankenunfallversicherungsgesetz enthaltenen, von den Sozialisten angefochtenen Verfügungen abzuändern. Die Versammlung nahm einen ruhigen Verlauf. — Vormittag hielten einzelne Arbeiterbranchen Versammlungen ab, die gleichfalls ohne Zwischenfall verliefen. In 45 Provinzstädten wurden Volksversammlungen zu Gunsten des allgemeinen Wahlrechtes abgehalten.

Ein neues englisches Handelsministerium.

London, 8. Okt. Die vom Präsidenten der Handelskammer in Dover gemachte Mitteilung, die Regierung werde in der Herbstsession ein Handelsministerium errichten, hat hier einiges Aufsehen erregt. Sir Williams Holland, der Präsident der vereinigten Handelskammern, soll der erste Handelsminister werden.

Bluttaten auf dem Balkan.

Konstantinopel, 7. Oktober. Sonntag nachts wurden in Wranja (Bezirk Melnik) 15 Bulgaren durch Gewehrschüsse und Messerstiche getötet. Ein Haus wurde in Brand gesteckt und der Hauseigentümer verwundet. Er wurde nach Saloniki in das französische Spital gebracht. Nach seiner Aussage trugen die Mörder türkische Militäruniformen und bedienten sich der türkischen Sprache. Dagegen meldet der Kaimakam, daß der Massenmord von einer bulgarischen Bande verübt worden sei. Eine strenge Untersuchung ist dringend notwendig. Die Angabe des Kaimakam erscheint unwahrscheinlich. Schon am 6. September sollen in demselben Gebiete, namentlich in Katunci Ausschreitungen seitens der Truppen vorgekommen sein. Inzwischen haben französische Gendarmerieoffiziere den Tatort besucht.

Die chinesischen Zölle.

Shanghai, 7. Oktober. Dem Vernehmen nach richtete Generalzollinspektor Sir Robert Hart an die Fremdenkolonie bezüglich der Zölle ein Rundschreiben, in welchem er erklärt, er habe die Versicherung erhalten, daß in seinem und ihrem Verhältnisse zur chinesischen Regierung keine Aenderung eintreten werde. Hart fügt hinzu, es gereiche ihm zur Befriedigung, daß keine ungehörige Einmischung in die ausländische Kontrolle der Zölle erfolgen werde.

* * *

Wien, 8. Okt. Landesverteidigungsminister FZM. Schönaich ist gestern aus Friedeck hier angekommen.

Die Ereignisse in Rußland.

Vom Kongreß der Kadettenpartei.

Helsingfors, 7. Okt. Im weiteren Verlaufe der Sitzung des Kongresses der Kadettenpartei führte der Vorsitzende Fürst Dolgorukow aus, der Kongreß werde trotz des Verbotes der Abhaltung in Rußland zur Stärkung des konstitutionellen Lebens und zur Festigung der Partei beitragen. — Petrunkewitsch erklärte, die Urheber des Todes Herzensteins müßten unter denen gesucht werden, deren Interessen durch das Prinzip der zwangsweisen Landenteignung bedroht worden seien. — Rabokow erklärte, die parlamentarische Fraktion der Kadetten sei gezwungen gewesen, mit den Arbeitsgruppen zusammenzugehen, die in kurzer Zeit einen großen Einfluß gewonnen hätten. Im Kampfe mit dem Kabinette sei die Duma ausschließlich auf sich selbst angewiesen gewesen. Sie habe jedoch ihre Kräfte überschätzt und habe ihre Niederlage herbeigeführt. Aber auch eine richtige Selbstschätzung würde den Konflikt nicht verhindert haben, da die Regierung sich auch jetzt weigere, den konstitutionellen Weg zu betreten. Nicht die von der Regierung angegebenen Beweggründe hätten zu dem offenen Bruch geführt, sondern die Forderung der Duma, daß ein parlamentarisches Kabinett ernannt werde. Die Regierung habe sich noch stark genug gefühlt, um dieser Forderung nicht nachzugeben. — Grebeskul führte aus, der Wyborger Aufruf sei historisch und politisch notwendig gewesen. Die Duma habe dem Volke im passiven Widerstande den besten Weg zur Wahrung seiner Rechte gewiesen. Die Idee des Aufrufes sei streng konstitutionell. Sein Nichterfolg könne seine Bedeutung nicht abschwächen. Das Vorgehen der parlamentarischen Fraktion der Kadetten in Wyborg sei daher durchaus richtig gewesen.

Abend-Ausgabe der »Bohemia« vom 8. 10. 1906

Allgemeinen Zeitung« veröffentlichten Text fehlt. Offenbar sei sie der offiziellen Redigierung zum Opfer gefallen.

Die Protestdepesche des Kaisers löst in der internationalen Presse lebhafte Debatten aus. Die Vorgänge um die Entlassung Bismarcks und die Veränderungen in der deutschen Außenpolitik seit 1890 geraten erneut ins Blickfeld der Öffentlichkeit. In London, Paris und Petersburg erörtert man die Beziehungen des Deutschen Reiches zu Rußland und zu Österreich-Ungarn. Wieder einmal ist die Unberechenbarkeit der deutschen Außenpolitik deutlich geworden.

Die zweibändige Ausgabe der »Denkwürdigkeiten« des Fürsten Chlodwig zu Hohenlohe-Schillingsfürst ist in Berlin innerhalb eines Tages vergriffen. Gegen den Herausgeber des Werkes, den Prinzen Alexander zu Hohenlohe, seit 1898 Bezirkspräsident von Oberelsaß in Colmar, wird ein Disziplinarverfahren eröffnet, und er muß sein Amt zur Verfügung stellen. Ein neuer transatlantischer Dampfer des »Norddeutschen Lloyd«, der den Namen »Hohenlohe« erhalten soll, wird in »Kleist von Nollendorf« umbenannt.

»Ursprünglich hatte die Deutsche Verlags-Anstalt Stuttgart für die Hohenloheschen Memoiren eine Auflage von tausend Exemplaren vorgesehen. Auf Grund unserer Veröffentlichung kamen Bestellungen aus aller Welt, ein amerikanischer Buchhandlungskonzern kabelte um zweitausend Exemplare. Drei Druckereien waren beschäftigt, der beispiellosen Nachfrage gerecht zu werden, ganze Kapitel wurden an die Auslandspresse telegrafiert. Schwarz auf weiß erfuhr die Welt, welche Gefahr Kaiser Wilhelm für den Weltfrieden darstellte, wie schnell und restlos er die Bismarcksche Annäherung an das Zarenreich zu liquidieren beabsichtigte. Ein Krieg schien unvermeidlich.«

Von dem Telegramm Wilhelms II. will der Reporter durch einen Zufall erfahren haben. Entgegen den Belehrungen seiner Vorgesetzten ist Kisch der Meinung, daß hohe Politik genau so gemacht wird, wie sich's der kleine Moritz vorstellt. Mit seiner respektlosen Art, an die Dinge heranzugehen, weiß er mehr in Erfahrung zu bringen als andere.

Kisch versucht seinen Lesern zu suggerieren, daß die Gelegenheit, sensationelle Sachverhalte aufzudecken, sich scheinbar beiläufig ergebe. Auf die Kaiserdepesche zum Beispiel sei er in einer Prager Reitschule durch eine Postbeamtin aus Podiebrad hingewiesen worden. Der kleinen Tschechin, die mit ihren Deutschkenntnissen imponieren möchte, haben sich die Worte »unabsehbare Konsequenzen« eingeprägt. Das läßt den Journalisten stutzig werden. Er nimmt die Spur auf und verschafft sich Kenntnis vom Inhalt des Telegramms.

Die Frage ist müßig, ob wir der Anekdote vertrauen dürfen. Es setzt ein hohes Maß an Spürsinn und Kombinationsfähigkeit voraus, Hinweise solcher Art zu erhalten und sie angemessen zu verwerten. Um »Zufälle« dieser Art herbeizuführen, braucht der Reporter Kontakte nach vielen Seiten hin, muß er über alles Bescheid wissen, was in der kleinen und großen Welt geschieht. Mit seinem Charme, seinem Witz verschafft sich Kisch überall rasch Zugang, so daß er stets über alles informiert ist, was für die Zeitung wichtig werden kann.

Der junge Mann in der Redaktion bewährt sich. Man schickt ihn öfter als »Spezialberichterstatter« in die Provinz. Später spricht er nur noch spöttisch von diesen frühen Erkundungsfahrten.

»So nannte man die Berichte, zu denen Eisenbahnfahrten erforderlich waren: ›Auswärtige Berichterstattung‹. Seither habe ich fünf Weltteile covered, und so darf ich über diese Reisen lächeln, die so kurz waren, daß es gar nicht nötig war, von ihrem Ziel aus einen Bericht abzusenden. Meist konnte man nämlich gleich zurückfahren und das ›Telegramm unseres Spezialberichterstatters‹ am Redaktionstisch niederschreiben.«

Die älteren Mitarbeiter, von der Routine zermürbt, überlassen dem jungen Adepten gern diese und jene Aufgabe. Immer öfter erscheinen von Kisch, unter seinem Namen oder mit Siglen gekennzeichnet, auch Vortragsreferate, Buchbesprechungen, Feuilletons. Der Schreiber ist bestrebt, über den lokalen Bericht hinaus Gegenstände allgemeinen Interesses zu behandeln.

Die Redaktionsarbeit nimmt voll in Anspruch. Im Laufe des Tages holt der Reporter seine Informationen zusammen. Das Hauptgeschäft aber fällt in die Abend- und Nachtstunden, da er Veranstaltungen besuchen, für die Morgen-Ausgabe letzte Nachrichten zusammenstellen muß. Die »fortwährenden Unterhaltungsabende«, so klagt er, die er »nach der ohnedies verstärkten Tagesarbeit aufsuchen muß (teils referierend, teils amüsierend)«, lassen ihm kaum Zeit, seine private Korrespondenz zu erledigen.

Im Vordergrund jedoch steht das eigene Ressort. Hier eignet sich der Zeitungsschreiber rasch eine gründliche Sachkenntnis an. Die Mitteilungen der Polizeibehörde werden durch Fachliteratur ergänzt. Kisch beginnt kriminologische Bücher zu sammeln. Neuerscheinungen auf diesem Gebiet werden mit Sachverstand rezensiert.

Der junge Journalist sieht bei seinen Kollegen, wie schnell die Redaktionsarbeit in Routine erstarrt. Oft hat er Mühe, den nichtssagenden Nachrichten eine interessante Note zu geben. »Mochte sich da und dort nur melden, was kaum eine kurze Notiz ergeben hätte, dann machte ich lange Berichte daraus, indem ich es mit Schilderungen des polizeilichen Alltagslebens auffüllte. Einen Raufhandel unter Prostituierten spannte ich in den Rahmen des Sittenpolizeibetriebs, anläßlich der Einlieferung eines Taschendiebs schilderte ich die anthropometrische und daktyloskopische Kartothek sowie das Verbrecheralbum, aus dem Blutfleck auf einer gefundenen Jacke ergab sich das Kriminalogische Laboratorium und aus dem Abtransport von Bettlern der Fahrplan und die Reisevorschriften des Gefangenenwagens.«

Das anfangs noch berufliche, auf Lokalsensation gerichtete Interesse für die Randbezirke der Gesellschaft wandelt sich in ein soziales Engagement. Bereits der Bericht über die Strafanstalt Pankratz, den die »Bohemia« im November 1907 veröffentlicht, geht über bloße Faktenwiedergabe hinaus. Der Autor versucht Gesichter zu zeichnen, in Lebensverhältnisse zu leuchten, Schicksale lebendig werden zu lassen. Sein Mitgefühl überträgt sich auf den Leser. Gerade bei den jugendlichen Kriminellen hat »nicht eigene Schuld, sondern die Schuld der Eltern, des Milieus, der Verhältnisse wehrlose Geschöpfe dem Verbrechen in die Arme getrieben«.

Voller Stolz kann der Verfasser darauf verweisen, daß sein Artikel, wohl zum ersten Male, von einem Wiener Blatt nachgedruckt worden ist. Am 27. November 1907 meldet das »Illustrierte Wiener Extrablatt«: »Die Teilnehmer des Kongresses für ›Zwangserziehung und Fürsorge‹, der gegenwärtig in Prag tagt, statteten vorgestern der Strafanstalt Pankratz einen Besuch ab, der nach einem Berichte der ›Bohemia‹ zu interessanten Einblicken in das Leben und Treiben im Strafhause Gelegenheit gab.«

Der Lokalreporter, der vor allem Polizeireporter, Gerichtsreporter ist, erkennt sehr bald, daß sich von seinem Standort her Wichtiges über die Gesellschaft aussagen läßt. Die jugendliche Leidenschaft für

Kriminalgeschichten, die Jagd nach der lokalen Sensation kommt nicht allein einem öffentlichen Bedürfnis entgegen. Vom sozialen Untergrund her schärft sich der Blick für Kritikwürdiges, zeigt sich die Bedrohtheit bürgerlichen Lebens. »... das Interesse für Kriminalistisches liegt den meisten Menschen im Blut. Dabei sind die wahren Verbrechergeschichten viel seltsamer, spannender und erschütternder als die Phantasieprodukte der begabtesten Kriminalnovellisten und unwahrscheinlicher.«

Von Montag bis Freitag geht der Reporter in der Regel nur einmal täglich zum Gendarmeriekommando, um Erkundigungen einzuholen. Am Wochenende jedoch macht er sich mehrmals auf den Weg, denn es ist »Ehrensache, am Sonntag einen Solokarpfen im Topf zu haben«.

Besonders heftig wird dieser Wunsch vor Festtagen. Aber in der Vorweihnachtswoche des Jahres 1907 zeigt sich nicht die bescheidenste Sensation. Wieder einmal kommt der »Zufall« zu Hilfe.

Bei einem Besuch in der Redaktion des wöchentlich erscheinenden »Polizei-Anzeigers der k.k. Polizeidirektion in Prag« wird dem Kommissar gerade ein Telegramm gebracht. »Das ist meine Weihnachtssensation, durchzuckte es mich. Es konnte mich leicht durchzucken, da ich nichts anderes gefunden, was mich hätte durchzucken können. Ich fragte nach dem Inhalt der Depesche. Der Kommissar reichte sie mir mit boshafter Bereitwilligkeit, denn es war nur eine jener zahllosen Zirkulardepeschen, die selbst der emsigste Reporter verschmäht. Sie lautete: ›nachtrag zu sechzehn doppelpunkt körpergröße wolodarski nicht ungefähr hundertsechzig sondern hundertsiebzig polizeidirektion przemyśl!‹«

Der Reporter läßt sich den Fahndungsbefehl sechzehn herausgeben. Dabei stößt er auf die Einbrecherbande Wasinski, die in verschiedenen Städten Österreich-Ungarns Einbrüche verübt hat. Er stöbert die Provinzzeitungen durch, in denen über die Delikte berichtet worden ist. Hier sind die Vorfälle detailliert wiedergegeben, zum Teil mit Personenbeschreibungen und besonderen Hinweisen.

Allmählich gewinnt der Rechercheur Klarheit über das Vorgehen der Bande. Mehrmals schon hat sie ihr Tätigkeitsfeld von einer Provinz der Monarchie in die andere verlegt. Der Einbruch wird in der Regel am Wochenende verübt. Die Weihnachtssensation ist perfekt – so schreibt Kisch später in seinen Erinnerungen. In Wahrheit geht es alltäglicher zu. Denn die Prager Polizei ist bereits gewarnt und nicht ganz unvorbereitet.

Aber immerhin, der findige Lokalberichterstatter bekommt seine Informationen. Unter der Überschrift »Internationale Kasseneinbrecher in Prag?« bringt die »Bohemia« auf Seite 9 ihrer Weihnachtsausgabe in der Rubrik »Tagesnachrichten« folgende Notiz: »Die Prager Polizei ist gegenwärtig scharf auf der Wache. Es liegt nämlich, Mitteilungen auswärtiger Polizeibehörden zufolge, die Vermutung nahe, daß eine berüchtigte Einbrecherbande, die seit längerer Zeit zahlreiche Städte Österreichs erfolgreich mit ihrer Tätigkeit beglückte, sich nach Prag gewandt hat. Es handelt sich um dieselben Verbrecher, welche vor kurzem den großen Einbruch im Czernowitzer Steueramte verübt und eine Beute von mehr als 100 000 K gemacht haben. Wenige Tage später tauchten sie wieder in Laibach auf, und auch dort gelang ihnen ein überaus frecher und raffinierter Kasseneinbruch großen Stiles. Die Polizeibehörden fahnden eifrig nach den Mitgliedern der Bande – bisher erfolglos, trotzdem man deren Personalia, deren genaue Beschreibung, ja sogar deren Photographien besitzt. Diese Reise-Einbrecher sind nicht nur im meisterhaften Öffnen der eisernen Geldschränke würdige Epigonen von weiland Affendakis, Papakosta und Genossen, sondern sie stehen diesen Größen der Einbrechergilde auch an weltmännisch sicherem Auftreten und an Sprachkenntnissen nicht nach ... Bis jetzt wurde in Prag selbst noch keine Spur von der Anwesenheit der Kasseneinbrecher konstatiert, doch ist man durch die Meldung von einer wahrscheinlichen Prag-Reise der Bande aufmerksam geworden, und die Prager Detektivs werden keine rechte Weihnachtsruhe halten können.«

Als die Prager am Morgen des ersten Weihnachtsfeiertages den Artikel in der »Bohemia« lesen, hat sich die Voraussage bestätigt. Die Einbrecher haben am Heiligen Abend von einem Privathaus aus einen Weg zum Kassenraum der Hauptpost freigelegt, sind aber bei ihrer Arbeit gestört worden. Während der Flucht wird ein Mann, der sich den Verbrechern entgegenstellt, niedergeschossen. Ein Mitglied der Bande kann überwältigt und festgenommen werden.

In ihrer Mittag-Ausgabe vom 27. Dezember stellt die »Bohemia« den Bericht über den Einbruchsversuch groß heraus. Unter der Überschrift »Eine Mordtat am Weihnachtsabend« bringt sie auf den Seiten 1 bis 4 eine detaillierte Darstellung des Ereignisses.

»Ein Todesschuß am Heiligen Abend: Mit diesem gräßlichen Knalleffekt hat die Tätigkeit der internationalen Kasseneinbrecher aus Polen begonnen, welche in letzter Zeit – wie wiederholt berichtet – in Österreich ihr Unwesen getrieben hat, deren Namen und Signalement den Behörden bekannt und in den Zeitungen veröffentlicht waren und auf deren Ankunft in Prag die ›Bohemia‹ schon in der am Dienstag nachmittags hergestellten Nummer aufmerksam gemacht hatte. ›... die Prager Detektivs werden keine rechte Weihnachtsruhe halten können‹, so schloß unsere Warnungsnotiz. Die ganze Prager Polizei hat keine Weihnachtsruhe halten können ...«

In der Erinnerung des Schriftstellers verschieben sich Namen und Begebenheiten. Der Lokalreporter tritt auf als Privatdetektiv, der die Hintergründe kennt und blitzschnell kombiniert. Während die Polizei noch im dunkeln tappt, gelingt ihm die Entlarvung des Täters.

»Der gestolperte und festgenommene Mann war auf die Polizeiwachstube gebracht worden. Als ich dort ankam, hörte ich, wie man in allen Sprachen auf ihn einredete, denn aus einigen unverständlichen Worten, die die Fliehenden einander zugerufen, schloß man, daß es sich um Ausländer handle. Aber der flachstirnige Riese reagierte auf keines der englischen, italienischen und französischen Worte, teilnahmslos schaute er ins Leere. Neben einem verlöschten Christbaum saß er, den Rücken an die Stuhllehne gepreßt, den Kopf steif hochgereckt, die Beine gefesselt, die Hände mit Handschellen vor dem Bauch aneinandergeschlossen. Er sah aus wie ein Entfesselungskünstler bei Beginn der Vorstellung, und das Wort ›Wanderathlet‹ fiel mir ein, das ich heute in meinem Artikel verwendet hatte.

Hinter dem Weihnachtsbaum stehend, rief ich: ›Adamski.‹

Im gleichen Augenblick vernahm man das Klirren aneinanderschlagenden Metalls. Polizisten sprangen auf den Verhafteten zu und packten ihn an den Armen, denn sie dachten nichts anderes, als daß er seine Fesseln gesprengt habe. Aber er hatte sich nur jäh umgewandt.

Was also hatte so unheimlich geklirrt? Man tastete ihn nun gründlich ab und entdeckte sechs je einen Meter lange Eisenstäbe, die er auf dem Rücken geschnallt trug, und eine Stahlschere. Die Stöcke ließen sich ineinanderschrauben, so daß die Hebellänge der Schere sechs Meter betrug. Eine Maulstange von dieser Länge, deren Handhabung mehrere Männer erforderte, war noch niemals bei Geldschrankknackern gefunden worden, selbst Papakosta, der Bahnbrecher der modernen Einbruchstechnik, hatte mit einer Maulstange von nur zweieinhalb Metern gearbeitet.

Während der Besichtigung dieses erstaunlichen Instruments wandte sich Regierungsrat Olitsch an mich: ›Was haben Sie denn gerufen?‹

›Ich habe seinen Namen genannt.‹

›Seinen Namen! Welchen Namen? Wieso wissen Sie seinen Namen?‹

›Der Mann heißt Franz Adamski, ist ein Meter zweiundneunzig groß, dreißig Jahre alt, gewesener Schmied und Wanderathlet aus Złoczew und gehört der Einbrecherbande Wasinski an.‹

Regierungsrat Olitsch fragte den Gefesselten: ›Franz Adamski?‹ Der Riese hatte seinen Blick ins Leere wiedergefunden. ›Tlupa Wasinski?‹ Er blieb stumm.

Ich ging an ihn heran und wies auf seinen Oberarm. ›Wanda?‹ Aus pockennarbigem Gesicht richteten sich fassungslose, drohende Augen gegen mich. Man löste die Handschellen (an ihre Stelle traten mindestens zwölf Polizeihände) und entblößte seinen Arm: zwei gekreuzte Hanteln und ein flammendes Herz mit dem Namen ›Wanda‹.«

Die im Zeitungsbericht als sprachgewandt geschilderten Einbrecher mit »weltmännisch sicherem Auftreten« werden in der Retrospektive zu flachstirnigen Riesen mit pockennarbigem Gesicht. Der Reporter als Sherlock Holmes. Mag primitive Gewalt sich gegen die Polizei behaupten, dem Scharfsinn des Journalisten-Detektivs ist sie nicht gewachsen.

Bei der Polizei lösen solche Eingriffe wenig Freude aus. Auch einem Lokalreporter ist es nicht erlaubt, mehr zu wissen als die Polizei.

»Meine Ankündigung des Verbrechens gab dem Sicherheitsbüro nur Anlaß zu Mißtrauen gegen mich, man glaubte mir nicht, daß ein großer Zufall und eine kleine Kombination die Grundlage der Voraussage waren, am unglaubhaftesten aber schien meine Behauptung, ich hätte den ›Polizei-Anzeiger‹ gelesen.

›Gehört etwa auch das Telefonbuch zu Ihrer Lektüre?‹ fragte mich Regierungsrat Olitsch sarkastisch.

Eher vermutete er, daß ich überirdische oder unterirdische Beziehungen unterhalte, als daß ich meine Weisheit aus dem amtlichen Blättchen geschöpft.

Die Beamten verhielten sich von nun an reserviert gegen mich. Selbst irgendeine gewöhnliche Ergänzung zu irgendeinem gewöhnlichen Steckbrief zeigte man mir nie wieder.«

Neben der journalistischen Arbeit bringt sich Kisch den Lesern weiter als Lyriker und Geschichtenschreiber in Erinnerung. Unter den erzählerischen Versuchen dieser Jahre ragt »Niklas Kleisers Mensur« hervor. Die Episode geht vermutlich auf einen Vorfall zurück, der sich Anfang 1906 in Prag ereignete. Paul Kisch berichtet von einem Unfall bei einer Säbelmensur. Ein schwacher Hieb in den Brustkorb führt bei einem Fechter zu Rippenfellentzündung, Blutvergiftung und lebensbedrohlicher Krankheit.

»Der Fall hatte riesiges Aufsehen hervorgerufen«, so beginnt die Erzählung. Der Student Niklas Kleiser erhält während einer Mensur eine schwere Lungenverletzung, an der er fast stirbt. Erst nach monatelangen Krankenhaus- und Sanatoriumsaufenthalten ist er wieder vollkommen gesund, aber Mensuren will er nun nicht mehr schlagen. Da erklärt einer der Bundesbrüder, daß Kleiser seine Mensur zu Ende schlagen müsse, denn es ginge nicht an, daß einer von ihnen mit einer unausgetragenen Ehrenangelegenheit herumlaufe, so daß man jederzeit seine Ehrenhaftigkeit in Zweifel ziehen könne.

Also wird die Mensur pro forma zu Ende gefochten. Kleiser erhält eine geringfügige Wunde am Hinterkopf. Durch den Hieb hat sich ein Knochensplitter gelöst, und der Verletzte stirbt wenig später an Gehirnblutung.

Die Geschichte, »ein Protest gegen das freischlagende Prinzip«, wie Kisch schreibt, erscheint Anfang 1908 in der Studentennummer der Zeitschrift »Deutsche Arbeit«.

Trotz solcher Vorbehalte bleibt Kisch weiter »Ehrenbursch« der Prager Burschenschaft »Saxonia« und schlägt Mensuren. Im Februar 1908 berichtet er dem Bruder von einer nächtlichen Rauferei mit einem Studenten, der im achtzehnten Semester stehe. »Ich habe ihm eine Watsche gegeben, und er hat sich beleidigt. Obwohl er schon 14 Partien hat ..., habe ich 100 Gänge brillant mit ihm geschlagen. Erst dann mußte ich mit einem schon längst vorher bezogenen Primhieb (Knochensplitter, Arterie, 3 Nadeln) abgeführt werden.«

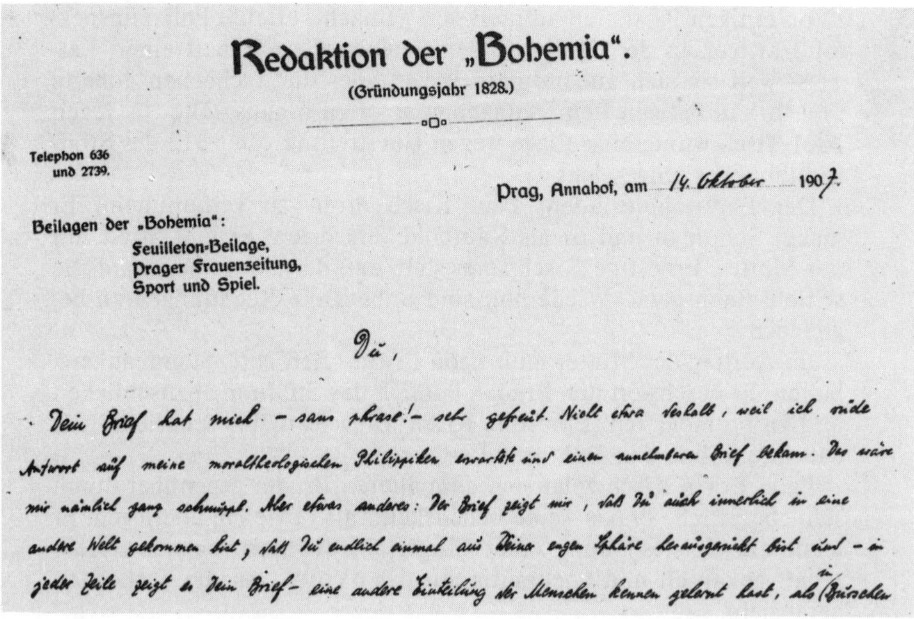

Redaktion der „Bohemia".

(Gründungsjahr 1828.)

Telephon 636
und 2739.

Prag, Annahof, am 14. Oktober 1907.

Beilagen der „Bohemia":
Feuilleton-Beilage,
Prager Frauenzeitung,
Sport und Spiel.

Dü,

Dein Brief hat mich – sans phrase! – sehr gefreut. Nicht etwa deshalb, weil ich rüde Antwort auf meine moraltheologischen Philippiken erwartete und einen annehmbaren Brief bekam. Das wäre mir nämlich ganz schnuppe. Aber etwas anderes: Der Brief zeigt mir, daß Dü auch innerlich in eine andere Welt gekommen bist, daß Dü endlich einmal aus Deiner engen Sphäre herausgerückt bist und – in jeder Zeile zeigt es Dein Brief – eine andere Einteilung der Menschen kennen gelernt hast, als (Bürschen

Brief Egon Erwin Kischs an den Bruder Paul vom 14. 10. 1907

Paul Kisch kann sich die Bemerkung nicht verkneifen: »Noch mehr gefreut hat mich Deine Partie. Auch hier straft die Praxis einer nächtlichen Anstänkerung jede Theorie Lüge.«

Zwischen den Brüdern, die die gemeinsame Liebe zur Literatur und zum Journalismus verbindet, kommt es öfter zu Kontroversen und Verstimmungen. Die stramm deutschnationale Gesinnung Pauls fordert den Jüngeren heraus. Er weist den Bruder auf Berichte in tschechischen Blättern hin, die in der Stadt Aufsehen machen. »Seit einiger Zeit vergeht in Prag keine Nacht, ohne daß dreiste deutsche Studenten auf der Straße Krawall schlagen und dergestalt randalieren, daß sie gewöhnlich auf dem Polizeirevier landen, wenn sie nicht vorher auf und davon laufen.« Zwölf deutsche Burschenschaftler haben auf der Brücke am Nationaltheater den Mauteinnehmer zum Narren gehalten und einen tschechischen Polizisten beschimpft.

»Von einigen Passanten aufmerksam gemacht, erteilte Polizeiinspektor Havlíček in der Obstgasse der gleichen Gesellschaft einen Verweis, weil sie sich auf ordinäre Weise über die Tschechen äußerte und ihre unflätigen Bemerkungen ganz offen hinausgrölte ... Gegen Paul Kisch wurde eine Klage wegen Übertretung von § 312 des Strafgesetzbuches eingereicht.«

Der Philosophiestudent Paul Kisch droht zu verbummeln. Er macht Schulden und ist als Raufbold verschrien. Es gibt Streit mit der Mutter. Ernestine Kisch sorgt sich, daß der älteste Sohn auf die schiefe Bahn gerät. Wiederholt sind unbezahlte Rechnungen zu begleichen.

Im Auftrag der Mutter muß Egon Erwin briefliche »Standpauken« halten. Er beschwört den Bruder, endlich das Studium abzuschließen und zu promovieren. Ernestine Kisch wünscht nichts sehnlicher, als daß ihre Söhne den Doktortitel erlangen.

Egon Erwin Kisch zeigt sich dem älteren Bruder gegenüber durch seine berufliche Praxis, seine Lebenskenntnis in vielem überlegen. Er lehnt die Geisteshaltung einer Clique ab, die sich von der Gesellschaft abkapselt und hochmütig auf das »Volk«, auf die Tschechen herabsieht.

Paul hingegen wirft dem Bruder Doppelzüngigkeit vor. Er sei ein Mensch, »der sich bei jedem einschmeicheln will, der jedem schöntut«.

»Vielleicht hast Du recht«, antwortet Egon Erwin Kisch darauf. Freimütig gibt er zu, daß er auf die Zustimmung und die Sympathie der Welt angewiesen ist, wenn er als Zeitungsschreiber erfolgreich arbeiten will. »Was Deinen Rat betrifft: ›Schau weniger auf die Leute und mehr auf dich.‹ Der mag für *Genies* zutreffen, die sich wider den Willen der Mitmenschen durchsetzen – eventuell erst nach ihrem Tode. Für *Talentierte* gilt doch wohl die Umkehr Deines Satzes. Ich glaube, daß ich hierin schon der Alte bleibe.«

Es liegt in seiner Natur, auf die Leute zu schauen, sich ihrer Sympathien zu versichern. Er ist viel zu neugierig, auf Kommunikation und Austausch angewiesen, als daß er sich dem Cliquen- und Parteienwesen, den unsichtbaren Schranken, die überall in Prag bestehen, ausliefern würde. Wo er Menschen außerhalb seines Berufes, seines Milieus begegnet, versucht er ins Gespräch zu kommen.

Spätabends, nach der Redaktionsarbeit, besucht er die Nachtcafés,

Egon Erwin Kisch beim Pferderennen in Chuchle

trifft sich mit Kollegen, spielt den routinierten Lebemann, den »viel- und weitgerühmten Don Juan«, wie Paul Kisch in einem Brief schreibt. Bisweilen endet die fröhliche Zechtour am frühen Morgen in irgendeiner Spelunke rings um den Obst- und Gemüsemarkt, wo die Pferdekutscher sitzen, die kleinen Diebe und Hehler, die Dirnen mit ihren Zuhältern. Und an den Wochenenden gibt es hier und dort einen Gesellschaftsabend, einen Ball, der nicht versäumt werden darf.

Vor allem aber ruft der Fußballklub. Nicht selten spielt die Mannschaft außerhalb von Prag, auch in Dresden oder Leipzig. Als Obmann fühlt sich Kisch in seinem Element. Manchmal treffen ihn Redaktionskollegen auf der Straße, wo er, umringt von seinen Klubgefährten, rasch eine Besprechung abhält. Egon Erwin Kisch ist Fußballspieler mit Leib und Seele, ein rühriger Ballwart und Kapitän. Noch Jahrzehnte später zählt er die Namen seiner Mannschaftskameraden mühelos auf, weist mit Stolz auf seine leicht gekrümmten Beine, die einem ehemaligen Dribbelkünstler und spritzigen Linksaußen wohl anstehen.

Egon Erwin Kisch hat gelernt, sich und seine Arbeit in den Vordergrund zu rücken. Als Lokalreporter wird er nach Zeilen honoriert. So braucht er seiner Schreiblust keine Zügel anzulegen. Aber der tägliche Zwang, das banalste Lokalereignis, den sprödesten Sachverhalt in eine »reizvolle Form« zu bringen, durch »plaudernde Wendungen« auszuschmücken, kann auf die Dauer nicht befriedigen.

In den Briefen mehren sich Zeichen von Ungeduld und Verdruß. Kisch klagt, daß er »furchtbar zu tun« habe, daß er »wie ein Wahnsinniger« schinde. Die natürliche Mitteilungslust, in früheren Korrespondenzen noch spürbar, wird durch berufliche Aufgaben zunehmend absorbiert. »Ich schreibe öffentlich zuviel, als daß ich für Privates genug Zeit fände«, bemerkt er dem Bruder gegenüber. »Und dann: Jede Zeile, die ich schreibe, wird von Tausenden gelesen und trägt mir etwa 10 Heller ein. Da soll ich umsonst und nur für zwei Augen schreiben. Das ist zuviel verlangt.«

Die journalistischen Lehrjahre Kischs fallen in eine Zeit, als sich auf dem Gebiete des Pressewesens rapide Veränderungen vollziehen. Der beschaulich erzählende Ton, der die Zeitungen im neunzehnten und noch Anfang des zwanzigsten Jahrhunderts beherrscht, weicht einer sachlichen Kürze. Moderne Übermittlungstechnik, die Vielzahl von Informationen aus aller Welt, allgemeine Hinwendung auf naturwissenschaftlich-technische Fragen, Vordringen des Sports im öffentlichen Bewußtsein machen die knappe Mitteilung, die präzise Nachricht zum dominierenden Bestandteil der Zeitung.

Kisch folgt der Entwicklung auf seine Weise und fördert sie. Er übersieht sehr bald, wohin der Weg führen wird. Als der Chefredakteur der »Bohemia« die Kündigung erhält, schreibt er: »Er war sehr hoch bezahlt, und für politische Redakteure sind jetzt die Zeiten nicht mehr da. Nur die Nachricht regiert.«

Als Kisch bei der »Bohemia« beginnt, gilt der Leitartikel noch als Krönung des Blattes. Er füllt die gesamte erste Seite. Die Nachrichten und Berichte bestätigen gewissermaßen nur das, was auf der Titelseite mit staatspolitischer Weisheit vorgetragen wird.

Erwägungen solcher Art geraten mehr und mehr in Widerspruch

zu den Möglichkeiten moderner Nachrichtenübermittlung. Der Leitartikler alten Stils wird zur komischen Figur. Einen dieser »alten Herren« hat Kisch unter dem Namen Lobing verewigt.

Die Enge und Provinzialität seines Wirkungskreises versucht Kisch möglichst schnell zu überwinden. Er nimmt jede Gelegenheit wahr, sich außerhalb von Prag umzusehen. Eine Mittelmeerfahrt im November 1907 führt ihn von Triest über Korfu und Piräus nach Konstantinopel, Neapel und Rom. Darüber schreibt er eine kleine Geschichte, »Orientreisepech« – das Heinesche Reisebild dient als Folie. Aber den zwanglosen Plauderton des großen Vorbilds vermag er nur streckenweise durchzuhalten; bald gerät er ins Anekdotische, Forciert-Witzige.

Zwei Jahre später, im Mai und Juni 1909, finden wir ihn erneut auf einer Dampfertour in der Adria, und er besucht Brioni und Venedig. »Um jeden Zehner, für den man nicht ein Stückerl Welt gesehen hat, ist's ewig schade«, äußert er in einem Brief.

Schon trägt sich Kisch mit dem Plan, aus Prag wegzugehen. Aber er fürchtet die Risiken einer beruflichen Veränderung. Bei allen Extravaganzen weiß er den finanziellen Rückhalt der heimischen Redaktion, die bürgerliche Sicherheit des elterlichen Hauses zu schätzen. »Mir geht es zwar nicht direkt schlecht«, läßt er im April 1908 verlauten, »ich verdiene sehr viel Geld ..., aber der Boden brennt mir furchtbar unter den Füßen: Ich möchte riesig gerne nach Wien oder Berlin, weiß aber viel zu wohl, daß man dort nicht auf mich wartet. Und werde mich daher in Prag nach der Decke zu strecken wissen.«

Die momentane Selbstbescheidung läßt keine Resignation aufkommen. Der junge Reporter kennt seine Fähigkeiten, und er läßt keine Gelegenheit aus, sie unter Beweis zu stellen. Zeigen sich irgendwo Kuriositäten, bemerkenswerte Typen, Sehenswürdigkeiten der Großstadt, so ist auch Egon Erwin Kisch nicht weit. Namhafte Persönlichkeiten, die mit Böhmen in Beziehung stehen oder die sich im Lande aufhalten, wecken sein Interesse. Nicht nur Erzherzog Franz Ferdinand oder Wilhelm II. gehören zu seiner Prominentensammlung, auch Eduard VII., König von Großbritannien, oder Georges Clemenceau, Ministerpräsident von Frankreich, die zur Kur in Marienbad oder Karlsbad weilen.

Einer der rätselhaftesten und erregendsten Kriminalfälle der Zeit, der »Fall Hofrichter«, beschäftigt den Lokaljournalisten über Monate. Fast täglich bringt die »Bohemia« Berichte. Mitte November 1909 erhalten etwa zehn Hauptleute des österreichisch-ungarischen Generalstabes durch die Post die Probesendung eines Mittels zur Stärkung der männlichen Potenz zugeschickt. Aber das, was sie eine halbe Stunde vor dem Koitus einnehmen sollen, ist Zyankali. Der Generalstabshauptmann Mader stirbt an den Pillen. Wenige Tage später wird der dringend der Tat verdächtige Oberleutnant Adolf Hofrichter verhaftet und im Juni 1910 wegen Mordes und neunfachen Mordversuches zu zwanzig Jahren schweren Kerkers verurteilt. Bereits während der Untersuchung und während des Prozesses werden Zweifel laut an der Schuld Hofrichters, Zweifel an der Unanfechtbarkeit der Indizien. Auch Kisch stellt Nachforschungen an und gehört zu jenen Journalisten, die von der Unschuld des Angeklagten überzeugt sind. Noch 1935 versucht der nach 1918 begnadigte und unter anderem Namen in Wien lebende Hofrichter in einem Wiederaufnahmeverfahren seine Unschuld zu beweisen.

In einem anderen, weniger spektakulären Prozeß engagiert sich Kisch ebenso entschieden. Vom Schöffengericht Charlottenburg wird im April 1910 eine Beleidigungsklage, die der Schriftsteller Karl May gegen den erpresserischen Journalisten Rudolf Lebius erhoben hat, zurückgewiesen. Der leidenschaftliche Karl-May-Leser und Lokalreporter der »Bohemia« schreibt einen Brief nach Radebeul und bittet um ein Interview. Das Gespräch findet statt, und in ihrer Pfingstbeilage vom 15. Mai 1910 bringt die »Bohemia« einen über drei Seiten laufenden ausführlichen Bericht unter dem Titel »In der Villa ›Shatterhand‹«, ein Plädoyer für den heftig befehdeten Schriftsteller.

Die Berichte und Feuilletons dieser Jahre präsentieren einen Journalisten, der mit seinem Scharfsinn, seinem Charme, seinem sozialen Engagement auf sich aufmerksam zu machen versteht. Was in der Redaktion eines Provinzblattes zu lernen ist, hat er gelernt. Nun gilt es, sich auf neue Art zu bewähren.

4.
Streifzüge

In ihrer Sonntagsausgabe vom 7. August 1910 bringt die »Bohemia« auf den Seiten 1 und 2 unter dem Leitartikel über den Fürsten Schwarzenberg das Feuilleton »Der Clamsche Garten« von Egon Erwin Kisch. Es ist mit dem Serientitel »Prager Streifzüge« überschrieben. Unter dieser Bezeichnung erscheint jetzt jeden Sonntag an vorderer Stelle ein Beitrag über Prager Figuren, Lokalitäten und Merkwürdigkeiten. Vom 5. September an, der Nummer V, sind die Streifzüge numeriert. Insgesamt vierunddreißig solcher Skizzen liefert Kisch bis zum 2. April 1911.

Die Feuilletons machen Aufsehen. Sie führen der Zeitung neue Leser zu. »Ich bin, seitdem ich der ›Bohemia‹ angehöre, immer angestrengt gewesen«, schreibt Kisch Anfang November 1910 in einem Brief. »In den letzten Monaten aber ganz speziell: Verständigungskonferenzen, Kommissionen und Streifzüge. Besonders die letzteren. Etwas von Information oder Quellenstudium erfordern sie immerhin, und ich kann sie nicht so hinschreiben, da sie in der Stadt kolossal gelesen werden. Jeden Tag fordert mich oder die Brüder jemand auf, wir mögen ihm einen ihm fehlenden Streifzug verschaffen. Man sammelt den Dreck mit Leidenschaft. Im Handel sind diese Exemplare der ›Boh.‹ vergriffen.«

Nur aus dem »Strom des lokalen Lebens« sind noch originale Berichte zu holen. Der Lokalreporter kennt sein Revier. In seinem Notizbuch stellt er mühelos zwanzig Themen zusammen, die sich für feuilletonistische Streifzüge eignen. Szenen aus dem Alltagsleben der Stadt stehen im Vordergrund. Auch Polizei und Strafvollzug liefern Stoff genug. Mitunter erhält der Schreiber von dorther Fingerzeige.

»Wissen Sie, wohin Sie einmal gehen sollten?« fragt ihn ein Zivilwachmann der Polizeidirektion. »In die Wärmestube. Dort könnten Sie Studien machen. Dort haben Sie alle unsere Kerle ...«

Und Egon Erwin Kisch sucht die Wärmestube auf, die Auktionshallen, die Volksküchen, die Kneipen. Er dringt in Wirklichkeitsbereiche vor, die einem deutschen Journalisten in Prag zumeist verschlossen bleiben. Er verkleidet sich, wird zum Gelegenheitsarbeiter, zum Vagabunden, zum Asylanten, gibt den Ärmsten der Armen Gesicht und Stimme. Wenn er das Getriebe im Leihamt beobachtet, dann sieht er nicht nur den äußeren Vorgang der Feilbietung, er sieht menschliche Schicksale.

Milieustudien dieser Art erregen anderwärts kaum Aufsehen. Nachtasyle sind längst in die Literatur eingegangen, und eine Floßfahrt auf der kanalisierten Moldau nimmt sich den Abenteuern eines Jack London gegenüber vergleichsweise bieder aus. Aber in der »geschlossenen Gesellschaft« des bürgerlich deutschen Prag öffnen solche Schilderungen den Blick auf eine Realität, die die Menschen tagtäglich umgibt und die sie doch nicht kennen.

Die »Prager Streifzüge«, eine Mischung aus Lokalbericht und Feuilleton, gewinnen ihren Reiz durch die Anekdote, die Porträtskizze, die farbige Milieuzeichnung. Spezifische Prager Unzuträglichkeiten werden angeprangert. Der Autor verspottet die Provinzialität des »Großstadtgetriebes«, beklagt die Rückständigkeit auf vielen Gebieten der Kommunalpolitik und stellt Vergleiche an zu Berlin oder London. Die ironische Darstellung schafft kritische Distanz und vermittelt Weltläufigkeit.

Als Lokalreporter in Prag empfindet Kisch früh den Widerspruch zwischen der Wahrheit des Lebens und jener Scheinwahrheit, wie sie von den bürgerlichen Zeitungen suggeriert wird. Mit seinen Streifzügen führt er den Leser in Regionen, von denen dieser bestenfalls durch Polizei- und Gerichtsnachrichten erfährt. Er geht zu den Armen und gesellschaftlich Diffamierten und weist auf das Elend und die Mißstände hinter der Fassade bürgerlichen Wohlstands.

In der Auseinandersetzung mit der Journalistik und Literatur der Zeit entwickelt Kisch seinen Reportagestil. Als Lokalberichterstatter ist er der Tatsache verpflichtet. »Unsere Tagespresse«, schreibt er 1911, »verleugnet noch immer ihre Abstammung von der Zeitschrift nicht, sie trägt einen vorwiegend belletristischen, verlogen literarischen und verlogen bildungsfreundlichen Charakter. Während man

Egon Erwin Kisch von der Prager Polizei photographiert

sich in Amerika, in England und in Deutschland längst zu der Überzeugung durchgerungen hat, daß vor allem die Seriosität und Richtigkeit des Nachrichtendienstes, die nüchterne und klare Beurteilung der Ereignisse die Güte einer Zeitung ausmachen, wird bei uns in Österreich noch immer auf feuilletonistischen Schnickschnack, auf Mitteilungen aus der Werkstätte und aus dem Privatleben populärer Persönlichkeiten der größte Wert gelegt.«

Da die »Streifzüge« von den Lesern gesammelt werden, liegt es nahe, sie in Buchform herauszugeben. Paul Wiegler, Redaktionskollege seit 1908 und Zimmernachbar, steht mit Rat und Tat zur Seite. »Er hatte als Kriminalreporter begonnen ...«, schreibt Wiegler. »Mir gelang es, ihn in seiner Domäne zu belassen und ihn doch bereits zum Feuilletonisten zu zähmen. So hat er mit mir sein erstes Buch zusammengestellt, ›Aus Prager Gassen und Nächten‹ ...«

Die Sammlung wird am 7. November 1911 mit dem Erscheinungsjahr 1912 ausgeliefert. Der Autor rührt die Werbetrommel. Die Brüder werden aufgefordert, in Buchhandlungen und Bibliotheken den Band zu verlangen. Mit Paul Kisch, der seit 1907 in Wien studiert, vereinbart der Verfasser eine Besprechung für die Wiener Studentenzeitung »Deutsche Hochschule«. Vorsichtshalber legt er einen Entwurf bei, der auf die Mentalität des deutschen Lesepublikums eingeht.

»Das Buch aus ›Prager Gassen und Nächten‹ sollte man den jungen Leuten aus Deutschböhmen zu lesen geben. Heimatkunst! Aber nicht spießbürgerlich und engherzig, sondern im Gegenteil übermütig, forsch. Der Autor, den auch die ›Deutsche Hochschule‹ zu ihren Mitarbeitern und die Prager ›Bohemia‹ zu den ihren zählt, kennt alle Seiten des Prager Lebens und liebt flammend diese Stadt, in der alle rot-blau-weiße Tünche das deutsche Material wird niemals zum Verschwinden bringen können. Nun Enthusiasmus: Dieses erste Heimatbuch eines Prager Deutschen seit Jahrzehnten ist von einem überschäumenden Temperament, von einer unheimlichen Kenntnis der Prager Gassen und Nächte getragen, glänzender Stil, alles selbst gehört, gefühlt, gesehen und erlebt. In Verkleidungen in Nachtasylen, Wärmestuben und Volksküchen, als Flößergehilfe auf der Moldau von Prag nach Magdeburg, als Vorstadt-Pepik auf der ›Klamovka‹ zu Koschiř, als Roué in der Roten Mühle macht er Studien.«

Der junge Schriftsteller leidet nicht an Selbstunterschätzung. Er kennt die Vorzüge seines Buches und weiß, was der Leser von ihm erwartet. Tatsächlich erscheint die so vorgezeichnete Rezension am 1. Dezember 1911 in der Wiener Zeitschrift.

Der Band findet reißenden Absatz. »Einstweilen ist es – ohne Schwindel – ein Sensationserfolg«, jubelt der Verfasser. »Seit Jahren ist kein Buch so gut gekauft worden wie dieses.« Er habe »wunderbare Referate« bekommen. Auch habe ihm die Sammlung viel Geld eingetragen. Die zweite Auflage sei schon fast vergriffen.

Erfreut ist Kisch vor allem über eine Besprechung von Karl Hans Strobl, die im Januar 1912 in der »Bohemia« erscheint. Strobl hat von 1894 bis 1898 in Prag studiert und ist durch zwei Romane, »Die Vaclavbude« und »Der Schipkapaß«, bekannt geworden, die im Prager Studentenmilieu spielen. Für Egon Erwin Kisch zählt Strobl zu den namhaften Vertretern des deutschsprachigen Prager Romans.

Um so stolzer macht es ihn, daß Strobl »Aus Prager Gassen und

Nächten« als ein »richtiges Prager Buch« bezeichnet. »Sympathisch tritt vor allem die Gestalt des Verfassers entgegen«, schreibt Strobl. »E. E. Kisch ist ein ganz bedeutendes journalistisches Talent im besten Sinne ... Er ist ein Draufgänger. Ein wagemutiger Beobachter. Ein Unverzärtelter und ein Romantiker der Presse. Das ist vielleicht das beste Wort für ihn. Er hat Freude an der Romantik des journalistischen Berufes, an der Maske, dem Eindringen in Verborgenes, in die Schlupfwinkel der Verbrecher, an der Gaunersprache, an den Geheimnissen der Polizei, der Zwangsarbeitsanstalten, der Irrenhäuser. Das ist jene frische, freudige Berichterstatterkühnheit, jene Männlichkeit, jene Waghalsigkeit, jener Unternehmungsgeist, von dem man bei den nobeln Herrschaften der Literatur jetzt so wenig zu spüren bekommt und an deren Stelle diese die unfruchtbare Fingersaugerei gesetzt haben.«

Mit den »Prager Streifzügen« steckt Egon Erwin Kisch den Themenkreis ab, der sein frühes Werk bestimmt. Es sind weitgehend Lebensbereiche, Kommunikationsstätten außerhalb der bürgerlichen Gesellschaft. Allein von den Armen und Ausgestoßenen her läßt sich ein unverstellter Blick auf die Wirklichkeit gewinnen. Der Berichterstatter, will er sich nichts vormachen, muß den Herrenstandpunkt, wie ihn die Deutschen in Prag einzunehmen gewohnt sind, aufgeben. Gegen die bloße Impression, den Stimmungsbericht stellt er die gründliche Recherche, den persönlichen Augenschein. Der Reporter will nicht mehr nur von außen beobachten, er sucht Identifikation durch Maske und Gleichstellung, nähert sich dem Objekt seiner Darstellung als Beobachter *und* als Betroffener. Von beiden Blickpunkten aus erst läßt sich Wahrheitsgemäßes ermitteln.

Die »Streifzüge« machen Egon Erwin Kisch, zumindest unter den Deutschen in Prag, mit einem Schlag zu einer stadtbekannten Persönlichkeit. Seine Beziehungen zur Halb- und Unterwelt verschaffen ihm einen Ruch von Abenteuer und Verwegenheit. Die »nächtlichen Schilderungen«, so klagt er, haben seinen »gesellschaftlichen Ruf« geschädigt, und von ehrenwerten Damen werde er jetzt als »Sumpfer verachtet«.

Es scheint eine sorglose und fröhliche Zeit zu sein. In späteren Erinnerungen beschwört Kisch den Hedonismus und Libertinismus dieser Jahre. »Wer nicht vor 1914 gelebt hat, weiß nicht, was die Süßigkeit des Daseins ist«, schreibt Max Brod.

Kisch genießt seinen Ruhm und seine Popularität. Kaum ein Mädchen zwischen Melantrichgasse und dem unweit der Karlsbrücke gelegenen Annahof, wo sich die Redaktion der »Bohemia« befindet, das ihn nicht kennt. Paul Wiegler erinnert sich eines Spazierganges zwischen den Buden des Weihnachtsmarktes auf dem Altstädter Ring: »Und nun erlebte ich Egonek als populäre Figur und begriff die Anziehungskraft, die er auf das Volk von Prag ausübte. Kein Mädel, das er nicht lachend mit ›andělíčku‹ (›Engelchen‹) begrüßte, als sei er von jeher mit ihm vertraut, und das nicht wonnig prustend diesen neckischen Ton erwiderte.«

Nach Schluß der Redaktionsarbeit gegen Mitternacht zieht es Kisch ins Café Montmartre in der Řetězová, der Kettengasse, unweit des Annahofs, einem Treffpunkt der tschechischen Boheme. In diesem Nachtlokal, das dem tschechischen Kabarettisten, Sänger und Theaterleiter Josef Waltner gehört, verkehren Journalisten, Schauspieler, Maler und ihre Modelle. Von den Mädchen wird der »Herr Redakteur« jubelnd begrüßt. Manchmal spielt er, mit diabolischer Eleganz, den Zuhälter, den Strizzi, erntet lachenden Beifall.

Fast jeden Abend kommt es hier zu improvisierten Auftritten und Einlagen. Lieder und Gedichte werden vorgetragen, Szenen gespielt. Jaroslav Hašek läßt sich beim Bier freihalten und brütet seine abstrusen Geschichten aus. Kisch erzählt Witze und zaubert den Gästen Kronenstücke aus der Nase.

Zu den auffallendsten unter den Mädchen gehört Emča, die »Flamme« von Kisch. Sie heißt eigentlich Anna Čacká und wird »Revoluce« genannt wegen ihres ungebärdigen Temperaments. Zu vorgerückter Stunde tanzt Kisch mit ihr den »šlapák«, den Prager Apachentanz, eine Art Onestep oder Schieber.

Der »šlapák«, von Egonek und Emča exekutiert, gehört zu den Attraktionen des Prager Nachtlebens. Kisch, ein buntes Tuch um den Hals, den Hut schief auf dem Kopf, die Zigarette im linken Mundwinkel, das Gesäß nach auswärts gekehrt, dreht sich mit ernstem, verruchtem Blick, Wange an Wange mit seiner Partnerin, dann wieder Wechselschritte einschiebend, bei denen das Paar sich löst, geradeaus tanzt, um sich in rascher Wendung erneut zusammenzufinden.

Von weit her kommen Leute, um das Café Montmartre kennenzulernen und um den Verfasser der »Prager Gassen und Nächte« zu sehen. Der Journalist Karl Kreibich schildert eine Begegnung mit

Kisch aus dieser Zeit: »Es war im Jahre 1912, als ich an einer sozialdemokratischen Konferenz in Prag als Vertreter des Reichenberger Parteiblatts teilnahm. Damals war es üblich, einen Gast aus der Provinz auch zu einem Bummel durch das Nachtleben der Hauptstadt zu verführen. So nahm man mich nach dem üblichen Kaffeehausbesuch auch in ein Nachtlokal mit: das Nachtcafé mit dem weltstädtisch-romantischen Namen ›Montmartre‹ im ›Kettengäßchen‹ der Prager Altstadt. Es war ein kleines Lokal, wie üblich nach dem Geschmack der damaligen ›Flamender‹-Generation eingerichtet. Natürlich war da auch Musik und ein Platz zum Tanzen. Kaum saßen wir dort eine kleine, aber Lange-Weile, flüsterten mir meine Begleiter aufgeregt zu, daß ich ›Glück‹ habe: Egon Erwin Kisch und die ›Revoluce‹ seien gekommen. Es stellte sich heraus, daß man mich eben deshalb in dieses Lokal geführt hatte, um mir die größte Sehenswürdigkeit des Prager Nachtlebens zu zeigen: wie ›Egonek‹ mit der ›Revoluce‹ einen ›šlapák‹ tanzte. Daß der ›bürgerliche Schmock‹ zu allem auch noch ein Liebling des Prager Nachtlebens und in der Unterwelt der Großstadt wie zu Hause war, konnte natürlich meine Abneigung gegen einen Redakteur der ›Bohemia‹ nicht mildern. Noch weniger konnte das seine Tanzpartnerin. War sie doch ein leichtes Mädchen, freilich kein gewöhnliches, sondern sozusagen die Königin des Prager Nachtlebens. Ihren Spitznamen, zu dem man das für uns so erhabene Wort ›Revolution‹ mißbrauchte, hatte sie wegen ihrer häufigen Konflikte mit der Polizei bekommen, der gegenüber sie sich immer sehr renitent benahm.«

Im Nachtcafé erholt sich Kisch von der zermürbenden Redaktionsarbeit. Hier trifft er Leute von überallher, kann er Erfahrungen austauschen, Geschichten ausprobieren. Hier sind die Grenzen aufgehoben zwischen den Berufen, den sozialen Gruppen, den Nationen. Aber Kisch ist kein Mann, der sich festsetzen könnte. Seine Nervosität, die beruflichen Pflichten, die er ernster nimmt als jeder andere, halten ihn nirgends lange.

Bisweilen reitet ihn der Teufel. Zwei hübschen Prager Mädchen, die zu Werbezwecken für ein Modehaus Hosenröcke tragen, steht er als Manager zur Seite. Er begleitet sie Am Graben durch eine gaffende Menge und behauptet auch im dichtesten Trubel Übersicht und Souveränität. Manche Leute in Prag nennen ihn den meschuggen Egon.

Die Brüder Kisch 1912. Von links nach rechts: Paul, Arnold, Wolfgang, Egon Erwin, Friedrich

Der bürgerliche Journalismus kommt nicht aus ohne Reklame. Ein Publizist, der im Gespräch bleiben will, muß hin und wieder von sich reden machen. Auch und vielleicht gerade dann, wenn es sich um Positionsbestimmungen, um Probleme journalistischer Arbeit handelt.

Im November 1910 veröffentlicht Karl Kraus seinen Essay »Heine und die Folgen«, eine scharfe Attacke gegen Heinrich Heine und die liberale Presse in Österreich. »Ohne Heine kein Feuilleton«, schreibt Kraus. Heine habe der Unbegabung zum Talent verholfen und der deutschen Sprache so sehr das Mieder gelockert, »daß heute alle Kommis an ihren Brüsten fingern können«.

Zu ebendieser Zeit kommt Karl Kraus auch nach Prag. Im Rahmen einer Vortragstournee tritt er am 12. Dezember 1910 hier zum erstenmal auf. Zu den Texten, die er vorliest, gehören Passagen aus dem Essay »Heine und die Folgen«.

Voller Skepsis beobachtet Kisch den berühmten Gast aus Wien. Die Angriffe von Karl Kraus gegen Maximilian Harden, den er bewundert, und Heinrich Heine, dem er nacheifert, haben ihn mißtrauisch gemacht. Nach der Vorlesung spottet er im Prager »6 Uhr-Abendblatt«: »Karl Kraus, der vorgestern als Gast der Lesehalle hier vortrug, gilt den Leuten, die auch ohne die ›Fackel‹ die Druckfehler in der ›Neuen Freien Presse‹ entdecken, als der verschmockteste Schmock von Wien. Ich bin nicht ganz dieser Ansicht, der Superlativ ist übertrieben. Es gibt in Wien und anderswo in allen Berufen viele Schmöcke, die in ihrem Genre geradeso tüchtig sind wie Herr Karl Kraus, wenn sie auch nicht ununterbrochen sich selbst loben und die anderen beschimpfen.«

Kisch wirft Kraus die völlige Wirkungslosigkeit seiner Polemiken vor, während »Harden, der von Kraus als Idiot hingestellte Berliner Konkurrent, wirkliche literarische und politische Größen und Pseudo-Größen stürzte«. Wo Karl Kraus nur Käuflichkeit und Korruption, Symptome kulturellen Niedergangs nachweist, erwartet Kisch ein Mittel politischer Einflußnahme, eine Möglichkeit sozialer Erfahrung und Kommunikation.

Die literarische Fehde zwischen Egon Erwin Kisch und Karl Kraus zieht sich bis in die zwanziger Jahre hin; sie überschreitet zuweilen die Grenzen des Zulässigen. Der Lokalreporter zählt bei Karl Kraus zur untersten Kategorie der Zeitungsschreiber, ein »Kehrrichtsammler der Tatsachenwelt«, ein Leichenfledderer der Wirklichkeit, den man, wie Karl Kraus es 1913 in einer Glosse unter dem Titel »Die mit dem Tod intim sind« tut, mit einem Prager Original namens Kisch auf eine Stufe stellen kann, »der in die reichen Trauerhäuser geht, um sich die Aufträge für die Partezettel zu verschaffen«.

Im Werk des »Fackel«-Herausgebers spürt Kisch das elitäre, antidemokratische Element. Karl Kraus hat für ihn niemals den Boden des Liberalismus verlassen; seine Opposition war immer nur »eine scharfe Form der Selbstkritik«.

Kisch sieht die Gefahren eines ästhetisierenden, auf seine Unabhängigkeit pochenden Journalismus, dessen streitbare Liberalität zum Selbstzweck zu werden droht. »Alle Angriffe des Herrn Kraus entspringen nur gekränkter Eitelkeit ...«, schreibt er im Oktober 1913. »Die Publizistik ist aber nicht dazu da, ihr Urteil zu persönlichen Zwecken zu mißbrauchen.« Der auf genaue Wiedergabe eingeschworene Reporter protestiert gegen journalistische Unredlichkeiten in den Arbeiten von Kraus, gegen die Neigung, bei aller polemischen Leidenschaft moralische, weltanschauliche Grundsätze aus den Augen zu verlieren.

Persönlichkeit und Werk von Karl Kraus fordern Kisch immer wieder zur Stellungnahme heraus: Es geht um Wesen und um Grenzen des bürgerlichen Journalismus. Noch in späteren Jahren, für den geplanten zweiten Band seines Erinnerungsbuches, widmet er dem Widerpart seiner Reporterjahre ein ausführliches Kapitel.

An Karl Kraus scheiden sich die literarischen Geister in Prag. Franz Werfel und Willy Haas zählen zu den Verehrern von Kraus, andere, wie Max Brod, fühlen sich auf ähnliche Weise herausgefordert wie Kisch. Das geistige Leben der Deutschen in Prag, auf eine relativ kleine Bevölkerungsgruppe begrenzt, von verschiedenen Seiten her befruchtet, spielt sich ab in unzähligen Gruppen und Zirkeln, die oft miteinander im Streite liegen.

Überall, vor allem auf dem Gebiete der Literatur, treten originale Begabungen hervor. Max Brods »Entdeckerfreude« fördert manches Talent zutage. Sein »Jahrbuch für Dichtkunst« »Arkadia« von 1913 enthält unter anderem die Novelle »Das Urteil« von Franz Kafka. Neue Namen kündigen sich an in den in zwangloser Folge herauskommenden »Herder-Blättern«. Im Café Arco, seinem Stammcafé, deklamiert Franz Werfel eigene Verse, sitzen junge Dichter und Literaten zusammen und versuchen dem Ausdruck zu geben, was sie bedrängt, was sie beflügelt. Das Lebensgefühl der jungen Generation artikuliert sich in den Gedichten der Ende 1911 erscheinenden Sammlung »Der Weltfreund« von Franz Werfel. Das Menschheitspathos, der sehnsüchtige Wunsch, »Dir, o Mensch, verwandt zu sein!«, die Geste der ausgebreiteten Arme wird zu einem bestimmenden Element der expressionistischen Bewegung.

Das Bestreben, die geistige und künstlerische Isolation zu durchbrechen und einen Zugang zu finden zum Leben des tschechischen Volkes, seiner Literatur und Kunst, gehört zu den Merkmalen der Prager deutschen Literatur. 1909 veröffentlicht Max Brod den Roman »Ein tschechisches Dienstmädchen«. Von Otto Pick erscheinen

Übertragungen tschechischer Dichtung, und in den »Herder-Blättern« findet sich eine Rubrik »Neue tschechische Literatur«. Mit der Übersetzung der »Schlesischen Lieder« des tschechischen Lyrikers Petr Bezruč übt Rudolf Fuchs in den Jahren des Krieges eine revolutionierende Wirkung aus. Kischs Prager Erkundungen zählen zu den entschiedensten Versuchen, die Unwirklichkeit des bürgerlich-deutschen Prag, die soziale und nationale Befangenheit zu überwinden.

In dem Aufsatz »Die Prager deutschen Dichter und die Tschechen« vom November 1913 faßt der tschechische sozialdemokratische Literaturkritiker Rudolf Illový Autoren wie Oskar Baum, Max Brod, Rudolf Fuchs, Franz Kafka, Egon Erwin Kisch, Gustav Meyrink, Otto Pick und Franz Werfel unter einem Gesichtspunkt zusammen: »In den letzten Jahren sind in der Prager deutschen Gesellschaft einige Schriftsteller hervorgetreten, die durch ihren großen Fleiß und durch ihre Begabung frühzeitig Anerkennung auch im Auslande gefunden haben. Diese Generation hat zum tschechischen Volk einen Standpunkt eingenommen, der von der Linie der deutschen Politik völlig abweicht. Es sind junge Intellektuelle, welche die Kämpfe des tschechischen Volkes und seine kulturellen Bestrebungen unvoreingenommen betrachten und am tschechischen Leben als dessen Beobachter teilnehmen, um so alle seine Erscheinungsformen kennenzulernen ... Die Ansichten dieser Gruppe stehen mit den gängigen, unrichtigen Meinungen deutscher Politiker und Journalisten über die Tschechen im Widerspruch. Es besteht begründete Hoffnung, daß diese jungen Leute auch den Damm der Voreingenommenheit und der Vorurteile, der sich bei den Deutschen in Österreich und auch in Deutschland allem Tschechischen entgegenstellt, durchbrechen und so in der Lage sein werden, die Herstellung eines Friedens zwischen den beiden Völkern, die dieses Land bewohnen, wesentlich zu fördern.«

Kisch gilt in Prag als »Typus des modernen Journalisten mit starkem Interesse für soziale Fragen, einer Vielseitigkeit in lokalen Interessen, einer tausendfach sich ergehenden Freude an den Szenen des täglichen Lebens«. Seine Skizzen und Feuilletons werden ins Tschechische übertragen. Der tschechische sozialdemokratische Schriftsteller, Literaturkritiker und Übersetzer Antonín Macek gibt 1913/14 drei Auswahlsammlungen mit Kisch-Texten heraus.

Aber die Streifzüge Egon Erwin Kischs weisen bereits über Prag hinaus. Seine Vergleichsmaßstäbe holt sich der Autor von außerhalb, und er versteht sie vorzuzeigen.

Von Ende Juli bis September 1912 hält sich Kisch in London auf, besucht zwischendurch Antwerpen, fährt nach Bornemouth an der Kanalküste. In England leben Verwandte von mütterlicher Seite, die den jungen Mann freundlich aufnehmen, ihn überallhin einladen. »Ich bin vollkommen gesund und freue mich, hier massenhaft Neues zu sehen und zu lernen«, schreibt er an die Mutter.

Wißbegierig durchstreift er die Siebenmillionenstadt an der Themse, die »bevölkertste aller Städte«. Jedes Wort, das neben ihm gesprochen wird, möchte er festhalten, jedes Bild, jede Begebenheit in seinem Gedächtnis speichern. »In den Straßen tobt der Verkehr. Knaben lenken Fuhrwerke, Frauen Automobile, die Kondukteure der Omnibusse preisen ihre Linie an, haarscharf fahren Autotaxi und Motoromnibusse aneinander vorüber, die trabenden Pferde berühren den Kopf der Fußgänger.«

Eine Stadt so recht nach dem Geschmack von Egon Erwin Kisch. »Dunkles London« heißt die Reportage, die die »Bohemia« am 22. September 1912 abdruckt. Den Berichterstatter interessieren nicht so sehr der Buckinghampalast oder die feudale Piccadillystraße, er wandert durch die »verwahrlosten Häuserreihen« des Ostens, wo die russisch-jüdischen Emigranten wohnen, durch die düsteren Gassen in der Nähe der Themse, wo die Auflader und Dockarbeiter, die Neger, Inder und Chinesen, die Landstreicher und Hafenhuren zu Hause sind. Benommen von der Flut der Impressionen, fügt er Detail an Detail, trägt immer neue Farben auf, versucht die Atmosphäre eines ganzen Stadtviertels einzufangen. Selten hat Kisch in einem Artikel von wenigen Spalten so viele Bilder und Szenen zusammengepreßt wie hier.

»London ist anders«, stellt er kategorisch fest. »Nicht nur anders, als es in den landläufigen Vorstellungen lebt, auch ganz anders als alle andern Städte der Welt.« Und er vergleicht London nicht nur mit Berlin, Wien, Budapest, Brüssel und Paris, auch mit Triest, Piräus, Konstantinopel. Ein Journalist, der sich auskennt in Europa.

In diesem Herbst 1912 mag Egon Erwin Kisch mit einem stillen Groll und einem heimlichen Vorsatz in seine Prager Redaktion zurückgekehrt sein.

Im Frühjahr 1913 bietet sich eine Gelegenheit, als Berichterstatter ins Ausland entsandt zu werden. Zwischen den Staaten des Balkanbundes, Montenegro, Serbien, Bulgarien und Griechenland, und der Türkei ist es im Oktober 1912 zum Krieg gekommen, dem ersten Balkankrieg. Größere Gebiete der Türkei sind erobert worden. Jetzt geht es um die Verteilung der Beute.

Als Kisch Anfang Mai 1913 nach Montenegro fährt, ist der Streit um die eroberten Gebiete noch nicht zu Ende. Die in London unter Beteiligung der europäischen Großmächte geführten Verhandlungen zwischen der Türkei und den Staaten des Balkanbundes können die Interessengegensätze nicht überbrücken. Vor allem geht es um den Status von Albanien, das seit November 1912 innerhalb des Osmanischen Reiches eine gewisse Autonomie besitzt, und um die Zugehörigkeit der Festung Skutari, die von den Truppen Montenegros viele Monate belagert und schließlich eingenommen worden ist.

Montenegro, von Rußland und Großbritannien unterstützt, weigert sich, Skutari an Albanien zu übergeben. Österreich-Ungarn, das einen dominierenden Einfluß Serbiens und Rußlands auf dem Balkan fürchtet, steht auf der Seite Albaniens. Die albanische Frage und der Streit um Skutari drohen sich zu einem internationalen Konflikt auszuweiten. Schließlich muß Montenegro nachgeben und seine Truppen zurückziehen.

In jenen Tagen, da Skutari von den Montenegrinern erobert und wieder aufgegeben wird, hält sich Kisch im Krisengebiet auf. Am 6. Mai geht er über die montenegrinische Grenze, und vom 9. bis etwa 14. Mai weilt er in Skutari. Seine Berichte werden vom 10. bis 20. Mai in der »Bohemia« abgedruckt.

Später, in einem nachgelassenen Kapitel seines Erinnerungsbuches, versucht Kisch seine Berichterstattertätigkeit herunterzuspielen. Der Chefredakteur der »Bohemia« sei etwas größenwahnsinnig geworden, als er ihn nach Montenegro schickte. Er hoffte wohl, die »Telegramme seines sonst vielzitierten jungen Mannes« würden über Prag hinaus Aufsehen machen.

Kisch erzählt, daß er sich in Skutari in einer ähnlichen Situation befunden habe wie einst als Debütant beim Brand der Schittkauer Mühlen – die aber tatsächlich erst Jahre später brannten. Der namenlose Reporter aus Prag, hoffnungslos in den Hintergrund gedrängt, vermag kaum Einzelheiten in Erfahrung zu bringen. Die Mitarbeiter der großen Blätter lassen keine Gelegenheit aus, das »Provinzschieferl« ihre Überlegenheit merken zu lassen. Auch verschweigen sie ihm geflissentlich, daß Skutari am 14. Mai an ein internationales Truppenkontingent übergeben werden soll.

Verzweifelt und durch fehlende Unterkunft zuletzt auch noch krank geworden, kehrt der »Sonderberichterstatter« wieder nach Prag zurück, wo er die telegrafische Nachricht von der Übergabe der Stadt erhält. Jetzt aber, durch keine Übermittlungs- und Zensurschwierigkeiten behindert, kann er auf Grund seiner Aufzeichnungen vom Schauplatz ausführliche Berichte liefern und lange vor seinen großen Kollegen auch in Wiener Blätter lancieren.

Der gedemütigte, verspottete Lokalreporter aus Prag geht am Ende als Sieger hervor.

Ob die Vorgänge sich tatsächlich so vollzogen haben, wie Kisch sie später darstellt, mag bezweifelt werden. Die erste Auslandsreise des Prager Berichterstatters vollzieht sich keineswegs unter so niederdrückenden Begleitumständen, wie er uns einzureden versucht. Kisch bleibt bis zur Übergabe Skutaris in der Stadt, freundet sich mit montenegrinischen Soldaten an und läßt sich als einen der ihren feiern. Ein tschechischer Kollege, der mit Kisch nach Skutari fährt, bekundet, daß die Reportagen Kischs sowohl im Wiener Parlament als auch beim Roten Kreuz in Genf Beachtung finden.

Kaum ist der »Spezialberichterstatter« vom Balkan zurückgekehrt, wartet in Prag ein ungewöhnlicher Fall auf ihn, der große Fall seiner frühen Reporterjahre.

Es beginnt ganz alltäglich. In ihrer Mittag-Ausgabe vom 26. Mai 1913 bringt die »Bohemia« auf Seite 3 neben Meldungen über die Konstituierung eines Kuratoriums für das Heim deutscher Gastwirtslehrlinge in Prag und über das Geschenk des russischen Millionärs Badensky in Höhe von einer halben Million Mark zum Regierungsjubiläum Wilhelms II. eine Nachricht aus Wien.

»Der Generalstabschef des 8. Korps in Prag, Oberst Alfred Redl, hat heute nacht in einem Hotel der inneren Stadt durch einen Schuß in den Mund, wahrscheinlich in einem Anfalle von Geistesstörung, Selbstmord verübt. Er war gestern aus Prag hierher gekommen, hatte im Hotel Wohnung genommen und sich in sein Zimmer zurückgezogen. Heute früh wurde er von einem Offiziersdiener im Lehnstuhl liegend tot aufgefunden. Der Rechten war der Revolver entglitten, das Gesicht war mit Blut überströmt. Von dem Selbstmorde wurden sofort das Platzkommando und der Generalstab verständigt. Es fand sich vormittags eine militärische Kommission im Hotel ein, die den Tatbestand aufnahm, über das Motiv des Selbstmordes jedoch nichts ermitteln konnte. Oberst Redl hat aufopfernd gearbeitet, und es scheint, daß die Überanstrengung auf seinen Geist eingewirkt haben dürfte. Der Offizier soll an Schlaflosigkeit gelitten haben. Auch seine Nerven waren durch die Überanstrengung zerrüttet. In diesem Zustande soll er auch die Tat ausgeführt haben.«

Schon wenige Stunden später, in der Abend-Ausgabe vom 26. Mai, kann die »Bohemia« mit interessanten Einzelheiten aufwarten. Der Reporter des Blattes ist offenbar nicht untätig gewesen. Er fand heraus, daß Redl vor seiner Abreise nach Wien noch guter Dinge gewesen sei und daß seine Kameraden »nicht die geringste Aufregung an dem stets heiteren und leutseligen Offizier« bemerkt haben.

Auch kann er berichten, daß der Prager Korpskommandant Baron Giesl sich über die Ereignisse Bericht erstatten ließ und daß der Statthalter Fürst Thun dem Korpskommandanten einen längeren Besuch abstattete. »Baron Giesl verfügte sofort die Durchsuchung des Arbeitszimmers des Generalstabschefs, um eventuelle Aufklärung über das Motiv der Tat zu erhalten. Da die Schlüssel nicht zu finden waren, wurde ein Schlosser geholt, der den Schreibtisch in Anwesenheit des Korpskommandanten öffnete. Doch ergab sich kein Anhaltspunkt für den Selbstmord, es wurde kein Brief und keine Aufzeichnung gefunden.«

Einen Tag später, in der Morgen-Ausgabe vom 27. Mai 1913, bringt die »Bohemia« auf Seite 5, zwischen Lokalnachrichten versteckt, unter dem Titel »Falsche Gerüchte« jene kleine Notiz, die großes Aufsehen machen soll.

»Gestern zirkulierten in vielen Kreisen über den Tod des Generalstabschefs Obersten Redl die verschiedenartigsten Gerüchte, die u. a. den Selbstmord mit einer Spionageaffäre in Zusammenhang bringen wollten. Wir haben sofort an maßgebende Persönlichkeiten Anfragen in dieser Richtung gestellt und von diesen die Aufklärung erhalten, daß diese Gerüchte vollständig haltlos sind und auch nicht die Spur einer Berechtigung besitzen. Wir wurden gleichzeitig mit dem Erhalt dieser Auskunft ersucht, jedwedes Gerücht auf das allerenergischeste

Tagesnachrichten.

Der Selbstmord des Obersten Redl.

Wien, 27. Mai (Privat). Die „Zeit" meldet: In Wien zirkulieren Gerüchte, daß der Oberst des Generalstabes Redl den Selbstmord verübte, weil er in eine Spionageaffäre verwickelt war. Die Offiziere, mit denen er kurz vor seinem Tode verkehrte, haben ihm das vorhandene schwerbelastende Material vorgehalten und Oberst Redl zog es in Benützung der ihm gelassenen Frist vor, durch seinen Tod jeder weiteren Untersuchung auszuweichen. An offizieller Stelle beobachtet man große Reserve und gibt keine nähere Auskunft über die Richtigkeit dieser Gerüchte.

Hofrat Otto Keller.

Heute, den 28. Mai, feiert der ehemalige ord. Professor der klassischen Philosophie an der hiesigen Universität, Hofrat Dr. Otto Keller, in voller körperlicher und geistiger Frische das seltene Fest des 75. Geburtstages, und zwar in Stuttgart, woselbst er schon seit einer Reihe von Jahren sein wohlverdientes otium cum dignitate genießt, treu behütet von seiner ...

Aus der Morgen-Ausgabe der »Bohemia« vom 28. 5. 1913

zu dementieren und darauf hinzuweisen, daß sich Oberst Redl stets als befähigter und tadelloser Offizier erwiesen hat.«

Der Schlosser, von dem in der Abend-Ausgabe vom 26. Mai die Rede ist, wird für den Reporter zur »Schlüsselfigur«. In späteren Darstellungen erscheint er als Verteidiger des Ballspielklubs »Sturm«. Er lenkt den Obmann des Klubs und Berichterstatter auf die entscheidende Spur.

Der Deutsche Ballspielklub verliert 5:7, weil er durch das Fehlen von zwei Spielern gehandikapt ist. Am meisten ärgert sich der Obmann über das unentschuldigte Fernbleiben seines Verteidigers Wagner, der versprochen hat, pünktlich anzutreten. Am Montag besucht ihn Wagner in der Redaktion.

»›Ich konnte wirklich nicht kommen‹, versuchte der saumselige Endback sich zu entschuldigen.

›Das ist mir egal.‹ Ich blieb ablehnend.

›Ich war schon angekleidet, da kommt eine Ordonnanz in unsere Werkstatt und sagt, es soll ein Gehilfe ins Korpskommando kommen und ein Schloß aufbrechen.‹

›Erzähl mir keine Geschichten! So etwas dauert fünf Minuten. Und wir haben eine geschlagene Stunde mit dem Anstoß gewartet.‹

›Aber ich mußte die Wohnung eines Offiziers aufbrechen und dann alle Schubfächer und alle Schränke ..., es war nämlich eine Kommission aus Wien da, die hat nach russischen Papieren gesucht. Und nach Photographien von Plänen.‹

›So? Und wem gehört die Wohnung?‹

›Ich glaube, einem General. Eine sehr nobel eingerichtete Wohnung.‹

›Und der General war nicht da?‹

›Nein, der ist gestern in Wien gestorben.‹

Gestern in Wien gestorben? Der Obmann, der im Privatberuf Reporter ist, ist dem unentschuldbaren Endback und pflichttreuen Schlossergehilfen gar nicht mehr böse. Er sagt ihm nicht mehr: ›Erzähl mir keine Geschichten‹, sondern läßt sich die Geschichten ganz genau erzählen, wie der Wiener Oberst jede Photographie dem Korpskommandanten hinüberreichte und wie der jedesmal verzweifelt den Kopf geschüttelt und gesagt hat: ›Schrecklich, schrecklich! Wer hätte das für möglich gehalten!‹«

Der Reporter weiß zu kombinieren. Zusammenhänge stellen sich her. Aber wie soll man die Nachricht lancieren? Eine nackte Mitteilung würde wahrscheinlich konfisziert werden. Nach Beratung mit dem Chefredakteur entschließt man sich, die Meldung in Form eines Dementis zu bringen.

»Jedenfalls erschien das Abendblatt, der Draht gab die Nachricht nach Wien, die Journalisten liefen ins Hotel Klomser, im Parlament wurden zwanzig Dringlichkeitsanträge und Interpellationen eingereicht, und ganz Österreich wußte von den Ursachen des Selbstmordes, die die maßgebenden Kreise des Auslandes, deren Spion Redl ja gewesen war, ohnedies kannten und die man im Inland sogar vor dem Kaiser geheimhalten wollte.«

In der Abend-Ausgabe vom 29. Mai 1913 kann die Zeitung ihren Lesern auf Seite 1 in Fettdruck mitteilen: »Die zuerst von der ›Bohemia‹ gemachte Mitteilung, daß der Selbstmord des Obersten Redl mit einer Spionageaffäre zusammenhänge, findet nunmehr ihre vollinhaltliche offizielle Bestätigung.«

Mit der Aufdeckung der Umstände, die zum Selbstmord des Generalstabschefs Redl führen, erreicht die Karriere des Lokal- und Kriminalreporters Egon Erwin Kisch ihren Höhepunkt. Prag wird zur historischen Szene. Ein Provinzjournalist stößt die Tür auf zur großen Politik und zur großen Presse.

Bevor Kisch Prag verläßt, liefert er noch einmal einen Beweis seiner detektivischen Fähigkeiten. Er leuchtet hinein in die diffuse Zone von imperialem Machtstreben, von wechselseitigem Mißtrauen, von Provokation und offener Kriegsvorbereitung, in der sich die europäischen Großmächte vor Ausbruch des ersten Weltkriegs befinden.

Verschiedenes fügt sich zusammen, was Egon Erwin Kisch aus Prag forttreibt. Hier steht er sich mit seinem Ruf als Bohemien und Frauenliebling, als Spaßmacher und Obmann des DBC »Sturm« zuweilen selbst im Wege. Der Verfasser der »Prager Streifzüge« verschwindet oft genug hinter seinem populären Renommee.

Hinzu kommt die Arbeitsbelastung in der Redaktion, die wenig Zeit läßt für eigene Pläne. Paul Kisch, der seit Frühjahr 1913 wieder in Prag lebt und nach dem Weggang des Bruders dessen Stelle in der »Bohemia« übernimmt, klagt schon im Juli 1913: »Die Mißstimmung über die außerordentlich gehäufte Arbeit und deren Verteilung ist in der Redaktion kolossal und allgemein.« Nicht selten stehen nur sechs leitende Mitarbeiter zur Verfügung. Das bedeutet, daß der Redakteur bei dreimaligem Nachtdienst in der Woche mitunter vierzehn Stunden hintereinander in Anspruch genommen ist. Auch Paul Wiegler, seit 1908 Leiter des Feuilletons, verläßt 1913 die »Bohemia«. Willi Handl, nach Emil Faktor Theaterkritiker der Zeitung, folgt ihm ein Jahr später.

Viele der jungen Literaten kehren der Stadt den Rücken. Schon im Herbst 1912 geht Franz Werfel nach Leipzig. »Mein Lebensinstinkt wehrt sich gegen Prag«, schreibt er. »Für den Nichttschechen, so scheint es mir, hat diese Stadt keine Wirklichkeit, sie ist ihm ein Tagtraum, der kein Erlebnis gibt, ein lähmendes Ghetto, ohne auch nur die armen Lebensbeziehungen des Ghettos zu haben.« Willy Haas wechselt Anfang 1914 ebenfalls nach Leipzig über, und Paul Kornfeld siedelt sich in Frankfurt am Main an. Auch Franz Kafka trägt sich mit dem Gedanken, Prag zu verlassen. 1915 vermerkt er in seinem Tagebuch: »Immer diese hauptsächliche Angst: Wäre ich 1912 weggefahren, im Vollbesitz aller Kräfte, mit klarem Kopf, nicht zernagt von den Anstrengungen, lebendige Kräfte zu unterdrücken.«

Private Gründe mögen bei Egon Erwin Kisch den Ortswechsel begünstigen. Das Verhältnis zu Emča entwickelt sich offenbar in einer Weise, die dem Helden vom »Montmartre« wenig angenehm sein kann. In einem Brief vom 10. Juni 1913 sieht sich Paul Kisch gezwungen, dem Bruder in Berlin »folgendes mitzuteilen«: »Daß die Revoluce im Spital liegt, weißt Du. Samstag war ihre Mutter mit dem Kinde bei mir, d. h. sie wollten zu Dir. Da sie tatsächlich auf mich einen bemitleidenswerten Eindruck machte, gab ich dem Kinde 5 Kronen. Wäre ich mit dem Mädel auch nur in leisester Beziehung gestanden, ginge es aus meiner Tasche. So aber werde ich es Dir aufrechnen. Gestern war das Weib bei der Mutter, offenbar gänzlich verwirrt, die ihr zwanzig Kreuzer gab. Ich bitte aber um Direktiven, wie weit Du in dieser Hilfe noch gehen willst.« Leider weiß man nicht, wie Kisch auf diesen Brief reagiert hat.

Seinen Lesern in Prag hinterläßt Kisch als Abschiedsgeschenk einen neuen Feuilletonband. »Egon Erwin Kisch, der zweifelsohne begabteste, ideenreichste und unternehmungslustigste der Prager Journalistengilde«, schreibt Otto Pick, »hat sich leider nunmehr die Ufer der Spree und Panke zum Jagdgebiet für seine Streifzüge auserkoren. Bei uns hat er nur seine Prager Kinder zurückgelassen.«

Die Sammlung »Prager Kinder« kommt im Herbst 1913 heraus. Auch hier stützt sich Kisch auf Arbeiten, die bereits in der »Bohemia« veröffentlicht sind. Mit »Dragotin Podravič« greift er sogar auf die Geschichtensammlung »Der freche Franz« von 1906 zurück. Der autobiographische Held der Humoreske »Waffenübung«, Franz Siegfried Kletting, erinnert ebenfalls an den Titelhelden der frühen Edition.

Überhaupt wendet sich Kisch wieder stärker dem Erzählerischen zu. Etwa die Hälfte der Beiträge sind Geschichten, Porträtskizzen, Anekdoten. Kellnerinnen, Tänzerinnen, Malermodelle, alte Trinkerinnen, Bettler, Landstreicher, Wechselfälscher, Kreditschwindler, Hochstapler, Häftlinge, Kriegsinvaliden, Heiratsvermittler, Studenten, Einjährig-Freiwillige, Polizeikommissäre, Detektivinspektoren, Lokaljournalisten und Lebemänner stellen die Protagonisten dieser Prager Kinderwelt. In den zumeist »traurigen Lebensgeschichten« macht Kisch manches von dem sichtbar, was sich hinter nüchternen Polizei- und Gerichtsberichten verbirgt.

Den tragischen Grundton der Skizzen sucht der Autor durch humoristische Darstellung zu überspielen. Aus dem Kontrast von Bürgerlichkeit und Antibürgerlichkeit resultiert die Komik mancher Situation und Begebenheit. Das innere Beteiligtsein und die Zwiespältigkeit der eigenen Lage schaffen menschliches Einverständnis und kritische Distanz gleichermaßen. Denn der Lokalreporter aus Leidenschaft ist zugleich Held des Prager Nachtlebens, und er genießt seinen Ruf und seine Rolle.

»Wer Egon Erwin Kisch ist«, schreibt Leo Heller im Prager »Deutschen Abendblatt«, »brauche ich wohl keinem Prager zu sagen. Und werde es wohl keinem Berliner zu sagen brauchen. Kisch hat es in jugendlichem Stürmermut satt bekommen, als ›Lokalberühmtheit‹ zu gelten, er wollte zeigen, daß sich für sein Talent auch unter fremden Leuten günstige Entwicklungsmöglichkeiten ergeben. Er hat den Staub des goldenen Prag von seinen Füßen geschüttelt und ist gleich vielen anderen Literaten nach der Hauptstadt der Preußen gewandert. Nun beginnt man in Berlin auf seine besondere Begabung, scharf beobachten und die gemachten Beobachtungen flott skizzieren zu können, aufmerksam zu werden.«

5.
Literatur in Berlin

Seit langem schon strebt er nach Berlin. Die Weltoffenheit, das Tempo dieser Stadt ziehen ihn an. Jeder ehrgeizige deutsche Journalist, der sich in Prag einen Namen gemacht hat, geht eines Tages nach Berlin. Die großen Berliner Zeitungen erreichen die höchsten Auflagenziffern in Deutschland. In Berlin schlägt das Herz der jungen oppositionellen Literatur und Kunst. Hier erscheinen Zeitschriften wie »Der Sturm« oder »Die Aktion«, in denen radikale ästhetische Ansichten geäußert, ein neues Verhältnis zur Politik und Gesellschaft gefordert werden. Maximilian Harden gibt seine Wochenschrift »Die Zukunft« heraus, eine der besten Zeitschriften über Politik, Kunst und Literatur in Deutschland. Berlin ist der »große Marktplatz der Literatur«.

Schon von Prag aus lieferte Kisch hin und wieder Korrespondenzen an das »Berliner Tageblatt«. Jetzt steht er der Zeitung als freier Mitarbeiter zur Verfügung. Die vakante Stelle an der »Bohemia« nimmt Paul Kisch ein, der zugleich als Prager Korrespondent für das »Berliner Tageblatt« arbeitet.

Am »Berliner Tageblatt« weht ein anderer Wind als an der »Bohemia«. Die Zeitung verfügt über ein dichtes Netz von Korrespondenten und über einen eigenen Nachrichtendienst. Paul Kisch, der einen Artikel aus Prag schickt, wird zurechtgewiesen, weil er »langweilig und unverständlich« berichtet habe. Um allgemeines Interesse zu finden, müsse eine Nachricht »sensationell gefärbt« sein. »Auf sachliche Politik legt man in diesem Blatte keinen Wert«, meint Kisch.

Die neue Umgebung bereitet einem Mann wie Kisch keine Schwierigkeiten. Viele Journalistenkollegen sind ihm von Prag her bekannt. Und das Kaffeehaus tut ein übriges, den Neuling mit seinen gesellschaftlichen Talenten schnell heimisch werden zu lassen.

Berlin vor dem ersten Weltkrieg: Neue Grünstraße Ecke Seydelstraße

Treffpunkt der literarischen Boheme in Berlin ist das Café des Westens. Hier sitzt alles, was die »Aufmachung« und den »Betrieb« verabscheut, »was etwas mit Kunst zu tun« hat oder zumindest »dazugehören« will. Alle »Richtungen« sind vertreten, »von den Überlebenden des Naturalismus bis zu den expressionistischen Knaben«. Hier werden »Kampfgespräche über Literatur« (Leonhard Frank) geführt, ästhetische Theorien aufgestellt und verworfen, anarchistische, sozialistische Ideen diskutiert.

Auch Kisch besucht täglich den Markt der Literatur, tauscht Informationen, knüpft Verbindungen. Den rebellischen Dichter Erich Mühsam lernt er kennen und die exzentrische Lyrikerin Else Lasker-Schüler und den Verfasser von Schauerromanen Hanns Heinz Ewers. Maximilian Harden trifft er hier und den ehemaligen »Bohemia«-Kollegen Emil Faktor, den »uralten Langstreckenläufer der Kritik« Alfred Klaar, der noch mit seinem Vater befreundet war, und den aus Prag stammenden »nach neuester Mode gekleideten und immerfort zeichnenden Maler« Emil Orlik.

Hier begegnet er vermutlich auch Georg Weill, dem Journalisten, Schriftsteller und sozialdemokratischen Reichstagsabgeordneten von Metz. Weill arbeitet unter anderem als Berliner Korrespondent der Pariser Zeitung »l'Humanité« und ist mit deren Chefredakteur Jean Jaurès befreundet. Über Weill streckt Kisch seine Fühler aus zur sozialistischen Presse und nach Frankreich.

»Für ihn besuchte ich jeden Abend die Redaktionen der ›Vossischen Zeitung‹, des ›Berliner Tageblatt‹ und vor allem die des sozialdemokratischen ›Vorwärts‹, um die politischen Neuigkeiten zu holen. Die Nachtredakteure diktierten mir entweder die aus Berlin und der deutschen Provinz eingelangten Nachrichten oder gaben mir die Bürstenabzüge. Damit kehrte ich zu Weill zurück, der aussuchte und übersetzte und dann an die ›Humanité‹ telefonierte. Schon nach einer Woche überließ er es mir, auszusuchen und nach Paris zu telefonieren.«

Aber noch ehe Kisch in Berlin richtig Fuß gefaßt hat, muß er nach Prag zurück. Mitte August 1913 erhält er die Einberufung zu einer Reserve-Übung. Das ist einigermaßen »katastrophal« für ihn und bringt seine Pläne durcheinander. Fünf Wochen lang, von Ende August bis Ende September, darf er Salutiervorschriften befolgen und sich an Schießübungen und Kriegsspielen beteiligen.

Danach fährt er vermutlich für einige Tage nach Paris. Hier, an Ort und Stelle, läßt sich mancherlei verabreden, was die »Korrespondenz für die ›Humanité‹« betrifft. Ansonsten bietet die Stadt an der Seine Ausgleich und Anregung für einen Mann, der eben noch in Reih und Glied marschieren mußte. »Am besten gefiel mir der Bal Bullie und das Hallen-Viertel um 5 Uhr früh«, schreibt Kisch an den Bruder.

Kisch ist mit dem Vorsatz nach Berlin gekommen, einen Roman zu schreiben. Drei Themen stehen zur Wahl. Zum einen möchte er das Leben und Treiben in einer Zeitungsredaktion darstellen – Max Brod wird nach dem zweiten Weltkrieg mit dem Roman »Rebellische Herzen« oder »Prager Tagblatt« Ähnliches versuchen. Sodann beschäftigt ihn eine »Spionagegeschichte aus dem Siebenjährigen Krieg«, der er 1912 im Britischen Museum in London auf die Spur gekommen ist und die er jetzt in Berlin weiter verfolgt. Im Mittelpunkt steht der Einbrecher und Spion Andreas Christian Käsebier, der während der Belagerung von Prag im Mai 1757 eine mysteriöse Rolle gespielt hat. Später wird Kisch eine historische Erzählung daraus machen, die ihm als Vorlage dient für eine kleine Komödie. Das dritte Sujet entstammt der Prager Unterwelt. Hier kennt sich der ehemalige Kriminalreporter hinreichend aus. Der Stoff verspricht den meisten Effekt.

Alle drei Themen sind dem Prager Umkreis entnommen. Als Erzähler geht Kisch nur selten über die engere Heimat hinaus. Hier findet er seine besten Geschichten und Anekdoten, die ihn bis in die späten Jahre begleiten und die er immer wieder variiert.

»Wir haben keinen Prager Roman«, schreibt Kisch am 6. März 1913 in der »Bohemia«. »Seit hundert Jahren hat die deutsche Literatur mit Prag den innigsten Kontakt unterhalten, unter den Namen, denen in der Geschichte der Weltliteratur ein Platz eingeräumt werden müßte, fehlt es nicht an Söhnen dieser Stadt – und doch: Den Prager Zeitroman hat uns keiner geschrieben.«

Auch Egon Erwin Kisch hat den Ehrgeiz, *den* Prager Zeitroman zu schreiben. Das Terrain ist abgesteckt. Der Autor kennt sein Milieu, es bietet genügend Raum für dichterische Imagination.

Bereits im April 1911 hat Kisch in der »Bohemia« eine »Prager Geschichte« unter dem Titel »Die Katastrophe« veröffentlicht, der eine wahre Begebenheit zugrunde liegt. Am 19. Mai 1898 explodierte der Kessel eines Moldau-Ausflugsdampfers und forderte Tote und Verletzte. Die Kunde von dem Unglück verbreitete sich mit Windeseile in der Stadt und lockte Hunderte von Schaulustigen zum Moldaukai. Wahrscheinlich gehörte auch der dreizehnjährige Egon Kisch dazu.

Karl Duschnitz, der Held der Geschichte, ein reicher Bürgersohn, will mit seinen Freunden einen Dampferausflug unternehmen, als das Unglück geschieht. Durch den Druck der Explosion wird er weit in den Fluß geschleudert, aus dem ihn der Flößer Johann Chrapot, der von der Insel Kampa mit seinem Boot herüberrudert, rettet.

Die Frau des Flößers, ein »dralles junges Weib«, kümmert sich um den Geretteten. Karl Duschnitz, kaum aus seiner Ohnmacht erwacht,

Egon Erwin Kisch als Korporal, September 1913

nähert sich der Frau, die sich seiner Liebebedürftigkeit nicht abgeneigt zeigt. Das Abenteuer bleibt nicht ohne Folgen. Als Duschnitz von der Schwangerschaft der Frau erfährt, packt ihn ein tiefes Schuldgefühl. Er fürchtet, das Eheglück seines Retters vernichtet zu haben. Als er die Nachricht erhält, Vater eines Knaben geworden zu sein, schießt er sich eine Kugel in den Kopf.

Eine reichlich hanebüchene Geschichte, ganz auf äußere Effekte gestellt. Die Insel Kampa hat sich in die Prager Literatur als ein Ort des Geheimnisvollen und Phantastischen eingeschrieben. In den geduckten Häusern wohnen Flößer, Handwerker, Dienstboten; verrufene Kneipen erinnern an blutige Szenen.

Die Kampa-Flößer, Vertreter eines aussterbenden Gewerbes, umgibt ein Hauch von Wagnis und Abenteuer. Das freie Leben auf dem Fluß vermittelt noch ein romantisches »Gefühl von Wanderung, von Unterwegssein, von Entronnensein und In-die-Welt-hinein-Fahren«, wie Hermann Hesse es nennt. Der Lokalreporter Egon Erwin Kisch selbst hat bei einer Floßfahrt auf der Moldau und Elbe im Sommer 1910 ein wenig von der harten, gefährlichen Arbeit der Flößer erfahren.

Eine tiefe Kluft trennt die tschechische Bevölkerung auf der Kampa von den Palästen der Adeligen und der reichen Bürger auf der Kleinseite. Karl Duschnitz hätte sich niemals in die Hütte eines Flößers verirrt. Schräg gegenüber befindet sich die Schenke »Zur Hölle«, »in der König Wenzel in der Todesnacht seines Vaters, des vierten Kaisers Karl, mit der Dirne Božka Vesna gezecht und um ihretwillen blutig gerauft hatte«.

Der dramatische Konflikt ist vorgegeben, an ein bewährtes Motiv aus frühen Versen und Geschichten anknüpfend. Der Held der Geschichte, Frucht einer illegitimen Beziehung zwischen reichem Deutschen und armer Tschechin, bekommt die soziale und nationale Problematik dieser Stadt in die Wiege gelegt. Der Autor braucht ihn nur auf seinem heiklen Weg zu begleiten. Und er ist willens, auf keine der Wirkungen zu verzichten, die der Stoff ihm bietet.

Kisch hat seinen Redakteurposten aufgegeben, er ist von Prag weggegangen, um sich in neuer Umgebung als freier Schriftsteller zu bewähren. »Nun schrieb ich zu Hause, nicht mehr in einer Bahnhofshalle, wie es die Redaktion gewesen. Nun schrieb ich mit Tinte und auf glattem Papier und konnte dabei Schnörkel und Schlingen ziehen und Männchen auf mein Manuskript zeichnen. Nun war ich unabhängig von dem Raum, den der Metteur en pages verfügbar zu haben behauptete, und von der Stunde des Redaktionsschlusses. Nun war ich unabhängig von den Abhängigkeiten des Chefredakteurs und von den Zuschriften betroffener Abonnenten.«

Offenbar sind wichtige Teile des Romans schon geschrieben, als Kisch nach Berlin übersiedelt. Die Arbeit geht dem Autor schnell von der Hand. Der französische Gesellschaftsroman, vor allem aber Zola und Dostojewski stehen Pate. Anfang 1914 ist das Manuskript abgeschlossen.

Als Anfangskapitel dient die Erzählung von 1911. Aber der Held Karl Duschnitz, letzter Sproß einer alten Prager Patrizierfamilie, geht nicht mehr an sich selbst zugrunde. Das Schuldgefühl überträgt er seinem illegitimen Sohn.

Jaroslav Chrapot, der Mädchenhirt, hängt sich auf, weil er keinen Weg mehr sieht und weil er nicht fähig ist zu einer Tat im Sinne Raskolnikows. Im Grunde stirbt er an einem Mißverständnis, einem dummen Zufall: Der Brief des leiblichen Vaters, der ihn hätte retten können, trifft einen Tag zu spät ein.

Vieles von dem, was in den »Streifzügen« erkundet worden ist, kommt dem Roman zugute. Kisch kennt die Prager Prostituierten, und er kennt ihre »Beschützer«. Von manchen hat er sich die Lebensgeschichte erzählen lassen. Die Schilderung des Cafés »Brasilien«, wo Jaroslav mit dem »königlichen Kuppler« Mani Busch zusammentrifft, erinnert bis in die Dialoge hinein an einzelne »Szenen aus Spelunken« in den »Prager Kindern«. Und in die Kindheitsgeschichte des Jaroslav Chrapot geht manche Erfahrung ein, die auch der Knabe Egon Kisch machen mußte.

Der kleine Jaroslav wächst auf im Flößermilieu der Kampa. Aus der vertrauten Sphäre wird er herausgehoben durch den wohlhabenden Vater, durch die Kleidung, den Vorzug, eine deutsche Schule, später gar eine Realschule besuchen zu können, wo er mit den Sprößlingen reicher Bürger zusammensitzt.

Er beginnt seine Mitschüler zu hassen, von denen er verachtet wird und deren Freundschaft und Anerkennung er niemals zu erringen vermag. »Er sieht die Unmöglichkeit ein, als Flößersohn hier je als Gleicher unter Gleichen gewertet zu werden, er fühlt sich fehl am Platze, vereinsamt und unglücklich, läßt seinen anfänglichen Eifer absichtlich erlahmen, fällt im zweiten Semester der Prima durch und muß nun in die Bürgerschule.«

Anders als seine Spielkameraden empfindet Jaroslav Chrapot die Spannungen und Ressentiments, von denen das Leben der Menschen auf der Kampa beherrscht ist. Der Haß der Armen richtet sich nicht bloß gegen die Reichen, er richtet sich gegen die Deutschen, denen sich Jaroslav auf geheimnisvolle Weise verbunden weiß.

»Es war kein neuer Haß, der da unter den Kampa-Leuten entfacht war. Aber erst jetzt bekam er seinen Namen, seine Richtung, seine Bewegungsfreiheit. Bisher hatte sich der Haß dumpf und verschlossen gegen alle Bessergestellten, alle Reichen neidvoll gekehrt, gegen alle jene, von denen man wirtschaftlich abhängig war. Jetzt hieß es: Gegen die Deutschen! Man faßte es so auf, als ob es dasselbe wäre. Was waren denn die Holzhändler, für die man sich plagte, abarbeitete, Gicht und Verletzungen holte? Deutsche! Was waren denn die Smichower und Radlitzer Fabrikanten, für die die Frauen und Mädchen schufteten? Deutsche! Die Deutschen, ja, das sind die Reichen – wir sind die Armen. Die Banken, die Beamten, die Institute, die Adeligen auf der Kleinseite – lauter Deutsche, aber die armen Flößer, die Holzarbeiter, die Fabrikarbeiter, die Kutscher, die Dienstboten, die Bettler – lauter Tschechen ... Man verwechselte im tschechischen Prag die Begriffe ›deutsch‹ und ›reich‹, der nationale Haß war Klassenhaß.«

Unmerklich gerät Jaroslav Chrapot in die diffuse Halbwelt zwischen den sozialen Schichten und Klassen mit ihren heimlichen Beziehungen und Begehrlichkeiten. Durch seine Freundin Betka, deren ältere Schwester Prostituierte geworden ist, erfährt er, wie man mühelos zu Geld kommen kann. Anfangs hat er zwar noch Skrupel, daß er Mädchen, die ihm innerlich nahestehen, anderen Männern zuführt, aber bald wird auch bei ihm »die Gleichgültigkeitsmaske sein wahres Gesicht«.

Aus Mitleid mit anderen, aus Eitelkeit und Großmannssucht wird Jaroslav zum »Geschäftsmann der Liebe«. Als Aushilfskellner im Hotel lernt er die zwielichtige Sphäre der Nachtcafés und Absteigequartiere kennen, wo das Vergnügungsgewerbe ins Kriminelle übergeht. Auch er will seinen Schnitt machen, er möchte »ein Zuhälter des Schicksals« werden, ein »Herr«, der über die Geschicke anderer gebietet, ein Napoleon unter den Prostituierten, dessen Weltsicht in dem Satze gipfelt: »Das ganze, ganze Leben ist nichts als eine Rauferei um das Weib.«

Aber er bleibt ein kleiner Ganove, ein Zuhälter mit Skrupel, ein Romantiker der Unterwelt. Als er gegen die reichen Bordellbesitzer, für die er als Handlanger arbeitet, aufbegehrt, schickt man ihm die Polizei auf den Hals. Mit Lues behaftet, gerät er ins Polizeispital und ins Gefängnis.

Gerade erst am Anfang seiner Karriere als »Mädchenhirt«, sieht er sich verachtet und ausgestoßen. Innerlich gebrochen, kann ihm auch Dostojewskis Romanheld Raskolnikow nicht mehr helfen. Der Plan, seinen leiblichen Vater zu ermorden und zu berauben, mißlingt, noch ehe er das Haus von Karl Duschnitz betreten hat.

Chrapot ist ein Gescheiterter, und er weiß das. »Plan machen, überlegen, sorgfältig durchdenken, wieder einen Plan machen und wieder überlegen. Ja. Darin ist er groß. Aber etwas auszuführen? Zur Tat kommt es nicht.«

Der Roman, mit einem Knalleffekt begonnen, endet in Larmoyanz. Die napoleonischen Vorbilder verblassen. Der Held der Geschichte, eben noch willens, sich der Gesetze der herrschenden Ordnung bedenkenlos zu bedienen, sinkt herab zu einer Alltagsfigur, den wechselnden Einflüssen der Umwelt preisgegeben.

Unversehens gerät die Fabel in die Nähe der Dekadenzproblematik des Fin de siècle. Spätestens mit dem zwölften Kapitel, mit dem Aufenthalt Chrapots im Allgemeinen Krankenhaus, stockt die Handlung, löst sie sich auf in Reflexionen.

In der Figur des Titelhelden steckt zuviel Sentiment, zuviel vom Autor selbst, als daß er ein Napoleon der Prager Unterwelt werden könnte. Ihm fehlt die Entschlossenheit und Kaltblütigkeit, um sich im Untergrund zu behaupten.

So bleibt vom »Mädchenhirt« am Ende wenig mehr als ein romantisch aufgemachter Reportergang, der Streifzug in einen Lebensbezirk, der dem Autor nur teilweise zugänglich ist. Die Prager Gesellschaft mit ihren Widersprüchen spiegelt sich nur verzerrt im Schicksal eines kleinen Zuhälters.

Prag ist längst mehr als nur ein Lunapark für reiche Geschäftsleute und Bauern aus der Provinz. Mietskasernen erheben sich rings um die Insel Kampa. Jenseits der idyllischen Gassen und Winkel ist eine moderne Industriestadt mit organisiertem Proletariat herangewachsen. Die Metropole wird beherrscht von einer wirtschaftlich starken tschechischen Bourgeoisie, die ihre politischen Forderungen stellt und die sich in scharfer Konkurrenz befindet mit den deutschen Fabrikanten und Kaufleuten.

Den zeitgenössischen Prager Roman hat auch Egon Erwin Kisch nicht schreiben können. Aber die genaue Wiedergabe des Altprager Lokalkolorits und die »Kühnheit« des »pornographischen« Themas verschaffen dem Roman eine wirkungsvolle Presse.

Über die Resonanz des Werkes vermerkt Kisch: »Im Mai 1914 erschien mein Roman, er hieß ›Der Mädchenhirt‹. Während ich ihn schrieb, hatte ich meine sieben Jahre lang gefesselt gewesene Phantasie nicht ganz auf die Erfindung der Romanhandlung entfesselt, sondern einen stattlichen Prozentsatz dazu verwandt, mir den Erfolg des Buches auszumalen. Aber der Erfolg wurde weit phantastischer als meine Phantasie. Fünftausend Exemplare waren binnen vierzehn Tagen verkauft, fünfzehntausend neue im Druck, die Übersetzungsrechte und Option auf künftige Romane nach Paris, London und St. Petersburg verkauft etc., etc. Neue Literaturtheorien entstanden, die sich auf den Wert der Dokumentation stützten, wie sie in meinem Roman erstmalig Anwendung gefunden habe. ›Dokumentation‹! – daß ich nicht lache. In jeder meiner Zeitungsreportagen hatte mehr Dokumentation gesteckt, und ich hätte sie noch weit stärker dokumentieren können, wäre ich nicht so sehr von Zeit und Raum abhängig gewesen.«

Aus dem Dokumentarischen vor allem wächst die »soziale Tendenz« des Romans, sein anklägerisches Pathos. Der gesellschaftskritische Kern der Fabel wird bloßgelegt in einer dramatisierten Fassung, die eine tschechische Bühne nach 1918 in Prag herausbringt, »ein Stück voll Haß gegen die bürgerliche Welt, gegen Polizei und Gerichte«, wie Karl Kreibich schreibt.

Nicht ohne Stolz vermerkt der Romanautor, daß die Arbeiter jeden Abend mit Applaus bestätigen, wie sehr sie den »sozialen Sinn der Handlung« begriffen haben.

Die literarische Kritik in Deutschland nimmt den Roman begeistert auf. Man spricht vom »Buch des Jahres«, von einem der »wertvollsten Bücher der letzten Zeit«. Die »draufgängerische Natürlichkeit«, das Burschikose und Unbekümmerte der Darstellung werden gerühmt. Eine scharfe Beobachtungsgabe und strenge Sachlichkeit, in der virtuoses Können und mitreißende Kraft liegen, kennzeichneten den Autor.

»Ich glaube«, äußert Hans Natonek, »Kisch könnte nichts schreiben, was er nicht gesehen hat. Das ist ganz unliteratenhaft und vielleicht auch (in einer gewissen einseitigen Betrachtung) ein wenig undichterisch. Und Kisch ist kein Literat, sein Roman hat nichts Erklügeltes, ist kein zufälliges Literatenprodukt aus Laune, Hysterie und Anwandlung von Schwäche, ist kein selbstgefälliges Sich-hinaus-Stellen, kein unfruchtbares Selbstzerfasern, kein Raritätenkabinett von ausgestellten Subtilitäten und erlesenen Geständnissen. Der Autor verschwindet hinter seinem Buch ...«

Aber auch das bürgerlich-deutsche Prag meldet sich zu Wort und wirft dem Autor naturalistische Schilderung und drastische Ausdrucksweise vor. Eiter und Dreck der Großstadt, sagt Max Brod, seien ein wenig allzu kennerhaft dargeboten. »Ein unerquickliches Milieu und ein unappetitliches Thema«, heißt es in einer Rezension. »Eine Lektüre für Männer und starke Nerven.«

Der von Kisch geschätzte Karl Hans Strobl, der seine deutschnationalen Neigungen immer stärker hervorkehrt, kann ein Unbehagen ebenfalls nicht verbergen. Er bedauert, daß Kischs »Roman vom unterirdischen Prag« jenseits der Grenzen der deutschen Bürgerlichkeit angesiedelt sei. »Auch der Roman des Egon Erwin Kisch ist kein Roman in diesem Sinne des großen epischen Nebeneinander, auch er behandelt nur einen Sonderfall, und noch dazu nicht einen aus der deutschen, sondern aus der tschechischen Welt Prags.«

Mit dem Erscheinen des »Mädchenhirten« beginnt man in Berlin auf Kisch aufmerksam zu werden. Er ist nicht mehr nur eine provinzielle Berühmtheit aus der fernen Stadt Prag. Im Café des Westens begegnet man ihm mit Hochachtung. Verehrerinnen umschwärmen den jungen Romancier, wenn er hier auftaucht. Der Autor des »Mädchenhirten« macht seinem Romanhelden Ehre.

Nachdem Kisch sich auf dem Gebiet des Romans versucht hat, will er auch der Bühne seine Reverenz erweisen. Das Deutsche Künstlertheater sucht fähige Mitarbeiter, die es aus der Krise herausführen. Die im Sommer 1913 gegründete Sozietäts- oder Genossenschaftsbühne, der namhafte Sozietäre wie Gerhart Hauptmann und die Schauspieler Else Lehmann und Rudolf Rittner angehören, ist durch anarchische Leitung, ungeschickte Spielplangestaltung und kostspielige Inszenierungen in finanzielle Nöte geraten. Schon Ende 1913 haben sich Hauptmann und Rittner aus dem zweifelhaften Unternehmen zurückgezogen, und Else Lehmann läßt sich von ihren kontraktlichen Verpflichtungen entbinden.

Im Frühjahr 1914 erhält das Theater mit den Sozietären Tilla Durieux, Lucie Höflich und Paul Wegener ein neues Gesicht. Der Kunsthändler Paul Cassirer steuert mehrere hunderttausend Mark zur Sanierung bei. Als künstlerischer Leiter amtiert Franz Zavřel, der Kisch von Prag her kennt. Er engagiert den theaterbeflissenen Zeitungs- und Romanschreiber als Dramaturgen und Öffentlichkeitsarbeiter.

Egon Erwin Kisch hilft nach Kräften, um das Theater wieder auf die Beine zu bringen. Er verhandelt mit der Schauspielerin Agnes Sorma, »um sie zur Wiederaufnahme ihrer Bühnentätigkeit, zum Eintritt in das Ensemble zu bewegen«. Mit wenig Erfolg, wie sich zeigt, aber das Künstlertheater bleibt zumindest in der »allgemeinen Diskussion«.

Bald schon wird das Engagement gewaltsam gelöst. »Binnen Monatsfrist brach ein bekannter Weltkrieg aus, die Mitglieder rückten ein, Pleite, Barnowsky übernahm das Theater, und auf der Paraschnitza in Serbien, dreißig Schritt vom Feind, erhielt ich durch die Feldpost Kündigung und letzte Gage.«

Doch vorher, ehe die Landesgrenzen für viele Jahre unpassierbar werden, öffnet sich für Kisch noch einmal die Tür zur Welt. Mitte Mai 1914 geht ein neues Schiff der Hamburg-Amerika-Linie, die »Vaterland«, mit 55 000 Bruttoregistertonnen der größte Passagierdampfer der Welt, auf Jungfernfahrt nach New York. Namhafte Schriftsteller und Journalisten sind eingeladen, um dieses Zeugnis deutscher »Macht und Größe« gehörig zu bewundern und zu preisen. Auch der Autor des »Mädchenhirten« gehört zu den Eingeladenen.

»Das Schiff ist ein Wunder«, jubelt Alfred Kerr. »Nicht weil es das größte dieses Erdballs bedeutet. Nicht weil es eine Stadt von fünftausend Menschen bildet. Nicht weil es zwölfhundert Mann Besatzung führt. Nicht weil es ... kein Hotel, sondern ein Schloß ist. Nicht deshalb. Vielmehr aus allen diesen Gründen zusammen.«

Am 14. Mai legt die »Vaterland« vom Kai in Cuxhaven ab. Zehntausende von Menschen jubeln dem Ozeanriesen zu. Mit anderen Li-

Das Künstlertheater in Berlin

teraten steht Kisch oben auf dem Promenadendeck, elf Stockwerke hoch. Nur mit Hilfe eines Fernglases kann er die Gesichter da unten erkennen. Die Bordkapelle spielt: »Muß i denn, muß i denn zum Städtele hinaus ...«

Die Journalisten und Schriftsteller dürfen sich alles ansehen. Mit dem Lift fahren sie zehn Stockwerke tief hinunter zu den gewaltigen Kesselanlagen im Innern des Schiffes. »Zweimal war ich erschüttert«, notiert Alfred Kerr, »einmal in Amerika, das andere Mal unten im Schiff. Fuhr ... vom Himmel durch die Welt zur Hölle.«

Jene Hölle stellt Kisch in den Mittelpunkt seiner Reportage, die die »Bohemia« am 12. Juni 1914 unter dem Titel »Bei den Heizern« abdruckt. Der Zeitungsschreiber, von den »beiden Farben der Hölle in Höllenglut umfangen«, von »dantesken Visionen« gepeinigt, bemüht sich, »in die Realität zurückzuklettern« und eine genaue Vorstellung zu vermitteln.

Die Bedingungen, unter denen die Heizer arbeiten müssen, lassen das »Wunder« fragwürdig, den Komfort, der den Passagieren geboten wird, als Herausforderung erscheinen. Dennoch glaubt der Journalist etwas von dem sportlichen Ehrgeiz, dem Stolz und dem Selbstgefühl der Arbeiter zu spüren: »Das habe ich getan, ich habe den größten Meeresriesen vorwärtsbewegt und aufwärts gehoben!«

Als Kisch zehn Jahre später die Reportage wieder hervorholt und überarbeitet, hat die Welt sich verändert. Ein vier Jahre währender Krieg und eine gescheiterte Revolution haben den Blickwinkel verschoben. Jetzt schließt der Autor seinen Bericht mit vier dringlichen Fragen und einer Antwort, die wenig Hoffnung weckt.

»Erfüllt die Glut der Kessel sie mit Glut? Erregt sie der Takt der Bewegung zur Bewegung? Ruft sie der Kampf zum Kampf? Hat der Pfiff ein Echo in ihnen, der Pfiff, der keine Unterbrechung zuläßt bei ihrer Arbeit im Fieberreich? Sie spülen den Kohlenstaub mit einem Glase Bier hinunter und schlafen.«

In Southampton verläßt Egon Erwin Kisch mit anderen Schriftstellern das Schiff. Er nutzt den Aufenthalt in England, um an der Themse Station zu machen. Er besucht die Verwandten und setzt seine Streifzüge im Londoner Osten fort.

Diesmal begnügt er sich nicht mit einer Stippvisite im »dunklen London«. Er will den Menschen dort nachspüren, wo die Stadt am dunkelsten ist. Er geht in eines der acht Londoner Heilsarmee-Nachtasyle, in das von Whitechapel, das »die traurigsten Gäste beherbergt«. Wie in Prag verkleidet er sich auch hier, um unbeanstandet in die »Unterwelt« zu gelangen.

»Was die Stadt in ihren tiefsten Abgründen nicht mehr zu halten vermochte, was selbst Whitechapel, dieses Asyl der Desperados aller Weltteile, nicht mehr aufzunehmen gewagt hatte, was zu Bettel und Verbrechen nicht mehr geeignet ist, scheint hier abgelagert worden zu sein. Da sitzen sie und verderben die warme Luft. Der eine schnallt seinen Holzfuß ab und lehnt ihn an die Bank. Der andere macht Inventur, einige hundert Zigaretten- und Zigarrenstummel neben sich ausbreitend. Einer holt aus seinem Schnappsack die Dinge hervor, die er wahllos aus dem Rinnstein aufgelesen: Stücke alten Brotes, den Rumpf einer Puppe, zusammengeballte Zeitungen (er glättet sie sorgfältig), den Rest einer Brille, das Rudiment eines Bleistiftes. Einer bindet sein Bruchband zurecht, einer wickelt seine Fußlappen ab, einer verdaut hörbar – alle Sinne werden gleichzeitig gefoltert.«

Whitechapel, das »Londoner Ghetto«, zieht Kisch immer wieder an. Hier, wo viele Juden aus Rußland, Polen, Galizien, Rumänien und Palästina wohnen, haben Lyriker, Essayisten, Dramatiker und Journalisten ihr Stammlokal. Die »Fäden der internationalen Kaffeehausboheme«, die sich von Prag nach Berlin, Wien, München und bis nach Paris spannen, verfolgt der Besucher auch hier. Im jiddischen Literatentreffpunkt »New Yorker Restaurant« lernt er manche Berühmtheit kennen, die wiederum mit namhaften Schauspielern, Theaterleuten oder Schriftstellern in Berlin oder anderswo zusammengetroffen ist. Die Stammgäste dieses Künstlercafés, »die die weltgeschichtliche Unstetheit des Judentums mit der nervösen Heimatlosigkeit des Bohemiens vereinen«, vermitteln Einblicke in eines der Zentren jüdischen Volkslebens und jüdischer Kultur.

Allmählich findet Egon Erwin Kisch Zugang zur Internationale der Zeitungsschreiber. Man kennt ihn vielerorts und legt Wert auf seine Mitarbeit. Schon plant er eine neue große Reportagenserie. Für das »Berliner Tageblatt« soll er über die Bagdad-Bahn berichten.

Mit dem Bau einer Eisenbahnlinie vom Bosporus bis zum Persischen Golf versucht das Osmanische Reich Anschluß an die industrielle Entwicklung in Europa zu gewinnen. Die Anatolische Eisenbahngesellschaft wird maßgeblich unterstützt und kontrolliert von der Deutschen Bank und von Friedrich Krupp.

Im Herbst 1898 ist Kaiser Wilhelm II. eigens in den Vorderen Orient gereist, um den Verhandlungen über das Projekt Nachdruck zu verleihen. Vier Jahre später gewährt der türkische Sultan einem deutschen Konsortium, hinter dem sich die Deutsche Bank und der Kruppkonzern verbergen, die Konzession für den Bau der Bahn.

Die projektierte Strecke hat eine Länge von über zweitausend Kilometern. Im Sommer 1914 ist die Eisenbahn nur noch wenige hundert Kilometer von Bagdad entfernt.

Wieder scheint es, als würde der Journalist Egon Erwin Kisch an einen Brennpunkt politischer Entwicklung gelangen. Neue Abenteuer, neue sensationelle Enthüllungen stehen bevor.

»Durch Beziehung des Chefredakteurs bekam ich Einsicht in die

Geheimakten des Auswärtigen Amts und exzerpierte sie drei Tage und drei Nächte lang in einer Privatwohnung. Auf Grund dieser Notizen hätten die Berichte aus Bagdad alles schlagen müssen, was jemals über das weltpolitische, vieldiskutierte Unternehmen veröffentlicht worden war.

Aber bevor es zu meiner Abreise kam, unterbrach ein Ereignis gleichermaßen den Erfolg meines Romans wie meine journalistische Tätigkeit: der Weltkrieg.«

6.
Soldat im Prager Korps

Es beginnt wie eine Abenteuergeschichte von Casanova. Am Mittwoch verabschiedet er sich von seiner Freundin Trude in Berlin. Am Donnerstag besucht er seine Freundin Klara in Prag, die er ein halbes Jahr nicht gesehen hat. Die Nacht zum Freitag schließlich verbringt er mit der Braut eines Reserveoffiziers in einem Hotelzimmer in Příbram.

Der Krieg begrüßt den Zeitungsschreiber und Romanautor mit einem freundlichen Nackenschlag.

Am Strand in Binz wird Kisch am 28. Juli 1914 von der Kriegserklärung Österreich-Ungarns an Serbien überrascht. Er reist sofort nach Berlin, wo er die Nachricht vorfindet, daß er sich bei seinem Regiment zu stellen habe.

Einen Tag später fährt er nach Hause, wo er sich nur kurz aufhalten kann. Sein Regiment befindet sich bereits in Písek. Dort hört er am 31. Juli von der allgemeinen Mobilmachung.

Von jener Stunde an führt Kisch Tagebuch. Er spürt: Der Krieg ist *die* große Reportage seines Lebens.

Selten wohl ist ein Schriftsteller mit einem so strikten Vorsatz in den Krieg gegangen, von Anfang an alles detailgetreu aufzuzeichnen. »Ich bin direkt glücklich«, schreibt er am 4. August an die Mutter. »Mein jetziges Leben ist so voll von Neuem, Abwechslungsreichem, Schönem und Abenteuerlichem.«

Zwar gehen unter den Soldaten Gerüchte um über Selbstmorde und plötzliche Todesfälle, aber die Stimmung scheint davon nicht beeinträchtigt. Kisch trifft viele alte Bekannte und schließt neue Freundschaften. Wegen seiner ansteckend guten Laune sieht man ihn überall gern. »Fern von den hastigen Aufregungen« des Berufes erholen sich die Nerven; dem Magen bekommt die soldatische Kost.

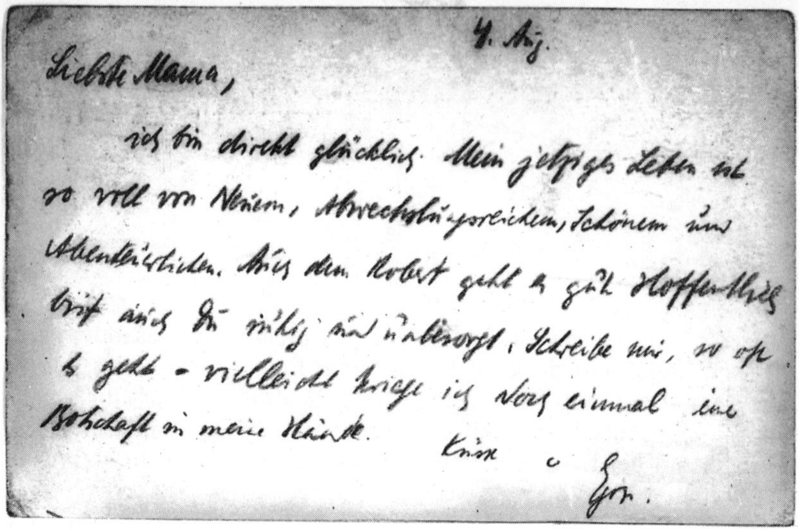
4. Aug.

Liebste Mama,

ich bin direkt glücklich. Mein jetziges Leben ist so voll von Neuem, Abwechslungsreichem, Schönem und Abenteuerlichem. Auch dem Robert geht es gut. Hoffentlich bist auch Du ruhig und unbesorgt. Schreibe mir, so oft es geht – vielleicht kriege ich doch einmal eine Botschaft in meine Hände.

Kuss v. Egon.

Feldpostkarte Egon Erwin Kischs an die Mutter vom 4. 8. 1914

»Im allgemeinen bin ich glücklich«, heißt es noch am 5. September 1914, nach den ersten Fronterfahrungen, und nun wohl schon mit der Absicht, die Mutter zu beruhigen, »denn das Leben ist abwechslungsreich, romantisch, voll herrlicher Eindrücke, und wenn man die Gewißheit sicherer Heimkehr hätte, würde einem nichts fehlen. Außerdem hat man sich noch nie im Leben seiner Gesundheit gefreut, wie jetzt, da sich leider nicht alle ihrer zu erfreuen haben, wie jetzt, da man Gefährliches, beispiellos Gefährliches überstanden hat. So spiele ich den Schalksnarren des Regiments, tanze, dichte und deklamiere, koche, wasche und flicke und mache Witze.«

Das Prager Korps kommt an der serbischen Grenze zum Einsatz. Über eine Woche dauert es, ehe die Regimenter transportiert und formiert sind. Am 11. August hat die Kompanie zum erstenmal Feindberührung.

»Nach sieben Kilometer Marsch gegen Osten via Konvaluka machten wir hinter Amalijah, einem Ort hart an der Drinakrümmung, auf einem niedergemähten Kukuruzfeld halt. Vor uns schossen unsere Schwarmlinien. Wir lagen da, von Mücken belästigt. Manchmal surrten große Fliegen laut vorbei. Es dauerte einige Minuten, bis wir erkannten, daß es keine Fliegen seien, die das Surren verursachten, sondern – Gewehrkugeln. In kurzen Intervallen pfiffen sie über unsere Köpfe hinweg. ›Pzing, das war eine‹, lachten die Leute, ›und wieder eine.‹ – Das waren die ganzen Bemerkungen, die wir machten, und der Gefreite Hevera, der, durch die Zähne pfeifend, den Schall der Kugeln täuschend nachzumachen wußte, hatte großen Lacherfolg.«

Am 12. August 1914 beginnen die österreichisch-ungarischen Truppen mit der erwarteten Offensive, die zunächst erfolgreich verläuft. Die Offiziere glauben, daß der Feldzug in wenigen Wochen beendet sein wird. Manche führen sich auf wie im Manöver. Sie sitzen während des Marsches zu Pferde, als ob sie dem Feind ein deutliches Ziel bieten wollen, und tragen Säbel, die kilometerweit blitzen.

Schon zeigen sich die Mängel der k.u.k. Kriegsführung. Die Verluste häufen sich, der Nachschub an Waffen und Verpflegung gerät ins Stocken. Unter den Soldaten kommt es zu Verzweiflungsausbrüchen und »hochverräterischen Äußerungen«.

Die serbischen Soldaten erweisen sich durchaus nicht als jene »Hammeldiebe« und »Ziegenschänder«, wie sie in den Reden der Offiziere genannt werden. Sie wissen sich zu wehren, und sie führen einen Verteidigungskrieg. In dem Maße, wie sich der Widerstand der Serben versteift, verringert sich die Angriffskraft der Österreicher.

Am 18. August gehen die Serben zum Gegenangriff über, und einen Tag später notiert Kisch: »Die Armee ist geschlagen, ist auf einer regellosen, wilden, überstürzten Flucht.«

Schon bei der ersten größeren Belastungsprobe machen sich Auflösungserscheinungen in der Armee bemerkbar. Die Soldaten, aus friedlichem Alltagsleben gerissen, erfahren das Grauen der modernen Materialschlacht mit dem massiven Einsatz von Artillerie, den riesigen Verlusten, den körperlichen Verstümmelungen, den fürchterlichen Szenen auf den provisorischen Verbandplätzen.

Es fehlt an Ärzten, an medizinischem Gerät, an Verbandstoff, an Medikamenten, an den elementarsten sanitären Vorkehrungen. Epidemien breiten sich aus. Überall zeigen sich Dilettantismus und Unfähigkeit.

Der Tagebuchschreiber erinnert sich der Selbstmordaffäre Redl, des Verrats der Aufmarschpläne an Rußland. »Redl, Generalstabschef eines der wichtigsten Korps, Oberst und besonderer Vertrauensmann, wird unzweifelhaft des fortgesetzten Verrats überwiesen, und sofort drückt man ihm den Revolver in die Hand und gewährt ihm einen ›ehrenvollen Tod‹, nur aus Angst vor der Öffentlichkeit. Nach keinem Komplicen wird er gefragt, nicht über seine jahrelangen Beziehungen, nicht über deren Entstehung, nicht über die Mittelsmänner, nicht über die Wege und nicht über die Objekte seines Verrats verhört, und so vervielfältigen unsere weisen Militaristen den Glauben des Volkes, die Armee sei voll solcher Verräter. Und es ist selbstverständlich, daß man nach einem geschlagenen Feldzug diese Vermutung bestätigt glaubt, den Rest von Vertrauen in die Führung verliert und seinen Pauschalverdacht unverblümt ausspricht.«

Noch offenkundiger erweist sich die »völlige Impotenz« der österreichischen Truppenführung bei dem erneuten Übergang über die Drina am 9. September und der verlustreichen Flucht einen Tag später. Unter dem Heck eines Pontons verborgen, der von Hunderten Flüchtender gestürmt wird, gelangt Kisch mit Mühe an das andere Ufer des Flusses.

Die Schilderung der Flucht und des Rückzuges über die Drina gehört zu den längsten und eindrucksvollsten Partien des Tagebuches. Hier an der Drina tritt die Diskrepanz zwischen offizieller Verlautbarung und wirklichem Geschehen offen zutage. Der ehemalige Reporter ist entsetzt darüber, wie das sinnlose Hinschlachten von Tausenden von Kameraden als eine militärische Notwendigkeit dargestellt, als eine Bagatelle abgetan wird.

»Ich denke nach, wie ich das Zeitungstelegramm formulieren würde, wenn ich eins absenden dürfte. Auf die Idee komme ich nicht, auf die zur gleichen Stunde der Verfasser des Heeresberichts kommt: ›Unsere Südarmee hat ihre Uferstellungen an der Drinamündung verstärkt.‹«

Kisch wird als Schwarmführer, als »Telefonstenograf«, als Betreuer des Regimentstagebuchs, vor allem aber als Ordonnanz, als Meldegänger eingesetzt. Er pendelt zwischen der vorderen Linie und den Stäben, er weiß hier wie dort Bescheid. Er erlebt den Krieg anders als die meisten seiner Kameraden. Er erlebt ihn als Soldat und als Journalist und Beobachter. Was er sieht und protokolliert, steht in krassem Gegensatz zu dem, was in den Zeitungen steht.

Seine Reporterpflicht zwingt ihn, die Vorgänge noch gewissenhafter aufzuzeichnen. Später sagt er darüber: »Das, was wir hier ununterbrochen erleben, heißt Krieg. Auch über den Krieg erscheinen Berichte in den Zeitungen, wahrlich genug. Aber alles ist falsch und entstellt. Mich beschäftigt die Frage: Hätte ich als Kriegsberichterstatter auch solche Geschichten geliefert?

Zwischen mich und meinen alten Beruf hat sich eine Distanz geschoben. Ich sehe jetzt anders. Mein journalistisches mit meinem soldatischen Auge vereint, ergeben ein plastisches Bild der Dinge.«

Der Hauch des Abenteuerlichen ist längst verflogen. Der Tagebuchschreiber beginnt über den Krieg nachzudenken, über dessen Mörderhandwerk. Am 17. September notiert er: »Das Feuer ist mörderisch, mörderisch? Dann sind auch wir Mörder, die ebenso stark schießen. Wir sind vielleicht ausgezogen, um zu töten. Aber jetzt ist keiner von uns, den das blutige Handwerk nicht reut. Was nützt das? Wir sind jetzt wie die Verbrecher, die sich vom Galgen nicht anders loskaufen könnten, als daß sie selbst das Schergenamt übernehmen, und drüben ist es ebenso.«

Als man ihm Anfang Oktober sagt, daß er wegen seines »angeblich furchtlosen Eifers beim Drinaübergang« wahrscheinlich befördert werden soll, fährt ihm ein »tödlicher« Schreck in die Glieder. Mit allen Mitteln trachtet er danach, die »Vorrückung« zu verhindern.

»Besonders das Befehlen ist mir aus tiefster Seele verhaßt. Viel lieber liege ich als einfacher Korporal in der Feuerlinie ohne besondere Verantwortung und ohne genötigt zu sein, einen Würdenträger in der Kompanie darstellen zu müssen. Die Leute, die mich jetzt gern haben und sich durchwegs mit mir duzen, ob sie nun Kanalarbeiter, Milchwagenkutscher, Dorfmusikanten oder aber Lehrer und Kontoristen sind, würden mich nur per ›Sie‹ ansprechen, mich mit Mißtrauen betrachten, jeden Befehl glossieren und in der Bitte, mir ein bißchen Wasser einzuschenken, eine befohlene Dienstleistung sehen. Schon im Zivil hat mich meine Unfähigkeit, jemandem zu befehlen, meine oft innere Neigung, mit jedem Diener intim befreundet zu sein, in der Karriere gehindert, und nun sollte ich beim Militär, wo ich nie eine Karriere machen wollte, plötzlich dazu gezwungen sein. Mit Leuten aus der gesellschaftlichen Schichte, der die Offiziere angehören, bin ich seit jeher bis zum Überdruß in Verkehr gestanden, und es ist noch eines der angenehmsten Gefühle meiner Jetztzeit, daß ich endlich einmal monatlang mit Menschen aus anderen Klassen Tag und Nacht als Gleicher unter Gleichen leben, ihre ganze Weltanschauung und Lebensauffassung kennenlernen kann.«

Im September und Oktober gehen die österreichisch-ungarischen Truppen erneut zum Angriff über. Der Vormarsch vollzieht sich nur stockend. Regen, Nebel und Kälte behindern die Operationen. Zeitweilig erstarren die Fronten im Stellungskrieg. Die Armeeführung muß einräumen, »daß der Krieg längere Zeit in Anspruch nehmen wird«. Aufgeweichte Wege, Schlamm, »eine der ärgsten Schrecknisse des Krieges«, Wasser in den Laufgräben, Erkältungen, Ruhr, rheumatische Schmerzen, Läuse und Flöhe machen den Soldaten zu schaffen. Der mörderische Alltag des Krieges stumpft die Sinne ab, tötet alle »Lebensgefühle«.

Dennoch spielt Kisch unverdrossen seine Rolle als Spaßmacher und Possenreißer. Witze und Blödeleien stellen sich fast wie von selbst ein. Um die Mutter zu beruhigen, schickt er fröhliche Verse nach Hause: »Das Leben: Es ist kunterbunt, / Das Essen: Ganz vorzüglich, / Mein Zustand: Unerhört gesund, / Die Stimmung: Sehr vergnüglich.« Am 22. Oktober schreibt er in einem Brief: »Ich habe mich im Feindesland schon so eingelebt wie daheim, und in der Erdhöhle, die ich bewohne, geht es zu wie in einem Pariser Salon zur Zeit Ludwigs XV. Gelehrte, Aristokraten, Dichter und Millionäre geben sich in meiner Villa ein Stelldichein ...«

Die Wirklichkeit, wie sie sich im Tagebuch spiegelt, sieht anders aus. Jeden Tag gibt es Tote und Verwundete. Kriegsmüdigkeit, Kriegsgegnerschaft breiten sich aus, gerade unter den Tschechen.

Stärker als durch alle Bilder des Grauens, alle Katastrophenmeldungen wird Kisch durch eine Nachricht getroffen, die er am 2. November 1914 von zu Hause erhält. »Nie war uns Brüdern, die wir seit dem in unseren Kindertagen erfolgten Tode unseres Vaters keinen Todesfall in der Familie erlebt hatten, bis dahin der Gedanke gekommen, daß einer von uns sterben könne. Wir sind alle fünf von ganz verschiedener Wesensart, aber gemeinsam war uns eine starke Körperlichkeit, nie war einer bettlägerig, alle waren wir tauglich zum Militärdienst, und in uns allen äußerte sich die Gesundheit in übermütigen Betätigungen, wie Übermaß von Sport, durchbummelte Nächte, Schwimmen verbotener Strecken, Rekord an Mensuren, Tanzwut, abenteuerliche Streifzüge, einen Überschuß an Temperament, das jede Berechnung, jede Überlegung und jede Klugheit verlachte.«

Der jüngere Bruder Wolfgang ist in den ersten Wochen des Krieges an der russischen Front in der Nähe von Lublin gefallen. Er war der Lieblingssohn der Mutter. »Nun, da es mich unmittelbar ins Herz traf, faßte mich ein wahnsinniger Haß gegen den Krieg.«

Die serbische Armee, von der Einkesselung bedroht und unter Munitionsmangel leidend, zieht sich unter heftigem Widerstand in die Berge zurück. Ende November 1914 wird Belgrad kampflos geräumt. Die Soldaten sind erschöpft von den Strapazen der vergangenen Wochen. Am 28. November notiert Kisch: »Das Terrain ist gräßlich, wir haben gar keine Reserven, alle Soldaten denken an Selbstmord. Wenn man die Schwarmlinie wenigstens für acht Tage ablösen könnte.«

Dennoch fällt auch Kisch hin und wieder zurück in das »Blattgefühl« des bürgerlichen Zeitungsschreibers. In ebenjenen »Tagen, die der Erstürmung Belgrads« vorangehen, verfaßt er einen »Feldpostbrief« für das »Berliner Tageblatt«: »Ich möchte eine kurze Gefechtspause benützen, um die aus eigener Anschauung geschöpfte, freudige Erkenntnis mitzuteilen, daß der Strafzweck unseres Krieges als vollkommen erfüllt anzusehen ist. Über den Grund des Krieges wird die Weltgeschichte das endgültige Urteil fällen, was aber schon heute jeder weiß, ist die Tatsache, daß Serbien der Anlaß gewesen ist. Und zur Hetzpropaganda gegen Österreich, zur Aufwiegelung in Bosnien, Syrmien und Slawonien und zum Meuchelmord in Sarajevo hat dieser Staat nur in der sicheren Erwartung den zweifelhaften Mut gefunden, daß der große Bruder im Norden dem Bestrafenden in den Arm fallen werde. Das hat der große Bruder zwar versucht, aber vergessen, daß es gewöhnlich zwei Arme gibt. Und mit dem anderen Arm hat der serbische Staat seine Züchtigung bekommen, von der er sich niemals mehr, auch nach drei Generationen nicht mehr, erholen kann.«

Noch Anfang 1915, als Belgrad von serbischen Truppen längst zurückerobert worden ist, rühmt Kisch in einem Bericht über den »Heldentod des Hauptmanns Wieronski« die »Erstürmung« der »Paraschnitza«, von deren »Wirkung sich die Serben durch Generationen nicht mehr erholen werden«.

Wahrscheinlich möchte Kisch seinen Namen in Berlin und Prag nicht in Vergessenheit geraten lassen. Eine Rückkehr zur Zeitung bietet die einzige Möglichkeit, dem mörderischen Frontdienst zu entkommen.

Anfang Dezember 1914 gehen die Serben erneut zur Gegenoffensive über. Die nach wochenlangen Kämpfen dezimierten österreichisch-ungarischen Regimenter können nur schwachen Widerstand leisten. »Nun ist das Ereignis da, das ich längst erwartet hatte: der Rückzug«, stenographiert Kisch am 9. Dezember. In regelloser Flucht strömen die Truppen über die Savebrücken in die Ausgangsstellungen zurück. Nur durch eine Eulenspiegelei gelingt es Kisch, sich in Sicherheit zu bringen. Kurz entschlossen nimmt er mit einigen Kameraden die Regimentskasse vom Wagen und trägt sie über die Brücke. Für die »Rettungsaktion« wird er später dekoriert.

Die Division, der Kisch angehört, wird zur Auffrischung und Neuformierung ins Hinterland verlegt. Vier Monate lang sind die Soldaten aus der Uniform kaum herausgekommen, sind marschiert, haben im Dreck gelegen. Jetzt geraten sie in eine fremde, vergessene Welt. Auf der Straße kommen ihnen gutgekleidete Mädchen entgegen. Sie können sich ins Café setzen, einen Friseur aufsuchen, ein Klosett mit Wasserspülung benutzen.

Kisch kauft sich Wäsche. Er hat beschlossen, baden zu gehen. »Am Donauufer war das Dampfbad, schäbige kleine Zellen. Im Berliner Volksbad kostet eine solche Zelle fünf Pfennige, und es ist dort sauberer und schöner, hier zahlte ich eine Krone, aber wie glücklich war ich in dem kleinen Raum! Ich zerrte Kleider und Wäsche vom Leibe. Losgelöste Baumwollstücke der Winterwäsche, Strohhalme und Gräser und Erde fielen mit zu Boden. Als ich nackt war, erschrak ich, so mager, so schmutzig hatte ich mich nie gesehen. Ich sprang in das warme Wasser. Anfangs glaubte ich, ich würde wahnsinnig, ein so unsägliches Kribbeln überfiel mich, als ob eine Ameisenmilliarde eine Strafexpedition gegen mich vollziehe. Bald aber wurde mir wohlig zumute, der Schmutz löste sich. Dann noch die reine Wäsche! Ich zog das neue Hemd, die neue Unterhose und die neuen Strümpfe an und empfand dabei den glückseligsten Moment während des ganzen Feldzuges.«

Kaum befindet sich die Truppe in der Etappe, tritt die Arroganz der Offiziere erneut hervor. Wieder werden Soldaten beim geringsten Vergehen »angebunden«, an Bäume gefesselt. Einmal provoziert Kisch eine Massenprügelei, weil er sich über das Auftreten der Offiziere empört, die ein Bahnhofsrestaurant räumen lassen, um unter sich zu sein.

Der Meldegänger, der ehemalige Journalist Egon Erwin Kisch, ist im Regiment überall bekannt. Bei Erlassen und Eingaben wird er als Verfasser und Stilredakteur herangezogen. In den Kanzleien und Wohnungen der Stabsoffiziere sieht und hört er mancherlei. Einfache Soldaten lassen ihre Frau kommen und bieten sie dem Regimentsarzt an, um ein Krankheitsattest zu erhalten. Hohe Offiziere mißbrauchen ihre Machtbefugnis, um mit den Frauen von Untergebenen ein Verhältnis einzugehen.

»Neben unserem Quartier wohnt ein Generalstabsmajor K. und sieht jeden Abend in seiner Wohnung den Oberleutnant d. R. Baron H., Ordonnanzoffizier der Division, und dessen Frau zu Gaste. Nach dem Nachtmahl begibt sich der Herr Oberleutnant in den Hof, im Zimmer verlöscht das Licht. Eine Viertelstunde später wird's oben hell, und die Baronin ruft harmlos aus dem Fenster: ›Willy, komm doch schon herauf.‹ Gestern mußte der pflichttreue Ordonnanzoffizier zweimal verschwinden, auf die Straße geht er nicht, damit kein Offizier ihn nach der Frau Gemahlin frage und deren Aufenthaltsort errate.«

Die Niederlagen der österreichisch-ungarischen Armee in Serbien und Galizien haben die Hoffnungen auf eine schnelle Beendigung des Krieges zunichte gemacht. Nur mit Hilfe von deutschen Divisionen lassen sich die Fronten stabilisieren. Kisch notiert die überall kursierenden Witze. »Die Aufgabe der Österreicher ist es, den Feind so lange aufzuhalten, bis Militär kommt.«

In den Wochen des Fronteinsatzes wird der Tagebuchführer nicht selten von abergläubischen Regungen heimgesucht. Jedem Freitag und jedem 13. des Monats sieht er mit banger Erwartung entgegen. »Daß heute eine Katastrophe kommen werde, hatte ich, für den das Datum das Fatum bedeutet, gewußt«, vermerkt er am 13. Dezember 1914.

Sorgsam werden die Prophezeiungen der Wahrsagerin Madame de Thèbes registriert. Auch der Anbruch des neuen Jahres muß ihn mit Sorge erfüllen. Was kann ein Jahr, das mit einem Freitag beginnt, schon Gutes bringen?

Kisch soll recht behalten mit seiner dunklen Ahnung. Im Laufe des Februar wird die Division an die Nordfront verlegt und soll mithelfen, »die Russen aus Galizien zu vertreiben«. Der Schwerpunkt der Kämpfe zwischen den Mittelmächten und der Entente hat sich um die Jahreswende 1914/15 auf die Front in Galizien verlagert. Hier versuchen russische Truppen, die Karpatenpässe und wichtige Teile des Gebirges in ihren Besitz zu bringen.

Am 13. Februar 1915, dem gar noch ein Freitag vorangegangen ist, kommt Kischs Regiment zum erstenmal mit dem Feind in Berührung. Auf den Höhen zwischen den Orten Smolnik und Wola Michowa sind die Gräben neu zu besetzen. »Kaum eine halbe Stunde marschieren wir, da pfeifen, bschenng, Gewehrkugeln über unseren Köpfen, bschenng. Im selben Augenblick wird Entwicklung zur Schwarmlinie befohlen, und in Plänklerreihe geht es auf den Kamm und an die Schießscharten der Deckungen.«

Hier brechen die Aufzeichnungen ab und werden erst am 18. März 1915 wieder aufgenommen. Wahrscheinlich kommt das nachfolgende Notizheft während der turbulenten Ereignisse des März abhanden. Noch im Brief vom 15. März 1915 bittet Kisch die Mutter um ein neues Büchlein und bestätigt die Meldung, daß sein Tagebuch, vermutlich das bis zum 13. Februar reichende, richtig in Wien eingetroffen sei.

Die Kämpfe in diesen Wochen sind hart. Am 11. März hat das Regiment einen besonders schweren Tag, und viele Österreicher geraten in russische Gefangenschaft. Einmal schickt Kisch eine Photographie nach Hause, auf der er mit einem russischen Gefangenen zu sehen ist: Dr. Michael Merestschoff, Journalist und Redakteur des »Kurier Nischni Nowgorodski«. »Er ist mein bester Feind geworden, und es hat mir direkt leid getan, ihn dem Divisionskommando abliefern zu müssen.«

Am 18. März 1915, nachmittags gegen halb drei Uhr, geht der Meldegänger Kisch auf dem Wege zum Regimentskommando beim Bataillonskommando vorbei, das sich in einem Haus am Marktplatz von Wola Michowa befindet. Als er mit dem Bataillonsadjutanten etwas besprechen will, schlägt unmittelbar neben ihm eine Artilleriegranate ein und explodiert. Kisch wird am Kopf, am Rücken, an den Armen und Beinen verletzt, stürzt zu Boden, rafft sich auf und rennt zum Hilfsplatz.

Anfangs befürchtet er, nur leicht verwundet zu sein und die Gelegenheit zu verpassen, »nach siebeneinhalb Monaten grausamsten Elends wenigstens für einige Tage in eine Atmosphäre von Sauberkeit und Ordnung zu kommen«. Er simuliert den Schwerverletzten,

Egon Erwin Kisch mit einem russischen Gefangenen Anfang März 1915

um einen Heimaturlaub herauszuschlagen, und erreicht immerhin, daß man ihn zum Kadetten befördert, dem ein »eigenes Grab« zusteht.

Erst am nächsten Tag, einem Freitag, kommt ihm zum Bewußtsein, daß er tatsächlich schwer verwundet ist. Mit dem Lazarettzug wird er nach Wien befördert, wo er sich eine Überweisung »in das Spital nach Prag« geben läßt. Am 22. März abends gegen acht Uhr fährt er mit dem Schnellzug in Prag ein. Die Mutter ist auf dem Bahnhof.

Egon Erwin Kisch hat sein Ziel erreicht: Er ist wieder zu Hause. Freunde, die ihn im Reserve-Spital Karolinental, wo er bis Juni 1915 liegt, besuchen, finden einen äußerlich unveränderten »Egonek« vor: Er sprudelt über von Geschichten und Anekdoten. Das in Reinschrift übertragene Kriegstagebuch hat er sich ins Krankenhaus bringen lassen und liest daraus vor.

Den Genesungsurlaub benutzt er dazu, um mit Hilfe der Redaktion vom Militärdienst freizukommen. Schon Anfang Juli 1915 reicht die »Bohemia« ein Gesuch »auf Enthebung des Redakteurs Egon Erwin Kisch vom Landsturmdienste« ein, ohne Erfolg.

Ein neuerliches Ersuchen richtet die »Bohemia« am 24. August 1915 an das Kriegsministerium. Kisch soll als »Kriegsberichterstatter in das Kriegspressequartier« freigestellt werden. »Nachdem er sieben Monate in Serbien, zwei Monate in den Karpaten gekämpft hatte und während dieser Zeit vom Korporal zum Kadetten befördert und mit zwei Tapferkeitsmedaillen ausgezeichnet worden war, ist Kadett Kisch achtfach verwundet und zur Heilung ins Hinterland gebracht worden, wo er derzeit einen Krankheitsurlaub, der noch nicht abgelaufen ist, verbringt. Wir glauben nunmehr unsere Bitte erneuern zu dürfen, da Herr Kisch derzeit zweifellos in der Lage ist, dem Vaterlande als Kriegsberichterstatter größere Dienste zu leisten wie als durch seine Verwundungen in militärischer Beziehung wohl minder leistungsfähiger Soldat. Wir legen großen Wert darauf, im Kriegspressequartier durch einen Mitarbeiter vertreten zu sein, der aus unserem Blatte hervorgegangen ist, unseren Leserkreis kennt und der sich durch seine ausgezeichneten, in unserem Blatte veröffentlichten Beiträge gerade in unserem Leserkreise besonders beliebt und einen Namen gemacht hat.«

Über die Redaktion der »Bohemia« bemüht sich Kisch noch mehrfach, nach Prag oder Wien zu kommen. Aber alle Versuche bleiben erfolglos. Nach dem Genesungsurlaub wird Kisch im November 1915 als »felddienstuntauglich« zu Kanzleidiensten nach Temesvár kommandiert.

Hin und wieder muß er in Orşova, im südöstlichen Zipfel der Monarchie, Dienst tun. Das malerische Donaustädtchen, an der Grenze zu Rumänien und Serbien gelegen, erweist sich als leidlicher Aufenthaltsort. »Man ist froh, daß man lebt«, schreibt er der Mutter, »die Landschaft ist schön, das Wetter erträglich, die Arbeit zeitraubend.«

Auch in Orşova gibt es für einen Reporter mancherlei zu entdekken. Er braucht nur aus dem Fenster zu sehen, und schon stellen sich Geschichten ein. »An der Donau beim Eisernen Tor, in der Stadt Orşova, gab's nicht viel zu kämpfen, weshalb ich von dort Artikel schrieb. Darüber zum Beispiel, wie gerade in einem Gestrüpp vor meinem jetzigen Quartier die ungarischen Revolutionäre 1849 die Stefanskrone vergraben hatten, bevor sie über die Donau gingen.«

Der am 1. September 1915 zum Leutnant der Reserve avancierte Zeitungsschreiber geht dem »abenteuerlichen Schicksale einer Königskrone« nach, die am 20. August 1849 hier heimlich vergraben und erst vier Jahre später auf Grund der Hinweise eines Verräters wiederaufgefunden worden war.

In der Nähe von Orşova liegt die Donauinsel Ada Kaleh. Heute ist das Eiland durch das Wasserkraftwerk am Eisernen Tor in den Wellen des riesigen Stausees verschwunden. In jenen Tagen jedoch besitzt die Insel noch kriegsstrategische Bedeutung.

»Hier stießen drei Staaten zusammen: Ungarn, Rumänien, Serbien. Der Schnittpunkt der Grenzen aber war ein Stückchen türkischster Türkei, lag im Strome des Christentums als Insel des Islam. Nicht nur bildlich der Strom, nicht nur bildlich die Insel: die Donau schützt das Stück Orient um und um mit starken Wellen, und als ob sie die okzidentale Gefahr von dem Eiland in möglichst weiter Distanz halten wollte, hat sie sich hier, zwischen ihren Stromengen von Kazan und dem Eisernen Tor, eigens zu einer Breite von neunhundert Metern gedehnt. Genau in der Mitte liegt Ada Kaleh, die Festungsinsel.«

Von August 1914 bis Oktober 1915 wird das Eiland von sieben-

Egon Erwin Kisch als Leutnant im Herbst 1915

undfünfzig Landstürmern eines ungarischen Honvéd-Bataillons gegen die Serben verteidigt. Ein solch geschichtsträchtiger Ort kann nicht unrecherchiert bleiben. Kisch sucht die Insel auf, um den Schauplatz der Kämpfe in Augenschein zu nehmen. Über seine Eindrücke und Nachforschungen schreibt er ein Feuilleton, das er an die Budapester Zeitung »Pester Lloyd« schickt. Der Artikel gerät der Briefzensur in die Hände. Die präzise Angabe der Truppenstärke wird dem Schreiber als hochverräterische Äußerung ausgelegt.

Gegen den Reserveleutnant ergeht am 2. Februar 1916 ein Strafbefehl wegen verbotener Berichterstattung von der Front. Kisch erhält zehn Tage Stationsarrest, »weil er an die Redaktion des ›Pester Lloyd‹ solche Mitteilungen machte, welche Angaben über Zahl und Standort der Truppen enthalten und geeignet sind, falsche Vorstellungen über die Art des Dienstbetriebes zu erwecken, ferner durch Kritik Offiziere sowie Mannschaft des Heeres lächerlich zu machen«.

Ihm wird also, konstatiert Kisch mit spöttischer Genugtuung, erstens zur Last gelegt, etwas verraten zu haben, zweitens, daß dieses Etwas falsch sei.

Den zehntägigen Arrest sitzt er in Gyula ab, einer kleinen Provinzstadt in Ostungarn, seinem neuen Standort. Am 20. Februar 1916 trifft er in der Stadt ein, und wenige Tage später schickt er der Mutter eine beruhigende Mitteilung. Die Stadt selbst biete zwar wenig Genüsse, Orşova sei schöner gewesen. Dafür habe er viele Prager Bekannte getroffen, Freunde aus dem Felde und aus dem Café »Montmartre«.

Anlaß genug für Kisch, »versäumtes Amüsemang« nachzuholen. Rasch findet er sich wieder in die Rolle des Spaßmachers. In der Offiziersmenage trägt er ein Gedicht vor auf das elfte Infanterieregiment, dem er angehört.

Doch der einförmige Dienstbetrieb in der tristen Kleinstadt verliert bald jeden Reiz. Kisch klagt über Langeweile; er sei dem »geistigen Heldentod« nahe. Als er im Sommer gar noch an der Spitze einer »Mehlrequisitionskommission« in den Dörfern und Städten des Komitats umherfahren muß, um Ställe, Scheunen und Kammern nach altem Getreide zu durchsuchen, sinkt seine Stimmung auf den Nullpunkt.

In Briefen an die Mutter und an den Bruder Paul läßt Kisch durchblicken, daß er unter jeder halbwegs annehmbaren Bedingung wieder an die »Bohemia« gehen würde, vor allem da er seit dem 22. März 1916 wieder als »kriegsdiensttauglich« eingestuft ist. Er leidet darunter, über Orşova, das Eiserne Tor, die Donau fertige Artikel im Pult zu haben, »die wertvollsten Dinge zu wissen, Wunder schreiben zu können und kuschen zu müssen«. Ihm ist zum Heulen zumute bei dem Blödsinn, den er oft in den Zeitungen lesen muß.

Dennoch bleibt der Reporter auch in Gyula nicht untätig. Für einen, der wißbegierig umhergeht und sich hin und wieder in Archiven vergräbt, birgt auch diese Stadt ihr Geheimnis.

»Hier, in der steinernen Unendlichkeit des Alfölds, gibt es nicht Grabmäler noch Hausportale, Denksteine oder Statuen, die Spuren vergangener Jahrhunderte darstellen würden, und als Offizier hat man es in der Fülle des Dienstes hier, wo nicht einmal ein deutsches Konversationslexikon aufzutreiben wäre, besonders schwer, nach Einstigem zu forschen. Und doch ist die Vergangenheit der heutigen Komitatsstadt Gyula für die Geschichte deutschen Wesens und deutscher Kunst wichtig. Wo die Straßen der deutschen Vorstadt in Feldern, Weingärten und Tümpeln verschwinden, stand Ajtós, der Stammsitz von Albrecht Dürers Ahnen, und in Gyula selbst kam des Meisters Vater zur Welt.«

»Dürers ungarische Vaterstadt« heißt der Aufsatz, den das »Berliner Tageblatt« am 19. und die »Bohemia« am 21. Oktober 1916 publiziert. Es handelt sich offenbar um den Teilabdruck einer größeren Arbeit, die als Buch herauskommen soll. Kisch behauptet, daß die Veröffentlichung der Artikelserie von der militärischen Zensur verboten worden sei. Nach Erscheinen des ersten Feuilletons wird dem »Berliner Tageblatt« der Abdruck weiterer Aufsätze untersagt, weil die deutsche Abstammung des Malers dadurch in Zweifel gezogen werden könne.

Auf die Resultate seiner Nachforschungen ist der Autor nicht wenig stolz. Aber an eine Buchveröffentlichung kann vorerst nicht gedacht werden. Kisch ist dem Verlag Erich Reiß gegenüber kontraktlich verpflichtet. So soll die Studie wenigstens in einer Zeitschrift abgedruckt werden.

Am 9. November 1916 schreibt Egon Erwin Kisch an den Bruder Paul: »Bitte, reiche die Arbeit zum Abdruck in der ›Deutschen Arbeit‹ ein. Setze Dich energisch dafür ein, mit dem Hinweis, daß ich Offizier bin und mich nicht dafür kümmern kann, aber daß diese Arbeit mehr Material zur Dürer-Forschung enthält, als in Jahrzehnten wohl zutage gefördert worden ist, daß sie diesem Zweig der Kunstgeschichte ein ganz neues Gebiet öffnet und dauernd zitiert werden wird, solange über Dürer geschrieben werden wird. An einem baldigen Abdruck wäre mir viel gelegen, da meine umfangreichen Studien nicht verborgen geblieben sind und leicht auch ein anderer auf die Idee kommen könnte, sich mit diesen Fragen zu befassen.«

Augenscheinlich arbeitet Kisch in diesen Monaten auch über andere Themen, die sich aus seinem Aufenthalt in Gyula und durch seine Fahrten über Land ergeben. Noch im April 1917 bittet er seinen Bruder Paul, ihm Bücher über Ungarn zu schicken.

In den Winterwochen des Jahres 1917 erhält Kisch einen Doppelbrief aus Thale im Harz, »eines der interessantesten Schreiben, die mir das Leben bisher beschert hat«. Absenderin ist Paula-Louise Kisch, eine Holländerin, deren Vater während des Krieges nach Deutschland übergesiedelt ist. Sie entstammt einer Seitenlinie der Kischs, die Mitte des neunzehnten Jahrhunderts in die Niederlande ausgewandert sind.

Der Brief enthält familiengeschichtliche Details, Anekdoten und aufschlußreiche Daten über die Entwicklung des holländischen Zweigs der Familie. »Es sind äußerst seltsame Fakten, die da vorkommen«, schreibt Egon Erwin Kisch am 25. Februar 1917 aus Gyula an die entfernte Verwandte in Thale, »aber als das wichtigste scheint mir der Sinn für Tradition, der das alles durch die Jahrhunderte bewahrt hat – das Bewußtsein ist es, was einer Reise, einem Abenteuer, einer Situation, einem Reichtum oder der Abstammung erst einen Wert gibt, und es zeugt von einer tief überraschenden Noblesse des Geschlechtes, daß es sich so lange eben seiner selbst bewußt ist, daß es sich durch Jahrhunderte die Erinnerung an seinen Stamm lebendig erhält.«

Wenn er jetzt in Prag wäre, so vermeldet der Briefschreiber, dann würde er sich in die Erforschung der Familiengeschichte stürzen, die er bisher nicht als ergiebig angesehen habe. Immerhin wolle er seinen Bruder Paul bitten, ihm familiengeschichtliche Daten zu verschaffen.

Der Brief der fünfzehnjährigen Holländerin Paula-Louise Kisch aus Thale versetzt den Schriftsteller, den es als Etappenoffizier in die Pußta verschlagen hat, nach Prag, in die Melantrichgasse zurück, erregt seine Vorstellungskraft, legt den Grundstein für ein neues Buch.

Zu jener Zeit bereitet sich eine Änderung seiner Lebensumstände vor, die er seit langem herbeigewünscht und durch seinen Bruder Paul, durch Freunde und Bekannte in Wien gefördert hat. Am 5. März 1917 wendet sich das Kommando des Kriegspressequartiers an das Kriegsministerium mit der Bitte, Egon Erwin Kisch zum Dienst heranziehen zu dürfen. »Zwecks Konstatierung der Diensttauglichkeit« muß ein militärärztliches Zeugnis vorgelegt werden.

Die Untersuchung wird am 11. März in Gyula vorgenommen. Sie ergibt, daß Kisch an einer »traumatischen Neurose mittleren Grades als Folge einer Granatverletzung«, an Schwerhörigkeit, Kopfschmerzen, Gedächtnisschwäche, nervöser Unruhe, Unfähigkeit zur körperlichen Arbeit und Schwindelanfällen auf der Straße leidet und derzeit noch schonungsbedürftig sei. Der untersuchende Militärarzt Dr. Rudolf Kafka scheint ein Bekannter aus Prag zu sein.

Auf Grund der Diagnose verfügt das Kriegsministerium, daß der Leutnant in der Reserve Egon Erwin Kisch dem Armeeoberkommando Kriegspressequartier zur Verfügung gestellt wird.

7.
Im Kriegspressequartier

Am 1. Mai 1917 meldet Egon Erwin Kisch der Mutter seine Ankunft »in der Front von Wien«. Er bittet um Schuhe, Strümpfe, Zivilhut, Zivilstehkragen, Nagelfeile und Schere. Und um ein Abonnement der »Bohemia«.

Die Kommandierung ins Pressequartier bedeutet Rückkehr ins zivile, ins journalistische Leben, ins Kaffeehaus. Im legendären Café Central sitzen die Zeitungsschreiber, die Literaten, die Schauspieler, die Musiker, die Mädchen. Peter Altenberg ist dort zu sehen, Alfred Polgar, Egon Friedell, Franz Werfel. Die tschechischen Journalisten aus Prag haben ihren Tisch.

Was der Zeit widerstrebt, dem Krieg und der offiziellen Lüge, hockt hier beieinander. Das Café Central ist »eine Art Organisation der Desorganisierten«, wie Alfred Polgar es nennt, »ein Provinznest im Schoß der Großstadt, dampfend von Klatsch, Neugier und Médisance«. Die Schriftsteller Franz Blei und Gina Kaus, der Psychoanalytiker Otto Groß und der früh sterbende Dichter Otfried Krzyzanowski führen hier ihre endlosen Gespräche, die Franz Werfel später in den »Lebensfragmenten« »Barbara oder Die Frömmigkeit« aufzeichnet. Auch Egon Erwin Kisch in der Gestalt des Ronald Weiß gehört zu den Helden dieser Romanchronik der Wiener Jahre 1917/18.

Von neun Uhr früh bis sechs Uhr abends, auch sonntags, muß Kisch seine Dienststunden absitzen. Er hat die Blätter der Entente-Mächte durchzusehen und für Propagandazwecke geeignete Artikel herauszusuchen und zu übersetzen. »Aber da meine Agenda vollständig französisch ist, lerne ich wenigstens etwas und bin froh, nach einer so langen Pause des Müßiggangs wieder ein bißchen an Arbeit gewöhnt zu werden«, schreibt er in einem Brief.

Die Bürotätigkeit läßt Zeit für eigene Projekte. Kisch bringt wahrscheinlich verschiedene Manuskripte, Hefte voller Notizen mit nach Wien. Schon am 10. und 17. Juni veröffentlicht er in der »Bohemia« zwei Kindheits- und Jugenderinnerungen: »Spielplatz im Stadtpark« und »Maturaschwindel«. Von zu Hause erbittet er Unterlagen über Bären als Türhüter in Prag.

Viele der Feuilletons, die er 1917 veröffentlicht, beschäftigen sich mit Prager Themen. Nach den Fronterfahrungen erscheinen Kindheit und Jugend als etwas unendlich Fernes, Sagenhaftes. Das Prag der Vorkriegszeit ist unwiederbringlich verloren. Die Erinnerung daran gewinnt jetzt »geradezu dokumentarischen Wert«.

Die Arbeit im Pressequartier verstärkt die innere Bereitschaft, einen Schlußstrich zu ziehen unter manches, was bisher erstrebenswert erschien. Die Propagandastelle zur Rechtfertigung des Krieges und zur Stärkung der Kriegsbereitschaft ist im Laufe der Jahre zu einem gewaltigen Apparat ausgebaut worden. Für die verschiedenen Bereiche der Meinungsmanipulation gibt es eine Propagandastelle, eine Feldpropagandagruppe, eine Kunstgruppe, eine Lichtbildstelle, ein Kinoreferat, eine Theatergruppe usw.

Das Pressequartier gilt als »Hochburg der Korruption«. Hier werden Posten zugeschoben, Kriegsdekorationen verteilt, mißliebige Journalisten, Schriftsteller oder Verleger zum Schweigen gebracht, indem man die Einberufung androht. »Die Lügen, die der Bevölkerung bewußt durch vier Jahre in Form von offiziellen Mitteilungen, privaten Informationen und Berichterstattertelegrammen vorgesetzt wurden ..., die preßfremde, literaturfeindliche und unkünstlerische Militärdiktatur über das ganze Geistesleben der Monarchie, die absolute Wirkungslosigkeit, Sinnlosigkeit und Wertlosigkeit aller Propaganda – all das ist noch nicht das Schlimmste, was in diesem korruptesten aller korrupten Ämter Österreichs produziert wurde.«

Dennoch kann Kisch froh sein, dem enervierenden Etappendienst entkommen zu sein. Er darf französische und englische Blätter durchsehen und seinen Freunden im Café Central, vor allem den tschechischen Kollegen, die neuesten Meldungen überbringen. »Fast jeden Abend weilte er unter uns Tschechen«, erinnert sich der tschechische Journalist und Schriftsteller Karel Nový, »stets mit einer Menge Informationen von der Front, stets hungrig nach unseren Neuigkeiten.«

An die Mutter schreibt Kisch: »Das Leben in Wien ist eigentlich wunderbar, wenn nur nicht meine Dienstzeit täglich so lange dauern würde und nicht alles so teuer wäre.«

Bald aber wird er in die eigentliche Propagandaarbeit einbezogen. Anfang September 1917 meldet er, daß er die »Leitung eines neuen, ungeheuer wichtigen Amtes« übernommen hat, dem er »jedoch keinesfalls gewachsen sein werde«. Kisch muß etwas tun, was er bisher umgehen konnte: Er muß »Kriegsberichte« redigieren, stilisieren, übermitteln, auch an die »Bohemia«.

Am 24. Oktober 1917 beginnen österreichisch-ungarische und deutsche Truppen eine großangelegte Offensive an der italienischen Front; darüber ist zu berichten. Im Brief vom 26. Oktober heißt es: »Die ›Telegramme unseres Kriegsberichterstatters‹, die in der ›Bohemia‹ erscheinen, werden jeden Abend von mir telefoniert. Allerdings weiß ich nicht, ob sie schon erschienen sind, da das Blatt jetzt sehr unregelmäßig ankommt. Ich arbeite täglich ununterbrochen von ½ 9 Uhr bis 11 Uhr nachts dienstlich, mit Ausnahme einer Mittagspause von etwa 20 Minuten.«

Im vertrauten Kreis macht Kisch keinen Hehl aus seiner wahren Meinung. »Der Journalist ließ erkennen, daß er in das geheimnisvolle Gewebe der Dinge tiefer eingeweiht war als andere«, so schildert Franz Werfel seinen Helden Ronald Weiß. »Er schien auf seinen Pessimismus merklich stolz zu sein. Sehr früh schon begannen sich die Kassandranaturen, die ›Schwarzseher‹, als eine Aristokratie zu fühlen, die sich von der zuversichtlichen Torheit der Herde schmerzlich abhob.«

Treffpunkt der »Kassandranaturen« in Wien ist das Café Central. Hier begegnet man Pazifisten, Anarchisten, Sozialisten aller Schattierungen. Schon während der langen Monate in Gyula hat sich Kisch »Bücher kommen lassen über die Frage, die mich und Millionen anderer Soldaten seit Kriegsbeginn beschäftigte: Wie ist unsere Welt umzugestalten in eine Welt ohne Kriege, ohne Greuel und ohne Unrecht?« Aber in Werken wie Eduard Bernsteins »Voraussetzungen des Sozialismus« findet er keinen gangbaren Weg. Das bloße Räsonieren und Theoretisieren kann ihn auf die Dauer nicht befriedigen. Sein leidenschaftliches Temperament verlangt nach Aktion.

Am 21. Oktober 1916 verübte Friedrich Adler, der Führer der »Linken« in der österreichischen Sozialdemokratischen Partei, ein Attentat auf den Ministerpräsidenten Stürgkh. Verzweifelt über die Still-

Café Central in Wien

haltepolitik der Sozialdemokratie während des Krieges, sah er keinen anderen Weg als die individuelle terroristische Aktion. Mit seiner Tat – Kisch nennt sie die »erste revolutionäre Tat des Krieges«, Lenin charakterisiert sie als »Verzweiflungstat eines Kautskyaners«, der »die schwere Arbeit der Tätigkeit gegen die Partei« nicht auf sich nehmen wollte – versuchte Friedrich Adler die Massen aufzurütteln. Durch sein mutiges Auftreten, seine Verteidigungs- und Anklagereden während des Prozesses im Mai 1917 übt er eine mobilisierende Wirkung auf die Antikriegsbewegung in Österreich aus. Die Oktoberrevolution und der Waffenstillstand zwischen Sowjetrußland, Deutschland und Österreich-Ungarn im November 1917 lassen die Sehnsucht der Menschen nach Frieden und den Wunsch nach gesellschaftlicher Veränderung immer lauter werden.

Mit leidenschaftlicher Anteilnahme verfolgt Kisch die Ereignisse in Rußland. »Ronald Weiß war ein begeisterter Anhänger der russischen Revolution«, heißt es bei Franz Werfel. »Er träumte von einem Frieden, den die entfesselten Völkermassen der Soldaten in kurzer Zeit an allen Fronten zugleich eigenmächtig schließen würden.«

Seit langem schon sucht er Kontakt zu oppositionellen und revolutionären Gruppen in Wien.

Da ist die »Freie Vereinigung sozialistischer Studenten«, eines der Zentren der Antikriegsbewegung, in dem über marxistische Theorie und revolutionäre Veränderung der Gesellschaft diskutiert wird. Und da ist die Organisation »Freie Jugend«, in der sich junge oppositionelle Arbeiter und Arbeiterinnen zusammengeschlossen haben. Hier vor allem begegnet Kisch jenem revolutionären Impuls, der seinem Temperament entspricht.

In jenen Kreisen lernt Kisch Leo Rothziegel kennen, einen jungen Schriftsetzer, der ursprünglich der jüdischen sozialdemokratischen Partei »Poale Zion« angehörte. Nach Kriegsausbruch 1914 wird er wegen seiner Haltung als Jugendfunktionär vom Parteivorstand gemaßregelt und schließt sich anarchistischen Gruppen an. Der feurige Redner und Agitator ist einer der führenden Köpfe der linksradikalen Bewegung in Wien.

Leo Rothziegel bringt Kisch in das illegale Aktionskomitee der Linksradikalen, das sich nach der Zimmerwalder Konferenz von 1915 konstituiert hat. »Das linksradikale Aktionskomitee trat im November 1917 in St. Ägyd zu einer illegalen Reichskonferenz zusammen, der dreißig gewählte Betriebsvertrauensmänner beiwohnten. Beschlossen wurde die Gründung des illegalen ›Arbeiter- und Soldatenrats‹, der im Januarstreik 1918 und von da ab in allen innerpolitischen Ereignissen des Jahres, zu denen auch der Sturz der Monarchie gehörte, die entscheidende Rolle spielte. Mit der politischen Arbeit unter den Soldaten waren drei Genossen befaßt. Einer war der besonders unter den Jungarbeitern populäre Leo Rothziegel; in Österreich war er zwei Jahre vorher wegen Kriegsdienstverweigerung verurteilt worden, in Ungarn kämpfte und fiel er zwei Jahre später als Kommandant des internationalen Regiments zur Verteidigung der Räterepublik. Der zweite Führer der vorbereiteten Soldatenorganisation war der Korporal Stephan Haller, ein sehr gut vorgebildeter Marxist, und der dritte war ein Offizier, nämlich ich.«

Ziel der agitatorischen Arbeit des illegalen Arbeiter- und Soldatenrates ist eine rasche Beendigung des Krieges. Sie folgt dem Dekret

Lenins über den Frieden, das am 26. Oktober (8. November) 1917 vom II. Gesamtrussischen Sowjetkongreß beschlossen wurde.

Auch die Sozialdemokratische Partei kann die Friedenssehnsucht der Massen nicht ignorieren. Am Sonntag, dem 13. Januar 1918, finden in Wien und Niederösterreich Friedenskundgebungen statt, die zum Teil einen stürmischen Verlauf nehmen. Die Kundgebungen dienen vor allem dem Zweck, die politisch radikalisierten Massen zu beruhigen. Doch die Arbeiter lassen sich nicht mehr mit Ratschlägen abspeisen.

Am nächsten Morgen steht in den Zeitungen, daß die Mehlration um die Hälfte gekürzt wird. Daraufhin legen die Arbeiter der Daimlermotorenwerke der Wiener Neustadt die Arbeit nieder und geben das Signal zum Streik. Die Streikenden nehmen Verbindung auf nach Wien, Linz und ins steirische Industriegebiet und fordern ihre Kollegen auf, sich an dem Streik zu beteiligen.

Zwei Tage später stehen hundertzwanzig Wiener Betriebe mit vierundachtzigtausend Arbeitern im Ausstand. Es zeigt sich sehr schnell, daß der Streik über den ursprünglichen Anlaß hinausgeht und politischen Charakter annimmt.

Die Linksradikalen zählen in diesen Januartagen zu den aktivsten Agitatoren. Nach dem Beispiel der Oktoberrevolution fordern sie den sofortigen Abschluß eines allgemeinen Friedens.

Kisch tritt während der Streiktage nicht direkt in Erscheinung. Als Offizier des Pressequartiers ist er in seiner Bewegungsfreiheit behindert. Aber als Kurier und Verbindungsmann, möglicherweise auch als Verfasser von Flugblättern, unterstützt er die Aktionen.

»Es war ein seltsamer Sprung, geradenwegs aus einem zeitlebens leidenschaftlich ausgeübten Beruf, dem des Öffentlichmachens, in die Tätigkeit des Geheimhaltens zu springen. Da nannte ich mich, der ich mir einen Namen gemacht hatte, nun mit einem anderen Namen und wechselte auch diesen wieder mit jeder Stelle des Auftretens. Ebenso änderte ich wiederholt die Egalisierung, die Regimentsfarbe meines Uniformkragens, der aber gar nicht mein Offizierskragen, sondern der einer Mannschaftsperson war, bald war ich ein Gefreiter, bald ein Feldwebel... Alle Vorsichts- und Tarnungsregeln wurden vorgekehrt, und während ich sie vorkehrte, ertappte ich mich oft bei dem Gedanken, wieviel schöner es wäre, solch eine Verschwörerszene zu beschreiben, statt sie zu organisieren.«

Dennoch geht Kisch niemals, auch nicht in der Fortführung seines Erinnerungsbuches, auf Erlebnisse in jenen Tagen ein. Vielleicht ist eine direkte Mitwirkung weitgehend unterblieben. Die Soldaten innerhalb des Arbeiter- und Soldatenrates können an den Aktionen nur konspirativ teilnehmen. In den Briefen, die Kisch im Januar 1918 nach Prag schreibt, findet sich auch kein versteckter Hinweis auf den Ausstand der Arbeiter.

Nach der Abwürgung des Streiks durch die rechte sozialdemokratische Führung muß auch Kisch damit rechnen, verhaftet zu werden.

»Der illegale Arbeiter- und Soldatenrat wurde von der Polizei ausgeforscht, nach wochenlanger Beobachtung schlagartig ausgehoben und die meisten seiner Mitglieder zur gleichen Stunde in ihren Wohnungen verhaftet. Die Soldatengruppe hatte bessere Vorsichtsmaßregeln getroffen, da im Fall ihrer Aushebung Todesstrafen zu gewärtigen waren. So wurde die Polizei nur eines Kuriers mit Schriftstücken und zweier ganz untergeordneter Funktionäre habhaft. Weder Leo Rothziegel noch Stephan Haller oder ich wurden verhaftet.«

Immerhin erhält das Kriegspressequartier, erzählt Kisch, eine Anfrage der Polizeidirektion Wien, in der über die politischen Ansichten, die Dienstführung und den Verkehr des inzwischen zum Oberleutnant beförderten Egon Erwin Kisch Auskunft erbeten wird. Aber die Anfrage und eine spätere Mahnung verschwinden angeblich in der Ablage und bleiben unbeantwortet. »Aber nun muß die Polizei einen anderen Weg gefunden haben, um meine Vorgesetzten zu verständigen, und so geschah es, daß ich aus Wien verschickt wurde.«

Anfang Juni 1918 wird Egon Erwin Kisch zur Kriegsmarine nach Pola kommandiert. Man bereitet eine große Operation der Schlachtschiffflotte vor. Der Mitarbeiter des Pressequartiers soll darüber berichten.

Der Abkommandierte vermutet, daß der Marschbefehl als Uriasbrief gedacht ist. Die Ausfahrt der österreichischen Dreadnought-Flotte im Juni 1918 erscheint als ein sinnloses und gefährliches Unternehmen. »Aber im vierten Kriegsjahr wollte Österreich-Ungarn seinen Völkern zeigen, daß sie ihre Steuergelder nicht umsonst dem Marinebudget und das Marinebudget die Milliarden nicht umsonst in die vier Dreadnoughts investiert habe. Dazu kam die Ruhmsucht des Flottenkommandanten, eine Ruhmsucht, die er mir mit zyni-

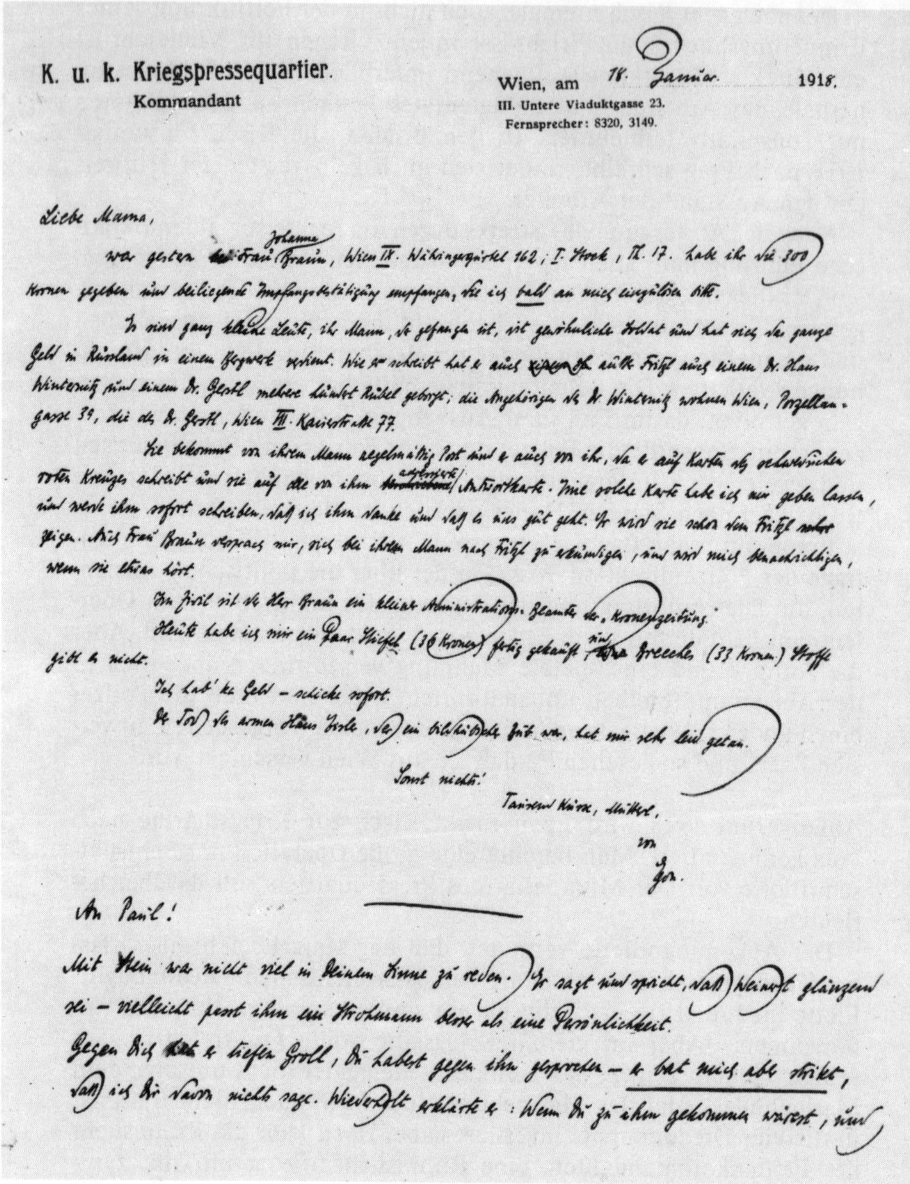
K. u. k. Kriegspressequartier.
Kommandant

Wien, am 18. Jänner 1918.
III. Untere Viaduktgasse 23.
Fernsprecher: 8320, 3149.

Liebe Mama,

war gestern [bei] Frau Johanna Braun, Wien IX. Währingergürtel 162; I. Stock, Tl. 17. habe ihr die 300 Kronen gegeben und beiliegende Empfangsbestätigung empfangen, die ich bald an mich einzusenden bitte.

Es sind ganz kleine Leute, ihr Mann, der gefangen ist, ist gewöhnlicher Soldat und hat sich das ganze Geld in Russland in einem Bergwerk verdient. Wie er schreibt hat er auch außer Fritzl auch einem Dr. Hans Winternitz und einem Dr. Gerstl mehrere hundert Rubel geborgt; die Angehörigen des Dr. Winternitz wohnen Wien, Porzellangasse 39, die des Dr. Gerstl, Wien III. Kaiserstraße 77.

Sie bekommt von ihrem Mann regelmäßig Post und er auch von ihr, da er auf Karten des schwedischen roten Kreuzes schreibt und sie auf die von ihm adressierte Antwortkarte. Eine solche Karte habe ich mir geben lassen, und werde ihm sofort schreiben, daß ich ihm danke und daß es uns gut geht. Er wird sie schon dem Fritzl zeigen. Auch Frau Braun versprach mir, sich bei ihrem Mann nach Fritzl zu erkundigen, und wird mich benachrichtigen, wenn sie etwas hört.

In Zivil ist der Herr Braun ein kleiner Administrations-Beamter der „Kronenzeitung“.

Heute habe ich mir ein Paar Stiefel (36 Kronen) fertig gekauft, eine Breeches (33 Kronen.) Stoffe gibt es nicht.

Ich hab' kein Geld – schicke sofort.

Der Tod des armen Hans Jerle, der ein bildhübscher Bub war, hat mir sehr leid getan.

Sonst nichts!

Tausend Küsse, Mitterl,

von

Egon.

An Paul!

Mit Stein war nicht viel in Deinem Sinne zu reden. Er sagt und spricht, daß Weinert glänzend sei – vielleicht paßt ihm ein Strohmann besser als eine Persönlichkeit.

Gegen Dich hat er tiefen Groll, Du habest gegen ihn gesprochen – er bat mich aber strikt, daß ich Dir davon nichts sage. Wiederholt erklärte er: Wenn Du zu ihm gekommen wärest, und

Brief Kischs an die Mutter und an den Bruder Paul vom 18. 1. 1918 scher Offenheit eingestand. Auf diese Jungfernfahrt nun, die wenig Hoffnung auf Heimkehr bot, schickten mich meine Wiener Vorgesetzten.«

Kisch ist froh, für einige Zeit aus Wien wegzukommen und neue Eindrücke zu gewinnen. »Mir stehen jetzt ... herrliche Wochen in herrlicher Gegend bevor«, schreibt er der Mutter, »sehr angenehmer und schöner Dienst, interessante Erfahrungen.«

In der Eisenbahn kommt er mit einem Matrosen ins Gespräch, der ihm erzählt, daß er Tiefseetaucher sei, Absolvent der Taucherschule in Pola.

Der Reporter in Uniform ist sofort Feuer und Flamme.

Am nächsten Morgen meldet er sich beim Admiralstab in Pola und fragt, wann er dem Flottenkommandanten seine vorgeschriebene Aufwartung machen dürfe. Man sagt ihm, daß er Bescheid bekommen würde, ob und wann der Admiral ihn empfangen würde. Um die Wartezeit ausfüllen zu können, bittet Kisch darum, einige Institutionen der Kriegsmarine besichtigen zu dürfen, zum Beispiel die Taucherschule.

»›Taucherschule? So etwas gibt's bei uns gar nicht.‹

So etwas gäbe es, erlaubte ich mir zu bemerken, denn ein Matrose habe es mir erzählt.

›Was für ein Matrose? Haben Sie denn einen Matrosen gesprochen? Wo?‹

Ich, nicht ahnend, daß Verkehr zwischen Offiziersstand und Mannschaft bei der Marine etwa dem Verbrechen widernatürlicher Unzucht gleichkomme, erklärte, wie und wo und warum ich den Taucherschüler gesprochen. Darauf beruhigte sich der Admiralsstäbler etwas, erkundigte sich telefonisch, ob es wirklich eine Taucherschule gäbe und wo sie sei, und gab mir eine Anweisung, sie zu besichtigen.

Schnurstracks ging ich hin und äußerte den Wunsch (eigentlich mehr Befehl als Wunsch, denn ich befürchtete Widerrede und wollte sie schon im voraus abschneiden), sofort tauchen zu dürfen.

Während mir der Skaphander luftdicht und bleischwer über den Leib geschnallt wurde, erklärte mir der Tauchermeister, welche Sorte von Signalen ich bei dieser und jener Gefahr, bei dieser und jener Beschwerde mit dem Taucherseil zu geben habe, o weh, mein Befehl tat mir leid.

Aber ich tauchte und marschierte, mit der obertags mir nachschwimmenden Taucherplatte verbunden, den Schlauch im Mund, das Signalseil in der Hand, todesverachtend auf dem Meeresgrund umher. Als man mich emporwand, fühlte ich mich allerdings mehr als Wasserleiche denn als Lebewesen.

Kognak tut gut, rieten mir, spöttisch lächelnder Überlegenheit voll, Tauchermeister und Taucherschüler. Ich ließ mir eine Flasche Kognak auffahren und trank sie fast alleine leer. Gut betrunken und danach gut lustig dichtete ich, was ich als Taucher erlebt, welch ein Lügner Schillers Taucher sei, wie es da unten wirklich zugehe, wie schwer es sei, mit Bleigewicht, Tauchergewand, Luftschlauch und Signalschlauch. Dann schickte ich den Artikel zensurhalber aufs Admiralsschiff hinüber.

Nachts im Marinekasino begegnete ich nur freundlichen Gesichtern. Mein Artikel war in der Messe vorgelesen worden und mit beifälligem Hallo aufgenommen worden. Eine Gruppe von Offizieren hatte beschlossen, morgen auch einen Ausflug auf den Meeresgrund zu machen. Selbst der Admiralsstäbler, bei dem ich mich angemeldet hatte, war sehr kameradschaftlich zu mir, hatte er ja Anteil an dem Erfolg des Taucherartikels, war er es doch, der mir die Bewilligung gegeben.

›Wollen Sie in Pola noch etwas beschreiben? So etwas Interessantes wie die Taucherei werden Sie allerdings kaum mehr finden.‹

Ich äußerte, morgen möchte ich die Werkstätte der Barometermacher besuchen. Wohlweislich erwiderte er nicht mehr, daß es so etwas nicht gäbe.

So sah ich mir nach und nach vieles an.«

Egon Erwin Kisch erobert Pola im Sturm, wie man sieht. Der Oberleutnant aus Wien verwandelt sich in einen Lokalreporter. Der Kriegshafen mit seinen Unterseebooten, Flugbooten und Schlachtschiffen verlockt zu journalistischen, zu militärischen Abenteuern. Dem Mitarbeiter des Kriegspressequartiers öffnen sich Bezirke, die sonst kaum zugänglich sind. Er treibt sich in den Werften und Docks des Marinearsenals herum, läßt sich von den Arbeitern alles genau erklären und sitzt mit ihnen auf dem Werkplatz oder in der Kantine zusammen.

Hier findet er wahrscheinlich Gelegenheit, die Aufträge seiner »illegalen Freunde« weiterzugeben. »Bei den in der Bucht von Cattaro liegenden Marine-Einheiten hatten wir unsere Vertrauensleute, aber die besaßen keine Verbindung mit den Kameraden vom Hauptkriegshafen Pola, und diese Verbindung sollte ich herstellen.«

Jeden Tag geht er zum Strand und genießt den südlichen Sommer. Ihm gehe es hier fabelhaft, meldet er der Mutter. Seine einzige Sorge sei, daß er bald nach Wien zurückkehren müsse.

Innerhalb weniger Wochen schreibt Kisch über die verschiedenartigsten Gegenstände.

Er berichtet über sein Abenteuer als Taucher, über das Arsenal für Flugboote, das Nachtleben im Kriegshafen, über einen Erkundungsflug nach Venedig und eine Fahrt im Unterseeboot. Die Reportagen werden in der »Bohemia« abgedruckt.

Auch an der Ausfahrt der Flotte am 8. Juli 1918 nimmt der »Redaktionsoffizier des Kriegspressequartiers beim Flottenkommando Pola« teil – eine »wundervolle und ereignisreiche« Unternehmung, wie es im Brief an die Mutter heißt.

Kisch wird dem Admiralsschiff »Viribus unitis« als Maschinengewehroffizier zugeteilt. Von hier aus leitet Konteradmiral Miklós Horthy, der spätere Reichsverweser und faschistische Diktator von Ungarn, die Aktion. Die Aufgabe des Redaktionsoffiziers besteht darin, über die Ausfahrt Bericht zu geben und den kommandierenden Admiral in das beste Licht zu rücken.

Kaum hat die Flotte den Hafen von Pola verlassen, wird Kisch auf die Brücke befohlen. »Der Flottenkommandant, Konteradmiral von Horthy, geht auf die Signalbrücke, nicht ohne vorher den Journalisten, der an Bord ist, zur Begleitung aufgefordert zu haben. ›Das wird Sie sicher interessieren, Sie können da einen Vergleich machen zwischen der Kommandobrücke einst und jetzt ...‹«

Aber Horthy hat wenig Glück mit seiner Unternehmung. Man plante eine Überraschungsaktion, doch die Italiener und Franzosen sind alarmiert und schicken Schlachtschiffe und Torpedoboote entgegen. So flüchtet die Flotte schnell wieder in den schützenden Heimathafen. Auf der Rückfahrt wird die »Szent István«, das »größte und modernste Schlachtschiff der österreichisch-ungarischen Kriegsmarine«, von einem Torpedo getroffen und geht unter. »Wir wollten sie ›behupfen‹, sie haben uns ›behupft‹.«

Nach dem ruhmlosen Abbruch der Operation trifft Kisch noch einmal mit dem Konteradmiral zusammen. Ein Interview soll dazu dienen, das Flottenunternehmen zu rechtfertigen und dem Siegesjubel in der italienischen Presse entgegenzutreten. Aber das von Horthy autorisierte Interview bleibt offenbar unveröffentlicht.

Alles in allem scheint sich Egon Erwin Kisch in Pola als Berichterstatter »sehr bewährt und großes Lob bekommen« zu haben. Die Freude darüber verführt ihn sogar zu dem Gedanken, nach Petrograd zu fahren, um über seinen jüngsten Bruder Friedrich Nachforschungen anzustellen, der 1916 in russische Gefangenschaft geraten ist.

Am 16. Juli 1918 kehrt Kisch nach Wien zurück. In den Wochen seiner Abwesenheit hat sich die militärische Lage dramatisch zugespitzt. Die Offensive an der italienischen Front ist gescheitert. Ein Ende des Krieges zeichnet sich ab.

Die im Exil lebenden politischen Repräsentanten der Tschechen und Polen werden vom Ausland bereits als Vertreter selbständiger Nationalstaaten anerkannt. In Budapest ist das Parlament entschlossen, seine Unabhängigkeit zu erklären. Schon arbeiten die Ratgeber Kaiser Karls an einem geheimen Friedensangebot, das der Entente übergeben werden soll.

Der Widerspruch zwischen Kriegspropaganda und Kriegswirklichkeit wird mit jedem Tag quälender. Im Café Central diskutiert man offen über den Zusammenbruch der Monarchie und die möglichen Folgen. Kisch verspottet den offiziellen »Schwindel« und hält mit seinen politischen Sympathien nicht hinter dem Berge.

Ende September 1918 wird Kisch ein zweites Mal aus Wien weggeschickt, diesmal in Richtung Westen. Vor wenigen Wochen ist eine österreichische Division unter dem Kommando des Generals Metzger an die deutsche Westfront verlegt worden. Sie soll die Abwehrfront an der Maas, in der Nähe von Verdun, verstärken.

Über diese Division muß Kisch berichten, offenbar für die Soldatenzeitung »Heimat«, deren Redaktion er jetzt angehört. Chefredakteur der Zeitung und Vorgesetzter von Kisch ist Hauptmann Robert Musil.

Nach den Gegenangriffen der französischen, britischen und amerikanischen Truppen im Juli und August sind die deutschen Verbände auf die Ausgangsstellungen ihrer Frühjahrsoffensive zurückgeworfen worden. Am 26. September beginnen die Armeen der Entente zwischen Reims und Verdun den Großangriff, und einen Tag später wird die Front bei St-Quentin und Cambrai durchbrochen. Zwei Tage später müssen die deutschen Truppen auch in Flandern auf die zweite Verteidigungslinie zurückgehen. Hindenburg und Ludendorff fordern einen sofortigen Waffenstillstand, da sie den völligen Zusammenbruch befürchten.

In diesen Tagen befindet sich Kisch am südlichen Zipfel der riesigen, in Bewegung geratenen Front zwischen Verdun und Gent. Bei Verdun selbst bleibt die Verteidigung noch relativ stabil. Der Berichterstatter trifft auf einen alten Prager Bekannten, der ihm die nötigen Informationen vermittelt.

Die Gespräche der Soldaten auf den Bahnhöfen, in den Lokalzügen kreisen um eine Frage: »Es ist Schluß – warum erklärt man also nicht, daß Schluß ist?«

Der Reporter stellt der Landschaft des Krieges die Landschaft der Kultur gegenüber, er erinnert an Balzac, Daudet, Flaubert und Zola, und er erinnert an Goethe. Schon einmal, 1792, operierten preußische und österreichische Truppen in dieser Gegend, ein »höfischer Kriegsberichterstatter« namens Goethe befand sich darunter. Kisch sieht in ihm eine Haltung verkörpert, die den deutschen Soldaten daran hindert, dem Morden ein Ende zu setzen.

Ende September kapituliert Bulgarien und öffnet den Armeen der Entente von Süden her den Weg nach Österreich-Ungarn. Im Oktober durchbrechen die italienischen Truppen die Front an der Piave und bedrohen die Monarchie von Südwesten. In der Ukraine lösen sich ganze Truppenteile auf. Immer mehr Soldaten, vor allem Polen, Tschechen, Slowenen und Kroaten, desertieren und schlagen sich nach Hause durch.

Mitte Oktober rufen Prager Arbeiter den Generalstreik aus, der sich über ganz Böhmen und Mähren ausdehnt. Das Manifest Kaiser Karls vom 17. Oktober 1918, in dem der Vorschlag unterbreitet wird, Österreich zu einem Bundesstaat umzubilden und sowohl den Tschechen als auch den anderen Völkern nationale Autonomie zu gewähren, kann den Zerfallsprozeß nicht mehr aufhalten.

Am 24. oder 25. Oktober kommt Kisch nach Wien zurück. »Was war politisch in Prag los?« fragt er die Mutter. »Journalistisch? Ist von mir in Graz, Reichenberg oder Prag nie etwas erschienen? War die Neuausgabe der ›Prager Kinder‹ schon angekündigt? Hat Korn nicht von mir einen Beitrag aus Bouillon (Belgien) erhalten? Ich wollte auf der Rückfahrt über Prag fahren, aber es war verboten.«

Die Ereignisse überstürzen sich. Am 27. Oktober bietet Österreich den Waffenstillstand an, und am nächsten Tag kommt es in Wien und anderen Industriezentren zum Generalstreik. In Prag wird die Tschechoslowakische Republik ausgerufen. Tausende demonstrieren in den Straßen der Stadt und feiern die Unabhängigkeit.

Ernestine Kisch beeilt sich, ihren Sohn in Wien davon zu unterrichten. »Eben ziehen Menschenmassen zum Ring, jauchzend u. singend tschechische Lieder. Wie traurig ist einem zumute, was hat man alles hingegeben, sein ganzes Lebensglück, die wenigen Jahre, die man sorgenlos verbringen wollte, indem man in den jungen Jahren für Euch gelebt und gespart hat; und was ist das Ende … Eben stand ich auf der Terrasse, da ging ein gewöhnlicher Soldat vorbei, u. es kam ein zweiter entgegen. Auf einmal packte er seine Mütze, riß ihm die Rosette mit dem Kaisernamen herunter, trat sie mit Füßen u. sagte to nesmiš nosit [das darfst du nicht tragen]. Was werden wir noch alles hier erleben müssen. Schrecklich traurig dies Ende.«

Für viele versinkt in diesen Tagen eine ganze Epoche, die liberale bürgerliche Epoche scheinbarer Sicherheit und Stabilität. Andere sehen ein neues Zeitalter heraufkommen, das Zeitalter einer besseren, menschlicheren Ordnung. Zu ihnen gehört Egon Erwin Kisch.

8.
Revolution in Wien

Wien gleicht einem großen Durchgangslager. Die Armee befindet sich in völliger Auflösung. Nach dem Durchbruch der Italiener an der Piave sind ganze Regimenter auf dem Wege nach Hause. Täglich strömen Tausende von Soldaten durch die Straßen der Stadt, füllen die Kasernen und Auffanglager, belagern die Bahnhöfe.

Mit dem Generalstreik am 28. Oktober 1918 kommt es überall zur Bildung von Arbeiter- und Soldatenräten.

Unter den Soldaten gärt es. Sie sind entschlossen, mit dem k. u. k. System ein für allemal Schluß zu machen. In den Versammlungen wird der Ruf laut nach Bildung von Roten Garden. Viele Soldaten sind nach dem Frieden von Brest-Litowsk aus russischer Kriegsgefangenschaft heimgekehrt. Sie kennen die Roten Garden der Bolschewiki. Manche haben sich ihnen angeschlossen.

Die Herrschenden versuchen zu retten, was zu retten ist. Am 21. Oktober hat sich in Wien die provisorische Nationalversammlung konstituiert. Als Präsident amtiert der sozialdemokratische Politiker Karl Seitz. Die rechten Führer der Sozialdemokratie tun alles, um die revolutionäre Bewegung in reformistische Bahnen zu lenken.

In Wien, der Metropole eines auseinanderbrechenden Staates von fünfzig Millionen Menschen, dieser »parasitischen Stadt«, wie Kisch sagt, bangen Zehntausende von Beamten, Rentiers und Offizieren um ihre Pensionen und Renditen. Unzählige Handwerker, Kaufleute, Angestellte, Dienstboten waren vom Hofe abhängig, von der Armee, der Verwaltung. Die Furcht vor der Zukunft, vor dem »Bolschewismus« verbindet alle gleichermaßen.

Am 30. Oktober tritt die provisorische Nationalversammlung zu ihrer zweiten Sitzung zusammen. Der Habsburger Vielvölkerstaat hat aufgehört zu existieren. Gemeinsam mit den Christlichsozialen und den Deutschnationalen bildet der Sozialdemokrat Karl Renner eine neue Regierung.

Tausende von Arbeitern und Soldaten demonstrieren in den Straßen der Stadt. Auch Egon Erwin Kisch, wieder mit den Genossen aus dem illegalen Arbeiter- und Soldatenrat, die man aus den Gefängnissen entlassen hat, zusammen, befindet sich unter den Demonstranten. Überall kommt es zu erregten Debatten, werden Reden gehalten.

Am Nachmittag findet vor dem Parlament eine große Kundgebung statt. Soldaten und Offiziere sprechen zu den Versammelten, rufen zu revolutionären Aktionen auf. Eine rote Fahne wird aufgezogen.

Später zieht die Menge die Ringstraße hinunter zur Rossauer Kaserne, wo sie die Tore aufzubrechen versucht, um eingesperrte Deserteure und politische Häftlinge zu befreien. Berittene Polizei greift ein und treibt die Menschen auseinander.

Obwohl eine Amnestie erlassen wird, strömen auch in den nächsten Tagen wieder Hunderte von Soldaten vor der Rossauer Kaserne zusammen. Der Platz neben dem Deutschmeisterdenkmal wird zum Treffpunkt für revolutionäre Kundgebungen. Egon Erwin Kisch und Stephan Haller fordern die Versammelten auf, dem Beispiel der revolutionären Arbeiter und Soldaten in Rußland zu folgen und eine Rote Garde zu bilden. Die Soldaten stimmen begeistert zu. Als Kommandant wird Kisch vorgeschlagen.

Franz Werfel, in jenen Tagen oft mit Kisch zusammen, gibt in seinem Roman »Barbara« eine Schilderung der Szene:

»Weiß trat zum Schlußwort an. Die gute Stimmung durfte nicht länger rednerisch mißbraucht werden:

›Genossen! In den größten Städten Mitteleuropas bilden sich zu dieser Stunde rote Armeen, die alle Proletarier aller Länder vereinigen und den imperialistischen Krieg für immer verhindern werden. Wählet hier sogleich durch Zuruf ein revolutionäres Militärkomitee! Meldet euch alle zum Eintritt in die Kompagnien der Revolution! Für Löhnung, Verpflegung und Kasernen ist gesorgt. Es lebe die Rote Volkswehr!‹

Die Wahl ging blitzschnell vor sich.

›Genosse Weiß‹, donnerte es von allen Seiten.«

Kisch ist erfüllt von revolutionärer Leidenschaft. Er versteht es, das Feuer auf andere zu übertragen. Manchmal geht sein Temperament mit ihm durch, und er scheut auch vor theatralischen Auftritten nicht zurück, um die Menschen mitzureißen. Aber Geltungssucht und Eitelkeit, wie Robert Musil oder Franz Werfel vermuten, zählen in jenen Tagen wohl zu den geringsten seiner Handlungsmotive.

Auch andere Linksoppositionelle, wie Leo Rothziegel und Johannes Wertheim, treten der Roten Garde bei. Rothziegel führt am 3. November eine Abordnung ins Kriegsministerium, wo der Sozialdemokrat Julius Deutsch zum Unterstaatssekretär für Heerwesen ernannt worden ist. Rothziegel fordert Waffen und Unterkunft für die Rote Garde.

Julius Deutsch sagt zu, aber unter der Bedingung, daß die Rote Garde in die neu zu errichtende Volkswehr eingegliedert wird. Die Rote Garde erhält die Stiftskaserne als Werbelokal und Unterkunft zugewiesen. In seinen Erinnerungen schreibt Deutsch: »Am Beginn der Revolution war der Zulauf zu den Roten Garden verhältnismäßig groß, ihr Einfluß auf die Stimmung der Revolutionäre noch viel größer.«

Die Führer der Sozialdemokratie wollen die Bildung von Roten Garden mit allen Mitteln verhindern. Am 2. November richtet die »Arbeiter-Zeitung« die Bitte an die Bevölkerung, »es möge die Bildung von Garden, welchen Namen sie immer führen mögen, unterbleiben«. Später versucht Deutsch, die Rote Garde durch Integration in die Volkswehr zu neutralisieren.

Die Staatsämter legen den Rotgardisten alle nur möglichen Hindernisse in den Weg. Sie verweigern Schreibkräfte, Büromaterialien, Auszahlung von Geldern. Stundenlang müssen die Soldaten vor geschlossenem Kasernentor warten, ehe man öffnet. »Aber kaum war ein Raum ermittelt, begann die Arbeit.« Innerhalb von sechs Tagen wird ein Regiment »angeworben, ausgerüstet, verpflegt, rangiert«.

Die wichtigste Aufgabe für die Rote Garde, nach Kisch, besteht darin, »die Revolution zu schützen, die Republik zu bewahren vor Republikanern, die zu ihrem Kaiser in Hofautomobilen hinausfahren«. Darüber hinaus ist »soziale Arbeit in Massen« vorhanden. Es gilt Lebensmittel für die Bevölkerung sicherzustellen, Schiebern das Handwerk zu legen, Plünderungen vorzubeugen, Materialien des Kriegsarchivs vor der Vernichtung zu retten usw.

All das genügt, um die Rote Garde zum Schreckgespenst der Besitzenden zu machen. Die bürgerlichen Zeitungen sprechen von Raub,

Egon Erwin Kisch und Leo Rothziegel

Vergewaltigung, Anarchie. »Ganz Wien«, schreibt Julius Deutsch, »soweit es Geld hatte, erwartete von der Roten Garde, Tag für Tag, die fürchterlichsten Dinge.«

Von Anbeginn muß sich Kisch gegen Verleumdungen und Lügen zur Wehr setzen. Die »Arbeiter-Zeitung«, das Organ der Sozialdemokratischen Partei, steht zwar auf der Seite der Volkswehr, keineswegs aber auf der Seite der Roten Garde. Sie leistet, wie Kisch schreibt, »von allen Blättern des Perfideste an Denunziation, Persönlichwerden und Verdächtigung«.

Den linksradikalen Kräften in Wien dient die Rote Garde als Instrument, um sich zu organisieren und um ihren Forderungen Nachdruck zu verleihen. Am 3. November wird die Kommunistische Partei Deutschösterreichs gegründet, aber sie bleibt in den Tagen der Revolution noch ohne Einfluß und öffentliche Wirkung. Die Masse der Arbeiter und Soldaten folgt den Sozialdemokraten.

Den verschiedenen linksoppositionellen Gruppen fehlt eine straffe Organisation, eine koordinierende Führung, ein Publikationsorgan. Um ihre Ziele besser durchsetzen zu können, schließen sie sich zu einer losen Vereinigung zusammen, der Föderation revolutionärer Sozialisten »Internationale«. Offiziell tritt die Föderation erst Ende November in Erscheinung. Man steht in Opposition zur sozialdemokratischen Führung, betätigt sich aber im Rahmen der Partei. Ohne Unterstützung der sozialdemokratischen Arbeiter ist eine revolutionäre Massenbewegung nicht denkbar.

Ziel der Föderation »ist die soziale Revolution, das heißt die Überführung des Grund und Bodens, der Produktions- und Verkehrsmittel aus den Händen der Kapitalisten in den Besitz der Arbeitenden«. Sie erstrebt die »soziale Republik der Arbeitenden durch Abschaffung jeder Klassenherrschaft«.

Um die Öffentlichkeit mit ihren Vorstellungen bekannt zu machen und um die Arbeiter und Soldaten für die Ideen der Revolution zu begeistern, gibt die Föderation eine Wochenschrift heraus unter dem Titel »Der Freie Arbeiter«. Die erste Nummer erscheint am 9. November 1918. Von Nummer 2 an erhält der »Freie Arbeiter« eine Beilage: »Die Rote Garde«. Diese Beilage redigiert Egon Erwin Kisch.

Jede Woche kommentiert Kisch die politische Entwicklung in Österreich und die Vorgänge um die Rote Garde. Die Artikel gehören zu dem Scharfsichtigsten, was über die Revolution in Wien aus unmittelbarem Erleben heraus geschrieben worden ist. Kisch betrachtet es als seinen Auftrag, für die Ziele der sozialen Revolution zu werben, das Selbstvertrauen der Rotgardisten zu stärken und die Rote Garde gegen Angriffe von rechts zu verteidigen.

Die sozialdemokratische Führung mit ihren pseudorevolutionären Parolen denkt nicht daran, die alten Machtstrukturen anzutasten. »Ruhe ist die erste Bürgerpflicht«, mahnt die »Arbeiter-Zeitung« am 4. November, »und der Aufrechterhaltung von Ruhe und Ordnung gilt unbedingt die vornehmlichste Pflicht des Augenblicks.«

Noch hat der Kaiser nicht abgedankt. Noch sind der k.u.k. Polizeipräsident im Amt, die Richter, die Verwaltungsräte.

Die Soldaten der Roten Garde verlangen die formelle Abdankung des Kaisers, die Besetzung der Hof- und Militärgebäude und die Proklamierung der Republik. Am 11. November, so schreibt Julius Deutsch, sei eine Abordnung der Roten Garde unter Führung von Kisch bei ihm erschienen und habe die Ermächtigung gefordert, nach Schloß Schönbrunn zu marschieren, wo sich der Kaiser mit seiner Familie aufhält.

Eine solche Aktion muß Deutsch unter allen Umständen verhindern. Er verfällt, wie er später stolz berichtet, auf eine »Kriegslist«. Als »Ersatz« für Schönbrunn schlägt er den Rotgardisten vor, das Militärkommando zu besetzen, den »berüchtigten Sitz der ›Offiziersreaktion‹«. Dabei weiß er sehr wohl, daß sich dort nur noch ein paar bejahrte Stabsoffiziere befinden. Und er versäumt nicht, die Rote Garde am Nachmittag, nach einer »feierlichen Ansprache« und dem Abspielen der Marseillaise, selbst wieder in die Kaserne zurückzubringen.

Nach dieser Erfahrung bleibt Julius Deutsch nichts Eiligeres zu tun, als einen zuverlässigen Mann an die Spitze der Roten Garde zu stellen. Hauptmann Josef Frey, ein ehemaliger Redakteur der »Arbeiter-Zeitung«, eben von der Front zurückgekehrt, kommt ihm gerade recht. Deutsch droht »in offener Soldatenratssitzung mit materiellen Repressalien des Heeresstaatsamtes«, schreibt Kisch, »mit Entziehung von Löhnung, Menage usw., wenn man Herrn Dr. Frey nicht aufnehme. Diese Drohung wurde – speziell von Rothziegel und Wertheim – energisch zurückgewiesen, aber Herr Dr. Frey schließlich doch aufgenommen und ihm als einem Funktionär des Heeresstaatsamtes die im argen liegende militärische Organisation mit dem

Titel eines Kommandanten übertragen, der jedoch in allen Fragen dem Soldatenrat unterstellt war.«

Unter Protest und zähneknirschend wahrscheinlich gibt Kisch seine Funktion ab. Aber er bleibt Kommandant des zweiten Bataillons.

Frey und Kisch kennen sich von Prag her, als Journalisten und als Fußballspieler. Schon vor 1914 galt Frey als ehrgeizig und skrupellos. In der Festzeitung eines Fußballklubs wurde die Scherzfrage gestellt: Wer läuft besser als der beste Läufer? Antwort: Dr. Frey – denn er ist ein Überläufer.

Während des Krieges avancierte Frey zum Oberleutnant der k. k. Landesgendarmerie, dem »Schrecken der Mannschaft im Hinterland«. 1915 begegnen sich Kisch und Frey in Prag, und Kisch äußert seine Verwunderung darüber, den ehemaligen sozialdemokratischen Funktionär als Aufpasser und Gendarmen wiederzufinden.

Auch jetzt steht Frey erneut im Dienst von »Ruhe und Ordnung«. Er streut den Leuten Sand in die Augen. Er spricht von der »sozialen Republik«, die den Sozialismus verwirklicht.

»Aber was für einer Republik!« schreibt Kisch. »Eine Republik, die die schlimmsten Alldeutschen und christlichsozialen Kriegshetzer zu Staatsräten machte, eine Republik, deren Symbol der vom fremden Blut befleckte Waffenrock der Babenberger ist, eine Republik, die von schwarzrotgoldenen Hohenzollerianern wimmelt, eine Republik mit dem alten Polizeipräsidenten an der Spitze der politisch schnüffelnden Polizeidirektion, eine Republik mit täglichen Verhaftungen aus politischen Gründen.«

Am 12. November 1918 wird die Republik Deutschösterreich ausgerufen. Vor dem Parlament findet eine Massenkundgebung statt. Die Rote Garde rückt aus, um den Schutz der Kundgebung zu übernehmen. Die Rotgardisten werden ermahnt, Ruhe und Disziplin zu wahren und sich nicht provozieren zu lassen. Sie versprechen, keine Munition mitzunehmen.

Über die Demonstration heißt es in der »Neuen Freien Presse«: »Aus der großen dunklen Menschenmasse schimmerte das grelle Rot der Fahnen und der Armbinden, welche die Ordner tragen, hervor. Charakteristisch war in diesem Stadium der heutigen Massenkundgebung die entschlossene, ernste, beinahe getragene Stimmung der De-

Das Parlament in Wien

monstrationsteilnehmer ... Die Mienen spiegelten die Erkenntnis der historischen Bedeutung des Tages wider, und mit anerkennungswerter Pünktlichkeit und Präzision wurden die Weisungen der Ordner befolgt, die Armbinden mit der Aufschrift ›Ordner der sozialistischen Partei – Arbeiterrat‹ trugen. Unter den Demonstranten befanden sich zahlreiche Frauen und Mädchen, von denen viele die rote Farbe irgendwie in der Kleidung bevorzugt hatten ... Im Zuge bemerkte man eine große Anzahl von Fahnen, von denen einzelne die Inschrift trugen: ›Hoch die sozialistische Republik!‹«

Als vor der Parlamentsrampe zwei rotweißrote Fahnen gehißt werden, treten mehrere Rotgardisten aus der Reihe heraus, reißen das weiße Tuch aus den Flaggen und knüpfen die roten Seitenbahnen zusammen. So werden nur rote Fahnen hochgezogen. Ein Mitglied der Kommunistischen Partei verliest eine Proklamation, in der die Bildung einer Arbeiter- und Bauernregierung gefordert wird.

Plötzlich sind Schüsse zu hören, und die Menge gerät in Panik. Einige Angehörige der Roten Garde, die entgegen der Absprache Munition mitgenommen haben, werfen sich zu Boden und beginnen auf das Parlament zu schießen.

Guido Zamiš, einer der Teilnehmer der Demonstration, schreibt darüber: »Ich befand mich in dem Augenblick ... nicht weit vom Parlament entfernt und war Augenzeuge dieser Vorgänge. Plötzlich knallten Schüsse, alles begann zu rennen. Wir Jugendliche versuchten eine Kette zu bilden, um die Panik zu verhindern, und fingen an, Kampflieder zu singen. Die plausibelste Erklärung für diesen sinnlosen Vorfall ist, daß jemand im Parlamentsgebäude beim Anblick der Rotgardisten auf der Rampe die Nerven verloren hatte und die Rolläden der Fenster herabfallen ließ. Das klang wie Schüsse, worauf ein Teil der Rotgardisten – was mir von diesen selbst berichtet wurde – automatisch wie im Felde Deckung nahm und auf das Parlament zu feuern begann. Kisch stellte sofort die Ordnung wieder her, ließ durch zwei Kompanien unter dem Kommando des Oberleutnants Peter Waller das Parlament nach Waffen durchsuchen und marschierte mit dem Rest zur Stiftskaserne ab.«

Unmittelbar nach den Vorgängen am Parlament, gegen vier Uhr nachmittags, ziehen Angehörige der Roten Garde unter der Führung zweier Offiziere zum Redaktionsgebäude der »Neuen Freien Presse« und besetzen es. Einer der Offiziere erklärt, daß die Zeitung künftig unter der politischen Kontrolle der Kommunistischen Partei erscheinen werde. Zur Herausgeberin des revolutionären Blattes macht sich Elfriede Eisler-Friedländer, später bekannt als Ruth Fischer. Sie verlangt den sofortigen Druck einer Extraausgabe, in der die Vorgänge am Parlament wahrheitsgemäß dargestellt werden.

Der Redaktionssekretär, mit dem die Soldaten verhandeln, protestiert gegen die Besetzung des Gebäudes. Auf Grund seiner Hilferufe schickt der Staatsrat einen Vermittler und versucht zu schlichten. Schließlich geben die Offiziere nach und räumen das Haus. Vorher wird eine zweite Extraausgabe gedruckt. Darin heißt es, daß die Besetzung nur demonstrativen Zweck gehabt habe und daß man mit der Aktion auf die Existenz der Kommunistischen Partei habe aufmerksam machen wollen.

Eine der bekanntesten Kisch-Anekdoten erzählt von der Besetzung der »Neuen Freien Presse«. Vielleicht hat Kisch sie selbst erfunden.

Seit dem 1. November 1918 gehört Paul Kisch der Redaktion der Zeitung an.

»Ich glaube nicht, daß sie wahr ist«, meint Egon Erwin Kisch. »In den Revolutionstagen 1918 zog ich – sagt man – als Führer eines aufständischen Truppenteils in die Redaktion der ›Neuen Freien Presse‹ und rief: ›Alle raus!‹

Die Redakteure verließen fluchtartig das Lokal, alle, bis auf einen. Ich fuchtelte mit einem Revolver und schrie: ›Gehen Sie sofort hinaus!‹

Er antwortete: ›Ich will zuerst meine Sachen packen.‹

›Nichts da, raus!‹

Er wurde wütend: ›Gut, ich weiche der Gewalt, aber ich sag's der Mutter!‹

Es war nämlich mein Bruder ...

Aber, wie gesagt, ich glaube nicht, daß die Geschichte wahr ist.«

Im Bericht des Polizeikommissars, der auf Grund der Beschwerde der »Neuen Freien Presse« am nächsten Tag die Untersuchung wegen Hausfriedensbruch führt, ist der Name Kisch nicht zu finden. Auch andere Beteiligte, die ihre Aussage zu Protokoll geben, erwähnen Kisch mit keinem Wort.

Die Ereignisse vor dem Parlament rücken die Rote Garde und Egon Erwin Kisch in den Mittelpunkt öffentlicher Polemik. Zwar werden die beiden für die Besetzung der »Neuen Freien Presse« verantwortlichen Offiziere aus der Roten Garde ausgestoßen, aber die von der bürgerlichen Presse aufgeputschte Öffentlichkeit gibt sich damit nicht zufrieden. Die Rote Garde wird als bewaffnete Organisation der Kommunistischen Partei denunziert, die am 12. November einen Putschversuch unternommen habe.

Auch die sozialdemokratische Führung ist über die Existenz einer bewaffneten proletarischen Truppe tief beunruhigt. Am 14. November schreibt die »Arbeiter-Zeitung«, auf Kisch anspielend: »Jeden Augenblick taucht da irgendein Mitglied des früheren Kriegspressequartiers als ›Führer‹ auf; es wäre also ... höchste Zeit, daß sich die wirklichen Sozialdemokraten, die sich bei der Roten Garde befinden, von dem Reklametreiben gewisser Führer mit Entschiedenheit abwenden.«

Die Tätigkeit im Kriegspressequartier wird Kisch wiederholt zum Vorwurf gemacht. Man bezichtigt ihn literatenhaften Ehrgeizes und verdächtigt ihn, während des Krieges patriotische Gedichte verfaßt zu haben. Karl Kraus spricht in der »Fackel« von der überraschenden »Verwandlung des Kriegspressequartiers in eine Rote Garde«.

Selbst in den eigenen Reihen muß sich Kisch gegen Verleumdungen zur Wehr setzen. Nachdem er als Kommandant abgelöst worden ist, versucht man ihn auch aus dem Soldatenrat zu eliminieren. Die Auseinandersetzungen zwischen Linksradikalen und Sozialdemokraten in der Roten Garde erreichen ihren Höhepunkt in der ersten Hauptversammlung des Soldatenrates, die am 21. November im Turnsaal der Stiftskaserne stattfindet.

Auf der Vollversammlung soll Josef Frey als Kommandant der Roten Garde bestätigt werden. Zu diesem Zweck ist Friedrich Adler eingeladen worden, der nach dem Attentat auf Stürgkh 1916 unter den Massen große Popularität genießt. Nach seiner Entlassung aus dem Zuchthaus tritt Friedrich Adler zum erstenmal wieder öffentlich auf.

Friedrich Adler gibt sich als »linker« Sozialdemokrat und kritisiert einzelne Beschlüsse der Parteileitung. Vor allem jedoch polemisiert er gegen die Gründung der Kommunistischen Partei und ruft die Rotgardisten auf, keine Kommunisten in ihren Reihen zu dulden.

Kisch schreibt später, Frey habe eine »unbeschreibliche Affenkomödie« veranstaltet und Friedrich Adler dazu mißbraucht, die unsinnigsten persönlichen Anwürfe gegen ihn vorzubringen.

Der Rede Friedrich Adlers folgt eine zweistündige Debatte. Mehrere Soldatenräte attackieren die Parteileitung und die »Arbeiter-Zeitung«. Ein Redner erklärt, die Partei versuche, die Popularität eines Mannes wie Friedrich Adler dazu zu benützen, um die Rote Garde in die Arme der offiziellen Sozialdemokratie zu führen.

Bei der Abstimmung wird Josef Frey das Vertrauen ausgesprochen. Anstelle des Sozialdemokraten Heinrich Mohsbauer jedoch wird Egon Erwin Kisch einstimmig zum Vorsitzenden des Soldatenrates gewählt. Außerdem behält er das Kommando des zweiten Bataillons.

Hinfort konzentriert sich Kisch auf den Soldatenrat und die Redaktionsarbeit. Die Führung des Bataillons betreibt er eher beiläufig. »Als ich mich Anfang Dezember 1918 zur Roten Garde meldete«, schreibt Guido Zamiš, »nahm mich Kisch in die Kanzlei des 2. Bataillons auf. Täglich hatte ich ihm die Standesmeldung des Bataillons zu erstatten, was ganz unmilitärisch vor sich ging. Außer der

Mitarbeit im Soldatenrat hat Kisch kaum einen anderen Dienst getan.«

Die Rote Garde sei ein Werkzeug proletarisch-kommunistischer Politik, sagt Kisch. Aber eine proletarische Politik wird nirgendwo betrieben. Das Werkzeug bleibt ungenutzt. »Bis jetzt hat, wie wir mit Entsetzen sehen, die Einführung der Republik in unseren öffentlichrechtlichen Zuständen nicht das geringste geändert ... Die sozialistischen Staats- und Unterstaatssekretäre arbeiten mit größtem Eifer und organisationsgeschulter Fähigkeit daran, den Zusammenbruch der verfaulten Gesellschaftsform hintanzuhalten, sie für Kapitalisten, Hofräte, Pfaffen, Aristokraten und Stabsoffiziere zu retten, soweit sie zu retten geht.«

In der ersten Dezemberhälfte kommt es zu einer neuen Kraftprobe. Der Staatsrat hat beschlossen, die Stärkung der neuen Macht zu demonstrieren. Am 10. Dezember soll an sechs verschiedenen Stellen in Wien eine feierliche »Angelobung« der Volkswehr stattfinden, eine Eidesleistung auf den »freien Staat Deutsch-Österreich«.

Die Soldaten des Volkswehrregiments Rote Garde weigern sich, die Eidesformel zu sprechen. Mit einem solchen Eid seien sie nicht nur an die Weisungen sozialdemokratischer, sondern auch christlichsozialer und deutschnationaler Staatsräte gebunden. »Was haben die Herren Dinghofer und Hauser mit sozialistischen Soldaten zu schaffen«, fragt Egon Erwin Kisch im »Freien Arbeiter«, »was würden sie uns befehlen – wenn sie befehlen könnten, was sie wollten?«

Die Sozialdemokraten innerhalb der Roten Garde drängen auf eine Entscheidung. Josef Frey ist am 5. Dezember zum Vorsitzenden des Vollzugsausschusses des Soldatenrates der Wiener Volkswehr gewählt worden und erhält bestimmenden Einfluß auf die gesamte Wiener Volkswehr. Das bringt ihn in noch stärkeren Gegensatz zu den Linksradikalen in der Roten Garde.

Am 16. Dezember 1918 beschließen die von Julius Deutsch in die Rote Garde geschleusten Sozialdemokraten, diese Volkswehrformation zu verlassen. Deutsch ist nicht sehr glücklich darüber, denn er fürchtet eine Radikalisierung des revolutionären Teils der Garde.

Man vereinbart, daß die Stiftskaserne völlig geräumt wird und daß die Sozialdemokraten unter Frey als »Volkswehrbataillon 40« in der Rossauer Kaserne untergebracht werden. Der revolutionäre Teil der Roten Garde konstituiert sich als »Volkswehrbataillon 41«. Dieses

Marsch der Roten Garde durch Wien

Bataillon unter Führung von Oberleutnant Waller wird aus dem Zentrum der Stadt in einen Außenbezirk, in eine leerstehende Schule verlegt.

Die Hauptschuld an der Spaltung der Roten Garde gibt Kisch dem Unterstaatssekretär für Heerwesen Julius Deutsch. »Dr. Deutsch war es, der selbst in die Stiftskaserne kam, um uns Hauptmann Dr. Frey als Kommandanten unter Beschwörungen und Drohungen zu empfehlen. Er hat damit die Spaltung hervorgerufen, die sich jetzt in der Stiftskaserne vollzogen hat und über die die dunkelmännerische Presse der Bourgeoisie vor Jubel ganz aus dem Häuschen ist.«

Nach der Spaltung der Roten Garde redigiert Kisch lediglich noch die Beilage des »Freien Arbeiters«. Die Revolution ist für ihn vor allem ein Kampf der Argumente und Ideen, ein Ringen der Meinungsmacher um die Köpfe der Menschen, eine geistige Auseinandersetzung. In den mit Verve und analytischer Schärfe geschriebenen Leitartikeln und Kommentaren beweist er politisches Urteil und Überzeugungskraft, einen klaren Blick für die Potenzen und Möglichkeiten der revolutionären Bewegung.

Die bürgerlich-sozialdemokratische Koalitionsregierung ist bestrebt, die etwa siebzehntausend Mann umfassende Volkswehr gänzlich aufzulösen. Am 18. Dezember überreicht der Staatsrat der provisorischen Nationalversammlung einen Gesetzentwurf über die allgemeine Wehrpflicht. Wehrpflichtige der Geburtsjahrgänge 1890 bis 1900 sollen eingezogen werden, um die »kostspielige« Volkswehr zu ersetzen.

Zwei Monate nach Kriegsende plant man, eine neue Armee zu schaffen »gegen die Angriffe äußerer Feinde«; vor allem jedoch soll die Streitmacht »an der Aufrechterhaltung der Ordnung und Sicherheit im Innern« mitwirken. »Wir kennen diese Mitwirkung«, schreibt Kisch. »Mit Patronen und Bajonetten die Arbeiter und die Arbeiterinnen in die Fron für Kapitalisten und Feudalherren zu hetzen ...«

Der Gesetzentwurf sieht vor, die Machtbefugnisse der Soldatenräte einzuschränken. Die Gründung von Roten Garden und die Anwerbung neuer Mitglieder wird unter Strafe gestellt.

Die Betroffenen protestieren. Kisch kommentiert: »Das Schrecklichste an diesem neuen Wehrgesetz ist ja, daß es vom Staatsrat stammt, in dem die Sozialdemokratie ihre Mandatare hat, daß es mit *Zustimmung und unter Mitwirkung von sozialdemokratischen Staatsräten* verfaßt und von ihnen der provisorischen Nationalversammlung vorgelegt worden ist, in der wieder eine Riesenzahl von sozialdemokratischen Mandataren sitzt. In der ganzen Sozialdemokratie hat sich gegen diese unglaubliche Provokation des Volkes, gegen diese erste kriegshetzerische Tat des Friedens keine Stimme erhoben und konnte sich nicht erheben.«

Am 6. Februar 1919 verabschiedet die provisorische Nationalversammlung das »Gesetz über die vorläufigen Bestimmungen der bewaffneten Macht«. Damit allerdings hat sie ihre Möglichkeiten weit überschätzt. Die Ententemächte erheben Einspruch und gestatten lediglich eine Freiwilligenarmee.

Kisch bezeichnet die Annahme des neuen Wehrgesetzes durch die provisorische Nationalversammlung als »Begräbnis der lebendigen Volkswehr«. Die Abrüstung der Wiener Volkswehr sei das unheilvollste Verbrechen am Proletariat und ein nicht gutzumachender Schaden für den sozialen Gedanken.

Im Volkswehrbataillon 41 versieht Kisch keinen Dienst mehr. Seine Kommentare im »Freien Arbeiter« befassen sich jetzt weniger mit der Roten Garde als allgemein mit den politischen Vorgängen in Österreich, in Deutschland und in anderen Ländern.

Das Ausbleiben revolutionärer Aktionen drängt den Publizisten ab von tagespolitischen Aufgaben. Neben Kommentaren schreibt Kisch Glossen gegen die Bolschewistenfurcht in Wien und »Parteimoralische Geschichten«. Die Enttäuschungen der letzten Wochen verstärken den Drang nach journalistischer Betätigung.

»Aber wir schauen nicht allzu froh in die nächste Zukunft«, heißt es in einer Betrachtung zum Jahresbeginn 1919. »Und haben nicht marastisch gewordene Arbeiterführer das Amt der kaum pensionierten Beschwichtigungshofräte übernommen und fesseln das zum Denken und Handeln erwachte Volk?«

Allein in Deutschland besteht noch Hoffnung. »In der letzten Woche des jetzt beendigten Jahres«, notiert Kisch, »hat der Rote Soldatenbund in Berlin ein Flugblatt an alle deutschen Soldaten und Arbeiter verbreitet, dessen grundlegendste Forderung lautet: ›Schaffung einer Roten Garde! Das ist zur dringendsten Notwendigkeit geworden, soll die Gegenwart und Zukunft der Revolution, soll die heiligste Hoffnung des Proletariats nicht zuschanden werden.‹ Liebknecht und seine herrliche Marinedivision werden diese Forderung schon in die Tat umzusetzen wissen.«

Kisch befindet sich in einer prekären Lage. Als Angehöriger der Roten Garde erhielt er Unterkunft und Verpflegung. Jetzt muß er sich von zu Hause unterstützen lassen. Eine Rückkehr nach Prag scheint vorerst nicht möglich.

»Das Leben ist wahnsinnig teuer«, schreibt er Anfang 1919 an die Mutter. »Gage habe ich seit 2 Monaten nicht mehr gekriegt, Artikel kann ich für bürgerliche Blätter vorläufig nicht schreiben, sondern nur für Zeitschriften, so daß meine Geldausgaben kein Wunder sind. Du wirst mir *sehr* bald wieder einen neuen Nachschub schicken müssen, am besten sofort nach Erhalt dieses Briefes. Hab keine Angst, es wird schon wieder besser werden.«

Die schwierige finanzielle Situation kann seine gute Laune nicht beeinträchtigen. Als Kommandant der Roten Garde ist Kisch in den Wiener Literatenkreisen eher noch populärer geworden. Mehr als früher wird er von allen möglichen Leuten eingeladen und spielt den Tausendsasa, den Possenreißer. Wie ihm mitunter zumute ist, davon spricht er nicht.

Stolz berichtet er von einer großen Silvestergesellschaft, auf der massenhaft Lieder und Gedichte über ihn vorgetragen werden. Einmal ist er bei der Mutter des Schriftstellers Leo Perutz zu Gast. Gina Kaus, die Adoptivtochter des Wiener Bankiers Josef Kranz, soll er in ihrem Schloß auf dem Semmering besuchen. Er ist zwar obdachlos, aber immer noch der »alte Liebling der Welt«.

In jenen Tagen bewährt sich eine zuverlässige Freundin, eine junge Wienerin, die Kisch 1918 irgendwann kennengelernt hat. Man erzählt, daß sie dem Kreis um Peter Altenberg nahesteht und daß sich Kisch einen Spaß daraus macht, sie dem alternden Kaffeehausliteraten auszuspannen. Wahrscheinlich nimmt sie den wohnungslosen Revolutionär und Zeitungsschreiber oft bei sich auf. Das Mädchen heißt Gisela Lyner, die spätere Sekretärin, Mitarbeiterin und Lebensgefährtin Egon Erwin Kischs. Sie wird ihn nach Prag und Berlin, in die Sowjetunion und nach Frankreich, in die USA und nach Mexiko begleiten.

Künftighin kann man sich »seine Existenz ohne Gisl nicht vorstellen«, wie Anna Seghers sagt. Viele der Reportagesammlungen und Reisebücher sind ohne ihren Beistand, ihre aufopfernde Schreib- und Redaktionsarbeit gar nicht denkbar. Am Ende wird Gisela Lyner dreißig oder zumindest fünfzehn Jahre mit Egon Erwin Kisch zusammen sein, denn »wenn man es zusammenzählt, dann war er in jedem Jahr sechs Monate weg«.

Für seine Person sieht Kisch nur noch wenig Möglichkeiten, in den politischen Tageskampf einzugreifen. Nach wie vor ist er der Föderation verbunden, die unter den Arbeitern und Soldaten Einfluß besitzt.

Am 12. Januar 1919 findet in Wien eine Vollversammlung der Föderation statt, bei der eine Art Zentralkomitee gewählt wird. Zu den wichtigsten Diskussionspunkten gehört die Wahl zur Nationalversammlung, die für den 16. Februar anberaumt ist. Die Kommunistische Partei boykottiert die Wahl. Die Föderation hingegen empfiehlt ihren Mitgliedern, für die sozialdemokratischen Kandidaten zu stimmen. Nur die Schaffung von sozialistischen Arbeiter-, Bauern- und Soldatenräten sei imstande, die Gesellschaft zu reorganisieren.

Im »Freien Arbeiter« fragt Kisch: »Und wir, die wir im Kriege und in den Tagen nach dem Kriege gelernt haben, daß dem Verräter viel früher die Kugel gebührt als dem Tyrannen, wir müssen nun wählen, sollen den Verrätern unser Vertrauen bezeugen?« Weitblickende Männer haben davor gewarnt, die Kraft der Arbeiterbewegung im Kampf für das allgemeine Wahlrecht zu vergeuden.

Dennoch müsse man wählen, sagt Kisch. Man müsse die sozialdemokratische Liste wählen, auch wenn die Partei durch Unfähigkeit und Feigheit ihrer Führer jede Glaubwürdigkeit verloren habe.

In Anbetracht der allgemeinen Entwicklung erscheint es immer zwingender, daß Linksradikale und Kommunisten zusammenarbeiten. Bei einem Zusammentreffen von Führern der Föderation und Vertretern der Kommunistischen Partei im Februar 1919 wird vereinbart, daß »angesichts der politischen Situation ... ein Zusammengehen der beiden Organisationen von Fall zu Fall unbedingt notwendig« sei.

Mit seinen entschiedenen Vorstellungen geht Kisch in die Versammlungen der Kommunisten und meldet sich zu Wort. Nicht immer trifft er dabei auf Zustimmung. Einmal fordert ihn die Zeitung »Die soziale Revolution«, das Organ der Kommunistischen Partei Deutschösterreichs, geradezu auf, »seinen Revolutionarismus woanders auszutoben als in den Versammlungen der kommunistischen Partei, der er ja ohnedies niemals angehört hat. Er könnte sonst unangenehme Erfahrungen machen.«

Die Föderation tritt künftighin kaum noch selbständig in Erscheinung. Ende Mai 1919, unter dem Eindruck der Vorgänge in Ungarn, erfolgt die endgültige Vereinigung. Seither gehört Kisch der Kommunistischen Partei an.

Der Zusammenschluß der revolutionären Kräfte in Österreich mag Kisch darin bestärkt haben, wieder in seinen Beruf zurückzugehen. Er ist Journalist mit Leib und Seele, kein politischer Funktionär.

Im März geben einige linksbürgerliche Publizisten, mit denen Kisch bereits an der pazifistischen Zeitschrift »Der Friede« zusammengearbeitet hat, die Tageszeitung »Der Neue Tag« heraus.

Auch Egon Erwin Kisch wird herangezogen. Aber er will unter keinen Umständen als politischer Kommentator in Erscheinung treten. Er möchte wieder als Lokalreporter arbeiten.

In dem Abschiedsbrief an die Genossen vom 29. März 1919, »Urlaub von der Politik«, legt er die Gründe dar für seine Entscheidung. Es sind vor allem materielle Gründe. Seit dem Ausbruch der Revolution besitzt er keine Wohnung mehr. Jede Nacht schläft er bei anderen Freunden oder Bekannten.

Hundertvierzig Kronen hat er in den letzten fünf Monaten verdient. Er muß Schulden machen. Seine Versuche, als einfacher Volkswehrmann in die Rote Garde einzutreten, um die sechs Kronen Sold zu erhalten, sind gescheitert. Aus seinem Uniformmantel läßt er sich einen Überzieher schneidern. Er braucht dringend einen Anzug. Franz Werfel, der Anfang 1919 aus Prag einen mitbringen soll, scheint ihm nicht verläßlich genug.

Der Höhepunkt der revolutionären Bewegung in Österreich ist überschritten. Die Beilage des »Freien Arbeiters«, »Die Rote Garde«, seit November 1918 von Kisch redigiert und geschrieben, wird nicht mehr erscheinen. Eine neue Wochenschrift, »Der Rote Soldat«, herausgegeben vom Revolutionären Soldatenkomitee, soll den sozialen Gedanken wachhalten.

Der »Rote Soldat« bemerkt zu der Entscheidung Kischs: »Wir sind mit Kisch einer Meinung, daß er nicht unehrenhafter gehandelt hat als der beste sozialistische Setzer, der für ein bürgerliches Blatt arbeitet, um nicht zu verhungern. Wir sind deshalb überzeugt, daß wir Genossen Kisch, mit dem wir zwar nicht in allem übereinstimmen, aber den wir entgegen allen Verleumdungen als begeisterten und mutigen Genossen kannten, bald wieder im gemeinsamen Kampf finden werden.«

Der Lokalreporter kehrt zurück in das vertraute Metier. Innerhalb von wenigen Wochen schreibt er eine Vielzahl von Feuilletons und Reportagen. Jetzt erst scheint er die Stadt zu entdecken. Er verbringt eine Nacht beim Türmer von St. Stephan, besucht das »demokratisierte Schönbrunn«, den Lainzer Tiergarten, den von der Zerstörung bedrohten Volksprater, eine armenische Kapelle, ist Augenzeuge, wie eine leerstehende Fabrik zu Kinozwecken in Brand gesteckt wird, begrüßt aus der Schweiz heimkehrende Eisenbahnerkinder, geht in eine Hundeklinik, macht auf Kriminalfälle aufmerksam.

Es sieht so aus, als habe Kisch zum Journalismus zurückgefunden. Schon hat er sich neu eingekleidet und sucht nach einer Wohnung. Bis auf einige Kleinigkeiten, so erfährt die Mutter, sei er vollkommen glücklich und erlebe jetzt »absolut die beste Zeit« seines Lebens.

Aber die Lokalberichte Kischs mögen den Redakteuren des »Neuen Tags« mitunter Kopfzerbrechen bereiten. Seine Beiträge sind mit Pseudonym gezeichnet. Nur einmal, anläßlich des Todes von Leo Rothziegel, der Ende April 1919 bei der Verteidigung der Ungarischen Räterepublik fällt, unterschreibt er mit seinem Namen.

Für diesen Nachruf wiederum wird er von links attackiert. Der Herausgeber der Wiener Zeitschrift »Revolution!« richtet einen offenen Brief an Kisch und protestiert dagegen, daß der Artikel über Rothziegel in der gleichen Nummer des »Neuen Tags« steht, in dem eine Verunglimpfung Erich Mühsams abgedruckt ist. »Ich frage Sie nun, Genosse Kisch, ob Sie noch Kämpfer in der Front neben dem nun in allen Tageszeitungen mit Unflat überschütteten Erich Mühsam sind, und ich frage Sie, in welchem Verhältnis Sie zu einem Blatte, das wie der ›Neue Tag‹ sich an dem niederträchtigen Werke der Schmähung eines um die Revolution hochverdienten Mannes beteiligt, stehen.«

Kisch muß sich rechtfertigen. Und er muß sich die Frage stellen, ob seine Entscheidung richtig war. Ungewöhnlich ist der Ton, mit dem er sich verteidigt: »Ich zahle es teuer. Eine einzige Wunde bin ich. Liebe habe ich säen wollen! Ein Brief, wie der von Franz Werfel, kommt selten zu mir. Ich lege Ihnen ihn bei.«

Der Versuch, hier in Wien und zu diesem Zeitpunkt, in den bürgerlichen Journalismus zurückzugehen, erweist sich als Fehlentscheidung. Die Erfolge der Ungarischen Räterepublik, die anfänglichen Siege der ungarischen Roten Armee über die Interventionstruppen geben der revolutionären Bewegung in Österreich Auftrieb. Kisch kann seine Kraft nicht dort einsetzen, wo er gebraucht wird. Die Angriffe in der Wiener Presse sind nicht geringer geworden, sie nehmen eher noch zu. In der »Sozialen Revolution« nennt man ihn einen »Revolutionär mit Retourbillet«.

Sozialrevolutionäres Engagement und bürgerlicher Zeitungsdienst lassen sich, in revolutionären Zeiten zumal, nur schwer miteinander vereinbaren. –

Kisch hält Ausschau nach neuen Wirkungsmöglichkeiten. Er möchte nicht nur seinen Vertrag mit dem »Neuen Tag« lösen, er möchte ganz weg aus Wien. Schon hat er Verbindung aufgenommen mit dem »Prager Tagblatt«, wo im April 1919 ein längerer Aufsatz über das Kriegspressequartier erscheint.

Von der Mutter verlangt er genauen Bericht über Prager Vorkommnisse. Er fordert sie auf, sich von den Brüdern diktieren zu lassen, wo sie abends hingehen, wer ins Café kommt, Neues über Journalismus, Bücher, Mädchen, Verwandte usw. Prager Menschen und Verhältnisse beschäftigen ihn wieder. Für die Vorbereitung eines neuen Sammelbandes wünscht er Material.

Am 8. Juni 1919 veröffentlicht Kisch im »Neuen Tag« seine letzte Reportage. Die Mutter in Prag, froh darüber, daß ihr Sorgenkind wieder an den Redaktionstisch zurückgefunden hat, ist entsetzt über seine Kündigung. Der Sohn antwortet in einem gereizten Ton: »Allerdings ist es wahr, daß ich seelisch in einer Depression bin, wie ich's schon seit Jahren nicht mehr war. Das hat viele Gründe. Vor allem kränkt mich mein seinerzeitiger Austritt aus dem politischen Leben und die Folgen vor mir und vor den anderen. (Heute fetzt mich wieder der ›Fackel‹-Kraus an.) Ich stand nun einmal im Vordergrund der Ereignisse, und die Beobachtung und Bekrittelung meiner Person hat durch den Austritt sich nicht vermindert, mir die Ausübung der Journalistik erschwert, mein Leben kompliziert. Von Wien aber will ich nicht weg, bevor ich mich nicht einigermaßen rehabilitiert habe.«

Für die äußeren Bedingungen seines Lebens trage auch die Mutter viel Schuld, weil sie ihn als einen verlorenen Menschen betrachte. Er habe die Arbeit beim »Neuen Tag« einfach hingeschmissen, und das sei »das Gescheiteste« gewesen, was er tun konnte. Er schreibe ihr nur deshalb, weil es ihn ärgere, wenn sie sich – statt stolz auf ihn zu sein – Sorgen über seine Zukunft mache.

Die Arbeit an dem neuen Prag-Band beansprucht Kisch den Sommer und Herbst 1919 hindurch, nachdem er vom »Neuen Tag« weggegangen ist. Von zu Hause läßt er sich »Bohemia«-Artikel und Manuskripte über Prag schicken. Vor allem sammelt er Erinnerungen an die Kindheit und Jugend.

Er zögert, nach Hause zurückzukehren. Von Woche zu Woche hofft er, nach Prag fahren zu können, und immer kommt etwas dazwischen. »Ich kann mir Prag gar nicht vorstellen«, schreibt er im Dezember 1919. »Wie lange war ich schon nicht zu anständigem Aufenthalt zu Hause! Und wieviel habe ich seither mitgemacht. Ich bin sehr mager geworden, Mutterl! Und bang ist mir ...«

Egon Erwin Kisch weiß nicht, wie er sich entscheiden soll, und es fällt ihm schwer, der Mutter seine Absichten plausibel zu machen. Anträge aus Berlin und Prag mag er nicht annehmen. Die Vorstellung, wieder in eine Redaktion zurückzukehren, schreckt ihn ab. Als freier Schriftsteller will er sich seine Themen und seine Zeitung aussuchen. Das aber scheint nirgends schwerer als gerade in Wien, wo er als »Roter« verschrien ist.

Als politischer Publizist tritt Kisch nach wie vor in Erscheinung, in der »Roten Fahne«, wie das Zentralorgan der Kommunistischen Partei Deutschösterreichs jetzt heißt, in der »Revolution!« oder in der »Wage«. Er schreibt über seine Erfahrungen während der Revolutionstage und über die Rolle der Presse in dieser Zeit. Nach wie vor polemisiert er gegen das Auftreten der sozialdemokratischen Führer und die denunziatorische Haltung der »Arbeiter-Zeitung«.

Es gibt keine Preßfreiheit, sagt Kisch, es hat außerhalb der proletarischen Revolution nie eine gegeben. »Wer heute Geld hat, kann Papier und Druck bezahlen und ein Blatt zur Verherrlichung der Kinderschändung oder zur Verbreitung anderer Schweinereien herausgeben, aber wer der Verfechter der edelsten Ideen ist, kann sie nie drucken lassen, wenn er kein Geld hat. Und hat er Geld, so lehnt der kapitalistische Drucker den Druck dennoch ab, denn der Bourgeois ist klassenbewußt, er gibt für regelmäßige Angriffe gegen seine reichen Klassengenossen seine Offizin nicht her. Er kümmert sich nicht um die Preßfreiheit, die für ihn und seinesgleichen wirklich da ist. Die Revolutionäre der ganzen Welt und aller Zeiten wissen davon zu erzählen! Von Schwierigkeiten, einen Drucker, einen Verschleißer usw. zu finden!«

»Ihr könnt *immer* auf mich zählen!« versichert Kisch in seinem Abschiedsbrief vom März 1919. Bei Versammlungen der Kommunistischen Partei und bei Demonstrationen tritt er wiederholt öffentlich hervor. Vorwiegend äußert er sich zu Fragen der Pressearbeit.

Nach einer stark besuchten Versammlung im November 1919 wird er Augenzeuge des brutalen Vorgehens der Polizei. Von Genossen auf die Schultern gehoben, hält er eine kurze Ansprache an die Umstehenden. Er appelliert an die Menge, die gegenwärtige Szene und das Datum nicht zu vergessen, den Jahrestag der Republikerklärung, bei der den Arbeitern versprochen wurde, binnen einem Jahr werden die Fabriken, der Großgrundbesitz und der Klerus enteignet, werde die werktätige Bevölkerung im Besitze aller Produktionsmittel sein. Seine Rede schließt er mit einem Bekenntnis zur russischen Sowjetrepublik.

Unmittelbar danach wird Kisch verhaftet und zu fünf Tagen Arrest verurteilt. Man wirft ihm vor, »die Menge zum Widerstand gegen die Polizei aufgereizt« zu haben. In einem Artikel, »Rekurs gegen das Prügelpatent«, der am 21. November in der »Roten Fahne« abgedruckt wird, protestiert Kisch gegen die Verurteilung.

Als Journalist sieht Kisch in Wien keine Aussicht für die Zukunft. Seit November 1918 wird er von der Polizei überwacht. Als er im März 1920 auf der steirischen Seite des Semmerings ein paar Tage Urlaub machen will, wird er schon am nächsten Morgen von der Gendarmerie aus dem Bett geholt und nach Niederösterreich abgeschoben.

Die ständigen Attacken und Belästigungen machen den Aufenthalt in Wien auf die Dauer unmöglich. Im Juni 1920 geht Egon Erwin Kisch nach Prag zurück.

9.
»Bücher werden bald erscheinen«

»Anfang Mai dürfte mein Buch ›Die Abenteuer in Prag‹ im Verlag Strache erscheinen. Vorher komme ich auf keinen Fall nach Hause«, schreibt Kisch im März 1920 an die Mutter. Der neue Band bereitet die Heimkehr vor. Er soll seinen Autor rehabilitieren und legitimieren.

Fast sieben Jahre war Egon Erwin Kisch von zu Hause fort, läßt man den Lazarettaufenthalt und Genesungsurlaub 1915 beiseite. Die Prager Journalistenjahre gehören einer fernen Epoche an. Der Autor verfügt über einen reichen Fundus an Skizzen, Feuilletons und Erinnerungen. Er kann seine Entwicklung zum Lokalreporter, zum Schriftsteller von der Warte des Chronisten aus verfolgen. Das eigene Leben wird als Abenteuer, der Journalismus als Möglichkeit eines abenteuerreichen Lebens ausgegeben. Waren die Titel der frühen Sammlungen eher sachlich gehalten, so rückt jetzt das Ungewöhnliche, Wagemutige der Berichte in den Vordergrund.

Die Kritik zeigt sich einhellig in ihrem Lob. In diesem buntgefüllten Abenteuerbuch, heißt es, habe Kisch das Buch des klassischen Reporters geschrieben, den Punkt erfassend, wo Reportertum Kulturgeschichte, Zeitbild wird. Die »Abenteuer in Prag« seien das Werk eines Wahrheitsfanatikers und Menschenfreundes, der in seinem Fanatismus und in seiner Menschenliebe sich gelegentlich bis zur Ungerechtigkeit hinreißen lasse, vor allem aber seien sie das Werk einer scharf umrissenen Persönlichkeit, einer lebendigen Individualität, in der ein heißes Herz pocht, erfüllt von dem Mitleid für alle Unglücklichen.

Man spricht von einem Bekenntnisbuch, einem Entwicklungsroman, nennt Kisch einen Berichterstatter der Absonderlichkeiten, einen geborenen Romantiker, einen Münchhausen. Ja, einer der Kritiker empfiehlt ihm gar, Kinoschauspieler zu werden; er habe gigantische Möglichkeiten in sich.

Die Freunde aus den Tagen der Revolution lesen das Buch mit »staunender Verwunderung«. Die ihn zu kennen glaubten, lernen ihn jetzt erst wirklich kennen. Da ist einer zum »deklassierten Bourgeois geworden aus flammender Liebe zum Proletariat«. Der Anarchosyndikalist und revolutionäre Aktionist Karl F. Kocmata, der Kisch zuweilen von links her attackiert, bemerkt: »So harmonisch, abgeschlossen und abgerundet dieses Buch ist, so zerrissen und abgebrochen habe ich seinen Verfasser an Tagen gefunden, da ihm, den Dränger und Stürmer, das revolutionäre Tempo zu langsam ging: Er leidet an der Revolution, die wir nicht haben, nie gehabt haben ...«

Andere Rezensenten wiederum konstatieren mit Erleichterung, daß der »entzückendste Feuilletonist«, der »unterhaltsame Bohemien«, der »liebenswürdige Plauderer«, der schon für die Literatur verloren schien, »aus dem Irrgarten bolschewistischer Ideologien in seinen eigentlichen Beruf zurückgefunden« habe. Was suchte Kisch in der Politik, im sozialen Umbau einer revolutionären Epoche? fragt man und antwortet: »Kaum mehr als – einen Reportergang!«

Als »Kommunist« mußte Kisch, so weiß man jetzt, nicht ohne das Wort zu apostrophieren, immer eine groteske Figur bleiben. Er blamiere sich nur, wenn er über Klassenkampf dozieren wolle. Dafür sei es ihm gegeben, ein »lesbares Literaturwerk zu schreiben«.

Die innige und vertraute Wiedergabe des alten Prag wird mit Bewunderung entgegengenommen. Der Verfasser erscheint als letzter Abenteurer dieser Stadt. Die romantischen Erinnerungen eines Dichters und Journalisten haben Prag zu einer übermächtigen Idee aus Vergangenheit, Seitengäßchen und romantischem Barock werden lassen.

»Dort, wo das Sentiment einen Stich ins Ironische bekommt, das Romantische bewußt wird, die Historie familiär, der Weltgeist witzig, das Ereignis romanhaft, der Mensch Poet und der liebe Gott Großonkel – beginnt Prag, die Residenz der Phantastischen und Verschollenen, der Sonderheiten und der Sonderlinge: Fenstersturz, Hus, Tycho de Brahe, Sprachenstreit, Dalken und Wuchteln, Werfel, Sokoln, Egon Erwin Kisch«, schreibt ein kaum bekannter Rezensent namens Joseph Roth im »Berliner Börsen-Courier«. Alles ereigne sich in

Ernestine Kisch

Prag. In Prag sei die ganze Welt. In London, in Wien, in Berlin, in der ganzen Welt treffe Kisch Prager. Irgendwie seien sie alle mit dem Verfasser verwandt. »Prag, der Begriff, ist heute meist auswärts vertreten. Zum Beispiel durch Egon Erwin Kisch, den Verfasser der ›Abenteuer in Prag‹, den man im Wiener Café Central umsonst sehen kann, wenn er nicht, wie gerade jetzt, wieder einmal in Praha ist, wo er sich damit beschäftigt, Prag zu suchen.«

Kisch kehrt in die Hauptstadt der jungen tschechoslowakischen Republik zurück, die im Begriffe steht, ihr provinzielles Gesicht abzulegen und sich das Aussehen einer europäischen Metropole zu geben. Gerade werden die volkreichen Arbeitervorstädte eingemeindet. Die Bevölkerungszahl der Stadt wächst um eine Viertelmillion. Das alte jüdisch-deutsche Prag hat seine vorherrschende Rolle im Leben der Stadt verloren.

Der Heimgekehrte muß sich in veränderte Umstände finden. Als ehemaliger Kommandant der Roten Garde in Wien, als Mitglied der Kommunistischen Partei gehört er zu jenem Personenkreis, der von der Polizei beobachtet wird. Anfangs hält man ihn für einen führenden Vertreter der Ungarischen Räterepublik.

Die Verbindungen zur »Bohemia«, die sich jetzt »Deutsche Zeitung Bohemia« nennt, sind abgerissen. Viele ehemalige Kollegen gehören der Redaktion nicht mehr an. Nach der Gründung der Tschechoslowakischen Republik verstärken sich die deutschnationalen, antitschechischen Tendenzen in der Zeitung. Schon 1918 ist das Blatt mehrfach beschlagnahmt worden und 1919 ein Vierteljahr lang verboten gewesen. Für einen ehemaligen Rotgardisten ist kein Platz in einem solchen Blatt.

Dafür versucht der Chefredakteur des »Prager Tagblatts« seit 1919, den ehemaligen »Bohemia«-Mitarbeiter an sein Blatt zu binden. Kisch zögert die Entscheidung hinaus. »Ich trete aber nicht ins ›Prager Tagblatt‹ ein«, schreibt er an den Bruder Paul nach Wien.

Das »Prager Tagblatt«, »ein ausgezeichnet informierendes, verläßlich gemachtes Blatt, gescheit und temperamentvoll, freiheitlich, ohne gerade Sturmglocken zu läuten, farbig-interessant, in einigen Beiträgen von gutem literarischem Niveau und fast ohne Kitsch«, wie der langjährige Theater- und Musikkritiker der Zeitung Max Brod vermerkt, gehört in den zwanziger und dreißiger Jahren zu den führenden Blättern im deutschsprachigen Raum. In seinem Feuilletonteil sind Autoren wie Joseph Roth, Alfred Polgar, Roda Roda, Kurt Tucholsky, Alfred Döblin, Karl Tschuppik, Stefan Großmann, Richard Katz oder Egon Friedell regelmäßig vertreten.

Schon 1919 druckt das »Prager Tagblatt« mehrere Artikel von Kisch ab, unter anderem über das Kriegspressequartier und über die Arbeit der Staatspolizei in Prag während des Krieges. Die Abrechnung mit der k. u. k. Vergangenheit bleibt ein wichtiges Thema seiner Beiträge.

Mit dem Aufsatz »Gaunersprachliches. Von Rotwelsch und Hantýrka« vom 19. August 1920, einer kleinen materialreichen Sprachuntersuchung, berührt er scheinbar beiläufig die aktuelle Auseinandersetzung zwischen Tschechen und Deutschen. Er stellt die Frage, warum der Tscheche im »deutschen Volksspott«, in Sprichwörtern und Redewendungen so übel beleumdet sei. Die tschechische Wissenschaft, meint der Schreiber, sei seines Wissens der heiklen Frage bisher aus dem Wege gegangen, obwohl die historischen Gründe dieses Volksspottes ganz klar zutage lägen. »Nur Nationalhaß gegen den Fremdsprachigen, politische und religiöse Gründe aus Hussiten- und Reformationszeit« waren es, »welche la Bohême zur Heimat einer solchen Bohème stempelten und Anlaß zu diesen Beschuldigungen und Bespöttelungen waren.« Und er fügt hinzu: »Wie denn auch jetzt die idealistischeste Bewegung unserer Zeit, die kommunistische, ganz genau dieselben Anwürfe und Verleumdungen von allen Seiten – auch von tschechischer – zu erdulden hat.«

Anfang September, anläßlich der sechsten Wiederkehr des Tages, an dem viele Angehörige der Prager Regimenter, von den Serben in die Flucht geschlagen, auf jämmerliche Weise in den Fluten der Drina ertranken, veröffentlicht Kisch den Erlebnisbericht »Die Prager Division im Wasser. Ein Gedenktag aus dem Weltkriege«, später oft gedruckt unter dem Titel »Massaker im Fluß«. Augenscheinlich ist der ehemalige Korporal der k. u. k. Armee und illegale Frontberichterstatter dabei, sein Kriegstagebuch für einen möglichen Druck vorzubereiten.

Von nun an liefert Egon Erwin Kisch mit einiger Regelmäßigkeit Berichte, Feuilletons und Geschichten an das »Prager Tagblatt«. Am 12. September 1920 bringt die Zeitung die erste Folge einer mehrteiligen Reportage »Auf der Fährte des Golem«, in der Kisch die Spuren der Golemsage verfolgt und von seiner Klettertour in das Dachgeschoß der Prager Altneusynagoge berichtet.

Kisch nimmt die Prager Streifzüge wieder auf. Er besucht die Strafanstalt von Řepy und sieht sich den Friedhof der Sträflinge an, den »schmählichsten Kirchhofsplatz der Welt«. Er erinnert sich einer Ortsbesichtigung in Stierbohol, über die er 1910 den Bericht »Schwerins Todesstätte« geschrieben hat, und inspiziert die Gedenkstätte im Osten der Stadt. Er fährt in das nordöstlich von Prag gelegene Jičin, wo Wallenstein einst die »Carthausa« erbaute, die in ein Kloster umgewandelt wurde und 1857 in ein Kriminalgefängnis. Von allen Gefängnissen des alten Österreichs hatte es den schlimmsten Ruf. Hier war der legendäre Räuber Babinsky untergebracht und in neuerer Zeit der vogtländische »Räuberhauptmann« Max Hoelz. Die Einbrecher Wasinski und Adamski saßen hier in Haft, deren Ankunft in Prag ein findiger Lokalreporter einst vorausgesagt.

Während Kisch noch dabei ist, in Prag wieder Fuß zu fassen, bereitet er neue Erkundungszüge vor. Im Herbst 1920 ergibt sich eine Gelegenheit, für ein paar Wochen in der Welt herumzufahren. Ein kleiner Prager Schleppdampfer mit der Bezeichnung »A. Lanna 8«, dazu bestimmt, bei Bergungsarbeiten im Hafen von Bratislava zu helfen, zieht die Aufmerksamkeit des Reporters auf sich. Da ein Transport mit der Eisenbahn nicht möglich scheint, wird der Moldaudampfer auf dem Wasserwege zu seinem Bestimmungsort geschickt. Kisch nimmt als Passagier und Berichterstatter an der Fahrt teil.

Am 23. September 1920, um sieben Uhr früh, legt »A. Lanna 8« vom Holleschowitzer Hafen mit sechs Tonnen Kohle und einem Reporter ab. Es geht die Moldau und die Elbe hinab, und am 4. Oktober wird Hamburg erreicht. Zwei Tage später sticht »A. Lanna 8«, als erstes Schiff unter tschechoslowakischer Flagge, von Hamburg aus in See. Über Cuxhaven dampft es nach Wilhelmshaven und von dort durch den Ems-Jade-Kanal nach Emden und über Münster und Dortmund zum Rhein.

Mit seinem Moldauschiffchen umfährt Kisch Nachkriegsdeutschland wie eine Insel, die es zu entdecken gilt. Dort, wo die wirtschaftlichen Adern dieses Landes zusammenlaufen, macht er hin und wieder Station, um mit den Menschen zu sprechen, um Aufschluß zu erhalten über Lebensverhältnisse, über den politischen Zustand dieser Republik. Die Fahrt durch das Ruhrgebiet gehört zu den Höhepunkten dieser Reise.

Der Berichterstatter fährt unter tschechoslowakischer Flagge, er schreibt als Bürger des neuen Staates. Eine zufällige Begegnung mit Tschechen ist Grund genug, sich im Kölner Konsulat eingehend über die Zahl und die Situation der Landsleute im Rhein-Ruhr-Gebiet zu informieren. »In einem Dorfe leben vierzigtausend Tschechen! Das klingt unglaubwürdig, ist aber doch so: Hamborn, nördlich von Düsseldorf, war bis zum Kriege mit einer Bewohnerschaft von hunderttausend Seelen das größte Dorf Deutschlands und war so stolz darauf, daß es die Erhebung in den Stadtstand ablehnte, die Hälfte der Bewohner waren Österreicher; seit dem Umsturz gehören vierzigtausend zum tschechoslowakischen Staat.«

Die Auswirkungen des Versailler Vertrages sind im nordrhein-westfälischen Industrierevier besonders spürbar. Französische, belgische, englische, amerikanische Besatzungstruppen beherrschen das Straßenbild der Städte, üben Kontrollen aus. »Das Selbstbestimmungsrecht der Völker«, höhnt Kisch, »die geographische und die strategische Notwendigkeit und alle vierzehn Punkte Wilsons sind endlich erfüllt: der Rhein, ohne den New York ganz vom Wasser abgeschnitten und San Francisco überhaupt nicht lebensfähig gewesen wäre, ist – vorläufig wenigstens teilweise – amerikanisch.«

Der Schiffsreisende und »Schilderer« spürt die explosive Stimmung im Lande. »Hier, wie überall am Rhein, ist die Abneigung gegen den Feind groß, der Revanchekrieg im chronischen Zustande zu diagnostizieren. Ob er akut wird, wann er akut wird, ist nicht das Entscheidende. Es ist auch so traurig genug. Ganz Westdeutschland gleicht einem Pulverfaß, dem das Faß fehlt.«

Am 28. Oktober befindet sich der Moldautender in Köln, und Anfang November erreicht er Mainz. Aber in Frankfurt ergeben sich unerwartete Schwierigkeiten. Der Main führt Niedrigwasser und friert schließlich zu.

Das Schiffchen muß bis zum Frühjahr warten, und plötzlich stellt sich heraus, daß ein Eisenbahntransport durchaus möglich ist. »Und die brave ›A. Lanna 8‹, die sich vier Wochen lang unter schweren Gefahren, Mühen und Leiden auf fremden Strömen, Meeren und Kanälen umhergetrieben hatte und dann ein halbes Jahr lang im Frankfurter Hafen gelegen hatte, dem Raube preisgegeben, setzte sich nun in einen Eisenbahnzug, um nach vier Tagen in Preßburg zu sein.

Acht Monate nach ihrer Abreise war sie am Ziel. Hätte man sie in Budweis auf die Bahn geladen, so wäre sie binnen zwei Stunden auf der Donau gewesen.«

Eine Geschichte, so recht nach dem Geschmack von Egon Erwin Kisch. In einer Folge von vier Reportagen unterbreitet er sie in der zweiten Oktoberhälfte den Lesern des »Prager Tagblatts«. Ausgeschmückt mit abstrusen Einzelheiten, gibt er sie, nach Prag zurückgekehrt, in den Kaffeehäusern zum besten.

Schon hat der neugierig Umherstreifende wieder so viele neue Eindrücke und Storys gesammelt, daß er eine öffentliche Lesung bestreiten kann. Am 1. Dezember stellt er sich im Mozarteumsaal dem Prager Publikum. »Gestern las Egon Erwin Kisch vor«, meldet das

»Prager Tagblatt«. »Kein richtiges Lesen. Denn er liest so wenig vor, wie er schreibt; er lebt. Lebt unausgesetzt, intensiv, gespannt, vor allem bei Nacht, in Gesellschaft von Damen und Dämchen, Literaten und Fußballern, Wachleuten und Polizeiwidrigen, Arrivierten und Emigranten. Seine Popularität und die Kenntnis der tollen Dinge, die er in allerlei Ländern vollführte, brachten ihm gestern ein mehr als volles Haus. Sein Thema: Aus tausend und einer Prager Nacht ... Es war sehr amüsant und hocherfreulich. – Bei dieser Gelegenheit: Wer Egon Erwin Kisch kennt, läßt sich nicht foppen, weiß, daß Kisch ein Schwindler ist: er gibt sich zynisch, ist lyrisch-sentimental, spielt den Naturburschen, ist kulturvollst belesen: seine Literatur in Stoff und Form, seine Lebensweise in Kleidung und Benehmen sind bürgerlich, obgleich er revolutionär ist: die Suche nach dem Golem, Kletterpartien, Dampferfahrten im stürmischen Meer sind nur dazu da, von seinen wirklichen, inneren, bitterernsten Abenteuern abzulenken! Man kann Egon Erwin Kisch nach dieser Feststellung trotzdem lieben, vielleicht sogar gerade deshalb.«

Kisch wird in Prag rasch wieder heimisch. In den Kaffeehäusern sitzt er mit alten und neuen Freunden zusammen, erzählt, debattiert, projektiert. Die Metropole der jungen Republik präsentiert sich Anfang der zwanziger Jahre als ein Schauplatz vielfältiger Bestrebungen und Experimente auf dem Gebiet der Literatur, der bildenden Künste, des Theaters. Schriftsteller, Schauspieler und Regisseure haben sich zusammengetan, mannigfach begabte Männer voller Ideen und Unternehmungslust, dreißig, vierzig Jahre alt, noch jung genug, um Neues zu beginnen. Sie wollen sich äußern, in der Öffentlichkeit wirken, provozieren. Sie wollen zeitgenössisches, avantgardistisches Theater machen, ihrer Spielfreude Ausdruck geben, der Empörung über den Krieg und die bourgeoise Gesellschaft.

Der tschechische Schauspieler, Regisseur, Stückeschreiber und Maler Emil Artur Longen zählt zu den anregendsten, unternehmungsfreudigsten Künstlern dieser Jahre, ein Mann »verspielter Romantik«, »überall gleich elegant und unbürgerlich, mit unglaublich leichter Hand und bezauberndem Feuer, überall und für alles begeistert«. Kisch kennt ihn aus der Zeit vor dem Krieg. Zu dem Kreis um Emil Artur Longen und seine Frau, die Schauspielerin mit der »urwüchsigen Realistik«, die »geniale Xena Longenová«, gehören der

Xena Longenová als Tonka Šibenice 1921 in der Aufführung der Revoluční scéna

Schauspieler Karel Noll, ein »sozialer Künstler«, wie Kisch ihn nennt, der »die Gradlinigkeit des Proletariers und dessen natürlichen Humor« ebenso darzustellen vermag »wie die Karikatur des Spießbürgers mit seiner unfreiwilligen Komik«, der Schriftsteller, Verleger und Schauspieler Franta Sauer, der Schauspieler, Regisseur und Drehbuchautor Josef Rovensky und der Lyriker und Übersetzer Jindřich Hořeši. Zu dem Kreis gehört auch und vor allem Jaroslav Hašek, eine der Koryphäen der Prager »Vorkriegsboheme«. Er ist eben aus Sowjetrußland nach Prag zurückgekehrt, nachdem er 1915 in russische Gefangenschaft geraten war und seit 1918 als Mitglied der Kommunistischen Partei und als Kommissar der Roten Armee auf seiten der Revolution gekämpft hatte.

Es gärt in den Köpfen. In den Kaffeehäusern wird die Welt jeden Abend ad absurdum geführt und neu zusammengefügt. »Vor mir tauchen Tausende von Nächten auf«, schreibt Kisch später, »von langen

Nächten aus einem Zeitraum von dreißig Jahren, in denen wir zusammensaßen und Unsinn trieben und stritten und Pläne schmiedeten und arbeiteten und tranken.«

Emil Artur Longen gründet im September 1920 die »Revoluční scéna« (Revolutionäre Bühne), eine Mischung von Werkstatt-Theater und Kabarett, eine Kleinkunst- und Experimentierbühne, auf der nach neuen zeitgemäßen Inhalten und Formen gesucht wird. Meist spielt man mehrere kurze Stücke hintereinander, mit knappen, pointierten Szenen, zupackenden, anspielungsreichen Dialogen, eine neue Art von intelligentem, kritischem Volkstheater. Die Prager Lokalhistorie liefert die Stoffe. Beliebt sind Prager Originale, Figuren von der Straße, Schalksnarren mit Verschlagenheit und Hintersinn, die sämtlich ein wenig mit Hašeks Schwejk verwandt sind.

Hier ist Kisch am rechten Ort. Hier kann er eigene Ideen und Vorstellungen entwickeln. Longen ermuntert ihn, sich als Stückeschreiber zu versuchen. Verschiedene Episoden und Geschichten, die er all die Jahre mit sich herumgetragen, brauchen nur niedergeschrieben und ausgeformt zu werden. »Ohne Longens Unternehmungsgeist«, sagt Kisch, »hätte die ›Himmelfahrt der Tonka Šibenice‹ nie ihren Weg auf die Bühne gefunden.«

In einem der wüsten Nachtlokale rings um den Prager Gemüse- und Fleischmarkt habe er, so erzählt der Autor, die Prostituierte Antonie Havlova zum erstenmal gesehen und sie in ihrer erbärmlichen Kammer im Ledergäßchen aufgesucht, um sich ihre Lebensgeschichte erzählen zu lassen. Die rührselige Story eines Freudenmädchens, das aus dem noblen Salon, wo es die »schönste von den Damen« war, zur Strichhure absinkt, unterscheidet sich nur durch eine ungewöhnliche Pointierung von Dirnengeschichten ähnlicher Art.

Am 20. Februar 1891 läuft der Gefängniswärter des Strafgerichts von einem Bordell zum andern, denn der Mädchenmörder Ferdinand Prokupek soll am nächsten Morgen gehängt werden. Sein letzter Wunsch ist, in der Nacht vor seinem Tode mit einem Mädchen zusammen zu sein. Die schöne Antonie, einer spontanen Eingebung folgend, meldet sich und geht zu dem Leichenverstümmler, dem Strolch mit dem zerfressenen Gesicht.

Eine recht unwahrscheinliche Geschichte, das Phantasieprodukt einer gealterten, alkoholsüchtigen Dirne, die einmal bessere Tage gesehen hat. An jenem 20. Februar 1891 jedenfalls oder am 12. August

1881, wie es später heißt, ist von einem Mädchenmörder in Prager Zeitungen nichts zu lesen. Immerhin brannte am 12. August 1881 das eben erbaute tschechische Nationaltheater in Prag.

Noch 1931 wird in Prag nach der Aufführung eines Volksstückes mit dem Titel »Das Ende der Tonka Šibenice« ein Prozeß geführt wegen Verletzung der Autorenrechte. Mehrere Zeugen treten auf, die bestätigen, in ihrer Jugend von einer Prostituierten namens Tonka Šibenice gehört zu haben. Der langjährige Lokalberichterstatter des tschechischen Blattes »Národní listy«, Josef Vejvara, hingegen erklärt, er habe 1906 seinem jungen »naiven« Kollegen Egon Erwin Kisch mit der fingierten Dirnengeschichte einen Bären aufgebunden.

Tonka Šibenice, die Galgentoni, ist zu einer »sehr Prager Legende« geworden.

Und da ist die Begebenheit mit dem berühmten Dieb Christian Andreas Käsebier, auf die Kisch bei historischen Recherchen, wahrscheinlich 1912 in London, gestoßen ist. Der Mann geriet 1757, als Friedrich II. mit seiner Armee Prag belagerte, auf kuriose Weise in die Weltgeschichte. Der Preußenkönig, verzweifelt über die Hartnäkkigkeit der Österreicher, die sich nicht ergeben wollen, läßt den wegen seiner Schlauheit und Waghalsigkeit berüchtigten Käsebier aus dem Stettiner Strafhaus nach Prag bringen, damit er ihm über die Situation in der Stadt Klarheit verschaffe.

Käsebier gelangt in die Stadt, aber er erfährt, daß Prag noch am gleichen Tag übergeben werden soll. Da beschließt er, wenn er schon nicht helfen kann, die Stadt zu erobern, sie dem König vorzuenthalten. Die geplante Übergabe findet nicht statt, und vier Tage später wird Friedrich II. bei Kolin vernichtend geschlagen.

Die beiden Geschichten erscheinen Anfang 1921 im »Prager Tagblatt«. Als eine Folge in sich abgeschlossener Szenen, mit längeren Dialogpartien, dienen sie als Vorlage für Dramolette. Der Autor braucht die Handlung nur ein wenig auszuführen und zu pointieren, und schon kann er sie für die Bühne einrichten.

Am 3. September 1920 ist die »Revoluční scéna« am Wenzelsplatz in einem Saal mit Bühne eröffnet worden. Ende 1921 tritt auch Egon Erwin Kisch als Stückeschreiber in Erscheinung. Innerhalb von wenigen Wochen werden drei Stücke von ihm inszeniert. Am 22. Oktober 1921 findet die Uraufführung der Komödie »Tonka Šibenice na onom světě« (Tonka Šibenice im Jenseits) statt. Am 27. November bringt Longen eine dramatisierte Fassung des Romans »Der Mädchenhirt« heraus. Und am 30. Dezember schließlich kommt die Szenenfolge »Z Karlína do Bratislavy parníkem ›Lanna 8‹ za 365 dní« (Aus Karlín nach Bratislava mit dem Dampfer »Lanna 8« in 365 Tagen) auf die Bühne.

Das burleske Spiel um »Lanna 8« geht wesentlich auf Jaroslav Hašek zurück.

Eines Tages, so erzählt man, kommt Kisch ins Literatencafé Union und bemerkt, wie Hašek, eine Zeitung in der Hand, aus vollem Halse lacht.

Kisch setzt sich zu ihm. »Worüber lachst du so?«

»Das ist kolossal. Deine Reise mit dem Dampfer, das sollte man dramatisieren.«

Ganz zufällig, wie die Anekdote es will, betritt Longen das Café.

»Ihr habt etwas zum Dramatisieren?« fragt er.

Hašek reicht ihm die Zeitung.

Longen liest es und springt auf.

»Das macht ihr, aber sofort!«

Spornstreichs bringt er die beiden in seine Wohnung und sperrt sie ein.

»Bevor ihr das nicht aufgeschrieben habt, lasse ich euch nicht raus.«

Drei Tage lang stecken die beiden in Klausur. Mehr als ein paar Szenen kriegen sie nicht zustande. Immerhin bilden sie den Grundstock für eine ausschweifende Bühnengroteske.

Die kleinen Stücke kommen dem Zeitbewußtsein entgegen, bieten Raum für leidenschaftliche Ausbrüche, revolutionäre Emotionen. Über den dramatisierten »Mädchenhirten« schreibt Karl Kreibich: »Es war ein Stück voll Haß gegen die bürgerliche Welt, gegen Polizei und Gerichte, und damals, in unserer ultrarevolutionären Stimmung, war die Unterwelt der Prostitution eine sympathische Rebellion gegen die bürgerliche Ordnung. Die Hauptrolle, die Rolle einer Prager Prostituierten, spielte Xena Longen mit hinreißendem Temperament. Das Theater war hauptsächlich von der damaligen revolutionären Jugend gefüllt, von deren begeistert wütendem Beifall Saal und Bühne erdröhnten. Von der Szene, in der die Prostituierte beim Polizeiverhör der bürgerlichen Gesellschaft den Spiegel vorhält, wurde auch ich mitgerissen. Wir standen auf, klatschten und brüllten.«

Trotz vielfältiger Pläne und Unternehmungen – lange hält es den Schriftsteller nicht zu Hause. Die Unruhe treibt ihn fort, die Welt wieder einmal »von anderswo zu sehen als aus dem Eckfenster der Melantrich- und Ledergasse«.

Im Mai und Juni 1921 reist Kisch für einige Wochen in die Slowakei. Er fährt nach Bratislava und durchstreift die Heurigenschenken und das Judenviertel der Stadt. In Košice besucht er den berühmten Wochenmarkt und klettert auf das Dach des Domes, um sich einen weiten Blick zu verschaffen. Im Kurort Trenčín schließlich gönnt er sich ein paar Tage Erholung, »um schön braun zu werden« und um ein hübsches Feuilleton zu schreiben.

Überall in der Slowakei stößt er auf Spuren des Nationalitätenstreits. Jahrhundertelang befand sich das Land in der Hand ungarischer Barone. Wegen des umstrittenen Grenzverlaufs kam es 1919 zu Auseinandersetzungen zwischen der Tschechoslowakei und Ungarn. Noch haben sich die Gemüter nicht beruhigt. Eine offiziell geduldete Denkmalsstürmerei sucht alles vergessen zu machen, was an die frühere Vormachtstellung der Ungarn erinnert.

Auch das Denkmal des ungarischen Dichters und Revolutionärs Sándor Petőfi in Bratislava ist davon betroffen. »Der war ein Dichter, ein Freiheitssänger, ein Slawe und auch ein flammender Empörer gegen Habsburg; vom Kampf gegen Österreich ist er, beinahe noch Jüngling, nicht mehr heimgekehrt.«

Die bürgerliche Republik krankt an dem ungelösten Nationalitätenproblem. Auf dem Dach des Kaschauer Doms stehend, wirft der Reporter einen Blick hinüber in den ärmlichen Südwestwinkel der Stadt, wo ein Proletariat lebt, das klassenbewußter ist als in entwickelteren Ländern, aber auch stärker unterdrückt als in Monarchien. Das allgemeine Interesse jedoch ist eher auf Fußballwettkämpfe gerichtet als auf aktuelle soziale Fragen. Kisch sagt voraus: »Aber es kann und wird einmal anders kommen, als die Leute denken, die den Sport als Nationalismus und den Nationalismus als Sport betreiben. Ebenso wie Barackenlager, Massenbeerdigungen, Herrschersitze und die feudalen Anna-Bälle verschwanden, wird noch vieles verschwinden in dieser Welt, und die Militärgerichte mit den eingekerkerten ›Hochverrätern‹ und der Umsturz von Revolutionsdenkmälern und die schmiegsame politische Polizei werden daran nichts ändern.«

Nicht viel später, im August 1921, unternimmt Kisch einen Abstecher nach Paris. Er weiß, was er seinen Lesern schuldig ist. Der noch recht wackelige Aeroplan kommt allmählich als Verkehrsmittel in Gebrauch – also reist er mit dem Aeroplan. Vom Flugplatz Prag-Wysotschan fliegt er mit einer Maschine der Französisch-Rumänischen Luftschiffahrtsgesellschaft über Strasbourg nach Paris.

»Draußen: eine Baracke für Büro, Post, Paßabfertigung, Zollrevision, alles noch etwas primitiv. Man pickt auf meinen Koffer eine Vignette mit blau-roter, dreieckiger Flagge und den Buchstaben FRA. Darüber freue ich mich, denn es ist unendlich lange her, seit mein Koffer mit solchen papierenen Ehrenzeichen beklebt war, zur Erinnerung an schöne Reisen und schöne Stationen. Sieben magere Jahre sind vergangen (auf den Tornister hat man keine Vignetten geklebt), aber jetzt kommt hoffentlich wieder deine Zeit, mein Kofferchen, und man wird dich wieder mit bunten Zetteln schmücken!«

Sieben Jahre journalistischer, touristischer Enthaltsamkeit sind vorüber. Paris weckt Hoffnung auf sieben fette Jahre. Der Reisende frischt frühere Bekanntschaften auf, knüpft neue Verbindungen.

In den Kaffeehäusern und Salons von Paris leuchtet der Widerschein des roten Oktober. Die »gewaltige Neuordnung aller Werte«, wie Claire Goll schreibt, beschäftigt die Intellektuellen. Man streitet über Expressionismus, Kubismus, Dadaismus, Surrealismus. Pablo Picasso arbeitet an »synthetisch-kubistischen« Bildwerken, Henri Matisse schwelgt in den Farben seiner Odalisken. Junge Dichter, wie Louis Aragon, André Breton oder Paul Eluard, empören sich in leidenschaftlichen Versen über die Infamien der bourgeoisen Gesellschaft. Im Salon von Gertrude Stein begegnen sich französische und amerikanische Schriftsteller und Künstler. Ein schrulliger und mittelloser irischer Journalist und Sprachlehrer namens James Joyce taucht auf, um zusammen mit seinem Sekretär und Freund Yvan Goll die Herausgabe eines merkwürdigen Romanwerkes mit dem Titel »Ulysses« vorzubereiten.

Der Zeitungsschreiber aus Prag nimmt von alldem kaum etwas wahr. Es ist Hochsommer, und »Paris ist momentan nicht zu Hause. Jeder Pariser, männlichen oder weiblichen Geschlechts, hat die Stadt den Fremden überlassen.« Da die Hotels von Touristen besetzt sind, quartiert sich der Besucher im lateinischen Viertel ein – wo er die Studenten »bei den diskrepantesten Beschäftigungen« beobachtet. Auch kann ihn »ein anmutiges Schicksal nach dem Mittagessen in den Bois de Vincennes« hinausführen, wo er Handlungsdienern und zukünftigen Clowns bei ihren Übungen zusieht.

Ansonsten aber geht er wie viele der anderen Fremden der Vergangenheit nach. Er besucht das Haus in der Rue de Raynouard, wo von 1840 bis 1848 Honoré de Balzac wohnte, »der reichste aller Gestalter«, »der größte Phantast der Realität«. Oder er wandert auf den Spuren Heinrich Heines, der die Pariser Lumpensammler »mitsamt den Großkopfeten aller Staaten in den Kehrricht verdammen wollte«.

Einen schwachen Abglanz des intellektuellen Paris findet der Gast in den Kabaretts und Nachtcafés. Als Kenner des Prager Nachtlebens darf er sich in dieser Welt der Kleinkunstbühnen und des Tingeltangels ein Urteil zutrauen. Aber viel Neues bietet sich ihm nicht; das meiste ist Aufguß, Wiederholung, Touristennepp.

Da der Pariser Bürger ausgeflogen ist, fährt ihm der Berichterstatter nach, ans Meer, ins mondäne Seebad Trouville. Auch eine Eisenbahnfahrt kann zum Abenteuer werden, wenn man nicht mit dem »Extrazug« im Luxuskupee reist, sondern im Abteil dritter Klasse mit neun Slowaken zum Beispiel, die nach Amerika auswandern wollen. Der Journalist aus Prag, mit seinen frischen Reiseeindrücken aus der Slowakei, hat sie auf dem Bahnhof Saint-Lazare »in ihrer Sprache« angesprochen und möchte wissen, wie es ihnen ergangen ist. Für diese armen Leute, »wehrlose Objekte der Ausbeutung«, allen möglichen Spekulanten und Schwindlern ausgeliefert, fand sich in der Heimat keine Arbeit und kein Platz mehr. Nun fahren sie einer ungewissen Zukunft entgegen. »Es wird einem schwindlig, wenn man ... sich vergegenwärtigt, wieviel diese unbeholfenen Menschen aufbieten mußten, um aus ihrem Dorf fortziehen zu können, und was noch ihrer harrt.«

Der Trip nach Frankreich mag bestätigen, daß der »Auslug« Prag für das Europa nach dem Krieg nicht mehr ausreicht. Prag bleibt ein unerschöpfliches Reservoir für Geschichten und Erinnerungen. Aber es ist kein Ort für neue Erfahrungen.

10.
Wieder in Berlin

»An der Tischrunde im Romanischen Café in Berlin sammelten sich die Frustrierten um Kisch«, erinnert sich Bruno Frei. »Die Hoffnung war Berlin. Der große Krieg zwischen Rechts und Links war in Berlin noch unentschieden. Trotz Noske. Es gab eine hoffnungsvoll aufstrebende Kommunistische Partei.«

Im Herbst 1921 kommt Egon Erwin Kisch erneut nach Berlin. Die Stadt, ein Zentrum geistiger Auseinandersetzung, ein Umschlagplatz moderner Ideen und Entwürfe, zieht Künstler und Literaten von überallher an. In Deutschland muß es sich entscheiden, wohin die politische Entwicklung in Europa führt.

Für Leute, die Tschechokronen besitzen, läßt es sich leben in Berlin. Manch einer möchte gern sein Geld in der Tschechoslowakei verdienen, dieser »Oase in der voluntarischen Wüste Mitteleuropas«, wie es im »Berliner Tageblatt« heißt. Nicht wenige deutsche Schriftsteller schreiben in jenen Jahren für ausländische Blätter, um sich über Wasser zu halten. Im September 1923, auf dem Höhepunkt der Inflation, kann Kisch auf einen Schlag seine Bibliothek erweitern, indem er »massenhaft Kriminalia und Bohemica« kauft, »alles über hundert Jahre alt, in schönen Einbänden«.

In den Jahren 1922 und 1923 ist Kisch maßgeblich auf Einkünfte aus der Tschechoslowakei angewiesen. Nach wie vor schreibt er für das »Prager Tagblatt«. Stärker noch ist er den linksbürgerlichen »Lidové noviny« in Brno verpflichtet, für die er regelmäßig Beiträge liefert. Dadurch erhält er die Möglichkeit, die Situation in Deutschland von außen her, aus einer kritisch-ironischen Sicht zu schildern.

Dem Berichterstatter geht es nicht um politische Staatsaktionen, die das Bild der Zeitungen beherrschen. Alltägliche Vorgänge und Erscheinungen jenseits aller Pressesensation sind es vor allem, von

Das Romanische Café in Berlin

denen er erzählt und die die Leser in der Tschechoslowakei interessieren. Die tschechische Gaststätte in Berlin erregt seine Aufmerksamkeit oder das tschechoslowakische Konsulat oder das »böhmische Dorf in Berlin« oder das Fußballspiel zwischen einer tschechischen und deutschen Mannschaft.

Viele Leute aus Prag fahren nach Berlin, um hier billig einzukaufen. Auch der lokalberühmte Zeitungsschreiber Egon Erwin Kisch dient als Anlaufstelle. Flüchtige Bekannte rufen an oder schreiben Briefe. Sie kennen sich nicht aus in Berlin. Also soll man sie bitte vom Bahnhof abholen, ein Hotelzimmer besorgen, beim Einkauf beraten.

»In letzter Zeit war es in Berlin nicht mehr auszuhalten«, klagt der Korrespondent. »Frühmorgens stürzte das Dienstmädchen zu mir ins Schlafzimmer, noch verschlafen, aber schon aufgebracht, und weckte mich: ›Sie sollen zum Telefon kommen. Es sucht Sie schon wieder ein Frauenzimmer aus Prag.‹«

Berlin 1923. Litfaßsäule im Zeichen der Inflation

Der öffentliche Irrsinn der galoppierenden Geldentwertung, »der wahnsinnige Taumel der wahnsinnig hohen Ziffern« produziert ständig groteske Situationen. Von persönlichen Erfahrungen, von unmittelbarer Anschauung ausgehend, schildert der »Feuilletonist einer untergehenden Stadt« den Ausverkauf aller Werte durch valutakräftige In- und Ausländer, die allgemeine Zunahme der Kriminalität, den sich aufstauenden und besonders nach der Ruhrbesetzung 1923 durch die nationalistische bürgerliche Presse geschürten Ausländerhaß.

Deutschland ist zum »billigsten Tatort« geworden, zum Tummelplatz für Schieber, Hochstapler, Erpresser und Mörder. Attentate und Putschversuche, Antisemitismus, Hohenzollern- und Preußenwahn bereiten den Boden vor, auf dem der Faschismus gedeiht. Anstatt, so vermerkt der Berichterstatter aus Berlin, die wahren Schuldigen, die »Urheber der deutschen Misere« anzuprangern, schüren die bürgerlichen Blätter Pogrom- und Revanchestimmungen. Das Wort vom »Dolchstoß« geht um, und eine Sensations- und Revolverpresse breitet sich aus, die die wirtschaftlichen Folgen des verlorenen Krieges und des Vertrages von Versailles für ihre schmutzigen Geschäfte mißbraucht.

Die Sozialisten, meldet der Mitarbeiter der »Lidové noviny« seinen Lesern in der Tschechoslowakei, sind »die einzig wahren Republikaner in Deutschland, mögen sich die bürgerlich-demokratischen Blätter noch so republikanisch gebärden«. Der Publizist, der sich dem Kampf der Arbeiter verbunden weiß, darf das Recht für sich in Anspruch nehmen, auf manches hinzuweisen, was in Deutschland »bekämpfungswürdig« ist und was der Nation »den Haß der übrigen Welt« eingebracht hat.

Darum bemüht, »alle künstlerischen und geistigen Ereignisse in Deutschland seinem Blatt zu Hause treulich« mitzuteilen, verfolgt Kisch die Auswirkungen des permanenten Währungsverfalls vor allem auf dem Gebiet der Kultur. Im Gegensatz zu dem Krähwinkelhaften und politisch Bedrohlichen, der gesellschaftlich-moralischen Verwahrlosung in vielen Bereichen des öffentlichen Lebens versucht er einen Eindruck zu vermitteln von der geistigen und künstlerischen Atmosphäre in Berlin Anfang der zwanziger Jahre. Die deutsche Metropole stellt sich dar als ein Ort intellektueller Hochspannung und Kreativität, ein Sammelpunkt unternehmungstüchtiger talentierter junger Leute. Die Theaterkritiken und Besprechungen Kischs lassen das persönliche Engagement deutlich werden, aber sie offenbaren auch etwas von dem geistig-seelischen Zustand dieser Jahre und der Hoffnung auf eine revolutionäre Veränderung der Verhältnisse.

Die Berichte und Feuilletons für das »Prager Tagblatt« und die »Lidové noviny« könnten den Grundstock bilden für eine Sammlung von Deutschland-Reportagen. Aber eine solche Sammlung faßt Egon Erwin Kisch niemals ins Auge. Mit seinen Erkundungen strebt er über den deutschsprachigen Raum hinaus.

Vorerst bereitet er sein Kriegstagebuch zum Druck vor. Die in kleine Notizhefte stenographierten Aufzeichnungen aus dem Felde liegen seit langem als Manuskript vor. Ob sie, wie Kisch behauptet, ursprünglich nicht für den Druck bestimmt sind, darf man bezweifeln. Mögen die Notizen anfangs auch als gründlichere Information für die Mutter und für die Brüder gedacht gewesen sein, den Wert solcher authentischen Zeugnisse weiß der Reporter sehr wohl abzuschätzen. In Briefen an die Mutter kommt Egon Erwin Kisch immer wieder auf die Tagebücher zu sprechen und bittet darum, die Hefte sorgfältig aufzubewahren.

Die Aufzeichnungen wird Kisch behutsam redigiert haben – »ein guter Maskenmacher hat auch die Tube mit Ungeschminktheits-Schminke in der Schublade«, sagt Alfred Polgar. Zumindest streicht er einzelne Passagen und eliminiert überflüssige Reflexionen und Auslassungen. Die Unmittelbarkeit des Erlebens jedoch bleibt gewahrt. Ein Mann stellt sich dem Abenteuer des Krieges, der jedes Abenteuer in Frage stellt. Der Romantiker der Realität erfährt im Kugelhagel des Schützengrabens den Wert des Authentischen. Im Anblick des Todes wird der »Fanatiker der Sachlichkeit« geboren.

»An diesen Tagebuchblättern«, schreibt Alfred Polgar, »hängt noch Gestank des Augenblicks, in dem sie entstanden. Ein im Unflatmeer des Krieges Treibender übt Reporterpflicht. Jede Mitteilung kann die letzte sein, und von keiner weiß er, ob sie an ihr Ziel kommen wird.«

»Soldat im Prager Korps« kommt im Herbst 1922 in Prag heraus. Die Neuerscheinung wird über Prag und Wien hinaus wenig beachtet. Die Zeit scheint noch nicht reif für literarische Dokumente des Krieges. Wegen der inflationären Entwicklung bleibt der Buchmarkt in Deutschland weitgehend verschlossen.

Nur einige linksgerichtete Zeitungen und Zeitschriften nehmen Notiz von dem Werk und erkennen seine Bedeutung für die Literatur über den Krieg. Im »Tage-Buch« bemerkt Stefan Großmann: »Egon Erwin Kisch erstattet allabendlich Bericht für sich selbst, vor sich selbst. Er macht sich nicht heldenhafter, macht sich nicht gemeiner, als er ist, er will einfach den Tag festhalten, wie er war. So ist ein Buch entstanden, das eine Art Naturgeschichte des einfachen Soldaten darstellt, eine Geschichte der alltäglichen Erlebnisse, sofern man das Ungeheure, das damals jedem widerfuhr, heute noch als Alltäglichkeit ansehen kann. Aber als solche Chronik des Normalsoldaten ist es für den künftigen Historiker von unschätzbarem Wert. Hier wird nicht Weltgeschichte verzapft, hier wird – meines Wissens zum erstenmal – ohne pazifistisches Pathos das Normalerlebnis des einfachen Frontsoldaten festgehalten.«

Kisch nimmt vieles vorweg, was in der Literatur erst Ende der zwanziger Jahre in Erscheinung tritt. Als das Buch 1930 unter dem Titel »Schreib das auf, Kisch!« noch einmal herauskommt, ist es bereits ein historisches Dokument. »Ein neues Kriegsbuch? Ein neues Buch von Kisch?« fragt F. C. Weiskopf. »Nein, nur die Neuausgabe eines der ältesten deutschen Kriegsbücher, eines der ältesten Bücher des rasenden Reporters.« Für Weiskopf sind die Aufzeichnungen mehr als nur ein Protokoll des Kriegsgeschehens, sie sind ein Protokoll der Wandlung des Reporters Kisch zum sozialen Reporter, des radikalen zum sozialistischen Journalisten.

Für Egon Erwin Kisch kommt es darauf an, sich als Buchautor, als Editor auch in Deutschland einen Namen zu machen. Seine Erfahrungen als Zeitungsredakteur, als Publizist und Schriftsteller, seine Veröffentlichungen zu Fragen der Presse und des Journalismus lassen ihn geeignet erscheinen für ein Unternehmen, das der Berliner Verlag Rudolf Kaemmerer plant.

»Ich bin augenblicklich im Auftrage eines Verlags mit der Herausgabe eines Riesenwerkes des Titels ›Klassischer Journalismus‹ beschäftigt, das bloß verstorbene Autoren (seit Luther) umfaßt, bloß markante Zeitungsartikel hervorragender Männer«, schreibt Kisch im Juli 1922 an den Bruder Paul. »Ich möchte gerne von Dir einen *politischen* Artikel Hebbels angegeben erhalten, mit Angabe des Bandes und Seitenzahl. Auch sonst wäre ich Dir für Anregungen dankbar, obwohl die Sache schon sehr sorgfältig angelegt ist. Was ist der berühmteste Zeitungsartikel (nicht anonym), den Du kennst?«

Solche und ähnliche Briefe mag Kisch in jenen Monaten nicht wenige abgeschickt haben. Befreundete Journalistenkollegen werden befragt und einbezogen. Willy Haas soll Artikel heraussuchen, Paul Wiegler muß Hinweise geben. Vor allem wird der alte Prager Freund Arne Laurin, Redakteur der offiziösen deutschsprachigen Zeitung »Prager Presse«, konsultiert. Laurin ist ein leidenschaftlicher Sammler journalistischer Fachliteratur. »Laurins vieltausendbändige Bibliothek des Journalismus war, bevor sie die Nazis zerstampften, ein Wallfahrtsort für jeden an diesem Gebiet Interessierten«, erinnert sich Kisch später.

Jeden Vormittag sitzt der Herausgeber in der Bibliothek, prüft, notiert, wählt aus. Nach dem Mittagessen im Restaurant geht es zu Hause weiter. Freunde, die ihn besuchen, müssen ihr Urteil abgeben.

»In Berlin«, meint Karel Nový rückschauend, »wurde mir so recht bewußt, wie er arbeitete. Pflichteifrig und regelmäßig.«

Als Soldat an der serbischen und russischen Front, als Mitarbeiter des Kriegspressequartiers hat Kisch nachdenken gelernt über seine Rolle als Zeitungsschreiber, über Macht und Möglichkeiten der Presse in der modernen Gesellschaft. Die unüberbrückbare Kluft zwischen der Realität des Schlachtfeldes und jener Scheinwirklichkeit, wie sie von den Tagesblättern produziert wird, hat Sachlichkeit für ihn zum einzigen Kriterium journalistischer, literarischer Arbeit werden lassen. »Es ist Unkenntnis, wenn man die Zeitung als Spiegel (Konvexlinse) der Zeit auffaßt«, schreibt er im Frühjahr 1918.

Schon in den beiden Aufsätzen, die in der ersten Jahreshälfte 1918 von ihm erscheinen, »Wesen des Reporters« und »Dogma von der Unfehlbarkeit der Presse«, Versuche öffentlicher Selbstverständigung, sind Namen genannt, die auf eine intensivere Beschäftigung mit der Geschichte des Journalismus hindeuten. Die Zeitung wird als »ein Werkzeug der Kapitalsvermehrung« betrachtet; Eitelkeit und Selbstherrlichkeit des Journalisten erscheinen mehr als suspekt. »... und da die heutige Gesellschaftsform eine amorphe Masse aus Utilitarismus, Sensationslüsternheit, Interessiertheit, Kulissenriecherei und Geilheit ist, so können der Journalist und seine Zeitung keine erfreulichere Erscheinung sein, als es sonst jemand in der Gesellschaft ist.«

In den Wochen revolutionärer Aktion vollzieht sich die politische Auseinandersetzung für den Zeitungsschreiber zuerst und vor allem in den Spalten der Presse. Die Schlacht um das Berliner Zeitungsviertel im Januar 1919 betrachtet er als Beginn einer neuen Form des Kampfes, der um Wahrheit und Lüge geführt wird, um die Verbreitungsmittel von Wahrheit und Lüge. »Es gibt keine gedruckte Lüge, wie es keine gestochene Lüge gibt und keine geschossene Lüge. Denn die Lüge, die Tausende glauben, wird zum Dogma und zum Kriegsgrund und zum Feldruf. Und sie geht in die Geschichte ein. Haben wir es nicht erlebt, erleben wir es nicht?«

Egon Erwin Kisch sucht in der Vergangenheit nach Zeugen und Zeugnissen eigener Erfahrungen, eigener Bestrebungen, eigener Hoffnungen. Indem er Wege und Entwicklungen nachzeichnet, liefert er Richtpunkte und Maßstäbe für die Gegenwart. Indem er beispielhafte, mustergültige Texte des Journalismus auswählt und vorstellt, hilft er das Terrain abzustecken für eine neue Klassizität journalistischer Arbeit.

Der Lokalreporter aus einer ehemaligen Provinzhauptstadt, der ausgezogen ist, die Welt zu entdecken mit Hilfe der Reportage, prüft seine journalistischen Möglichkeiten. Indem er nach vorn gehen will, versichert er sich der klassischen Muster von ehemals. Die publizistische Praxis der Gegenwart wird gemessen an bedeutenden Texten der Vergangenheit. An wesentlichen Beispielen soll nicht allein ein Abriß der Geschichte des Journalismus vorgelegt, die Geschichte des Journalismus soll zugleich als Spiegelbild der großen geistigen Kämpfe seit der Renaissance und Reformation in Europa verstanden werden.

Schon die Rezensenten von 1923 stellen fest, daß sich aus der Chronologie der Texte der Niedergang der bürgerlichen Publizistik in Deutschland nach 1850 ablesen läßt. »Mit der Gesinnung erlosch auch das Feuer und mit dem Feuer der Stil«, schreibt Otto Flake. »Zuletzt blieb nur noch Fontane!« Und Franz Mehring, muß man hinzufügen. Dessen Aufsatz »Heine und sein Denkmal« steht nicht von ungefähr am Schluß des Bandes, als Ausblick und als Bindeglied zu einer neuen Art streitbarer Publizistik.

In jedem Journalisten lebt der Wunsch, mehr zu bewegen als nur Worte. Aber er neigt dazu, die Wirkung seiner Arbeit, die Rolle der Zeitung im öffentlichen Leben zu überschätzen. Nicht die »bessere Sache« allein, so glaubt er, erficht den irdischen Sieg, »sondern die besser verfochtene Sache«. Kisch hat sich rasch revidiert. In einer Selbstrezension unter dem Pseudonym Mathias Brunhauser fordert er richtiger, daß die »bessere Sache auch die besser verfochtene Sache« sein müsse.

Den Rubriken der modernen Presse folgend, bietet sich die Sammlung gleichsam als eine »ideale Riesenzeitung« dar. Vom Leitartikel über die Tagesnachrichten und Berichte auswärtiger Korrespondenten, den Gerichtssaal, das Feuilleton, die Theaterkritik, das Musikreferat bis hin zur bildenden Kunst und zum Literaturbericht ist alles, was in einer Tageszeitung literarischen Anspruch erhebt, durch markante Beispiele vertreten.

In knappen Einführungen vor den Texten weist Kisch den Autoren ihren Platz zu in der Geschichte der Zeit, in der Entwicklung des Journalismus. Diese Porträtminiaturen sind kleine Meisterwerke der

Vor der Pfandkammer in der Münzstraße

präzisen Charakterisierung, der anekdotischen Pointierung. Sie liefern die Verstrebungen, mit deren Hilfe der Herausgeber sein weitläufiges Gebäude des klassischen Journalismus errichtet.

Ein gutes Buch zeige seine produktive Kraft auch darin, daß man unwillkürlich Lust bekomme, es noch einmal zu machen und besser, schreibt Hermann Bahr in der »Neuen Freien Presse«. Ihm fehlen manche großen Namen, von Dante über Montaigne, Bacon, Diderot, Wieland bis zu den Goncourts. »Aber Kisch wird antworten, er käme ja dann unter zwölf Bänden nicht aus!«

Der Mut, ein solches »Riesenunternehmen« überhaupt in Angriff genommen, aus der erdrückenden Fülle des Materials eine überzeugende Auswahl getroffen zu haben, bleibt unbestritten. Kischs

Sammlung hält auch Jahrzehnte später jedem Vergleich stand – sie ist selbst klassisch geworden.

Für eine analoge Sammlung »etwa des Titels ›Zeitgenössische Publizistik‹«, die den »großen publizistischen Angelegenheiten des Weltkrieges, der Revolutionen, der Staatenumformung und des Friedens sowie der philosophischen und künstlerischen Angelegenheiten des Heute« vorbehalten bleiben soll, hat Kisch längst wichtige Texte geliefert.

Mit der Aufdeckung des Spionagefalles um den Prager Generalstabschef Alfred Redl zum Beispiel machte er sich ein Jahr vor Ausbruch des Krieges einen Namen. Damals, 1913, blieb noch vieles im Dunkeln. Nun sind die Archive zugänglich gemacht, die ehemaligen Offiziere und Beamten ihres Diensteides entbunden. Jetzt kann die Geschichte dieses berühmten Spionagefalles geschrieben werden.

Wahrscheinlich schon von Wien aus hat Kisch den ehemaligen Chef des Evidenzbüros des Generalstabes General August Urbanski von Ostromiecz in Graz aufgesucht. Urbanski gibt dem Journalisten an Hand seiner Aufzeichnungen eine authentische Darstellung des unaufgeklärten Falls. Damit will er den Gerüchten entgegenwirken, die das Evidenzbüro mit der Affäre in Verbindung brachten.

Urbanski erzählt Kisch, wie er damals, nach dem Selbstmord Redls, nach Prag gefahren sei, um die Wohnung Redls durchsuchen zu lassen. Die Wohnung war verschlossen und mußte erbrochen werden. Ebenso der Schreibtisch und die Schränke.

»Von einem Schlosser?« fragt der Reporter den ehemaligen Chef des Evidenzbüros.

»Ja, ich glaube. Es war Sonntag nachmittags und kein Soldat anwesend, kein Professionist.«

»Exzellenz wissen nicht mehr, woher man den Schlosser holte?«

»Nein. Natürlich irgendeinen Schlosser aus der Nachbarschaft.«

Urbanski, der bisher mit Geduld und zuvorkommend auf alle Fragen Antwort gegeben hat, wird unwillig.

»Der Schlosser hätte doch die gewaltsame Eröffnung der Wohnung und der Schubfächer verraten können?«

»Sie meinen?« sagt Urbanski ironisch.

»Gewiß, Exzellenz. Ich glaube, er hat es sogar der Presse mitgeteilt.«

»So?« Urbanski lächelt ungläubig.

Allmählich lichten sich die Hintergründe jener Affäre, die im Mai 1913 soviel Aufsehen erregte und die die Öffentlichkeit noch bis in die Wintermonate 1914/15 beschäftigte, in welchen »sich sowohl in Rußland als auch in Serbien der Aufmarsch der österreichisch-ungarischen Armee als mißglückt entschied«.

Kisch studiert in Wien und Prag Akten, die mit dem Spionagefall zusammenhängen, unterhält sich mit ehemaligen Offizieren und Beamten, die leitende Stellen innehatten, und notiert Äußerungen führender tschechoslowakischer und österreichischer Politiker. Auf Grund dieser Recherchen und Interviews rekonstruiert er die Vorgeschichte der Spionageaffäre und zeichnet wichtige Stationen in der Biographie des Generalstabsoffiziers Alfred Redl nach. Vor allem hellt er die mysteriösen Vorgänge in Wien und Prag am 24., 25. und 26. Mai auf.

»Der Fall des Generalstabschefs Redl« wird die große klassische Spionagereportage Egon Erwin Kischs, eine echte Kriminalstory, unzählige Male nachgedruckt und variiert, mehrfach für Theater und Film bearbeitet.

Ende 1923, Anfang 1924 bringt das »Prager Tagblatt« den Redl-Rapport in Fortsetzungen, etwa zur gleichen Zeit, als das Stück »Die Affäre des Obersten Redl« im Prager Theater Rokoko in tschechischer Sprache uraufgeführt wird. Später kommt der Bericht als Band 2 in der von Rudolf Leonhard herausgegebenen Reihe »Außenseiter der Gesellschaft« im Verlag Die Schmiede Berlin heraus. 1931 zählt er zu den wichtigsten Texten in der Sammlung »Prager Pitaval«.

»Kisch hat die reine Erzählerfreude«, schreibt Kurt Tucholsky in der »Weltbühne«. »Der schmale Band ist ein spannender Kriminalroman, brillant gesteigert, ausgezeichnet aufgebaut. Wieweit die Dokumentation in Ordnung ist, kann ich nicht beurteilen. Einer der beteiligten Offiziere wird als Quelle angegeben; daß er nicht alles und daß er nicht alles so gesagt hat, wie es in Wahrheit gewesen, ist klar. Die Geschichte hat ein Loch: der Schuß eines Gastes im Hotel wird nachts gehört und bleibt nicht stundenlang unbemerkt ... Aber welche Geschichte –!«

Die »Tragikomödie in fünf Akten des k.u.k. Generalstabs«, wie die dramatisierte Redl-Affäre im Untertitel bezeichnet wird, gehört zu den wirkungsvollsten Produktionen des Stückeschreibers Egon Erwin Kisch. Der Autor verfügt über eine spannende, durch die Wirklichkeit vorgezeichnete Fabel. Die dramatischen Ereignisse am Nachmittag und am Abend des 24. Mai 1913 in Wien werden in fünf knappen Akten vorgeführt. Alles Anekdotische ist beiseite gelassen.

»Egon Erwin Kisch, ein Geograph seiner Umwelt und Historiker seiner Gegenwart«, schreibt das »Prager Tagblatt« am 16. Januar 1924, »hat die Dokumente der Spionageaffäre Redl nun auch zu einer Szenenfolge dramatisiert, die im tschechischen Theater Rokoko seit gestern in Szene geht. Die Gefahr, daß ein Vorfall, in allzu naher Vergangenheit und unter noch persönlich Bekannten spielend, auf der Bühne peinlich wirken könnte, hat Egon Erwin Kisch mit Taktgefühl vermieden und ein Stück geschaffen, das der Satire nicht enträt und doch atemloses Mitfühlen für das Schicksal seiner Gestalten erweckt ... Den Obersten Redl spielt Longen, der auch die stilechte Szenierung dieses Militärdramas geschaffen hat; Xena Longen findet als vehemente antimilitaristische Anklägerin Töne von ergreifender Wucht.«

Das Stück wird nicht weniger als hundertfünfundsiebzigmal gespielt.

11. Der rasende Reporter

Das Jahr 1924 läßt sich gut an für Egon Erwin Kisch. Im Prager Theater Rokoko wird Anfang Januar seine kleine Komödie »Piccaver im Salon Goldschmied« mit Emil Artur Longen und Xena Longenová in den Hauptrollen »wegen durchschlagendem Erfolg« auf weitere vierzehn Tage verlängert. Am 14. Januar findet, offenbar in Anwesenheit des Autors, im selben Theater die Uraufführung der Tragikomödie »Vyzvědačská aféra obrsta Redla« (Die Spionageaffäre des Obersten Redl) statt. Die »Tonka Šibenice« hat nach wie vor ein ausverkauftes Haus. Außerdem bereitet das Theater Rokoko die Inszenierung der »Gestohlenen Stadt« vor. Und in Wien soll die »Galgentoni« mit Rosa Valetti gezeigt werden.

Die Weihnachtstage und den Jahreswechsel verbringt Kisch wie so oft in Prag bei der Mutter. Die turbulenten Ereignisse in Deutschland mögen es ratsam erscheinen lassen, zu Hause ein wenig länger Atem zu holen und Abstand zu gewinnen. Im Herbst 1923 erreicht die Inflation ihren Höhepunkt. Für einen Dollar muß man vier Billionen Mark zahlen.

Mit der Einführung der neuen Rentenmark Mitte November beginnen sich die Finanz- und Wirtschaftsverhältnisse im Lande allmählich zu normalisieren. Der Mitarbeiter des »Prager Tagblatts« und der »Lidové noviny«, der Prager Komödienschreiber wird in Berlin nicht mehr vorwiegend von Honoraren aus der Tschechoslowakei leben können.

Die Menschen in Deutschland erwachen aus einem bösen Traum. Nach Jahren der schwindelhaften Spekulation, des wirtschaftlich-moralischen Verfalls und der gigantischen Auspowerung finden sie langsam auf den Boden der Tatsachen zurück. Vieles stellt sich jetzt in anderem Lichte dar.

Egon Erwin Kisch mit seiner Mutter vor dem Haus
»Zu den zwei goldenen Bären«

»Ich war zwei Monate unerlaubt auf Urlaub und trat gestern in Berlin wieder meinen Dienst an«, schreibt Kisch am 26. Januar 1924 in den »Lidové noviny«. »Noch immer bin ich ganz wirr im Kopf von dem Wandel der Verhältnisse, die ich hier vorfand.«

Der »Wandel der Verhältnisse« wird überall spürbar, auch in der Literatur. Kisch besitzt die Witterung des guten Journalisten. Was er in zwölf, fünfzehn Jahren aus der Zeit herausgelesen hat, kommt nun der Zeit entgegen. Die neue Heimstätte Berlin, diese Stadt mit ihrer Vitalität, ihren riesigen Bedürfnissen, weckt und fördert, was der Epoche gemäß ist.

Das alte Ziel, sich in Deutschland als Buchautor zu etablieren und eine literarische Existenz zu begründen, wird mit neuem Elan angesteuert. Wie aber und unter welchen Bedingungen erhebt sich Journalismus in den Rang von Buchliteratur? In der Besprechung des Bandes »Tageblätter« von Fred Hildenbrandt nennt Kisch die Kriterien: »Das Recht, sich vom journalistischen Subjekt zum literarkritischen Objekt zu machen, wird im Grunde nur dem zuzubilligen sein, der entweder von vornherein die Zeitung bloß als wirksame Gelegenheit zum Vorabdruck eines behandelten Komplexes betrachtet hat, oder aber dem, dessen Persönlichkeit wichtiger ist als die Materie, über die er auszusagen hat.«

Da die meisten der in Frage kommenden Beiträge Egon Erwin Kischs bereits veröffentlicht sind, bleibt nach dieser Maßgabe nur die Person des Schreibenden, die eine Publikation rechtfertigen würde. Die Persönlichkeit des Reporters allein, seine Art zu reisen und zu recherchieren, die Welt zu erleben und zu beschreiben, verbürgt den Reiz der Darstellung. Ein in Deutschland noch weithin unbekannter Schriftsteller unternimmt es, die besten Resultate seiner Zeitungsarbeit, seinen Reportagestil als Markenerzeugnis anzubieten.

Vorher aber muß er noch einige wichtige Reiseerfahrungen sammeln. Noch schreibt er für tschechoslowakische Blätter, und alte Prager Bekannte sind es auch, die ihn Anfang 1924 nach Kopenhagen einladen. Am 26. März, um acht Uhr früh, fährt er von Berlin ab nach Warnemünde und von dort mit der Fähre nach Dänemark.

Aus einem durch Krieg, Nachkrieg, Inflation und Massenelend gezeichneten Land gerät der Reisende in eine Welt des Wohlstands und der Sauberkeit. »Wir fahren durch Dänemark, ein Land, das den großen Krieg und den großen Frieden nicht mitmachte; im Gegenteil, in all den Jahren, in denen andere Völker starben, hungerten und zahlten, hat es gelebt, gegessen und gezahlt bekommen. Die Dänen konnten einführen und ausführen, was sie wollten, sie kannten den Begriff des feindlichen Auslandes nicht, sie brauchten ihre Menschen und ihr Vieh nicht auf die Schlachtbank zu schicken, sondern konnten es reichlich füttern, und es blieb immer noch etwas für die Möwen übrig.«

Der Berichterstatter genießt den Komfort der Eisenbahnwagen, preist die Vorzüge des Taxiverkehrs in Kopenhagen, schwärmt von dem vorbildlichen Service, den das Telefon zu bieten hat. Als ein Merkmal des Kopenhagener Straßenlebens erscheinen ihm die appetitlich weißen Karren, die in geschlossenen Schubfächern Butterbrote feilbieten. Die Stadt wird beherrscht von Fahrrädern, und es gibt kaum einen Arbeiter, Beamten oder Schüler, der seine Wege nicht mit dem Fahrrad zurücklegt.

Ein sympathisches Land und eine sympathische Stadt, und der Betrachter kann nicht umhin, Kopenhagen in Vergleich zu setzen mit seiner Heimatstadt. »Prag ist auch größer als Kopenhagen, aber Kopenhagen ist großstädtischer. Die gegenseitigen Beziehungen der Weltgeschichte erschöpfen sich darin, daß Drahomíra, die Tochter Přemysl Ottokars, im Jahre 1205 aus Prag nach Dänemark heiratete, wozu man ihr noch nachträglich gratulieren kann, und daß andererseits Tycho de Brahe aus Dänemark nach Prag ging, wo er sich begraben lassen konnte.«

Kisch nutzt den Aufenthalt in Kopenhagen, um sich die königliche Porzellanfabrik anzusehen. Auch besucht er eine genossenschaftliche Anteilschlächterei am Roeskildefjord. Durch das 1887 von Deutschland erlassene Einfuhrverbot für dänische Schweine sind die Landwirte in Dänemark zu einer straffen Organisation der Produktion und Verarbeitung von Schweinen gezwungen worden, die sich auch im Jahre 1924 noch bestens bewährt.

Selbstredend läßt Kisch in Kopenhagen die Friedhöfe nicht aus, vor allem wenn es sich um jenen Kirchhof oder zu dänisch Kirkegaard handelt, auf dem der große dänische Philosoph Sören Kierkegaard begraben liegt. Der ehemalige Prager Lokalreporter erinnert sich jenes Mannes schon deswegen, weil er den Bannfluch geschleudert hat über die Zeitungsschreiber und gern das Kommando zum Feuern gegeben hätte, wenn alle Journalisten füsiliert würden.

Als Ohrenzeuge einer verlogenen Trauerrede kann er nicht umhin, über alle jene – und er spricht in der ersten Person Plural – nachzudenken, die gezwungen sind, leeres Stroh zu dreschen. Und er versteht den zornigen Kierkegaard, der »so unnordisch glühend streiten konnte« und alle Phrasendrescher vor eine Abteilung Soldaten stellen wollte. »Nicht wegen der Phrase, denn es gibt sachlichere Menschen unter uns als in anderen Berufen (welch ein ödes Geschwätz eines Universitätsprofessors habe ich doch heute nacht gelesen!), nein, aber wegen unseres Mangels an Haß, an Empörung, an Erregung. Wir sind ärger als Phrasendrescher, denn wir sind freiwillig zu Dienern der Phrasendrescher geworden, zu Knechten des Kompromisses, zu Leibeigenen des eitelsten Spießertums, zu Sklaven des Heute.«

Den Rückweg nimmt Kisch über Hamburg, das er seine »Lieblingsstadt« nennt, aber wie viele Lieblingsstädte hat er jetzt schon. Etliche Reportagen werden hier noch entstehen, manche Entdekkungsfahrten gehen von hier aus. Das internationale Flair, die Geschäftigkeit und Nüchternheit dieser Stadt kommen dem Temperament und den Vorlieben Kischs entgegen.

Die Dänemark-Reise bringt reiche journalistische Ernte. Aus vielen Ländern Europas besitzt Kisch Reiseskizzen und Reportagen. Unmittelbar nach der Rückkehr gibt er seiner Sekretärin Gisela Lyner »alle möglichen Manuskripte« zum Abschreiben. Er bereitet die Zusammenstellung eines neuen Sammelbandes vor, um sie dem Verlag Erich Reiß anzubieten, dem er durch Kontrakt verpflichtet ist.

Im Sommer 1924 erhält er den offiziellen Auftrag. »Ich habe eine Arbeit von ca. 500 Schreibmaschinenseiten für einen Verlag bis 1. September abzuliefern, so daß sowohl Fräulein Lyner als auch ich seit zwei Wochen etwa 16 Stunden täglich zu tun haben«, schreibt er an den Bruder Paul und beauftragt ihn, Artikel aus dem »Neuen Tag« von 1919 zu beschaffen. Auch die Mutter wird eingespannt. Sie muß Aufzeichnungen aus den Wintermonaten 1914/15, die Notizhefte aus Orşova und Pola und Briefe der Frau Karl Mays aus Radebeul heraussuchen.

Damit die Arbeit zügig vorangeht, besorgt der Verleger seinem Autor ein ruhiges Quartier in Kladow am Wannsee, wo er ohne Störung arbeiten kann.

Innerhalb eines Monats soll das Satzmanuskript fertig sein. Viele der Beiträge müssen gründlich überarbeitet werden. »Ich habe mich im Leben noch nie so geplagt wie jetzt«, heißt es in einem Brief. »Aber es ist eine Arbeit, die mir Freude macht. Manchmal, wenn ich meine alten Aufsätze umarbeite, die gefallen haben, erröte ich und sehe, wie unfertig sie sind. Manchmal muß ich sie vom ersten bis zum letzten Wort überarbeiten, dann schreibt Gisl alles auf der Maschine ab, ich bohre mich wieder hinein und mache hundert neue Korrekturen, Gisl schreibt es wieder ab, ich lese es durch und zerreiße es ganz und gar. Ich hoffe, daß das Buch gut wird und ich trotz der Arbeit bald fertig werde ...«

Wie stets, wenn eine lockende, lohnende Aufgabe vor ihm steht, erlebt Kisch »eine unerhört glückliche Zeit der Arbeit«. Er ist froh, wie seit Jahren nicht mehr. Der neue Band soll endlich »einen wirklichen Erfolg bringen«.

Aber der Termin 1. September kann nicht gehalten werden. Auch eine Woche später steckt der Schreiber noch tief im Geschäft. Eine derartige Arbeitsleistung, so läßt er verlauten, habe er »im Leben noch nicht zu vollbringen gehabt«.

Am 22. September 1924 ist es geschafft. Kisch macht seinem künftigen Namen alle Ehre. Trotz fliegender Hast findet er Zeit, einen Brief zu diktieren, in dem das Ereignis festgehalten ist: »Ich habe heute um fünf Uhr das Manuskript eines großen Buches mit den merkwürdigsten meiner Reportagen vollendet und fahre um 6 Uhr 40 an die Schweizer Grenze.« Die Sammlung »Der rasende Reporter« kann in Satz gehen.

Schon sitzt er in der Eisenbahn und strebt neuen Erkundungen entgegen. Etwas von einem »rasenden Reporter« ist in ihm, und er liebt es, damit zu posieren.

Auch die Schweiz, das Land der scheinbaren Liberalität, der Zuflucht, der Ferienidylle, das er im Sommer 1925 noch einmal besuchen wird, liefert wichtige Erfahrungen. Der Reisende kennt die Klischees: »Auf der Alm, da gibt's ka Sünd, und Verbrechen schon gar nicht, das wäre ja noch schöner, sanft weidet das Lämmlein, ›how lovely‹, flötet die Amerikanerin, gutmütig glotzt Rindvieh die Touristen an, jodeln tut die Sennerin, wie ist der Älpler, bieder ist der Älpler, unschuldsweiß strahlen die Gipfel, wunschlos lebt es sich in der Hütte, golden geht die Sonne auf, reichlich grünen die Matten, Edelweiß und Alpenrose sind schön, kindlich murmeln die Bächlein, Friede zieht dir ins Herz hinein und so weiter.«

Dem gängigen Schweizbild stellt Kisch die Resultate seiner Recherchen entgegen. Er besucht das Zuchthaus in Zürich und das Polizeimuseum in Bern und zeigt manches vor, was dem Touristen verborgen bleibt. Vor allem aber zieht es ihn in das möblierte Zimmer des Flickschusters T. Kammerer in der Züricher Spiegelgasse, in dem von Anfang 1916 bis April 1917 ein russischer Emigrant mit seiner Frau logierte. Sein Name ist Wladimir Iljitsch Uljanow, in Sozialistenkreisen unter dem Namen Lenin bekannt.

Drei wichtige Reportagen entstehen für einen neuen Sammelband, der dem »Rasenden Reporter« rasch nachfolgen wird.

Die Sammlung »Der rasende Reporter« kommt um den 10. November 1924 herum auf den Markt. Wenige Tage später erkundigt sich Egon Erwin Kisch bei seinem Bruder Paul in Wien, dem er ein Exemplar geschickt hat, wie ihm der Band gefallen habe. Um den Verkauf des Buches zu fördern, bittet er den Bruder, einen Buchhändler zu veranlassen, eine Partie des »Rasenden Reporters« zu bestellen und Reklame im Schaufenster zu machen. Auch fragt er an, ob die Neuerscheinung in einer deutschböhmischen Zeitung besprochen werden könne.

Die Mutter wird beauftragt, herumzuhören, was in Prag über das Buch gesprochen werde. Sie soll nachprüfen, ob die Prager Buchhändler den Band in der Auslage stehen haben. »Über den ›Rasenden Reporter‹ habe ich in der Berliner Presse begeisterte Kritiken und überhaupt viel Ruhm. Jeder ist von dem Buch begeistert, aber leider ist im Buchhandel eine so furchtbare Stagnation, daß sich meine Hoffnung, auch finanziell damit viel zu erreichen, nicht zu erfüllen scheint. Allerdings brauche ich nicht zu verzweifeln, da das Weihnachtsgeschäft noch nicht eingesetzt hat.«

Der Autor darf zufrieden sein mit der öffentlichen Resonanz. Man attestiert ihm Talent, Witterung, Energie, Findigkeit, Kühnheit, Enthusiasmus für das Detail der Dinge. In einer Umfrage über »Lesenswertes von 1924« weist Paul Wiegler auf die Sammlung, weil dieses »ganz ungewöhnliche Buch« mit seinen angesammelten Energien die Literatur sprenge. »Weil es nichts Aufregenderes gibt, als in ihrer Ironie, Verwegenheit, Sachlichkeit diese Berichte über die tausendfachen Verwandlungen des Lebens, der Zeit.«

Karikatur von Umbehr auf der Ausgabe des »Rasenden Reporters« von 1926

Mit dem »Rasenden Reporter« gelingt Egon Erwin Kisch der Durchbruch auf dem deutschen Buchmarkt. Der Titel wird zum Synonym, zum Markenzeichen. Die vom Authentischen, vom »Reiz des Erlebten« her geprägte Darstellungsweise macht Kisch zum Kronzeugen einer ganzen Kunstrichtung, der »Neuen Sachlichkeit«.

Als der Schriftsteller, über fünfzehn Jahre im Dienst der Zeitung, die »merkwürdigsten« seiner Feuilletons und Reportagen durchsieht, drängt sich ihm die Vorstellung der Rasanz und der Besessenheit auf. Von jedem Punkt des Kontinents aus, an dem er einmal, von der Redaktion geschickt, vom Reisefieber getrieben, durch militärische Befehle angewiesen, sich aufgehalten, hat er seinen Rapport geliefert. An den verschiedensten Stellen in Europa hat er Straßen durchforscht, Leute interviewt, Sachverhalte recherchiert, Museen, Werkstätten, Gefängnisse aufgesucht, Türme bestiegen, ist in Kaschemmen und Katakomben umhergezogen.

Im Bild seiner Zeitung, die er täglich herstellen muß, erlebt der Journalist stärker als jeder andere die Simultaneität menschlichen Geschehens. Die Panoramatechnik im modernen Roman, der Versuch, das Nebeneinander und die Gleichzeitigkeit in eine erzählerische Form zu bringen, ist maßgeblich auch durch den Journalismus vorbereitet worden. Der Wegbereiter eines solchen mit filmischen Mitteln arbeitenden Verfahrens, der amerikanische Schriftsteller Dos Passos, hat jahrelang als Reporter gearbeitet. Sein Roman »Manhattan Transfer«, in dem eine Vielzahl von Einzelschicksalen, Episoden, Wirklichkeitspartikeln in der Art harter Kinoschnitte aneinandergefügt sind, erscheint im selben Jahr wie der »Rasende Reporter«.

Durch das planvolle Nebeneinanderstellen von Reportagen, die zu verschiedenen Zeiten und an verschiedenen Orten entstanden sind, suggeriert der Autor den Eindruck des ständigen Wechsels und der Gleichzeitigkeit. Offenbar gibt es keinen Ort, wo der Berichterstatter nicht zugegen, kein Ereignis, an dem er nicht beteiligt ist. Das Leben scheint in ständiger Bewegung und Veränderung, aber ohne Fortschreiten und Entwicklung. Wie im Film ziehen Bilder und Begebenheiten wahllos vorüber.

Der Leser, schreibt Kisch, sieht sich verblüfft einem Autor gegenüber, »der heute in Cuxhaven den Rekord-Personendampfer ›Vaterland‹ zur Stapelfahrt besteigt und morgen ohne Übergang als Hopfenpflücker ins böhmische Land zieht – auf Seite zwanzig nächtigt er im Londoner Nachtasyl, und auf Seite vierundzwanzig überfliegt er mit einem Hydroplan Venedig –, all das ohne Übergang, ohne Verbindung, als spränge er, von Raum und Zeit, von Hindernissen und Kosten unabhängig, just nach seiner Laune kreuz und quer. Eine solche sinnlos scheinende Hast entsprach und gefiel der wurzellos gewordenen, enervierten Nachkriegszeit, und deshalb – nicht etwa um der Entdeckung neuer Stoffgebiete oder einer sachlichen Darstellung willen – bin ich eine Zeitlang ein Mode-Autor gewesen.«

Mit seinem kaleidoskopartigen Verfahren, den scheinbar willkürlich zugeordneten Beobachtungen und Beschreibungen, kommt Kisch dem herrschenden Zeitbewußtsein entgegen. Das rapide Wachstum der großen Städte, der weltumspannende Krieg und die revolutionären Bewegungen im Gefolge der Oktoberereignisse in Rußland haben das Empfinden vom Zusammenhang allen Geschehens auf der Erde, von der Gemeinsamkeit des Schicksals übermächtig werden lassen. Die moderne Nachrichtentechnik, Film und Radio bestätigen nur die allgemeine Erfahrung, daß der einzelne an allem beteiligt ist, was in der Welt geschieht.

Der Verfasser huldigt dem Pluralismus der Erscheinungen. Durch das Aneinanderreihen wechselnder Eindrücke und Begebenheiten beschwört er die abenteuerliche Vielfalt und den Reichtum modernen Lebens. Aus dem spielerischen Zusammenfügen unendlich vieler Einzelheiten formt sich das Bild einer Welt, vorgestellt von einem, der leidenschaftlich beteiligt ist. Das scheinbar Planlose und Chaotische gewinnt erst im Leser, im Betrachter die durch den Blickwinkel, das Temperament des Autors vorgeprägte, vorgelebte Einheit.

Von der Türmerstube des Wiener Stephansdomes schaut der Berichterstatter auf die Stadt hinunter. Was sieht er da unten? »In ein Hotel der Annagasse kommt ein junges Ehepaar, schließt die Tür und fällt sich in die Arme. Fünf Minuten später kommt ein anderes junges Ehepaar ins Zimmer nebenan. Das scheint ein Hotel für Hochzeitsreisende zu sein. Studenten sitzen vor Büchern, in einem Filmatelier, Ecke Singergasse und Liliengasse, strahlen Jupiterlampen, in Dienstbotenkammern stricken Mädchen, Familien gehen zu Bett, in der Kunstakademie wird ein Akt gemalt – der Film rollt, solange man Lust hat, das Teleskop zu drehen.«

Solche Reihungen kehren bei Kisch immer wieder, sie spiegeln tägliche Erfahrungen des Menschen in der modernen Großstadt. Die Verrichtungen und Bestrebungen des einzelnen, die wirtschaftlichen, politischen, gesellschaftlichen, sportlichen, kulturellen Vorgänge und Abläufe vollziehen sich offenbar völlig isoliert und unabhängig voneinander. Eine Veranstaltung wie das Berliner Sechstagerennen wird zum Symbol für die scheinbare Zusammenhanglosigkeit und Absurdität des Lebens in der Riesenstadt.

»Draußen schleppen Austrägerinnen die Morgenblätter aus der Expedition, fahren die ersten Waggons der Straßenbahnen aus der Remise, Arbeiter gehen in die Fabriken, ein Ehemann gibt der jungen Frau den Morgenkuß, ein Polizist löst den anderen an der Straßenecke ab, ins Café kommen Gäste, jemand überlegt, ob er heute die grauschwarz gestreifte Krawatte umbinden soll oder die braun gestrickte, der Dollar steigt, ein Verbrecher entschließt sich endlich zum Geständnis, eine Mutter prügelt ihren Knaben, Schreibmaschinen klappern, Fabriksirenen tuten die Mittagspause, im Deutschen Theater wird ein Stück von Georg Kaiser gegeben, das beim Sechstagerennen spielt, der Kellner bringt das Beefsteak nicht, ein Chef entläßt einen Angestellten, der vier Kinder hat, vor der Kinogasse drängen sich hundert Menschen, ein Lebegreis verführt ein Mädchen, eine Dame läßt sich das Haar färben, ein Schuljunge macht seine Rechenaufgaben, im Reichstag gibt es Sturmszenen, in den Sälen der Philharmonie ein indisches Fest, in den Häusern sitzen Leute auf dem Klosett und lesen die Zeitung ...« Und so weiter, und so weiter.

Der Reporter will keine historischen Entwicklungen aufzeigen, keine sozialen Aufrisse liefern. Er will den Blick auf Tatsachen lenken, die für sich selbst sprechen. Dem Leser soll nichts aufgedrängt werden. Er kann selbst urteilen, sich ein eigenes Bild machen.

Gegen eine »Welt, die von der Lüge unermeßlich überschwemmt ist«, »eine Welt, die sich vergessen will und darum bloß auf Unwahrheit ausgeht«, stellt Kisch die Tatsache, den Sachverhalt, den »Willen zur Sachlichkeit, zur Wahrheit«. Er vertraut der aufhellenden Kraft des Faktums. Deshalb stellt er im Vorwort seines Bandes die These auf: »Der Reporter hat keine Tendenz, hat nichts zu rechtfertigen und hat keinen Standpunkt. Er hat unbefangen Zeuge zu sein und unbefangene Zeugenschaft zu liefern, so verläßlich, wie sich eine Aussage geben läßt ...«

Ein solcher Grundsatz, dem der Autor selbst unmöglich folgen kann, muß Widerspruch auslösen. »Das gibt es nicht«, sagt Kurt Tucholsky. »Es gibt keinen Menschen, der nicht einen Standpunkt hätte. Auch Kisch hat einen. Manchmal – leider – den des Schriftstellers, dann ist das, was er schreibt, nicht immer gut. Sehr oft den des Mannes, der einfach berichtet: dann ist er ganz ausgezeichnet, sauber, interessant – wenngleich nicht sehr exakt, nicht sachlich genug.«

Als »Berichterstatter eines sozialistisch-kapitalistischen Koalitionszeitalters« führt Kisch die Epoche vor mit ihren Widersprüchen und Dissonanzen, ihren Merkmalen und Merkwürdigkeiten. Kein verklärter Blick in die Vergangenheit oder in die Zukunft gibt Aufschluß über die Gegenwart. Die nüchterne Hinwendung zur Wirklichkeit des Heute allein verbürgt wahre Zeitgenossenschaft.

Eher als andere literarische Genres scheint die Reportage geeignet, Zeugnis zu geben von dieser Zeit. Was da in zehn, fünfzehn Reporterjahren gesammelt wurde, fügt sich zu einem Film voller Rasanz und Abenteuer. Er kann, mit neuen Bildern, Berichten angereichert, beliebig fortgeführt werden. Spätere Titel variieren das Grundkonzept: »Hetzjagd durch die Zeit« (1926), »Wagnisse in aller Welt« (1927), »Abenteuer in fünf Kontinenten« (1935). Mit der Ehrenrettung und ironischen Stilisierung des Reporters verbindet Kisch die meisterliche Präsentation einer neuen literarischen Gattung.

Tempo, Faktizität, rascher Wechsel vor allem werden von der Literaturkritik als Kennzeichen des neuen Stils ausgegeben. Daß der Autor mit seinen Reportagen auch ganz neue, bislang ausgesparte Wirklichkeitsbereiche in die Literatur einbringt, vermerkt die Kritik nur am Rande. Lebensbezirke, von denen viele kaum eine Vorstellung haben, sind ausgeforscht und mit großer Anschaulichkeit, für jeden verständlich dargeboten.

Der »Tatsachenentdecker« Kisch lenkt den Blick des Lesers auf das Alltägliche, wo die »einfache Wahrheit«, die eigentliche Sensation verborgen liegt. Indem er die Wirklichkeit von unten her, mit den Augen der einfachen Leute, der arbeitenden Menschen betrachtet, findet er den Schlüssel, die verwirrende Vielgestaltigkeit, das scheinbar Undurchschaubare des modernen Lebens durchschaubarer und die Fülle der Einzelerscheinungen in ihren Zusammenhängen deutlicher zu machen. Der Reporter sieht sich als Beauftragter seiner Leser, die auf der Suche sind nach der Wahrheit ihrer Existenz, nach den aufsehenerregenden Begebenheiten und den verborgenen Phänomenen ihrer Zeit.

Um »Gegenwart festzustellen, die Zeit zu zeigen, die wir leben«, richtet Kisch sein Augenmerk auf moderne Produktionsstätten, Zeugnisse des technischen und industriellen Fortschritts, bezieht er die Arbeitswelt in seine Reportagen ein. Werften, Stahlwerke, Fabrikkomplexe, Riesenpassagierdampfer, Flugzeuge, Unterseeboote, Schlachtschiffe, Börsen, Wirtschaftsorganisationen, Herstellungsverfahren finden sein Interesse. Dabei gewinnt der Arbeiter als natürlicher Verbündeter des Berichterstatters an Bedeutung und hilft beim Aufhellen der Geheimnisse und Hintergründe der Produktion.

Noch sind es vor allem Fabrikationsstätten, technische Anlagen und Produktionsabläufe, die detailliert beschrieben werden. Mehr und mehr aber gerät auch der arbeitende Mensch selbst, der Mensch innerhalb sich verändernder Arbeits- und Produktionsprozesse in den Mittelpunkt der Darstellung. Damit erhält das Werk Egon Erwin Kischs neue Zielrichtungen und Wertmaßstäbe.

12.
Die »ersten richtigen Reportagen«

Ein Zeitungsschreiber hat sich einen Namen gegeben. Der Name wird zum Markenzeichen, zur Herausforderung.

Er ist nicht mehr nur der Journalist und Schriftsteller Egon Erwin Kisch, er ist der »rasende Reporter«. Man erwartet von ihm Rasanz, Wagnis, Sensation. Kisch ist nicht der Mann, das selbstgewählte Prädikat zu verleugnen. Es macht ihm Spaß, Wendigkeit, Mut, Unternehmungsgeist zu demonstrieren. Wo er hinkommt, geschieht etwas; wo etwas von Wichtigkeit passiert, dort ist Kisch.

Die Sammlung »Der rasende Reporter« hat den Namen seines Verfassers in Deutschland und über die Grenzen des Landes hinaus bekannt gemacht. Auch wenn der finanzielle Erfolg sich nicht sofort einstellt, der literarische »Ruhm« stärkt die Unabhängigkeit des Schriftstellers, erweitert seinen Aktionsradius. Manche Zeitung oder Zeitschrift ist jetzt bereit, größere Reportagereisen zu finanzieren.

In die Literaturbewegung des Landes einbezogen, Gegenstand öffentlicher Diskussionen, muß Kisch in den politischen Kämpfen der Zeit seinen Standort bestimmen. Noch gehört er, wenn auch nur formal, der Kommunistischen Partei Österreichs an. Am 1. September 1925 erscheint in der »Roten Fahne« der Offene Brief der Exekutive der Kommunistischen Internationale an alle Organisationen und Mitglieder der KPD, der sich mit sektiererischen, ultralinken Tendenzen in der Partei auseinandersetzt, wie sie von Arkadi Maslow und Ruth Fischer vertreten werden. Kisch kennt Ruth Fischer (Elfriede Eisler-Friedländer) aus den Wiener Revolutionstagen 1918/19. Auf der 1. Parteikonferenz der Kommunistischen Partei Deutschlands Ende Oktober, Anfang November wird eine intensivere Arbeit unter den Massen, eine neue Gewerkschafts- und Bündnispolitik beschlossen. Arkadi Maslow und Ruth Fischer gehören der neuen Parteiführung unter Ernst Thälmann nicht mehr an. Im November 1925 wird Egon Erwin Kisch Mitglied der Kommunistischen Partei Deutschlands.

Für Kisch ist die Zeit gekommen, eine »alte Absicht« zu verwirklichen. Seit der Oktoberrevolution sind seine Augen nach Sowjetrußland gerichtet. Die große Welterschütterung, wie es im Zehn-Tage-Report des Amerikaners John Reed heißt, hat auch seinen Weg als Journalist und Schriftsteller entscheidend beeinflußt. Im Oktober 1925 läßt er sich von der Mutter in Prag Geld bereitlegen, damit es gegebenenfalls an eine Moskauer Bank überwiesen wird.

Es ist seine erste große Reportagereise in ein anderes Land, die sich über mehrere Monate erstreckt. Eine Fahrt, die er unter gänzlich anderen Voraussetzungen antritt als alle Fahrten vorher. Es ist eine Reise in die Zukunft, ins »21. Jahrhundert«, wie F. C. Weiskopf es bezeichnet.

Über das revolutionäre Rußland sind viele Bücher geschrieben worden. Alfons Paquet, Franz Jung, Alfons Goldschmidt, Arthur Holitscher, Leo Matthias und andere schildern die Situation in Sowjetrußland unmittelbar nach der Revolution. Sie geben ein Bild der Kämpfe und der Schwierigkeiten in den Jahren 1919/20 und versuchen den Lügen entgegenzutreten, die von der bürgerlichen Presse über die Sowjetmacht und die Bolschewiki verbreitet werden.

Als Kisch Mitte der zwanziger Jahre in die Sowjetunion reist, hat sich die Situation wesentlich verändert. Die Versuche der internationalen Konterrevolution, mit Hilfe französischer, englischer und japanischer Truppen, Waffen und Gelder die Sowjetmacht zu stürzen, sind gescheitert. Die Verhältnisse im Lande haben sich stabilisiert, die Fabriken arbeiten wieder, die Wirtschaft beginnt sich zu erholen. Die Spuren des Krieges, der Revolution und der Interventionskriege werden beseitigt. Allerorten ist ein Aufschwung, eine Besserung der Lage zu verspüren.

Am 30. Dezember 1925 meldet Egon Erwin Kisch der Mutter seine Ankunft in Moskau. Diese Stadt, so schreibt er, sei äußerlich und innerlich das Schönste auf der Welt.

Er wird als Freund und Genosse empfangen, und er fühlt sich sofort zugehörig. Niemals vorher bei seinen Reportagefahrten begegnete man ihm mit soviel Freimut und kameradschaftlichem Verständnis. Er kommt in eine Welt, die ihm verwandt ist. »Mir geht es natürlich herrlich hier«, berichtet er der Mutter, »und wenn es halbwegs möglich wäre, möchte ich gerne recht lange in Rußland bleiben.«

In Moskau macht er seine ersten Besuche und Interviews. Er durchstreift die Straßen, geht in Institute, Bibliotheken, Theater, Strafanstalten, Erziehungsheime, Fabriken. Von der Hauptstadt aus unternimmt er seine Entdeckungsreisen ins Land. Aus dem winterlichen Moskau fährt er in den Süden, ins Donezgebiet, in den Frühling Transkaukasiens, besucht Jerewan, Tbilissi und Baku. Ende März, Anfang April weilt er in Leningrad und kehrt anschließend wieder nach Moskau zurück.

Der Berichterstatter geht aus von Alltagsimpressionen, wie sie jeder Reisende macht, der in ein fremdes Land kommt. Er beobachtet die Menschen in der Eisenbahn, ein für Rußland und die russische Literatur wichtiger Ort der Kommunikation. Er flaniert in den Straßen der Städte, »photographiert« alles mit den Augen: die Verkehrsverhältnisse, die Geschäfte, die Märkte, die Handwerksbetriebe, die Prunkbauten, die Wohnhäuser. Nichts erscheint geringfügig und übersehenswert.

Wenn Egon Erwin Kisch in seinen Berichten mitunter den Flaneur, den neugierigen Besucher aus dem Westen hervorkehrt, so betont er das Einstweilige, die Begrenztheit seiner Darstellung. Er läuft umher und verschafft sich erste Eindrücke. Wie er selbst aufnimmt, abwägt, urteilt, so läßt er den Leser allmählich eindringen in eine fremde, unbekannte Welt.

Strafvollzug und Gefängniswesen stehen auf der Frageliste des ehemaligen Kriminalreporters auch in der Sowjetunion obenan. Ein dunkles Kapitel, gerade für die Jahre des Krieges, der Revolution und Intervention.

Der Leiter der Moskauer Kriminalpolizei, den er interviewt, nennt Zahlen, die das ganze Ausmaß der Verwahrlosung deutlich machen, aber auch das Ausmaß der Arbeit, die geleistet wurde und die noch zu leisten ist. 1914 wurden von 4191 Verbrechen 41 Prozent aufgeklärt. Im Jahre 1918 stieg die Zahl der Kriminaltaten fast auf das Dreifache, davon wurden 31 Prozent aufgeklärt. 1919 und 1920 ging die Zahl der Delikte etwas zurück, davon wurden 49 und 53 Prozent aufgeklärt.

»Schwer waren die beiden folgenden Jahre: die Neue Ökonomische Politik, die Wertanhäufung bei Privatpersonen, die Entwicklung des Handels, die Verdreifachung der Moskauer Bevölkerungsziffer und das Auftauchen von Gastverbrechern aus der Provinz steigerten die Kriminalität, fast auf das Vierfache der Friedensziffer schnellten die registrierten Straffälle dieser beiden Jahre empor, auf 15 719 und 14 054, von denen 8 707 und 7 290, das sind 55 und 52 Prozent, aufgehellt wurden.«

In den letzten beiden Jahren sank die Kriminalität auf das normale Maß, und die Aufklärungsquote stieg auf beachtenswerte 59 und 68 Prozent.

Der Reporter zeigt, was sich hinter den Zahlen verbirgt. Er geht in die Gefängnisse, die Erziehungsanstalten, die »Sammelstellen für Straßenkinder«. Ungeheure Anstrengungen werden unternommen, den Verwahrlosten eine Heimat zu geben, sie in ein normales Schul- und Arbeitsleben einzugliedern.

Erziehung der Menschen zum Dienst an der Gemeinschaft ist das A und O aller sozialpolitischen Bestrebungen. Das Land ist erfüllt von Lernwilligen und Lernbegierigen, überall werden Lehrgänge abgehalten, neue Formen menschlichen Zusammenlebens erprobt, alte Gewohnheiten bis in die Wurzel hinein bekämpft.

Egon Erwin Kisch übersieht keineswegs, was alles noch zu tun ist. Er sieht den Alltag der Menschen, von Armut und Mangel gekennzeichnet. Er sieht die Bettler, die Vagabunden, die Schieber, die Folgen des Alkoholismus und der Drogensucht, die Wohnungsnot, die Schlangen vor den Geschäften. In den Betrieben wird oft unrationell gearbeitet, Sicherheitsvorschriften fehlen, notwendige Beschlüsse werden sabotiert.

Aber all diese Unzulänglichkeiten verblassen angesichts der gewaltigen Anstrengungen, das Land aus der Rückständigkeit herauszuführen.

»Kisch ist wahrhaft«, schreibt Anatoli Lunatscharski später. »Er macht uns keine Reklame, er macht uns keine Komplimente. Im eigenen Kreis ist das nicht nötig. Aber er gibt im Relief ein anschauliches Bild der grundlegenden Errungenschaften unseres Lebens. Er berührt alle Seiten unseres Sowjetlebens.«

Am stärksten zeigt sich der Besucher aus dem Westen beeindruckt durch die vorbildlichen Sozialeinrichtungen. Ausgleichszahlungen während der Schwangerschaft, kostenlose Krankenbehandlung und Kindererziehung, unentgeltlicher Besuch von Klubs, von Theater- und Musikveranstaltungen sind seit langem selbstverständlich geworden. »Über das, was Sowjetrußland in der Einrichtung von Sanatorien, Adaptierung von Kurorten, Villen, Schlössern und Klöstern zu gemeinnützigen Zwecken geleistet hat, läßt sich nicht sprechen, ohne den Ton kühler und kritischer Berichterstattung zu verlassen.«

Zum erstenmal gehört die Produktionssphäre zu den zentralen Anliegen des Reporters. Er besucht die Putilowwerke und eine Galoschenfabrik in Leningrad, inspiziert mehrere Werke und Kohlengruben im Donezbecken und macht sich mit der Erdölförderung in Baku vertraut.

Der Schriftsteller erhält Einblick in die wirtschaftlichen Probleme und Erfordernisse des riesigen Landes. Er erfährt, was sozialistischer Aufbau in der Praxis bedeutet. Trotz der Mängel gibt es überall erste Anzeichen künftiger Erfolge. Überall werden die Produktionsanlagen modernisiert, wird rekonstruiert und neu gebaut.

Die literarische Reportage, die er als selbständige Literaturgattung einzuführen versucht, gewinnt erst während seiner ersten Rußlandreise ihren Sinn und Inhalt, schreibt Kisch, seine Erfahrungen reflektierend. »Die Erklärungen, die mir die Arbeiter mit Besitzerstolz von ihren Maschinen, ihren Methoden, ihren Fabriken gaben, die Erfindungen und Ausgestaltungspläne, die sie mir in dem damals kläglich ausgestatteten Donezbecken vorlegten, die Absicht aller, den fremden Journalisten zu einem Genossen, zu einem Mitarbeiter, zu einem Propagator ihres Aufbauwerkes zu machen, ermöglichten mir überall dreidimensionale Darstellungen der Objekte – meine ersten richtigen Reportagen. Darüber hinaus mußte ich den politischen Sinn der wahrheitsgetreuen Berichterstattung, die Tendenz einer wahrhaft tendenzlosen Darstellung erfassen.«

Während die kapitalistische Welt Krise und Stagnation reproduziert, kann sich der Schriftsteller hier, ohne den Ton sachlicher Berichterstattung zu verlassen, für ein großes, hoffnungsvolles Werk einsetzen. Der beliebig kombinierbare Einzelbericht tritt zurück hinter dem Streben nach weitgespannter, großräumiger Darstellung eines anderen Landes. Egon Erwin Kisch wird zu einem leidenschaftlichen und literarisch überzeugenden Verteidiger und Propagandisten des jungen Sowjetstaates.

Verschiedene Berichte über seine Reise veröffentlicht Kisch schon im Sommer 1926 unter dem Titel »Recherchen in Rußland« in dem von Stefan Großmann herausgegebenen »Tage-Buch«. Auch die »Rote Fahne« und die Zeitschrift »Das neue Rußland« bringen Vorabdrucke aus dem in Vorbereitung befindlichen Reportageband.

Kaum aus der Sowjetunion zurückgekehrt, geht Kisch mit seinen Eindrücken und Erfahrungen hinaus in die Öffentlichkeit. Von Gruppen und Organisationen eingeladen, steht er Rede und Antwort. »... in Berlin muß ich jetzt soviel berichten, soviel gesellschaftlichen, d. h. freundschaftlichen, Verpflichtungen nachkommen, daß ich nicht einmal zur Beantwortung Deines guten Briefes kam«, entschuldigt er sich bei der Mutter.

Die Rußlandreise hat seinen Arbeitsenthusiasmus verdoppelt. Immer wieder kommt er auf die Erlebnisse in der Sowjetunion zurück. Die Begegnungen im Lande Lenins haben seine Weltsicht erweitert, seinen politischen Standort gefestigt.

Von 1926 an arbeitet Kisch regelmäßig in der deutschen Arbeiterpresse mit. Immer öfter sind Beiträge von ihm in der »Roten Fahne«, der »Arbeiter-Illustrierten-Zeitung«, in der »Welt am Abend« oder in der Zeitschrift »Das neue Rußland« zu finden. Mit seinen Reportagen, Kriminalberichten, Feuilletons und Glossen trägt er dazu bei, die proletarische Presse farbiger, vielseitiger zu machen.

Daneben schreibt er weiter für bürgerliche Zeitungen und Zeitschriften, für das »Prager Tagblatt«, die »Vossische Zeitung«, die »B.Z. am Mittag«, die »Berliner Montagspost«, die »Frankfurter Zeitung«, die »Literarische Welt«, die »Neue Bücherschau«, die »Internationale Filmschau«, das »Tage-Buch«, die »Weltbühne«.

Mit der gewachsenen Publizität muß der Berichterstatter differenzierteren Leseansprüchen genügen. Er muß den Forderungen einer gesellschaftlichen Wirklichkeit entsprechen, deren Gesetze für viele seiner Leser im dunkeln liegen. Die soziale Verantwortung, die soziale Funktion des Schriftstellers tritt ins Zentrum seiner Überlegungen.

Nach der Rückkehr aus der Sowjetunion 1926 schreibt Kisch jenen grundlegenden Essay, mit dem er die eigene Position und die Stellung der Reportage in der Zeit zu bestimmen sucht: »Soziale Aufgaben der Reportage«. »Jeder Reporter, will sagen der Schriftsteller und

Journalist, welcher Umstände oder Begebenheiten um ihrer selbst willen aus eigenem Augenschein wahrheitsgemäß darzustellen sich bestrebt, wird bei dieser empirischen Beschäftigung wohl oder übel zu einem Endergebnis gelangen: zu der Erkenntnis, daß weitaus die Mehrheit aller scheinbar so heterogenen Ereignisse und das von ihnen und durch sie hervorgerufene Interesse auf gemeinsamer Basis fußen. Geradezu die Probe auf das Exempel, ob ein Reporter mit Intelligenz und Instinkt sich wirklich der Wahrheitsliebe beflissen hat, ist der Grad dieser *sozialen Erkenntnis.*«

Den Weg von der Erforschung, Registrierung einfacher Tatsachen zur sozialen Erkenntnis, zum Sozialismus, so konstatiert Kisch, sei die Reportage von Anbeginn gegangen. Das präzise Erforschen und sachliche Abbilden gesellschaftlicher Wirklichkeit führt zwangsläufig zur Bestätigung des wissenschaftlichen Sozialismus. Die Wahrheit steht in Übereinstimmung mit der aufsteigenden Klasse. Jede wirkliche Kunst müsse sich daher gegen die Lügen richten, mit denen die herrschenden Klassen die Unterdrückung der anderen motivieren.

Die Linie der revolutionär-lebendigen Kunst wird von jenen fortgeführt, die mit dem angreifenden Proletariat gegen die herrschende Klasse kämpfen. »Da das Proletariat sein ideologisches Ankerstück im dialektischen Materialismus hat, ist seine Kunst naturalistisch im Thema, sachlich und dokumentarisch.«

Seiner gesellschaftlichen Verantwortung als Schriftsteller sucht Kisch auf verschiedenen Ebenen gerecht zu werden. Seit 1924 gehört er dem Schutzverband Deutscher Schriftsteller an. Er arbeitet in der 1925 gegründeten »Arbeitsgemeinschaft kommunistischer Schriftsteller« mit und setzt sich für eine politische Aktivierung im Rahmen des Schutzverbandes ein.

Mitunter nimmt er an Tagungen der linksgerichteten Schriftstellervereinigung »Gruppe 25« teil. Diese von Rudolf Leonhard ins Leben gerufene Gruppe betrachtet es als ein wichtiges Anliegen, auf Fehlentwicklungen und reaktionäre Tendenzen im geistigen und politischen Leben der Weimarer Republik aufmerksam zu machen. Im Zusammenhang mit den öffentlichen Attacken gegen den Roman »Levisite oder Der einzig gerechte Krieg« von Johannes R. Becher veranstalten die Mitglieder im November 1926 eine Art Gerichtsverhandlung. Alfred Döblin tritt als »Ankläger« auf, Egon Erwin Kisch steht ihm als »Verteidiger« gegenüber. Als »Gerichtsvorsitzender«

fungiert Bertolt Brecht, neben sich die »Schöffen« Klabund und Rudolf Leonhard.

Selbstredend gehört Kisch auch zu den Initiatoren der Protestbewegung gegen das Hochverratsverfahren, das das Reichsgericht gegen Johannes R. Becher anstrengt. Er ist einer der Redner auf der Kundgebung im September 1926 gegen das beabsichtigte »Schmutz- und Schundgesetz«. Er arbeitet in der Roten Hilfe mit und setzt sich für Journalisten- und Schriftstellerkollegen ein, die wegen ihrer Gesinnung und ihres politischen Kampfes verhaftet und verurteilt worden sind. Er erhebt Anklage gegen die Behinderung und Diskriminierung der kommunistischen Presse.

Der publizistische Kampf Egon Erwin Kischs gegen die politische Justiz in der Weimarer Republik ist vor allem mit dem Namen Max Hoelz verbunden. Hoelz, der Bürgerschreck, der Draufgänger, der mutige Rebell gegen die kapitalistische Gesellschaft, steht dem Schriftsteller persönlich nahe. Kisch schreibt ihm Briefe, schickt Bücher, besucht den Häftling im Zuchthaus, hilft Kassiber ins Gefängnis schmuggeln. Max Hoelz nennt ihn seinen Freund.

Die kühnen Streifzüge des »roten Generals« im Vogtland, sein entschlossener Kampf nach dem Kapp-Putsch 1920, sein mutiger Einsatz während der Märzkämpfe 1921 in Mitteldeutschland machen Hoelz zu einer legendären Figur der revolutionären Arbeiterbewegung. Sein Wagemut, seine Tatkraft beflügeln die Arbeiter in ihrem Kampf, verbreiten Furcht und Schrecken im deutschen Bürgertum.

Im Juni 1921 wird Max Hoelz »wegen Hochverrats in Tateinheit mit Totschlag an dem Gutsbesitzer Heß« zu lebenslänglichem Zuchthaus verurteilt. »Von der Verhängung der Todesstrafe wurde vom Gericht Abstand genommen, weil ihm der Beweis des Mordes im Falle Heß nicht ausreichend geführt erschien.«

Hier setzt die von der Kommunistischen Partei und der Roten Hilfe geführte öffentliche Kampagne ein, an der Kisch maßgeblich beteiligt ist. Namhafte Persönlichkeiten, Organisationen bemühen sich, ein Wiederaufnahmeverfahren durchzusetzen. Es liegen Beweise vor, daß Hoelz an der Erschießung des Gutsbesitzers nicht beteiligt sein konnte.

Im September 1926 meldet sich der Bergmann Erich Friehe aus Halle. Er gehörte im März 1921 zu einem Trupp aufständischer Arbeiter im Mansfeldischen. Bei einer Auseinandersetzung mit dem

Die Sprecher auf der Berliner Kundgebung für Johannes R. Becher und gegen die Zensur in der Weimarer Republik. Von links nach rechts, stehend: Erwin Piscator, Wieland Herzfelde, Franz Höllering, Egon Erwin Kisch, Alfred Wolfenstein, Ernst Toller, Erich Mühsam, Kurt Kläber, Erich Weinert; sitzend: Georg Ledebour, Alfred Apfel, Arthur Holitscher

Gutsbesitzer von Roitschgen, der zu den Führern der Kappisten gehörte, schoß er in einer Notwehrsituation auf Heß. Mit seinem Geständnis hielt er sich zurück, weil er glaubte, Hoelz damit nicht helfen zu können.

»Vor mehr als dreiviertel Jahren«, schreibt Kisch in der »AIZ« vom 5. Juni 1927, »wurde in dem Kreis von Menschen, die entschlossen waren, von der im Fall Max Hoelz aufgeführten Justizkomödie nunmehr mit allen Mitteln den Schleier abzureißen, die entschlossen waren, die gesamte Öffentlichkeit über die Verleumdung aufzuklären, mit der das unhaltbare Urteil vorbereitet worden war, die Tatsache bekannt, daß ein Arbeiter in Halle den Totschlag an dem Gutsbesitzer Heß begangen habe, die Tat, die als Vorwand gedient hatte, um den Revolutionär Max Hoelz lebenslänglich ins Zuchthaus zu sperren.«

Durch Artikel und Veröffentlichungen hilft Kisch, den Fall Hoelz publik zu machen. Er gibt »Briefe aus dem Zuchthaus« von Max Hoelz heraus. Im Nachwort dazu heißt es: »Jeder, der mit dem Fall

Max Hoelz zu tun hat, auch der Gegner, muß erkennen, daß mit der Verurteilung zu lebenslänglicher Zuchthausstrafe und lebenslänglicher Ehrlosigkeit ein Justizmord verübt wurde, wie ihn krasser und unentschuldbarer die Kriminalgeschichte Europas nicht kennt.«

Über die Arbeiterbewegung hinaus wird das Interesse wachgerufen für den lebenslänglichen Häftling. Ein Max-Hoelz-Komitee, dem namhafte Künstler und Gelehrte angehören, wendet sich in Aufrufen und Versammlungen an die Öffentlichkeit. Die Kampagne zur Befreiung von Max Hoelz wird zur Massenbewegung.

In einer Broschüre unter dem Titel »Sieben Jahre Justizskandal Max Hoelz« faßt Kisch die Bemühungen um Freilassung des Eingekerkerten zusammen. Es geht nicht allein um Max Hoelz, es geht um die Befreiung aller Opfer der Klassenjustiz in Deutschland.

Der Antrag auf Wiederaufnahme des Prozesses von Max Hoelz wird Anfang Februar 1928 dem Reichsgericht zugeleitet. Er umfaßt hundertvierzig Schreibmaschinenseiten. Antragsteller sind der Rechtsanwalt Dr. Alfred Apfel und Felix Halle.

Wochenlang liegt der Antrag dem Reichsgericht zur Prüfung vor. Schließlich können sich die Behörden der Beweisführung nicht länger verschließen. Am 18. Juli 1928 erhält Alfred Apfel vom preußischen Justizministerium die Mitteilung, daß die Freilassung von Max Hoelz angeordnet sei.

Noch am gleichen Abend fährt Kisch mit dem Wagen nach Sonnenburg. Er gehört zu jenen, die Max Hoelz aus dem Zuchthaus nach Berlin begleiten.

Am 19. Juli 1928 kehrt Hoelz in die Hauptstadt zurück. Hunderttausende säumen die Straßen, um den befreiten Gefangenen zu begrüßen. Kisch schreibt in der »Roten Fahne«: »So hat das Berliner Proletariat – trotzdem die Sozialdemokratie die riesenhafte Volksbewegung für die politischen Gefangenen zu verkleinern bestrebt war – gestern in einer noch nie gesehenen Weise die Straßen der Arbeiterviertel und den Lustgarten gefüllt, um ihr Werk zu sehen, die Befreiung eines Revolutionärs durch die Macht der Idee und die Durchschlagskraft der revolutionären Partei.«

Gerade beim Einsatz für Max Hoelz mögen Erinnerungen aufsteigen an die Revolutionstage in Wien 1918/19. In die Äußerungen von Kisch kehrt das sozialrevolutionäre Pathos jener Zeit zurück. »Jeder kann sein Bestes leisten«, sagt er, »wenn er von einem ehrlichen Willen zur Sachlichkeit und zur Wahrheit beseelt ist und geleitet ist von sozialem Gefühl, von der Absicht, den Unterdrückten und Entrechteten durch seine ungeschminkte Zeugenaussage zu nützen und zu helfen.«

Um wahrheitsgetreu berichten zu können, braucht der Schriftsteller weites Blickfeld, genaue Detailkenntnis. In jedem Jahr unternimmt Kisch mindestens eine größere »journalistische Entdeckungsreise«. Im Sommer 1926 hält er sich mehrere Wochen in den Niederlanden auf und schreibt eine Artikelserie darüber. Im Januar und Februar 1927 bereist er Algerien und Tunesien.

Die Sammlung »Wagnisse in aller Welt« stützt sich zu einem wesentlichen Teil auf Berichte über die Nordafrika- und Mittelmeerreise.

Wieder einmal, so suggeriert Kisch seinem Leser, hat der Zufall Reporterschicksal gespielt.

»Wie aber, fragt der Leser nicht ohne Berechtigung, wie aber sind Sie denn überhaupt nach Afrika gekommen?

Der Weg war so:

Ich saß im Kaffeehaus und dachte gerade nach, ob ich zu ihr nach Halensee fahren oder lieber das Fahrgeld sparen (einmal muß man doch mit dem Sparen anfangen) und mir dafür noch einen Kognak bestellen solle, als ein wildfremder Herr auf mich zutrat und mich fragte, ob ich für Januar frei sei. Dabei kniff er das linke Auge ein und musterte mich ziemlich unverschämt von rechts und links.

Ich verkniff gleichfalls ein Auge und mir eine beleidigende Antwort und erwiderte bloß, ich sei so frei, frei zu sein, für Januar und gegebenenfalls – für den halben Februar.

›Das trifft sich ausgezeichnet‹, sagte der wildfremde Herr, ›da kannst du Mittwoch mit uns nach Afrika fahren.‹

Der wildfremde Herr, der mich duzte, zog sein Notizbuch hervor. Wie ich heiße. Ich nannte meinen Namen, worauf er sich gleichfalls vorstellte: ›Garden.‹

›Was ist es denn diesmal für eine Sache?‹

›Grätz hat im Atelier gespielt, und du wirst bei den Außenaufnahmen seine Konterfigur machen.‹

Garden bot mir außer den Reisespesen acht Mark pro Tag, aber er schien erwartet zu haben, daß ich zehn verlangen werde, denn als ich

Zeichnungen von Egon Erwin Kisch während seiner Reise durch die Niederlande 1926

zehn verlangte, bewilligte er sie mir, gab mir einen Zettel, und morgen möge ich mich mit meinem Paß im Atelier einfinden, in Tempelhof.

Morgen fand ich mich im Atelier ein und wurde dem Regisseur vorgeschleift. Der stand gerade inmitten des Frauenhauses von Algier, das zwar aus Pappe, aber auch nicht von Pappe war, und brüllte die Paare aus dem Megaphon an: ›Ihr benehmt euch ja wie auf einem Ball bei Kommerzienrats, vergeßt nicht, wo ihr seid!‹ Endlich benahmen sich die Paare so, wie es sich schickt für ein Frauenhaus in Algier, sie drehten sich und wurden gedreht, und als alle fertig waren, hatte der Regisseur Zeit, beguckte mich von rechts und links und sah, daß ich gut war, nur die Nase gefiel ihm nicht. ›Die Nase müssen wir etwas kaschieren‹, verfügte er zu Herrn Garden, ›nehmen Sie jedenfalls alle Photos von Grätz mit.‹

Am Mittwoch, dem 26. Dezember 1926, um acht Uhr abends fuhr das Ensemble in afrikanischer Richtung ab, erster Klasse, Schlafwagen. In der dritten Klasse saß nur der junge Hilfsoperateur und ein als Typ für diesen Film engagierter Mann, dessen Namen weder das Ensemble noch das internationale Kinopublikum kannte, der aber bald von sich reden machen sollte.«

So debütiert Egon Erwin Kisch in dem von der Ufa gedrehten Film »Die Frauengasse von Algier« als Schauspieler. Und er schickt unverzüglich eine Nachricht darüber an die Redaktion der »Internationalen Filmschau« in Prag mitsamt einem Foto, auf dem er im Kreise der Filmdarsteller zu sehen ist.

Der Schriftsteller-Komödiant agiert als Komplice eines Mädchenhändlers. Seine Aufgabe besteht darin, die Heldin der Geschichte, gespielt von Camilla Horn, ins Bordell zu bringen. Keine schlechte Rolle für den Autor des »Mädchenhirten«. Die Zeitungen schreiben, Kisch zeige sich mit Milieu und Materie vollständig vertraut und lasse den Anfänger kaum merken.

Solcherart sitzt Egon Erwin Kisch, will man seinen Auslassungen vertrauen, als arabischer Bettler verkleidet, mit zerrissenen Sandalen, zerlumpten Hängehosen und schäbigem Burnus im Elenden- und Prostituiertenviertel Algiers herum, auf seinen Auftritt wartend. Nebenher jedoch betreibt er mancherlei anderes. Er durchstreift die Gäßchen der Kasbah, besucht die Gerichtsstube in der Moschee, um die Justiz gegen Eingeborene kennenzulernen. Er taucht ein in eine

Welt, die zunehmend sein Interesse beansprucht, eine Welt, gezeichnet von kolonialer Unterdrückung und Ausbeutung.

Reisen dieser Art bringen reiche Ausbeute. Rasch gilt es, die Eindrücke und Erfahrungen zu verarbeiten, denn schon drängen neue Aufgaben. Die Gesetze des kapitalistischen Buchmarktes sind hart. Ein namhafter Autor muß nicht nur hin und wieder im Romanischen Café zu sehen, er muß auch regelmäßig mit interessanten Neuerscheinungen präsent sein.

Im März 1927 zieht sich Kisch in die Märkische Schweiz nach Buckow zurück, um drei neue Bücher fertigzumachen. Im April erscheint das »Kriminalistische Reisebuch«, im Mai kommt die Sammlung »Zaren, Popen, Bolschewiken« heraus, im Sommer liegen die »Wagnisse in aller Welt« vor.

Der Reportagenband »Wagnisse in aller Welt« setzt die mit dem »Rasenden Reporter« begonnene Reihe fort. Wieder sind Berichte aus verschiedenen Ländern und Zeiten in bunter Folge vereinigt. Der Untertitel »Abenteuer in drei Kontinenten« zeigt an, daß der Autor über Europa hinausstrebt, mehr »Welt« einbringen will. Die Afrika- und Asienreportagen lassen Vorgänge und Begebenheiten zu Hause in anderem Lichte erscheinen.

Spannung und Wechsel bleiben gewahrt. »Dieser Mensch ist wie wenige in allen Sätteln gerecht, mit allen Wassern gewaschen, mit allen Hunden gehetzt und in einem gewissen Sinne eine Wedekindsche Figur«, schreibt Kurt Kersten über Kisch. »Er ist zugleich ein Verwandlungskünstler höherer Art, kein Kostüm, in das er nicht zu schlüpfen vermöchte.«

Solche »Verwandlungskunst« gestattet es, weit Auseinanderliegendes, kaum Vergleichbares in einen Zusammenhang zu stellen. Was den Menschen in Algerien, Indien oder China angetan wird, bleibt nicht ohne Einfluß auf die Situation der Arbeiter in Europa. Bei aller Vielfalt und Heterogenität der Bilder und Begebenheiten lassen sich Gemeinsamkeiten, Gesetzmäßigkeiten nicht übersehen.

Die Aufträge häufen sich. Von allen Seiten wird Kisch bestürmt, Artikel zu schreiben, Vorträge zu halten, Umfragen zu beantworten, Interviews zu gewähren. Man reißt sich um den renommierten Schriftsteller, den witzigen Geschichtenerzähler, den amüsanten Gesellschafter.

Egon Erwin Kisch als Derwisch unter marokkanischen Kindern

In Briefen an die Mutter klagt Kisch über »wahnsinnig viel Arbeit«. Seit Jahren habe er nicht in dem Tempo gearbeitet wie in den letzten Monaten.

Der »Rummel« in Berlin kollidiert mit den Verpflichtungen, die der Autor Redaktionen, Verlagen gegenüber eingegangen ist. Die »Beliebtheit« wird zur Bürde. Immer öfter muß sich Kisch für einige Wochen zurückziehen, um ungestört arbeiten zu können. Vortragsreisen bieten willkommene Gelegenheit, für ein paar Wochen aus Berlin zu verschwinden.

»Viel Arbeit und noch mehr Rummel«, heißt es Ende 1927 in einem Brief, »ununterbrochen klingelt das Telefon, ununterbrochen sind Leute da, ich verdiene genug Geld, aber die meisten Menschen halten einen nur auf oder wollen Gefälligkeiten unmöglicher Art. Es sind keine Prager mehr, Berlin ist für die tschechoslowakische Währung derart teuer, daß niemand mehr herkommt, aber leider habe ich hier schon dieselbe Bekanntenzahl und sogenannte ›Beliebtheit‹, die ich daheim hatte, und noch stärker. Ich entfliehe oft, habe in den letzten Tagen in Düsseldorf, Köln, Danzig, Wittenberg Vorträge gehalten (zweimal im Radio).«

13.
»Ich habe viel gelacht«

Die Vereinigten Staaten, durch den Weltkrieg reich geworden, wirtschaftlich, politisch erstarkt, werden in den zwanziger Jahren zum Leitbild kapitalistischer Welt. Die amerikanische Sozialordnung liefert das Modell für eine scheinbar unbegrenzt prosperierende Gesellschaft. »Man muß die Menschen zum Wohlstande führen«, schreibt Henry Ford. »Der Pöbel ist ohnmächtig außer zur Zerstörung.« Wolkenkratzer, Jazz und Hollywoodfilme dienen als flimmernde, tönende Kulisse.

Der harte, aber unaufhaltsame Weg vom »Tellerwäscher zum Millionär« wird in der Literatur unzählige Male variiert. Auch der Autokönig Henry Ford begann als Mechanikerlehrling. Seine Ende 1923 in Deutschland erschienene Autobiographie »Mein Leben und Werk« erreicht eine Auflage von zweihunderttausend Exemplaren.

Das »Wunder« Amerika mit seinen wirtschaftlichen, technischen Leistungen übt auf viele Menschen in Europa eine große Anziehungskraft aus. Amerikanisierung heißt das »Modewort von Siemens und Wertheim und Ullstein bis zum ADGB«, wie Otto Heller sagt. Eine Vielzahl von Reiseskizzen und Reportagen über die Vereinigten Staaten kommt heraus. »Wir hielten uns an Amerika«, heißt es 1930 in einer Besprechung von Amerikabüchern. »Amerika war eine gute Idee; es war das Land der Zukunft ...«

Dem Amerikabild der Reklame und der Reiseschriftsteller steht eine Realität entgegen, wie sie sich in den Büchern von Jack London, Upton Sinclair oder Theodore Dreiser spiegelt, die in den zwanziger Jahren in deutschen Übersetzungen auf den Markt gelangen. Auf ihre Weise tragen auch sie dazu bei, die Faszination dieses Landes zu erhöhen. In den Romanen von Upton Sinclair präsentiert sich das moderne großstädtische Amerika mit seinen grandiosen Widersprü-

Egon Erwin Kisch im Romanischen Café zwanzig Minuten vor der Abreise in die USA, Oktober 1928

chen, seinen Konflikten, seinen sozialen Kämpfen. Upton Sinclair gehört zu den am meisten gelesenen ausländischen Schriftstellern in Deutschland.

Der »Neuen Welt« gilt seit langem die heimliche Sehnsucht des Entdeckungsreisenden Egon Erwin Kisch. Aber nachdem er mit »Zaren, Popen, Bolschewiken« seine politischen Sympathien so deutlich ausgesprochen hat, ist keines der großen bürgerlichen Blätter mehr bereit, eine solche Reise zu finanzieren. Dagegen bittet ihn 1928 eine sowjetische Zeitung, »jederzeit für eine Amerikafahrt disponibel zu sein«. Obwohl Kisch nicht recht an die Verwirklichung des Projekts glaubt, hält er sich den Sommer dafür frei.

Im Herbst 1928 läßt sich der Plan dann doch realisieren, offenbar auch in Absprache mit dem »Tage-Buch«, wo die USA-Rapporte von Januar 1929 an abgedruckt werden.

Mehr als jede andere Entdeckungsfahrt erscheint die Amerikareise als ein Abenteuer, von dem man nicht weiß, wie es ausgehen wird. Wird Egon Erwin Kisch überhaupt in die Vereinigten Staaten einreisen dürfen? Durch die sowjetischen Sichtvermerke in seinem Paß, durch sein öffentliches Eintreten für die amerikanischen Gewerkschaftsführer Sacco und Vanzetti hat er sich den amerikanischen Konsularbehörden längst verdächtig gemacht. Allein damit, sagt man, habe er sich für ewige Zeiten das Recht verscherzt, Gottes eigenes Land zu betreten.

Amerika ist eine Herausforderung und eine Bewährungsprobe für Kisch. Ursprünglich stehen ihm kaum mehr als zwei Monate zur Verfügung, viel zuwenig für ein Riesenland wie die Vereinigten Staaten. Werden die wenigen Wochen ausreichen, um gegen eine Flut von Amerikaliteratur zu bestehen?

Von London aus, wo er mit seinem Bruder Paul zusammen ist, tritt Kisch die Reise an. Der englische Passagierdampfer »Olympic«, der in Southampton und Cherbourg anlegt, bringt ihn über den Ozean. Am Abend des 30. Oktober 1928 landet er in New York, und drei Tage später meldet er der Mutter in Prag: »Also I am in New York – von immer weiter kommen meine Grüße zu Dir.«

Der »rasende Reporter« gerät mitten in den Rummel einer Präsidentenwahl. Auf dem Broadway, auf dem Times Square erlebt er am 6. November den Sieg des Republikaners Herbert C. Hoover über den Demokraten Alfred E. Smith.

Nach ein paar Wochen ist New York für den Berichterstatter schon nicht viel mehr als ein Anhängsel von Europa, »ein Nest – man muß immerfort Bekannte grüßen, wenn man über die Straße geht«. Entfernte Verwandte leben hier, Freunde, Mitschüler seiner Brüder, Prager Bekannte, die den renommierten Schriftsteller einladen, weiterempfehlen, mit den notwendigen Informationen versehen. Es dauert nicht lange, und er hat seinen gewohnten Tagesrhythmus gefunden mit Manuskriptarbeiten, Bibliotheksstudien, Erkundungsgängen, Theater-, Bar- oder Partybesuchen. In New York will er natürlich nicht bleiben, »sondern in den Westen bis Chicago und San Francisco gehen, vielleicht sogar nach Hollywood«.

Über zwei Monate hält ihn der »Montsalwatsch auf senkrechtem Felsen«, und annähernd die Hälfte seiner Berichte erzählen von Menschen und Lokalitäten in dieser Stadt. Er schreibt über Verkehrsverhältnisse, besichtigt den Hafen, besucht eine Bank in der Wall Street und studiert die »nationale Industrie von USA«, die Kaugummi-Erzeugung. Er durchwandert die Slums von Harlem, macht sich mit den Lebensverhältnissen der ostjüdischen Konfektionsarbeiter vertraut und interviewt den Postmeister der Stadt. Auch den Besuch eines Football-Matches läßt sich der ehemalige Linksaußen vom Prager Ballspielklub »Sturm« nicht entgehen, und er müht sich redlich, Ablauf und Sinn dieses »gefährlichen Spiels« zu begreifen.

»E. E. Kisch hat eine Eigentümlichkeit, die ich immer sehr bejaht habe«, sagt Kurt Tucholsky, »er sieht sich in fremden Ländern allemal die Gefängnisse an. Denn maßgebend für eine Kultur ist nicht ihre Spitzenleistung; maßgebend ist die unterste, die letzte Stufe, jene, die dort gerade noch möglich ist.«

New York bietet eine Kollektion von Gefängnissen. Kisch sieht sich das City-Gefängnis an, die Gefängnisse auf »Westfare Island« im East River und natürlich Sing Sing, errichtet in den Jahren von 1825 bis 1828 und schon 1878 als gesundheitswidrig bezeichnet, »weil die Menschen in diesen Kerkerhöhlen unweigerlich an Lungenschwindsucht und Gicht zugrunde« gehen. Er wohnt einem der nächtlichen Schnellgerichte bei, dem »rollenden Band der Justizmaschine«, wo Menschen innerhalb weniger Minuten schuldig gesprochen, verwarnt oder freigesprochen werden. Und er ist nicht davor zurückzuhalten, das Leichenschauhaus aufzusuchen, wo er den »Helden der Unfallchronik, der Selbstmordchronik und der Kriminalchronik Auge in Auge« gegenübersteht.

Ähnlich wie in deutschen Strafanstalten erhält der Häftling in den USA gar keinen oder nur geringen Lohn für geleistete Arbeit. In Sing Sing wird der Sträfling für den siebenstündigen Arbeitstag mit anderthalb Cent bezahlt – eine vom nutznießenden Staat verübte Ungeheuerlichkeit. Der Plan, den Lohn auf zehn Cent zu erhöhen, eine noch immer menschenunwürdige Entlohnung, hat sich nicht durchsetzen lassen. Ohne Penny verläßt der Sträfling nach jahrelanger regelmäßiger und produktiver Arbeit das Gefängnis.

Auf der Gefängnisinsel im East River beobachtet der Reporter Neger beim Kohlenschippen. Sie müssen Überstunden machen. »Überstunden sind sonst eine vernichtende Arbeitsmethode, aber oft gut bezahlt. Hier werden sie nicht nur nicht gut, sondern überhaupt nicht bezahlt. Die ganze Arbeit leisten die Gefangenen unentgelt-

Straßenszene in New York

lich. Der winzige Formallohn, der in Europa eingeführt ist – nicht einmal der wird im reichen Amerika gewährt. (In Rußland erhalten Sträflinge den gleichen Lohn wie die in Freiheit befindlichen Arbeiter, ohne daß dadurch das Gefängnis aufhört, ein Gefängnis zu sein, ohne daß jemand einen Aufenthalt im Gefängnis leichtnehmen oder gar anstreben würde.)«

Die Zeit sitzt dem Reisenden im Nacken. Bereits im Januar 1929 soll er nach Europa zurückkehren. Seine finanziellen Mittel sind begrenzt.

Das Leben in den Vereinigten Staaten ist teuer. Mit Honoraren für Zeitungsartikel und mit Vorträgen läßt sich der Aufenthalt nicht annähernd bestreiten. Erst als die Mutter etwas Geld schickt, kann er großzügiger disponieren. »Ich bin froh, daß ich hierbleiben und das Leben eingehender studieren kann, ich danke Dir tausendmal, liebes Mutterl«, schreibt der Sohn nach Prag.

Wieder einmal kommt der Zufall zu Hilfe. Nach einer Vorlesung in der New-Yorker Volksbühne fragen die Veranstalter, ob Kisch in ihren Ortsgruppen in Kalifornien lesen wolle. Dreißig Dollar pro Abend würde er dafür erhalten. Er muß ablehnen, weil das Fahrgeld nicht reicht. Aber der Wunsch, den Westen der Staaten zu besuchen, ist stärker denn je.

Nicht viel später bietet sich die Möglichkeit, als Matrose auf einem Frachtschiff kostenlos nach Los Angeles zu fahren. Das Unerwartete, Unwägbare, die Würze jeder wirklichen Reiseerfahrung, stellt sich ein.

»Die ganze Geschichte, von der ich nicht weiß, wie sie ausgehen wird, ob sie überhaupt ausgehen wird und ob sie überhaupt eine Geschichte wird – denn ich beginne kurz nach ihrem Beginn ihren Beginn zu notieren, heute am 12. Januar 1929, und unsere Reise soll bis tief in den Februar hinein dauern! –

Die ganze Geschichte also begann im Internationalen Seemannsklub in New York.

Dort kam ich mit einem Burschen in ein Gespräch. Er hieß Harry Warwick, wie ich später erfuhr, aber voraussichtlich sind weder er noch sein Name von irgendwelcher Wichtigkeit für den weiteren Verlauf der Begebenheit, deren Anlaß und Ursprung er gewesen.«

Der Reisende verspricht sich von einem solchen Unternehmen, sagt er, weder Abenteuer noch Sensation, er sieht es eher als Zeitvergeudung an. Er wolle damit weder originell noch ein Nachahmer Jack Londons sein; viel lieber würde er die Fahrt quer durch die Staaten im Pullmanwagen zurücklegen. Der »kühne« Entschluß sei nichts anderes als das traurige Resultat einer schonungslosen Kassenbilanz.

Kisch braucht sich nicht zu entschuldigen. Spontaneität gehört zu seinem Arbeitsstil. Amerika ohne Hollywood und San Francisco ist nur das halbe Amerika. Zwangslage und Hang zum Abenteuer geben sich die Hand.

Von New York reist Kisch nach Baltimore, um auf der »Hannawah« oder »Jefferson Myers«, wie das Schiff in Wirklichkeit heißt, seinen »Dienst« anzutreten. In Washington macht er Station, um ins Weiße Haus zu gehen und dem Präsidenten die Hand zu schütteln. Am 10. Januar 1929 legt das Schiff ab, und der Leichtmatrose Kisch gondelt an der Ostküste der USA entlang. Geladen werden Stahlröhren, Rundeisen, Zinnblech, später auch Erdnüsse, Zigaretten, Karbid, Baumwollprodukte, Harz, Terpentin, Grapefruit. Die Arbeit ist hart und ungewohnt für den dreiundvierzigjährigen Schriftsteller.

Am 11. Januar liegt die »Jefferson Myers« im Hafen von Norfolk, am 14. Januar erreicht sie Savannah und in der Nacht zum 16. Januar die Hauptstadt von Georgia, Jacksonville, die letzte Station vor der Fahrt durch die Karibik. Vorbei an den Bahamas geht es zwischen Kuba und Haïti hindurch nach Panama.

Den Panamakanal durchfährt das Schiff am 23. Januar, und Kisch nutzt die Gelegenheit, sich in Prag zu melden: »Da ich heute auf einem Frachtdampfer, auf dem ich schon 14 Tage südlich fahre, an Florida und Westindien vorbei, durch den Panamakanal komme, wo Post abgeholt wird, so schreibe ich Dir, daß es mir wunderbar gut geht, was ich vor allem Dir verdanke. In drei oder vier Tagen segeln wir auch an Mexiko vorbei, aber ich werde Frau Grete nicht aufsuchen, da wir nicht ankern. Am 4. Februar bin ich in Los Angeles und Hollywood, der Filmstadt in Kalifornien, wo ich etwa eine Woche bleiben will, dann kommt San Francisco und schließlich über Chicago die Heimfahrt nach New York und Europa, wenn alles gut geht.«

Ungefähr vierzehn Tage hält sich Kisch in Hollywood auf. »Hollywood ist die Stadt der Sehnsucht für alle, die vom Ruhm und Geld des Films träumen. Hollywood ist das Paradies der Erde, wenn man

Egon Erwin Kisch als Leichtmatrose auf der »Jefferson Myers«, Januar 1929

den Filmzeitschriften und den Reklameartikeln der Zeitungen glauben darf. Wir wollen diesen Tatsachen nur eine kleine Ergänzung hinzufügen, nämlich die, daß keine Villenkolonie des ganzen Erdballs auf einem unfreundlicheren, scheußlicheren, unfruchtbareren Fleck steht als die von Hollywood. Es war Wüstensand, bevor die Filmindustrie aus Gründen der Beleuchtungsstärke und des Regenmangels ihre Garnisonen hierher verlegte, und es ist Wüstensand geblieben.«

Hollywood ist Brennspiegel und Kristallisationspunkt, der große Katalysator des »american way of life«. Was dem Besucher im amerikanischen Alltag vielerorts begegnet, scheint hier ins Grandiose, ins Groteske gesteigert. Für den aufs Visuelle gerichteten Literaten erweist sich Hollywood als wahre Augenweide.

Egon Erwin Kisch, durch seinen New-Yorker Aufenthalt, seine

Ozeanfahrt fast zum Amerikaner geworden, findet rasch Zugang. Nicht wenige Schauspieler und Regisseure, die er von Prag, Wien oder Berlin her kennt, arbeiten in Hollywood.

»Eben angekommen und von zwei bei allen Filmleuten beliebten Schauspielerkindern im Auto zu den Sehenswürdigkeiten Hollywoods geführt«, schreibt er, »geriet der ergebenst Unterfertigte in das Haus Emil Jannings'. Dort waren gerade viele Leute zum Abendbrot versammelt, und der ergebenst Unterfertigte wurde gleichfalls eingeladen, obwohl die Gesellschaft gesiebt und vornehm war.«

Bemerkenswert, was Kisch in den wenigen Tagen seines Hollywood-Aufenthalts an Fakten und an Geschichten zusammenträgt. Er durchstreift die Ateliers, besieht sich den »faulen Zauber« der Tricks und Illusionen, läßt die Landschaft und Architektur des Filmparadieses auf sich wirken und besucht den größten Kostümverleih, die Western Costume Company, mit deren Hilfe die Filmgesellschaften sich ausstaffieren.

Die Existenzverhältnisse der Schauspieler erklären vieles. Der Reporter sieht die Abhängigkeit von den großen Filmgesellschaften, wie der einzelne zwischen den Firmen ausgeliehen und gehandelt wird wie eine Ware. Hollywood ist das »Sing Sing der Filmbranche«. »Mancher nimmt's leichter, mancher nimmt's schwerer, mancher hält sich für glücklich, weil seine Zelle aus Gold ist, mancher hält sich für glücklich, weil er seine Zelle für Gold hält, und mancher hält sich für glücklich, weil die Daheimgebliebenen seine Zelle für Gold halten.«

Symptomatisch ist die Situation der Statisten. Dreizehntausend davon gibt es in Hollywood, fünftausend Männer, sechstausend Frauen und zwei- bis dreitausend Kinder. Für alle Filmtypen und Lebenslagen sind unzählige Bewerber vorhanden, die sich fast täglich melden müssen, wenn sie hin und wieder eine Anstellung erhalten wollen. Der ins Detail vernarrte Berichterstatter läßt sich alle ungewöhnlichen Berufe, Menschentypen und historischen Persönlichkeiten aufzählen, die in der Kartothek der »Central Casting Corporation« verzeichnet sind.

Höhepunkt des Kalifornientrips bildet die Begegnung mit Charlie Chaplin. Eines Tages fährt Kisch mit Upton Sinclair in eine der großen Filmentwicklungsanstalten, um einen Film abzuholen. Da kommt die Rede auf Chaplin.

»Chaplin? Ja, wir können uns inzwischen bei ihm aufhalten, wollen Sie?«

Natürlich will Kisch. Er hätte längst den Wunsch geäußert, bei ihm eingeführt zu werden. Aber er hat erfahren, alle Versuche, ihn kennenzulernen, seien erfolglos.

»Ja, er wird furchtbar überlaufen«, sagt Upton Sinclair, »mehr als hundert Menschen kommen täglich mit irgendwelchen Anliegen, um ihn zu sehen, ihm ihre Bewunderung auszudrücken, mit einem Projekt oder einem Pumpversuch.«

Chaplin dreht einen neuen Film: »City Lights« (»Lichter der Großstadt«). Als die beiden hereinkommen, ist Chaplin gerade an einem toten Punkt angelangt. Er bittet Upton Sinclair und den Besucher aus Europa, den toten Punkt überwinden zu helfen.

Bei der Arbeit finden Chaplin und Kisch schnell Kontakt zueinander. Beide haben manches gemeinsam in ihren Arbeitsmethoden. Sie gehen von bestimmten Erscheinungen und Situationen aus, die sie im Leben beobachtet haben. Von den Einzelheiten, den Episoden her formen sie ihre Geschichte. Wie Chaplin bei der Herstellung des Films, so überprüft Kisch bei seiner Reportage ständig die Arbeitsresultate und verändert die Akzente der Story.

Von Hollywood aus fährt Egon Erwin Kisch in der zweiten Februarhälfte nach San Francisco, dieser bunten, schönen Stadt, »in der die Straßenbahn über Wellen schaukelt«, der Geburtsstadt Jack Londons. Hier wird er mit einem alten Antiquar bekannt, der ihm stundenlang über Stadtgeschichte, über Kunstgeschichte und Sozialgeschichte erzählt. Er sucht alte Broschüren und Zeitungsblätter heraus über die frühe amerikanische Arbeiterbewegung, über das Goldfieber von 1848 und über den zu lebenslänglichem Zuchthaus verurteilten amerikanischen Arbeiterführer Tom Mooney.

Auf den Spuren Jack Londons geht er den Sacramento hinauf, um die legendären Goldfelder zu besichtigen und um die modernen Fördermethoden kennenzulernen. Der Reporter sieht, wie blühende Landstriche um des gelben Metalls willen in Wüste verwandelt werden. »Das, was wir die Leichname der Opfer nannten, ist das steinerne kahle Gerölle hinter dem Bagger, Kieselhaufen, zwischen denen tausend Jahre lang kein Grashälmchen sprießen wird. Wirklicher Wert geopfert um eines fiktiven Wertes willen, um Gold.«

Auch besucht er das befestigte Handelshaus des deutschen Ein-

Egon Erwin Kisch und Charlie Chaplin

wanderers Johannes August Sutter, wo im Frühjahr 1848 das große Goldfieber ausbrach, das Tausende in die Berge lockte und die Existenz Sutters und seiner Familie zerstörte. Auf acht Seiten erzählt Kisch die Geschichte dieses Goldfunds, eine Wildweststory so recht nach dem Geschmack ihres Autors. Er nennt sie »Die Ballade von Sutter's Fort«.

Nach dem Abstecher in die amerikanische Pionier- und Goldgräberzeit kehrt der Journalist in die nüchterne Gegenwart zurück. Mit der Eisenbahn fährt er durch Texas, Louisiana und Oklahoma nach Chicago und Detroit. In Chicago sieht er sich die Getreidebörse an, das Herz der amerikanischen Landwirtschaft, das den Spekulanten gehört und nicht den Farmern, das Versandhaus »Sears, Roebuck & Co.« mit seinen 32 000 Angestellten, dessen Katalog »wohl das verbreitetste Buch aller Jahrhunderte« ist, die gigantischen Wasserwerke der Stadt und die Stockyards, die Schlachthäuser, die durch den Roman »The Jungle« (»Der Sumpf«) von Upton Sinclair bekannt geworden sind.

Letzte Station ist Detroit. Detroit, das sind die Fordwerke, das Nonplusultra der Fließbandarbeit, bei der der Mensch nur noch als Anhängsel der Maschine, als Lückenbüßer einer unzulänglichen Technologie erscheint. Die Autobiographie von Henry Ford »Mein Leben und Werk« liefert die Maßstäbe der Beurteilung.

Der Besucher wird durch die besichtigungswürdigen Teile des Werkes gefahren. Was er sieht, ist ebenso beeindruckend wie bedrükkend. »Durch Gespräche mit Arbeitern das zu ergänzen, was einem gezeigt wird, gelingt innerhalb der Ford-Werke nicht; erstens hat keiner Zeit, zweitens hat keiner Lust, sich den Mund zu verbrennen. Unmöglich ist es aber, irgendwo in oder um Detroit jemanden kennenzulernen, ohne daß die Rede auf Ford kommt. Jedermann hat dort begonnen oder arbeitet dort, aller Herren Länder sind in des einen Herrn Land vertreten – eine Fremdenlegion der Industrie. Die Leute sprechen wenig von Politik und wissen auch nicht, welcher Art der Landsmann ist, der sich für ihre Erzählungen vom Betrieb so sehr interessiert. Dennoch äußern sie nichts als Klagen.«

Ende März 1929 ist Kisch wieder in New York, und am 1. April schreibt er der Mutter: »Die Reise war der Höhepunkt meines Lebens, Panamakanal, Los Angeles, Hollywood, San Francisco, Sacramento, Chicago, Detroit etc., es wird bis Weihnachten dauern, bevor alle Artikel erschienen sein werden.« Die ersten Berichte bringt das »Tage-Buch« seit Januar 1929.

Mitte April tritt der Amerikafahrer die Rückreise an, drei Monate später, als ursprünglich geplant. Angefüllt mit Eindrücken und Erlebnissen, erscheint ihm die Fahrt nach Europa fast langweilig. Er beginnt Bilanz zu ziehen und sucht ein Urteil zu finden.

Von Bord des britischen Passagierdampfers »Homeric« meldet er der Mutter: »Amerika war nicht nur die längste Reise meines journalistischen Lebens, sondern auch weitaus die ergiebigste, und ich habe eine wunderbare Zeit verlebt, wenngleich ich keinesfalls drüben leben möchte, die Leute haben überhaupt nicht das geringste Interesse an etwas anderem als am Dollar, die kulturelle Verwahrlosung ist unbeschreiblich.«

»Paradies Amerika« erscheint im Herbst 1929. Ein Buch, das seinem Autor leicht von der Hand gegangen ist. Schon bei der Rückkehr nach Europa liegt ein wesentlicher Teil der Berichte vor.

Im November 1929 zeigt Kisch die Neuerscheinung im »Tage-Buch« an. Er versucht seine Eindrücke auf eine Formel zu bringen. Um verbaler Effekte willen entgeht er nicht der Gefahr unangemessener Generalisierung. »Die Lebensbedingungen, die Arbeitsmethoden sowie die geistigen und erotischen Wirkungen sind von San Francisco bis Boston mathematisch gleich. Amerika ist nicht mehr das Land der unbeschränkten Möglichkeiten – *Amerika ist das Land der unmöglichen Beschränktheiten.*«

Der kritische, satirische Tenor der Betrachtung ist vorgegeben. Dabei weiß der Reisende, bei aller Neigung zu parodistischer Übertreibung und spöttischer Entlarvung, die Vorzüge amerikanischer Lebensweise wohl zu würdigen.

Ihm imponiert, neben den technischen Wunderwerken, die Lebensart der Amerikaner, der legere Umgang miteinander. Wenn auch jeder nach den Dollars bemessen wird, die er verdient, so sind persönliche Beziehungen nicht von vornherein damit belastet. »Äußerliche Betonung eines Standesunterschiedes, das Distanzhalten und das Katzbuckeln, der Begriff des Respektsverhältnisses, all das, was in Europa und insbesondere in Deutschland jeder Zigarrenfritze von seinem ›Untergebenen‹ verlangt, existiert nicht.«

Der Interviewer kann fast in jeden Betrieb hineingehen, sich alles ansehen und sich von den Arbeitern die Leistungen erklären lassen; niemand kümmert sich darum. »In Deutschland würde der Besuch eines Journalisten in der AEG den Verdacht wachrufen, der junge Mann wolle morgen eine Elektrizitätsgesellschaft mit billigeren Bezugsbedingungen eröffnen. Ein kleiner Erzeuger von Schaufensterpuppen in der Rosenthaler Straße begann einst zu schlottern vor einem Reporter, der durch eine Bemerkung etwas Fachkenntnis verriet: ›Um Gottes willen, Sie wollen meine Fabrikgeheimnisse abgukken, um selbst ein solches Unternehmen zu gründen!‹«

Beim Besuch der New-Yorker Public Library, in der er seine Studien treibt, gerät der Berichterstatter ins Schwärmen. Jeder Passant der Fünften Avenue kann in die Bibliothek hinaufgehen, einen Zettel ausfüllen, und nach wenigen Minuten steht das bestellte Buch auf seinem Platz. Keine Eintrittskarte, keine Legitimation und keine Gebühr sind erforderlich. Man stempelt eine Anzahl von Zetteln mit seinem Namen und schreibt die Signatur auf. Überall stehen feuersichere Schränke für die Notizen der Benutzer und Schreibmaschinentische zur Verfügung.

Mit der Schilderung der Überfahrt setzt der Report ein, die Schiffspassage von Baltimore nach Los Angeles zählt zu den Herzstücken des Bandes, und mit einer Autotour von Hollywood nach San Francisco endet die Sammlung. Einen Abend, eine Nacht und einen halben Vormittag fährt der Schriftsteller die pittoreske Küstenstraße nordwärts, »immer am Ufer des Pazifischen Ozeans, halb Kalifornien entlang, die Straße der Konquistadoren, die Straße der Missionare, die Straße der mexikanischen Soldaten, die Straße der Goldgräber«. Der Bericht schließt mit einer Liebeserklärung an die Stadt San Francisco, an die Menschen dieses Landes, an seine Arbeiter und Revolutionäre und an seine großen Schriftsteller.

Wie in allen seinen Reisebüchern weicht der Verfasser bei der Anordnung der Reportagen von der Route ab. Durch ständigen Wechsel des Schauplatzes und der Erzählweise meidet er jede Monotonie, versucht er eine innere Einheit herzustellen. Bei der Vielfalt der Eindrücke und Begegnungen soll sich der Leser stets das Ganze, bei der Flucht der Erscheinungen stets das Wesen vor Augen halten.

Der Weg nach Amerika sei mit guten Reisebeschreibungen gepflastert, sagt Kisch. »Drüben erhält man überdies Bibliotheken von Prospekten und merkt nun, daß jene die Wirkung von diesen seien, daß kein Schilderer sich der gigantischen Reklame, der gigantischen Selbstzufriedenheit von USA zu entziehen vermochte. Dennoch zweifelt man noch nicht daran, daß das Gepriesene auch wirklich preisenswert sei. Erst empirisch erfuhr ich: Fast alles ist Schwindel, fast alles furchtbar oder komisch ...«

Der Autor schaut sich gleichsam über die Schulter bei seinem Bemühen, dieses ungewöhnliche Land zu erkunden und zu erkennen. Ständig vergleicht er zwischen der Wirklichkeit, wie sie ihm entgegentritt, und dem Bild, wie es ihm von der Literatur und von den Zeitungen suggeriert wird.

Überall werden seine Lachmuskeln in Bewegung gesetzt. Alle menschlichen Beziehungen sieht er ins Groteske verzerrt. Kisch erlebt Amerika nicht nur mit den Augen eines europäischen Reisenden, er betrachtet es stets auch mit den Augen Charlie Chaplins, John Reeds oder Upton Sinclairs.

Selten kann der Schreiber seiner Neigung zum Burlesken so sehr nachgeben wie hier. Das Reisebuch ist angefüllt mit komischen Situationen und Begebenheiten, voller Wortspiele und heiterer Bloßstellungen.

F. C. Weiskopf nennt »Paradies Amerika« das beste Buch, das Kisch bisher geschrieben habe. Die Kritik bewundert vor allem den Spürsinn, die Entschlossenheit des Reporters, an einem Tag, in ein paar Stunden das Charakteristische einer Stadt, einer Institution, eines Menschen herauszufinden. Wo er hinkomme, schließen sich ihm die Verhältnisse auf.

Kurt Kersten meint, Kisch habe einen unfehlbaren Instinkt für Wirkungsvolles, er könne Belanglosigkeiten interessant machen, erwecke Neugier, verlocke immer wieder zur Lektüre.

»Kisch hat in Amerika viel gesehen«, bemerkt Kurt Tucholsky, »und er hat, was er gesehen, gut erzählt, lebendig erzählt, frisch erzählt. Man hat nicht den Eindruck, er sei nur hingegangen, um auf alle Fälle in Amerika alles schlecht zu finden – aber er ist marxistisch geschult und läßt sich nichts vormachen. Nur ein Amerikaner wird beurteilen können, ob er nun auch alles so gesehen hat, wie es wirklich ist – aber wie ›ist‹ ein Land? Der das Land beherrscht, wird ein andres Bild haben als der, der es erleidet; Kisch ist bei den Leidenden gewesen. Das Buch enthält eine Fülle von Material; ein Glanzstück bester Darstellungskunst ist das Kapitel von der Küstenschiffahrt nach Kalifornien. Es sind kleine Bilder aus einem großen Lande, Rohmaterial für jene gewichtigen Bücher, die die ›geistigen Strömungen eines Landes‹ untersuchen, meist, ohne daß die Verfasser die Quellen kennten.«

Das Bewußtsein, daß sich in jedem Einzelschicksal, in jeder Episode »das große Schicksal der Menschheit« spiegelt, gibt den Reportagen Perspektive und Historizität. Die Reisebücher über die Sowjetunion und die Vereinigten Staaten stecken den Rahmen ab für die welthistorische Auseinandersetzung zwischen Sozialismus und Kapitalismus. Von jedem Ort aus sind jetzt Vergleiche, Gegenüberstellungen, Bezüge möglich. Ein direkter Appell an den Leser ist überflüssig; der Berichterstatter vertraut der emotionalen und intellektuellen Kraft seiner Darstellung.

Im großen Reportagezyklus, im Zusammenfügen wesentlicher Details und charakteristischer Begebenheiten versucht der Schriftsteller ein Gesamtbild zu geben. Der »lebendige Zusammenhang mit der aufstrebenden Klasse« versetzt ihn in die Lage, »die wirkliche Welt zu sehen und sie von der Scheinwelt zu unterscheiden«. Mit seinen Berichten hilft er, falsche Vorstellungen über andere Länder und Völker auszuräumen, Illusionen zu zerstören, Gesetzmäßigkeiten und Gemeinsamkeiten zu erkennen, die wichtig werden im Kampf der Arbeiterbewegung.

Die Diskrepanz zwischen Illusion und Wirklichkeit in der kapitalistischen Welt, die ihre klassische Ausprägung in den USA, ihren symbolhaften Ausdruck durch Hollywood und Hollywoodfilme gefunden hat, wird zu einem zentralen Motiv im Werk Egon Erwin Kischs. Durch pointiertes Gegenüberstellen von Anspruch und Realität werden komische Wirkungen erzielt, wird durch Lachen Erkenntnis vermittelt. Mit den Mitteln des authentischen Berichts, der heiteren Kontrastierung entlarvt Kisch die Verlogenheit einer Presse und Literatur, die menschenunwürdige Zustände rechtfertigt und verklärt. Er zeigt das Lächerliche und Groteske der »gigantischen Reklame« und Manipulation zum Schutze von Eigentum und Profit, aber auch die Bedrohungen und Gefahren.

Spätestens mit seinem Buch »Paradies Amerika« weist sich Kisch als ein bedeutender humoristischer und satirischer Schriftsteller aus. Humor wird für ihn geradezu ein Kriterium des Künstlers unter den Reportern.

14.
Am Vorabend großer Entscheidungen

Der Amerika-Reisende kehrt in eine Welt zurück, die er schon »auswendig« kennt. Ein halbes Jahr ist er aus Europa fort gewesen. Manches hat sich in Deutschland verändert seitdem. Kaum ist er wieder in Berlin, wird er Zeuge blutiger Ausschreitungen.

Für den 1. Mai 1929 hat der sozialdemokratische Polizeipräsident Zörgiebel ein Demonstrationsverbot verfügt. Die Arbeiter lassen sich das Recht, an ihrem Feiertag auf die Straße zu gehen, nicht nehmen. Mit Schlagstöcken und Karabinern treibt die Polizei die Menge zurück. Die Demonstranten suchen Schutz hinter schnell aufgerichteten Barrikaden.

Drei Tage wütet Zörgiebels Polizei am Wedding und in Neukölln. Zuletzt zählt man einunddreißig Tote, Hunderte von Verletzten, über tausend Verhaftete.

Ein Ausschuß zur Untersuchung der Maiereignisse konstituiert sich. Ihm gehören namhafte Schriftsteller und Publizisten an, wie Carl v. Ossietzky, Alfred Döblin, Alfons Goldschmidt und Stefan Großmann. Am 6. Juni findet im Großen Schauspielhaus eine erste öffentliche Sitzung des Ausschusses statt. Die Pressekommission leitet Egon Erwin Kisch.

Sein öffentliches Engagement in diesen Wochen läßt kaum Zeit für den Amerika-Report. Von allen Seiten erhält er Aufforderungen, politische Kampagnen zu unterstützen, in Debatten einzugreifen, über die USA zu berichten.

An der Literaturfront vollziehen sich wichtige Veränderungen. Im Oktober 1928 ist der Bund proletarisch-revolutionärer Schriftsteller gegründet worden. Aus einer Arbeitsgemeinschaft kommunistischer Journalisten und Schriftsteller entwickelt sich eine breite Literaturbewegung.

Den Schutzverband Deutscher Schriftsteller läßt das nicht unberührt. Bei Diskussionen über Statutenänderungen kommt es zu Kontroversen mit der linken Opposition im Verband. Vorgesehen ist, daß derjenige, der einem anderen Schriftstellerverband angehört, automatisch seine Mitgliedschaft verliert. Die Opposition erreicht, daß sich die Bestimmung nicht gegen den Bund proletarisch-revolutionärer Schriftsteller richtet.

Bei den Wahlen im März 1929 stellt die linke Opposition eigene Leute auf. In den neuen Hauptvorstand, dem achtzehn Mitglieder angehören, werden auch Johannes R. Becher und Egon Erwin Kisch gewählt.

Mit seinen Amerika-Berichten stößt Kisch mitten hinein in die politischen Auseinandersetzungen der Zeit. Seinem ersten Vortrag gibt er den programmatischen Titel »Von Moskau nach Hollywood«. Der Hauptstadt proletarischer Hoffnung stellt er die Metropole bürgerlicher Illusionen gegenüber.

Eine solche Themenstellung bewegt die Öffentlichkeit. Als Kisch Ende 1929 in Wien in einem überfüllten Saal vor Arbeitern über den gleichen Gegenstand spricht, postieren die Behörden ein großes Polizeiaufgebot mit Überfallwagen in der Nähe des Veranstaltungsortes.

Die junge proletarisch-revolutionäre Literatur braucht Zuspruch und öffentliche Selbstbestätigung. Im Bund haben sich weitgehend Zwanzig- und Dreißigjährige zusammengeschlossen. Der Mittvierziger Kisch gehört schon zu den alten Hasen.

»Du warst damals«, schreibt Anna Seghers, »der Älteste und der Jüngste von uns allen. Der Jüngste, weil Du an allen jungen Ereignissen wieder neu jung wurdest, weil Du's auffaßtest wie der Jüngste unter uns Jüngsten. Der Älteste, weil Du Dinge gesehen hast, die sonst ganze Generationen in Anspruch nehmen, weil Du schon längst ›Kisch, der rasende Reporter‹ warst und weil Du berühmte Bücher geschrieben hattest, mit so viel Kraft, mit so viel Genauigkeit geschrieben, daß die Kenntnisse wie ein Spiel federleicht wirkten und daß die Menschen diese Bücher ganz amüsiert lasen und erst hinterher merkten, daß sie eine verdammte Wahrheit geschluckt hatten.«

Für viele junge Schreibende, die sich an Betriebsreportagen und Geschichten aus der Arbeitswelt versuchen, ist Kisch Lehrer und Vorbild. Wo sich Gelegenheit bietet, gibt er seine Erfahrungen weiter und macht die Kollegen mit den handwerklichen Voraussetzungen

Egon Erwin Kisch in seiner Bibliothek, Berlin 1930

des Reporterberufes vertraut. An der Marxistischen Arbeiterschule leitet er einen Kursus, der sich mit der »sozialen Reportage« beschäftigt.

Sich auf Zola, Jack London, Larissa Reisner und John Reed berufend, propagiert Kisch eine Literatur, die von der gesellschaftlichen Wirklichkeit ausgeht. Die ausgedachte Handlung gehört der Vergangenheit an. Gegen den ichbezogenen, psychologischen Roman stellt er die von sozialen Tatsachen ausgehende Reportage. Sie ist die literarische Nahrung der Zukunft. Sie soll fesseln und unterhalten, ohne ihre politische und pädagogische Funktion aufzugeben.

»Meine erste Begegnung mit Kisch trug sich in respektvoller Entfernung als Hörerin seiner Vorlesungen über die soziale Reportage in der Marxistischen Arbeiterschule zu«, erzählt Hilde Eisler. »Ich war fasziniert von seiner Persönlichkeit, von der Art, wie er uns junge Leute mit Ernst und Humor, niemals schulmeisterhaft mit dem Metier des klassenbewußten, fortschrittlichen Reporters bekannt machte, daß man hinter die Fassade schauen, die Fakten finden, die Wahrheit sagen, Lügen, Korruption und alle Übel der kapitalistischen Gesellschaft entlarven müsse. Und das in einer schönen, klaren, leicht verständlichen Sprache. Daß man um den besten Ausdruck ringen müsse, sich nicht mit dem zweitbesten zufriedengeben dürfe.«

Seit einiger Zeit gehört Kisch dem Redaktionskollegium der Zeitschrift »Die Neue Bücherschau« an, die von Gerhart Pohl herausgegeben wird. Hier finden sich linke Schriftsteller zusammen, die nach den Erfahrungen des Krieges und der Revolution zu der Auffassung gelangt sind, daß die Literatur nur Einfluß auf die öffentlichen Angelegenheiten gewinnen kann, wenn sich die Schreibenden zu Gruppen Gleichgesinnter zusammenschließen. Der einzelne muß aus der Isolierung heraus, wenn er mit seiner Arbeit Wirkung erzielen will.

Ein Versuch also, den bürgerlichen Literaturbetrieb durch Kooperation und wechselseitige Kontrolle zu überwinden. Doch auf die Dauer ist es schwer möglich, die Literatur als eine einheitliche Bewegung betrachten und in einer Zeitschrift präsentieren zu wollen. Als Begründer und Herausgeber der Zeitschrift behält sich Gerhart Pohl in allen wichtigen Fragen die letzte Entscheidung vor.

Seit Ende 1928 besitzt die proletarisch-revolutionäre Literatur in Deutschland ein organisatorisches und publizistisches Zentrum. Früher oder später muß es zum Konflikt kommen.

Im Juliheft 1929 veröffentlicht die »Neue Bücherschau« einen Aufsatz von Max Herrmann-Neiße, »Gottfried Benns Prosa«. Darin heißt es: »Es gibt auch in dieser Zeit des vielseitigen, wandlungsfähigen Machers, des literarischen Lieferanten politischer Propagandamaterialien, des schnell fertigen Gebrauchspoeten, in ein paar seltenen Exemplaren das Beispiel des unabhängigen und überlegenen Welt-Dichters, des Schöpfers eines nicht umfangreichen, aber desto schwerer wiegenden Werkes, das mit keinem anderen zu verwechseln ist. Es gibt neben dem keß intellektuellen Publikumsliebling, dessen Vokabularium, snobistische Allüre, zu Nichts verpflichtender Radikalismus leicht eingehen, den wirklich naturhaft selbständigen Geist, dessen urwaldblühender Nihilismus in Wort und Logik ganz von neuem beginnt, mit dem Abbruch überkommener Begriffe, dem Aufbau origineller Tropen. Es gibt Gottfried Benn. Den absonderlichen Ausnahmefall eines Dichters, der nur dann sich äußert, wenn er wirklich etwas zu sagen hat.«

Max Herrmann-Neiße, einst dem »Aktions«-Kreis angehörend, nach 1933 von den Nazis verfemt und ins Exil getrieben, diskreditiert mit seiner Benn-Interpretation einen ganzen Bereich der Literaturbewegung. Alles, was an Realitätserforschung, Alltagserkundung geleistet worden ist, zählt nicht mehr. Den »wohlfeilen, marktschreierischen Funktionären und Salontirolern des Propagandabuntdrucks« wird der »weiterwirkende Revolutionär« Benn entgegengestellt, der »Rebell des Geistes«, der »Aufruhrphilosoph«. Es geht um die kritisch-realistischen Grundlagen, um die soziale Verantwortung der Literatur.

Wegen des Aufsatzes von Herrmann-Neiße erklären Becher und Kisch ihren Austritt aus dem Redaktionskollegium der Zeitschrift. »Am meisten hat mich der Einleitungssatz geärgert«, schreibt Kisch in einem Brief an Gerhart Pohl, in dem er seinen Entschluß begründet, »worin sich Herrmann-Neiße gegen den ›literarischen Lieferanten politischen Propagandamaterials‹ wendet. Wer kann das sein? Barbusse? Sinclair? Becher? Wen er auch immer meint, für uns hat der literarische Lieferant politischen Propaganda-Materials turmhoch über dem überlegenen Weltdichter zu stehen, über allen Benns und Stefan Georges.«

Das ist bewußt überspitzt formuliert, weist auf den fundamentalen Gegensatz. Es geht um die Rolle des Schriftstellers in dieser Zeit. Es gibt keine Trennung von Literatur und Politik, wie sie Gerhart Pohl fordert. Sie läuft auf eine zynisch-fatalistische Bejahung des gegenwärtigen Weltzustandes hinaus, wie sie Benn propagiert.

In der Auseinandersetzung mit Gottfried Benn werden Positionen deutlich, die sich in den Jahren vor 1933 immer entschiedener voneinander abheben. Benn ist für Kisch »ein in seine krankhaften (schizophrenen) Hemmungen eingesponnener Snob, der keine Ahnung von der Welt hat, aber sie behandelt«. Vier Jahre später erweist er sich als Verräter am Geist, der »in schöngeschwungener Syntax die Rechtlosmachung und Einkerkerung von Arbeitern und Intellektuellen« bejaht.

Gegen den aristokratischen Ästhetizismus eines Benn und George entwickelt Kisch seine Vorstellungen von einer sozial engagierten Literatur. Wo immer sich eine Gelegenheit bietet, steht er Rede und Antwort. Der ehemalige Lokalreporter, der einst Prager Originale interviewte, ist selbst zu einem begehrten Objekt interviewender Journalisten geworden. Er äußert sich gern und ausführlich, vor allem wenn es darum geht, aktuelle politische Anliegen zu propagieren.

Mitunter schreckt er auch vor marktschreierischen Veranstaltungen nicht zurück.

Am 29. Dezember 1929 liefert er der Berliner Presse eine kleine Sensation. Am Nachmittag gegen drei Uhr versammelt sich am Brandenburger Tor eine Gruppe von Leuten. Sie umstehen eine altertümliche Benzinkutsche, ein 1894 erbautes Benz-Auto, und einen korpulenten kleinen Herrn mit Hut und dunklem Wintermantel. Der korpulente kleine Herr ist Egon Erwin Kisch.

Gegen drei Uhr begibt sich der Oldtimer auf die Reise nach Hamburg. Auf dem Wagen ist ein Kurzwellensender angebracht. Über ihn schildert Kisch seine Eindrücke, die von der Hamburger Rundfunkstation übernommen werden. An verschiedenen Stellen sind Mikrophone aufgebaut, von denen aus der Reporter Situationsberichte liefert.

Das Auto fährt etwa fünfundzwanzig Stundenkilometer. Der Berichterstatter hat genügend Zeit, sich umzusehen und seine Impressionen zu formulieren. In Kyritz »an der Knatter« wird Station gemacht. Von hier aus überträgt der Sender eine Aufführung der Operette »Die Fledermaus«.

In der Silvesternacht kurz vor Jahreswechsel trifft der Wagen in Hamburg ein und fährt über die Reeperbahn zum Funkhaus.

Die Aufenthalte Kischs in Berlin zwischen den großen Auslandsfahrten verkürzen sich mehr und mehr. Oft sind sie ausgefüllt mit Vortragsreisen durch Deutschland, in die Tschechoslowakei, nach Österreich. Hin und wieder macht er einen Abstecher ins Böhmische. Im Mai und Juni 1930 hält er sich, zusammen mit der Mutter, an der Riviera auf und besucht Korsika. Berlin ist nur mehr die Stadt, wo er seine Steuern zahlt, sich mit Freunden und Kollegen trifft, seine Materialstudien treibt und die Reportagen ausarbeitet.

Im November 1930 findet in Charkow die Zweite Weltkonferenz der revolutionären Schriftsteller statt. In den Reihen der deutschen Delegation, der unter anderen Johannes R. Becher, Anna Seghers,

Egon Erwin Kisch in Berlin 1930

Ludwig Renn, F.C.Weiskopf und Hans Marchwitza angehören, steht auch Egon Erwin Kisch.

Nicht nur in der Sowjetunion, auch in Deutschland hat die proletarische und revolutionäre Literatur in den letzten Jahren einen großen Aufschwung genommen. Wichtige theoretische Fragen stehen zur Diskussion. Viele Schriftsteller aus dem bürgerlichen Lager sympathisieren mit der Arbeiterbewegung.

Die Bücher Egon Erwin Kischs und anderer kommunistischer Autoren werden nicht nur von Arbeitern gelesen. Die potentiellen Möglichkeiten revolutionärer Literatur müssen noch besser als bisher genutzt werden.

»Es wäre nötig, die große und wertvolle literarische Arbeit Egon Erwin Kischs darzustellen«, sagt Otto Biha auf der Charkower Konferenz, »um zu zeigen, wieviel daraus für den proletarischen Schriftsteller zu lernen ist, wie sehr hier eine Pionierarbeit eines marxistischen Reporters geleistet wurde. Die besondere Einwirkung Kischs – der als Reporter einen Umsturz auf dem Gebiet der Journalistik bedeutet – auf das Kleinbürgertum zeigt ... die besondere Mission eines Teils der Intellektuellen innerhalb unserer Literaturfront.«

Während der Konferenz wird Kisch eine besondere Ehrung zuteil. Die Universität Charkow ernennt ihn zum Professor der Journalistik. Es soll die einzige offizielle Würdigung bleiben, die der Schriftsteller zu Lebzeiten erfährt.

Die neue akademische Würde führt ihn schon wenige Monate später erneut in die Sowjetunion. Wahrscheinlich am 15. Februar 1931 tritt er seine Stellung in Charkow an. Aber die neue Funktion beansprucht ihn nicht lange; vermutlich hält er nur einige Vorlesungen.

Bereits im März finden wir ihn wieder in Moskau. Neue Entdekkungsreisen werden vorbereitet. Geplant ist, daß er gemeinsam mit dem französischen Journalisten und Schriftsteller Paul Vaillant-Couturier eine Fahrt nach Magnitogorsk, Kusnezkstroj und Nowosibirsk unternimmt. Die Menschen in der Welt interessieren sich für den Fünfjahrplan zur Erschließung der Naturreichtümer Sibiriens, sagt Kisch.

Doch das Projekt kommt nicht zustande. Eine andere, nicht weniger interessante Region bietet sich an.

Anfang Juni fliegt Kisch mit einer internationalen Schriftstellerbrigade von Moskau aus nach Mittelasien. Erste Station der Reise ist

Rudolf Margies, Max Hoelz und Egon Erwin Kisch in Moskau 1931

Taschkent, eine »räumliche Durchdringung von Alt und Neu, von Grau und Rot, von Orient und Okzident, von Primitivwirtschaft und Sozialismus, von Mohammed und Marx«. Von hier aus geht es durch Usbekistan und Tadshikistan. Samarkand, Buchara und Stalinabad werden besucht, und schließlich gelangt Kisch bis ins Pamirgebiet und an die afghanische Grenze.

Die Reise führt durch ein Land, das im revolutionären Umbruch begriffen ist. Vielerorts hat sich die neue Ordnung noch nicht konsolidiert; harte Auseinandersetzungen bestimmen den Alltag der Menschen. Tadshikistan, wo Indien, China und die Sowjetunion zusammenstoßen, ist erst 1924 als Autonome Republik gegründet und 1929 zur selbständigen Sowjetrepublik umgewandelt worden.

Die Gegner der Sowjetmacht haben sich mit ihrer Niederlage noch nicht abgefunden. Immer wieder versuchen sie, die schwer zugänglichen Hochtäler in ihre Gewalt zu bekommen. Aus dem benachbarten Afghanistan kommen bewaffnete Banden herüber und terrorisieren die Bevölkerung. Die vertriebenen Grundbesitzer üben mit ihrer religiösen Propaganda Einfluß aus auf die Bauern und Landarbeiter.

Noch Mitte der zwanziger Jahre wanderten Zehntausende nach Afghanistan ab, kamen aber bald wieder in ihre Heimat zurück. »Daß die Bauern Mittelasiens damals vom Strudel der Gegenrevolution ergriffen wurden, versteht man, wenn man sich vergegenwärtigt, welche Agitation die Kolonialmächte unter den Kolonialvölkern nach der Oktoberrevolution betreiben. Sind sie, die Großmächte, doch selbst bedroht. Ein Gespenst geht um in Asien, das Gespenst des Kommunismus.«

Die islamische Geistlichkeit nutzt ihren Einfluß unter der Bevölkerung aus, um den Widerstand zu schüren. In den unzugänglichen Bergen Tadshikistans halten sich Reste einzelner Banden versteckt. Ihr Führer, Ibrahim Beg, ist gerade wieder einmal im Lande aufgetaucht, wurde geschlagen und hat sich in die Berge zurückgezogen.

Als Kisch im Lokai-Tadshikischen Bezirk weilt, am 23. Juni 1931, kommt die Meldung, daß Ibrahim Beg und sein Stabschef gefangengenommen worden sind.

Unermeßlich sind die Schwierigkeiten im Kampf gegen Vorurteil und Aberglauben. Ganze Völkerschaften müssen von den Fesseln des Feudalismus befreit werden. Befreiung, das heißt den Menschen Mittel in die Hand geben, sich aus sozialer und geistiger Abhängigkeit zu lösen. Befreiung, das heißt neue Formen der Produktion, neue Fabriken, neue Bewässerungsanlagen, neue Transportmöglichkeiten.

Noch fehlt es an allem. Aber die Grundlagen sind gelegt.

»Der Transport reicht nicht aus. Die Post kommt spät, die Waren und das Werkzeug kommen spät, die Arbeiter kämpfen mit Schwierigkeiten.

Wir schauen auf die Berge von gutem Material, das verdirbt, weil alle neuen Bahnen noch nicht ausreichen.

›Nu, eto budet‹, sagen die Arbeiter, da sie uns mißgelaunt sehen.

Das heißt: es wird sein.«

Kisch liebt den Wechsel. Er liebt den Sprung von einem Zeitalter ins andere. Er liebt die Abrechnung mit der Vergangenheit.

Die Revolution greift in das Leben jedes einzelnen, vor allem in das der Frauen. Die Emanzipation der Frau, Merkmal und Maßstab aller sozialen Emanzipation, gibt der Revolution Heiterkeit und Würde. Überall begegnet der Schriftsteller Frauen, die die Fesseln der Unfreiheit abgestreift haben. Stolz weisen sie auf ihre Leistungen, ihre neue Stellung in der Gesellschaft. Sie schleppen den erschöpften Besucher auf die sonnendurchglühten Baumwollfelder. Sie wollen ihm alles zeigen: Alles soll er von ihnen erfahren.

Eine junge Tadshikin erzählt dem Gast ihre Lebensgeschichte. Eine Geschichte, wie sie sich tausendfach ereignet in diesem Lande. Von den Eltern früh verheiratet, lebt das Mädchen jahrelang in Abhängigkeit und Unwissenheit, bis die Sowjetmacht sie aus ihrem Knechtsdasein befreit. »Ich, Chassjad Mirkulan ...« gehört zu den bewegendsten Kapiteln des Asien-Buches.

Immer wieder gerät der Reporter in komische Situationen. Der strenge Zeitplan bringt sein Temperament in Konflikt mit dem Lebensrhythmus der Einheimischen, den ehernen Gesetzen der Gastfreundschaft.

Mehrfach muß der Mann aus dem Westen, voller Unruhe und Neugier, möglichst viel zu sehen und zu erfahren, von den Gastgebern ermahnt werden. »Stehe nicht, Genosse, sondern füge dich der Landessitte. Setze dich zu uns auf die Erde und höre die Geschichte eines Bezirks am Pamir, bevor du dir ihn ansiehst.«

Merkwürdige Erfahrungen macht der Berichterstatter in den Hochtälern des Pamir. »Seltsam verfitzt ist die Kurve der Entwicklung«, notiert er.

Flugzeuge sind hierzulande keine Sensation mehr. Auch an das Auto hat man sich gewöhnt. Fassungslos jedoch begegnet man den ersten Pferdefuhrwerken. Solche Transportgeräte sind noch niemals über das Gebirge gekommen. Doch alles wird überboten durch ein Gerät, das lediglich aus zwei hintereinander angebrachten Rädern besteht. Von selbst kann das Fahrzeug nicht stehen, wenn sich aber ein Mensch oben zwischen die Räder setzt, so bewegt es sich, und der Mensch fällt nicht herunter. »Scheitan Arba – Fahrzeug des Teufels!«

Unbekümmert bedienen sich junge Tadshiken der modernen Radiotechnik zum Zwecke der Volksaufklärung. Es kann geschehen, daß der Schriftsteller aus Berlin bei seinem Rundgang durch die Stadt Garm inmitten der schneebedeckten Berge des Pamir in das Rundfunkgebäude des Bezirks gerät. Und schon fordert ihn der Rundfunkleiter auf, einen Radiovortrag zu improvisieren über die politische und wirtschaftliche Lage Europas und ihre künftige Gestaltung. »Das ist zum Glück ein Thema, das man in zwanzig Minuten bequem erschöpfen kann ...«

Selbstredend begegnet Kisch auch »im tiefsten Dickicht des Sowjetlandes« einem Landsmann. Eines Abends bekommt er Suppe mit Leberknödeln, Selchfleisch mit Semmelknödeln und Kraut und am Ende Kaiserschmarren vorgesetzt. Und schon eilt der Koch herbei, »ein erbeingesessener, geborener Ur-Wiener aus Brünn«.

Auch in Mittelasien mag Kisch auf Extratouren nicht verzichten. Wenn er sich schon am Rande der Wildnis aufhält, dann darf eine Großwildjagd nicht fehlen. Aber in Tadshikistan sind kaum noch Tiger vorhanden.

Der Reporter muß über die Grenze nach Afghanistan hinüber. Mit Mühe kann er ein paar Leute auftreiben, die ihn über den Amudarja bringen, damit er im afghanischen Dschungel nach Raubkatzen Ausschau halten kann.

Die Tigerjagd geht aus wie das Hornberger Schießen – vermutlich hat sie niemals stattgefunden. In der Wildnis Afghanistans erinnert sich der Schriftsteller einer Episode aus seiner Jugend und meditiert über Seßhaftigkeit und Abenteuer.

Die Abenteuer der Wirklichkeit führen den Besucher zu den traditionellen Hauptproduktionszweigen Usbekistans und Tadshikistans, der Seide und der Baumwolle. Um den Werdegang der Seide »von der Quelle bis zur Mündung« verfolgen zu können, durchreist Kisch Mittelasien. Von der Raupenzuchtanstalt in Taschkent gelangt er zu den Kokontrocknungsstellen an der afghanischen Grenze und von hier zur Spinnerei in Samarkand und schließlich zu den Handwebern von Chodschent. In einem großen Seidenkombinat, das sich im Bau befindet, werden die verschiedenen Arbeitsgänge vereinigt sein.

Noch tiefgreifender sind die Wandlungen auf dem Gebiet der Baumwollproduktion. Fast überall im Lande wird das Leben der Menschen von der Baumwolle bestimmt. Usbekistan ist der Hauptproduzent von Baumwolle innerhalb der Sowjetunion. Allerorten werden neue Baumwollfelder angelegt, Bewässerungskanäle gebaut, neue Sorten ausprobiert.

Die Veränderung aller Lebensverhältnisse gehört zu den Grunderfahrungen dieser Reise. »Was also hat sich geändert?« Immer wieder bekam Kisch die Frage zu hören, wenn er über die Sowjetunion referierte. Immer wieder stellt er sich selbst die Frage, stellt sie seinen Gastgebern.

»Jahrhunderte sind übersprungen«, notiert der Beobachter. »Ohne den Kapitalismus, die Ausbeutung durch die Maschinerie kennengelernt zu haben, kommt das Land aus dem Joch des mittelalterlichen Feudalismus geradenwegs in die Zeit des sozialistischen Aufbaus, aus der Naturalwirtschaft in die Kollektivwirtschaft.«

Die Arbeit ist zur »großen Sensation« geworden. Der Reporter läßt sich anstecken von der Begeisterung der Menschen. Er macht sich zum Sprachrohr der Begeisterung.

Er muß sich hüten, nicht ins »Leitartikelhafte« zu geraten. »Bleib sachlich, Kisch!« ruft er sich zu, damit ihm der Enthusiasmus nicht den Blick verstellt für die Schwierigkeiten und die Widersprüche.

Von allen Seiten werden Zahlen und Fakten an ihn herangetragen. Er hat Mühe, sie unterzubringen. In keinem der Reisebücher Kischs ist so oft von Kilowattleistungen, Hektarerträgen und Einkünften die Rede wie in dem Asien-Report. Die Schilderung ist geprägt vom Aufbruchpathos des ersten Fünfjahrplans.

Aus Mittelasien nach Moskau zurückgekehrt, geht Kisch daran, seine Notizen zu ordnen und auszuarbeiten. Er zieht sich in das Dorf Gorki in der Nähe der Hauptstadt zurück. Hier wohnte Lenin in den letzten Jahren seines Lebens. Kein schlechter Platz zum Schreiben eines Buches über die Sowjetunion. Kisch macht sich mit der Örtlichkeit vertraut, spricht mit den Leuten, die Lenin gekannt haben, sammelt Anekdoten. Bald darauf erscheint in Moskau und in Prag die Reportage »Das Haus, darin Lenin starb«.

Die Arbeit an dem Asien-Bericht zieht sich bis Ende 1931 hin. Nur hin und wieder läßt sich der Autor durch operative Aufgaben von seinem Hauptgeschäft ablenken. So schreibt er über die technischen Hochschulen in der Sowjetunion und über den Aufbau der Uhrenindustrie. Mitunter ist er in den deutschen Sendungen des Moskauer Gewerkschaftsfunks zu hören.

Friedrich Wolf, Egon Erwin Kisch, Erwin Piscator und Erich Weinert im Deutschen Klub in Moskau 1931

Kaum ist der Report über Mittelasien vollendet, plant Kisch eine neue Entdeckungsfahrt. Ende der zwanziger Jahre rückt die fernöstliche Region in den Vordergrund der Weltpolitik. Die wirtschaftliche und politische Expansion der imperialistischen Mächte verstärkt die Gefahr kriegerischer Verwicklungen im Raum des Stillen Ozeans.

Der Bürgerkrieg in China hat das Land wehrlos gemacht gegenüber äußeren Feinden. Nach dem Verrat Tschiang Kai-scheks im April 1927 ist die 1924 gebildete Einheitsfront zwischen Kuomintang und der Kommunistischen Partei Chinas zusammengebrochen. Von Nanking aus versucht Tschiang Kai-schek das riesige Land seiner Botmäßigkeit zu unterwerfen. Viele Provinzen werden durch Privatarmeen beherrscht, die sich untereinander bekriegen. Die drei »roten« Provinzen Kiangsi, Hunan und Hupeh sind in der Hand der Kommunisten, die von allen Parteien gleichermaßen bekämpft werden.

Überall haben die europäischen Großmächte und die Vereinigten Staaten ihre Hand im Spiel und versuchen Einfluß zu gewinnen. China ist ein riesiger profitabler Markt, vor allem für Waffengeschäfte, die sich keiner entgehen lassen will.

Im September 1931 fallen japanische Truppen in die Mandschurei ein. Innerhalb weniger Monate erobern sie die Provinzen Heilunghuang, Kirin und Liaomung, wo reiche Bodenschätze zu finden sind. Im Februar 1932 wird der japanische Marionettenstaat Mandschukuo errichtet.

Nachdem die japanischen Truppen Nordostchina unter ihre Kontrolle gebracht haben, beginnen sie am 28. Januar 1932 mit dem Angriff auf Schanghai. Die 19. chinesische Armee, die die Stadt verteidigt, erhält von Tschiang Kai-schek den Befehl, die Stellungen zu räumen. Doch die Soldaten weigern sich, den Befehl auszuführen, und erklären ihre Entschlossenheit, bis zum letzten Mann zu kämpfen.

Die Arbeiter der japanischen Betriebe in Schanghai rufen den Streik aus. Viele von ihnen gehen an die Front. Die Verteidigung von Schanghai dauert über dreißig Tage. Den japanischen Truppen gelingt es nicht, die Stadt zu nehmen, obgleich sie den chinesischen Verteidigern weit überlegen sind.

In dieses von Bürgerkrieg und ausländischer Intervention zerrissene Land kommt Egon Erwin Kisch. Es ist eine Reise voller Wagnis und Unwägbarkeiten. Anfang März 1932 fährt der Reporter von Moskau aus mit dem Transsibirischen Expreß bis zur mandschurischen Grenze und von dort durch den neuen Freistaat Mandschukuo nach Dairen.

Kisch ist nun kein kommunistischer Schriftsteller mehr, der lange Zeit in der Sowjetunion gelebt hat. Er ist ein x-beliebiger tschechoslowakischer Staatsbürger, ein Berliner Journalist, der über die Ereignisse in China berichten will. Von Dairen fährt er mit dem Schiff über Tsingtou nach Schanghai.

Schanghai, der bedeutendste Seehandelsplatz Ostasiens mit ausländischen Handelskammern, Banken und Firmen, hat zu dieser Zeit über drei Millionen Einwohner. In den Fremdenvierteln wohnen annähernd fünfzigtausend Ausländer und anderthalb Millionen Chinesen. Fast zweihunderttausend Japaner leben außerhalb der Fremdenviertel.

»Bei der Ankunft im Hafen war ich entsetzt über das Ausmaß der Ausbeutung und der Armut, wie ich es nie zuvor erlebt hatte«, schreibt Ruth Werner, die 1930 nach Schanghai kommt. »Lastenträger verließen den Bauch eines Schiffes und gingen so dicht hintereinander über die schräg auf den Kai stoßenden Bretter, daß sich ihre Bambusstangen, an denen schwere Lasten hingen, fast berührten. Der Schweiß lief über die nackten Oberkörper; am Hals, an der Stirn und an den Beinen traten die Adern dick hervor. Knoblauch- und Schweißgeruch wehten von diesem Fließband aus Menschen zu den Reisenden herüber. In schwimmenden Bottichen umzingelten Bettler unser Schiff; klagende Invaliden mit Arm- und Beinstümpfen, Kinder mit eiternden Wunden, manche blind, manche haarlos mit verkrusteten Köpfen.«

Schutzlos ist das chinesische Proletariat der Ausbeutung durch ausländisches Kapital preisgegeben. Amerikanische, britische und japanische Firmen kämpfen um Absatzmärkte und Einflußsphären. Unentwegt tagen Völkerbundkommissionen und versuchen schlichtend einzugreifen.

In Schanghai sitzen die Korrespondenten der großen Weltblätter. Hier arbeitet die amerikanische Schriftstellerin und Journalistin Agnes Smedley, Korrespondentin der »Frankfurter Zeitung«. Hier lebt der Journalist Richard Sorge, Korrespondent der »Frankfurter Zeitung« und Kundschafter der Roten Armee. Hier lebt Ruth Werner, Frau eines deutschen Innenarchitekten und Dame der Gesellschaft, insgeheim aber Mitarbeiterin Richard Sorges.

Zu ihr kommt Kisch und holt sich Informationen. Einmal streiten sie sich und gehen unversöhnt auseinander. Man weiß, daß Kisch nur drei Monate bleiben und dann ein Buch über China schreiben will. Ruth Werner und Agnes Smedley ärgern sich über sein, wie ihnen scheint, oberflächliches Herangehen, seine Eitelkeit. Wie kann man sich einbilden, dieses riesige Land in so kurzer Zeit auch nur annähernd kennenzulernen! »Wir wußten nichts von der großartigen Arbeitsweise Kischs. Er war gründlich vorbereitet, hatte das Talent, Wesentliches schnell zu erfassen, und ließ es niemals ungeprüft.«

Kisch sieht die Problematik seiner Situation. Vor allem muß er heraus aus der Ausländersiedlung Schanghais, dem Ghetto der Weißen, das durch Stacheldraht und Polizeiposten abgeriegelt ist.

Man muß die spanischen Reiter hinter sich lassen, wenn man etwas erfahren will vom Leben dieses Volkes. »Hat man ... die Grenze überschritten, dann wird man vom fünftausend Jahre alten Leben dieser jungen Republik, vom Wirbel fremdartiger Menschen, unverständlicher Stimmen und unbekannter Dinge dahingetragen bis Nantao, den Marktbezirk.«

Der Besucher taucht ein in eine Welt exotischer Bilder und Eindrücke. Er beobachtet den Verkehr in den Straßen, sieht sich die Werkstätten und Läden an, die unzähligen Pfandleihen, die vorwiegend in den Nachtstunden geöffnet sind, die Vergnügungspaläste und Freudenhäuser und vor allem die Bettler. »Bettler hocken dicht aneinander. Auf der vor ihnen liegenden karierten Leinwand sind ihre Schicksale geschildert; manche, pauperisierte Intellektuelle, schreiben ihre Selbstbiographie mit Kreide auf den Bürgersteig, und der Passant legt sein Almosen auf jenes Quadrat, dessen Inhalt ihn besonders ergreift.«

Es kann passieren, daß der Fremde aus Europa während eines nächtlichen Spaziergangs auf leblose Körper stößt, verhungerte Chinesen. Keiner fragt nach ihnen. Die Stadt ist voller Menschen, und ständig kommen neue hinzu, vom Bürgerkrieg hierhergespült. Einmal trifft er auf Flüchtlinge, die nichts gerettet haben als ein Kopfkissen und einen Vogelkäfig, denn der Chinese ist ein Vogelfreund, selbst auf der Flucht trägt er seinen Vogel behutsam im Käfig vor sich her.

Vom Alltag der Menschen her erschließt sich die Gegenwart und die Geschichte dieses Landes. Kisch besucht eine Gerichtsverhandlung, ein Krankenhaus, wohnt einem Begräbnis bei, einer Hinrichtung. Er braucht sein Ohr nur an die brüchigen Mauern dieser Gesellschaft zu legen, um die revolutionären Erschütterungen vorauszuspüren.

In den Fabriken wähnt man sich ins neunzehnte Jahrhundert zurückversetzt. Fast die Hälfte der Textilarbeiter von Schanghai und Wuhan sind kleine Mädchen. Die Maschinen sind den Kindern angepaßt. Früher einmal standen sie im Textilgebiet von Lancashire. Als die Kinderarbeit in Großbritannien verboten wurde, gingen die Maschinen in die Südstaaten der USA. Nun hat man sie in China aufgestellt.

Der Reporter sieht die Opfer der Ausbeutung. Er sieht die unterernährten, tuberkulösen jungen Mädchen, die seit ihrem zehnten Lebensjahr in der Fabrik arbeiten. Er sieht die Rikschakulis, die kaum länger als fünf Jahre in ihrem Beruf durchhalten. Er sieht die Arbeiter in den Speicheranlagen am Hafen, die mit schaukelndem Schritt die schweren Lasten tragen oder sich beladenen Karren vorspannen.

»Wohlfeiler als die wohlfeilste Maschine ist der chinesische Mensch, seine Hände sind der Elevator, seine Arme die Ketten, seine Schultern das Lastauto, seine Beine die Betriebsbahn – diese Maschinen brauchen keinen Mechaniker, kein Treiböl, und ein Defekt kostet dem Unternehmer nichts, wenn seine Maschine ein Mensch ist.

Raubbau statt Wirtschaft, Waffen statt Arbeitsmaschinen, Opium statt Nahrung, Missionare statt Lehrer, Polizei statt Gewerkschaften, das sind Europens Brautgeschenke an China.«

Waffen vor allem sind das große Geschäft. In Schanghai ist fast jeder Exporteur und Importeur mit Waffenhandel beschäftigt oder möchte im Waffenhandel beschäftigt sein. Portugiesen, Franzosen, Engländer, Deutsche, Amerikaner, Japaner – sie alle greifen mit Gewehren und Kanonen in die Geschicke Chinas ein und machen Riesengewinne.

Das Kapitel über Waffengeschäfte gehört zu den umfangreichsten Partien des China-Buches von Kisch. Detailliert werden die Transaktionen beschrieben. Auch Firmen aus der Tschechoslowakei lassen sich den einträglichen Handel nicht entgehen. Selbst aus dem entmilitarisierten Deutschland gelangen Waffen nach China. In den Jahren von 1928 bis 1930 beschäftigen sich die deutsche Öffentlichkeit und der Reichstag wiederholt mit illegalen Waffenexporten nach Ostasien. Der Gast aus Deutschland kann exakt Auskunft geben.

Das Volk wehrt sich gegen das ihm aufgezwungene Schicksal. Die chinesischen Arbeiter sind nicht länger gewillt, sich von Europäern, Amerikanern und Japanern ausbeuten zu lassen. Überall in dem riesigen Land gibt es revolutionäre Zentren, von denen aus der Kampf gegen das ausländische Kapital und seine einheimischen Helfershelfer geführt wird.

Der Schriftsteller aus Europa hat keine Möglichkeit, in das Innere des Landes, in die roten Provinzen zu reisen. Aber bei einem Besuch in Nanking, der Hauptstadt der Kuomintang, registriert er die Sorge der Herrschenden über das Anwachsen der revolutionären Bewegung.

Stundenlang ziehen feldmäßig ausgerüstete Truppen durch die

Straßen der Stadt. Sie marschieren in die Provinz Kiangsi, wo die Rote Armee einen ihrer vielen Stützpunkte aufgebaut hat. Hunderttausende von Soldaten sind aufgeboten, um die Roten auszurotten. Nicht gegen die Japaner, die Engländer oder Amerikaner kämpft Tschiang Kai-schek, er kämpft gegen die eigenen Arbeiter und Bauern.

Bereits Ende 1930 hat Tschiang Kai-schek eine Armee von hunderttausend Mann in die Provinz Kiangsi entsandt, wo die Hauptkräfte der chinesischen Roten Armee konzentriert sind. Die Rote Armee schlägt den Angriff zurück. Im Februar 1931 unternimmt die Kuomintang einen zweiten Feldzug. Diesmal werden etwa zweihunderttausend Soldaten ins Feld geführt. Sie werden ebenfalls geschlagen und verlieren mehr als dreißigtausend Mann. Auch eine dritte Operation im Juli 1931 mit einer Armee von dreihunderttausend Mann endet mit einer Niederlage.

Als sich Egon Erwin Kisch Anfang Juni 1932 in Nanking aufhält, sind die Vorbereitungen für einen neuerlichen Feldzug im Gange. Diesmal sollen fünfhunderttausend Mann aufgeboten werden. Dem Stab dieser Armee stehen britische und japanische, auch deutsche Berater zur Seite. Doch auch der vierte »Ausrottungsfeldzug« im Sommer 1932 wird mit einer Niederlage enden.

Erst bei einer weiteren Operation im Jahre 1934 gelingt es, das revolutionäre Zentrum in der Provinz Kiangsi einzukreisen. Um der drohenden Vernichtung zu entgehen, muß die Rote Armee die Umzingelung durchbrechen und jenen opferreichen Rückzug antreten, den sogenannten Langen Marsch, der über zwölftausend Kilometer in den Nordwesten des Landes führt, wo ein neuer Stützpunkt aufgebaut wird.

»Glaubt man, ein Volk mit Waffengewalt wieder in Unwissenheit stürzen zu können?« fragt der China-Reisende. Und er verweist auf die Erfolge, die die Kommunisten in den revolutionären Provinzen im Kampf gegen Unwissenheit und Aberglauben errungen haben.

Nur von einigen großen Städten aus, wie Schanghai, Nanking oder Peking, kann der Berichterstatter das Land beurteilen. Seine Schlußfolgerungen bestätigen den Weg, den China gehen wird. Er zitiert Sun Yat-sen, den Vater der chinesischen Revolution, der die Marschrichtung wies.

»Sun Yat-sen hat das Wort gesprochen ... ›Mit dem Gelingen der russischen Revolution hat das neue Leben Chinas begonnen. Daher: laßt uns heute diese Revolution feiern, und dann laßt uns die Russen nachahmen.‹«

Kischs Erkundungsdrang stößt überall auf Schranken. Wo er geht, sind Sperrbezirke und Wachposten, braucht er Sondergenehmigungen. Die Einheimischen, denen er begegnet, verstehen ihn nicht. Vieles bleibt rätselhaft und »geheim«.

Dennoch vermag der Schriftsteller wesentliche Züge zu entdecken. Er registriert die gewaltige soziale Bewegung, die das Land ergriffen hat. Hinter den Waffenschiebereien, dem Opiumhandel, der Prostitution und Korruption, der Demütigung und Verzweiflung des Volkes erkennt er die Zeichen der kommenden Befreiung.

Von Peking aus fährt Kisch im Sommer 1932 über Tokio in die Sowjetunion zurück. Hier erhalten die Berichte innerhalb kurzer Zeit ihre endgültige Fassung. Anfang Oktober gehen große Teile des Manuskripts nach Berlin. Mitte des Monats erhält er bereits die ersten Korrekturen, aber »die wichtigsten Kapitel sind noch nicht fertig«.

In der ersten Dezemberhälfte erscheint »China geheim« im Erich Reiß Verlag. Es soll bei dieser ersten Auflage bleiben. Das Reisebuch über China ist die letzte Edition Kischs, die für viele Jahre in Deutschland herauskommt.

Noch lebt Kisch in Moskau. Er berichtet über die Vorbereitung der Feierlichkeiten anläßlich des 15. Jahrestages der Oktoberrevolution. Als Radiosprecher begleitet er die große Demonstration am 7. November 1932. Die Reportage wird vom Gewerkschaftssender nach Deutschland ausgestrahlt. »Achtung! Hier ist Moskau auf Welle 1000! Der Sender des Zentralrates der Gewerkschaften.« Aus dem Lautsprecher tönt die Stimme Egon Erwin Kischs. Mit begeisterten Worten schildert er die große Parade auf dem Roten Platz.

Ende November hält sich Kisch, aus der Sowjetunion kommend, einige Stunden in Berlin auf. Er befindet sich auf der Durchreise nach Prag. Seit fast zwei Jahren ist er nicht mehr in Deutschland gewesen.

Man interviewt ihn. »Wenn man wieder zurück nach Europa, nach Deutschland fährt, glaubt man sich in eine andere Welt versetzt; man ist aus der Zukunft in die Vergangenheit, aus dem Leben in eine sterbende Welt gekommen!«

Die Scharen von Arbeitslosen fallen ihm auf, die unzähligen

Schnürsenkelverkäufer, Stadtbahnsänger, Hof- und Straßenmusikanten, die Bettler aller Art und daneben die vielen braunen SA-Uniformen. Die Verhältnisse in Deutschland erinnern ihn an China. Der latente Bürgerkrieg bestimmt das Bild des Alltags. Die drohende Gefahr ist überall zu spüren.

Über Prag reist Kisch nach Wien, wo er am 24. November einen Vortrag über Japan, China und die Sowjetunion halten soll. Die Veranstaltung im großen Konzerthaussaal ist nahezu ausverkauft. In dem Grenzstädtchen Břeclav (Lundenburg) wird der Schriftsteller aus dem Zug geholt und darf seine Fahrt nicht fortsetzen. Das österreichische Sicherheitsministerium hat seine Einreise verboten.

Kisch protestiert beim Bundeskanzleramt, spricht mit seinem Bruder Paul, telefoniert mit einem Journalisten aus Wien: »Ich muß sagen, daß ich mit allen möglichen Schwierigkeiten gerechnet hätte, aber mit einem behördlichen Verbot meiner Einreise nach Österreich zu rechnen, dazu hatte ich wahrhaftig nicht den geringsten Grund.«

Trotz öffentlicher Proteste darf Kisch nicht nach Wien, und er muß unverrichteterdinge zurückfahren.

In Mitteleuropa weht ein anderer Wind als noch vor zwei Jahren. Die Weltwirtschaftskrise hat die politische Situation radikal zugespitzt. Der kommunistische Schriftsteller Egon Erwin Kisch ist zu einem Sicherheitsrisiko geworden.

Am 16. Dezember 1932 berichtet Kisch in Prags größtem Konzertsaal über seine Erlebnisse im Fernen Osten und liest einige Passagen aus dem China-Buch. Er hat sich einen dünnen Mandarinbart wachsen lassen, eine fröhliche Einstimmung auf die fernöstlichen Geschichten. Die Veranstaltung wird von dreieinhalbtausend Menschen besucht, die begeistert applaudieren.

Über Jahreswende hält sich Kisch in Prag auf, dann will er wissen, was in Deutschland vorgeht.

15.
Kampf gegen Hitler

Um den 25. Januar 1933 kommt Kisch nach Berlin zurück. Er mietet ein möbliertes Zimmer in Wilmersdorf, in einer Gegend, »wo er und seine Gesinnung weniger bekannt« sind, sucht nach einer Wohnung. Wenige Tage später ziehen brüllende SA-Kolonnen mit Fackeln die Wilhelmstraße entlang: Hitler ist vom Reichspräsidenten Hindenburg zum Reichskanzler ernannt worden.

Mit Hilfe der »Verordnung zum Schutze des deutschen Volkes« verhängt der Reichspräsident am 4. Februar eine scharfe Pressezensur und stellt Versammlungen und Zeitungen der antifaschistischen Parteien unter Ausnahmegesetz. An jenem Tag schreibt Kisch an die Mutter in Prag: »Es sind zwar erst zehn Tage, daß ich von Dir fort bin, aber vielleicht machst Du Dir Sorgen, daß es mir in Hitlers Reich nicht gut geht, und da will ich Dich beruhigen. Es *geht* mir gut. Freilich kann niemand sagen, ob der Ausländer hier ein alter Jud werden wird.«

Kisch trägt sich mit dem Gedanken, die viertausend Bände seiner Bibliothek, zu einem wesentlichen Teil kriminalgeschichtliche und historische Werke, vorsorglich nach Prag zu schicken. Er bittet die Mutter, eine Möglichkeit ausfindig zu machen, wo man die vierzig Kisten gut unterbringen kann.

Die Ereignisse jagen sich. Am 12. Februar überfallen fünfhundert SA-Leute in Eisleben eine Veranstaltung der Roten Hilfe und richten unter den Teilnehmern ein Blutbad an. Am 17. Februar wird die Polizei in Preußen durch einen Erlaß Görings verpflichtet, gegen Antifaschisten die Schußwaffe anzuwenden. Am selben Tag wird das Karl-Liebknecht-Haus in Berlin polizeilich besetzt. Vom 22. Februar an dürfen SA, SS und »Stahlhelm« in Preußen als Hilfspolizei eingesetzt werden.

Egon Erwin Kisch soll am 21. Februar als Hauptreferent auf einer öffentlichen Kundgebung mit dem Thema »Dreimal Asien« sprechen, die das »Deutsche Komitee für China gegen den Japanischen Krieg« einberufen hat. Aber er ist zum Schweigen verurteilt, weil in letzter Minute die polizeiliche Auflage erteilt wird, »daß Ausländer als Redner nicht auftreten dürfen«.

Die Tage der bürgerlichen Demokratie in Deutschland sind gezählt. Repräsentanten des kulturellen Lebens der Weimarer Republik sehen sich öffentlichen Beschimpfungen und Drohungen ausgesetzt. Namhafte Mitglieder der Preußischen Akademie der Künste, wie Heinrich Mann, Käthe Kollwitz, Max Liebermann, Alfred Döblin, Franz Werfel und Thomas Mann, werden aus der Akademie »entfernt« oder sollen es werden.

»Die Zumutung«, schreibt Heinrich Mann, »den Unfug noch länger anzusehen, wurde unerträglich: sogar die Furcht vor eigenem, schwerem Mißgeschick trat zurück hinter dem Ekel an den Dingen.« Am 21. Februar geht er, nur den Regenschirm in der Hand, aus dem Haus, fährt mit der Straßenbahn zum Bahnhof und besteigt den Zug nach Frankfurt. Zwei Tage später spaziert er bei Straßburg über den Rhein und verläßt Deutschland für immer.

In Kreisen linker Intellektueller wird die Frage diskutiert: Soll man in Deutschland bleiben oder nicht? Wie lange hält sich dieser Hitler? Wohin soll man sich wenden?

Auf einer Kundgebung der KPD im Berliner Sportpalast warnt Ernst Thälmann vor faschistischen Provokationen: Die Nazis wollen einen Anschlag vortäuschen, um die Arbeiterbewegung zerschlagen zu können. Er erklärt: »Wir Kommunisten sind Gegner von Attentaten und individuellen Terrorakten.«

Drei Tage vor dem Reichstagsbrand hört Walter Mehring aus rechten Kreisen, ein »überraschendes Geschehen« stehe bevor. Es werde die »vorher berechnete Gelegenheit« zur Verfolgung aller freiheitlich Gesinnten bieten. Der Hellseher Hanussen, der Beziehungen zu führenden Nationalsozialisten unterhält, sagt ein »großes Feuer« voraus.

Auf Anregung Carl v. Ossietzkys veranstaltet die Berliner Ortsgruppe des Schutzverbandes Deutscher Schriftsteller am 17. Februar in den Teltower Kammersälen eine Kundgebung. Es ist eine der letzten öffentlichen Manifestationen linksbürgerlicher Intellektueller gegen den faschistischen Ungeist. Von denen, die sich da unter den Augen der Polizeispitzel für das freie Wort einsetzen und gegen seine Unterdrückung protestieren, wird nicht einer die Nazijahre überleben: Erich Mühsam, Rudolf Olden, Ernst Toller, Carl v. Ossietzky.

Der 27. Februar 1933 ist ein Montag, der Rosenmontag. In den rheinischen Städten, in München tanzt man auf den Straßen, amüsiert man sich auf Maskenbällen.

In Berlin, im Palais des Reichstagspräsidenten Hermann Göring, hat sich eine ausgesuchte Schar von SA- und SS-Leuten, unter ihnen Reinhard Heydrich, Chef des SS-Sicherheitsdienstes, als Stabswache einquartiert. Am Abend schleichen die Männer durch den unterirdischen Gang, der das Palais mit dem Reichstagsgebäude verbindet. Sie schleppen Zünd- und Brennstoffe hinüber, unter anderem sechzig Kilogramm Phosphor, und verteilen sie im Plenarsaal.

Auf den Umgängen zum Abgeordnetensaal legt der holländische Anarchist Marius van der Lubbe indessen kleinere Brände mit Hilfe von Kohlenanzündern. Er trägt ein Mitgliedsbuch der Kommunistischen Partei bei sich. Van der Lubbe ist der einzige Brandstifter, den man fassen kann.

Die Vorbereitungen für die Reichstagswahl am 5. März laufen auf vollen Touren. Jeden Abend sprechen Hitler, Göring und Goebbels in einer anderen Stadt. Die öffentlichen Auftritte für die nächsten sechs Tage sind im »Völkischen Beobachter« verzeichnet. Lediglich der 27. Februar ist frei gehalten.

Am Abend des 27. Februar brennt der Reichstag. Hitler, nicht durch anderweitige Verpflichtungen gebunden, widmet sich ganz dem großen Ereignis. Sein Leibjournalist, Sefton Delmer, Korrespondent des Londoner »Daily Express«, ist bei ihm. Hitler erläutert den Sinn des Geschehens: »Sie sind Zeuge des Beginns einer großen, neuen Epoche der deutschen Geschichte.«

Viele Journalisten halten sich in der Nähe des Tatorts auf. Bruno Frei, Chefredakteur der Zeitung »Berlin am Morgen«, berichtet: »Die Szene war wie von einem Schundfilmregisseur gestellt. Ich hörte eine Polizistenstimme: ›Niemand passiert die Sperre.‹ Im Hintergrund die Flammen des brennenden Reichstages, davor ein Haufen von Polizisten und Journalisten, Papen hatte ich erkannt. Ich hörte Hitlers Worte: ›Das ist ein von Gott gegebenes Zeichen. Wenn dieses Feuer, wie ich glaube, das Werk von Kommunisten ist, dann soll uns nichts

Der Reichstag brennt

mehr daran hindern, diese Mordpest mit eiserner Faust auszurotten.‹«

Es ist höchste Zeit für ein göttliches Zeichen. Bis zu den Reichstagswahlen am 5. März bleiben nur wenige Tage. Die Ausrottungspläne liegen bereit.

Zehn Stunden nach dem Brand läuft die Aktion. In den frühen Morgenstunden des 28. Februar klingelt es in Berlin an unzähligen Wohnungstüren. Viele der Gefährdeten übernachten bei Freunden oder Bekannten. Für nicht wenige kommt der Entschluß, das Land zu verlassen, zu spät.

Carl v. Ossietzky glaubt es nicht verantworten zu können, seinen Posten zu verlassen. Erich Mühsam hat seine Koffer gepackt; er will in die Tschechoslowakei reisen. Bruno Frei ist rechtzeitig gewarnt worden. Als er seine Frau zu Hause anruft, warten dort schon zwei Herren auf ihn. Am nächsten Morgen fährt er vom Anhalter Bahnhof aus nach Prag. Im Abteil nebenan sitzen Bertolt Brecht, Helene Weigel, F. C. Weiskopf.

Egon Erwin Kisch, in Berlin noch nicht wieder seßhaft geworden, mit dem Abtransport der Bücher beschäftigt, vertraut auf sein Glück. Auch sein Name steht auf den Listen.

»Dienstag, den 28. Februar, am Morgen nach dem Reichstagsbrand, klingelt es um fünf Uhr an der Wohnungstür. Ich höre, wie meine Hausfrau fragt, wer draußen sei, wie sie öffnet, jemand sie fragt, ob ich zu Hause sei, ob mein Zimmer eine zweite Tür habe ... Gleich darauf klopft die Hausfrau an meine Tür. ›Herr Kisch, bitte öffnen Sie.‹

Ich schließe auf, herein springt ein Mann. ›Kriminalpolizei! Hände hoch!‹

Ich zeige, daß ich nichts in den Händen habe, ein zweiter Mann ist auch ins Zimmer gesprungen. ›Herr Kisch, wir haben Befehl, Sie ins Polizeipräsidium abzuführen.‹

›Bitte sehr, meine Herren, nehmen Sie Platz. Ich werde mich inzwischen anziehen, wenn Sie gestatten.‹

›Haben Sie eine Waffe?‹

Ich verneine. Sie schauen in meinem Nachttisch nach, in meinen Kleidern. Keine Waffe.

Darf ich mich auch waschen? Ja, ich darf mich waschen, sogar auf die Toilette darf ich gehen, aber in Anwesenheit eines fremden Herrn ist es nicht das Rechte. Während ich mich ankleide, so im Gespräch, fragen mich die Herren – es sind ein Kriminalsekretär und ein Inspektor von der Kriminalpolizei –, wann ich heute nach Hause gekommen bin.

›Es wird wohl halb ein Uhr nachts gewesen sein.‹

›Hm. Wo waren Sie denn?‹

›Hier im Westen. Mit dem Brand des Parlaments habe ich nichts zu tun.‹

›Wieso wissen Sie von dem Brand? Sie haben unseren Besuch wohl erwartet?‹

Ihnen scheint klar, daß sie in meiner Person den Brandstifter gefunden haben. Sie ahnen nicht, was wir alle schon heute nacht vermutet hatten: daß zur gleichen Stunde von hundert anderen Beamten hundert andere Linksradikale abgeholt wurden.«

Im Polizeipräsidium am Alexanderplatz trifft Kisch auf Carl v. Ossietzky, Ludwig Renn, Erich Mühsam, Kurt Kläber, Alfred Apfel und andere, die ebenfalls verhaftet worden sind. Einen Tag später bringt man ihn vom Polizeipräsidium ins Zuchthaus nach Spandau.

Am 4. März meldet er der Mutter: »Wie Du wahrscheinlich schon weißt, bin ich vor ein paar Tagen eingesperrt worden, und ich kann mir denken, daß Du Dir darüber Sorgen machst, wie vor 30 Jahren, als ich als Kasernarrestant ein paar Tage nicht nach Hause kam ...«

Die Reichstagswahl am 5. März erlebt Kisch in der Zuchthauszelle. Draußen tobt der »Hexensabbat der privilegierten Partei«. »Der Schall der Trommeln, Drommeten, Schreichöre und Schüsse rückt näher und näher zu uns heran, im Hof beginnen die Wächterhunde wild zu kläffen, im Haus geht Geklingel und Gerufe los, an Schlaf ist ebensowenig zu denken, wie während unserer Polizeihaft nicht daran zu denken war.«

Fünf Tage später wird Kisch ins Polizeipräsidium zurückgebracht. In einem Polizeiwagen fährt man ihn zum Alexanderplatz. Betroffen schaut er hinaus in das »nationalsozialistisch getünchte Berlin«.

»Kennen Sie denn Berlin nicht?« fragt ihn einer der beiden Geheimpolizisten, die ihn begleiten.

»Ich war jetzt lange fort«, antwortet Kisch, »in China.«

»Na, wie sieht's denn da aus?«

»Auch nicht sehr schön.«

»Was soll denn das heißen: auch nicht sehr schön? Hier in

Deutschland ist es jetzt sehr schön, alles jubelt, daß endlich aus Juda und dem Marxismus Hackepeter gemacht wird ...«

Im Polizeipräsidium wird Kisch in eine Massenzelle mit etwa fünfzig Arbeitern gesteckt. Die Gefangenen sind schrecklich zugerichtet. Sie reden auf den Schriftsteller ein, als wollten sie die Welt aufklären über ihr Schicksal.

»Sie alle waren am Wahlsonntag oder am Tag darauf von SA in ihren Wohnungen überfallen und vor ihren entsetzten Familien mißhandelt worden, ihr Mobiliar wurde zertrümmert und ihre Bücher zerrissen. Ohne daß man ihnen erlaubte, sich vollkommen anzukleiden – manche hatten keine Schuhe an –, wurden sie in die Nazikasernen verschleppt, zuerst in die sogenannte Friesenkaserne, später in ein zu einer Nazikaserne umgewandeltes Fabrikgebäude in der Friedrichstraße.

Fünf Tage und fünf Nächte war man dabei, ihnen den Kommunismus auf alle Arten auszutreiben.

Der jetzt vom Tod erweckte Unteroffiziersgeist tobte sich aus; man zwang die Gefangenen, auf dem Hof zu exerzieren, sie mußten sich auf Kommando im Dreck niederwerfen und aufspringen, niederwerfen und aufspringen, bei jedem Nachlassen der Kraft setzte es Hiebe mit Stöcken und Peitschen, sie mußten auf und nieder machen, bis sie so bewußtlos liegenblieben, daß sie kein Stock- und Peitschenschlag mehr zu sich bringen konnte.«

Bis tief in die Nacht hinein lauscht der Schriftsteller den Berichten der Mißhandelten. Die Bilder verfolgen ihn, nachdem er die Zelle längst verlassen hat. Das »Rot Front!« der Genossen zum Abschied ist ihm Mahnung und Auftrag.

Am 11. März, gegen Mittag, ruft man ihn aus der Zelle. Er erfährt, daß er aus Deutschland ausgewiesen wird. Proteste von verschiedenen Seiten, Interventionen der Familie über einen Prager und Berliner Rechtsanwalt haben seine Freilassung bewirkt.

Ein Zivilwachmann begleitet ihn zum Anhalter Bahnhof und fährt mit ihm zur tschechoslowakischen Grenze. In Bodenbach erhält er seine Uhr, den Füllfederhalter und das Taschenmesser zurück. Gegen Quittung wird er den Beamten der Tschechoslowakei übergeben.

Der Schock wirkt lange nach. Es dauert einige Zeit, ehe sich Kisch von dem »›Knacks‹ in der Spandauer Haft ganz erholt«, wie Alexander Abusch schreibt. Er muß sich die Erlebnisse von der Seele schreiben, muß sie in Aktion umsetzen. Vierzehn Tage nach seiner Ausweisung aus Deutschland erscheint im ersten Heft der nach Prag emigrierten »AIZ« der erste Teil der Reportagenserie »In den Kasematten von Spandau«.

Egon Erwin Kisch liefert einen der erste Augenzeugenberichte über die Nazigreuel in Deutschland. Er findet weltweit Beachtung. Er straft alle Erklärungen Görings Lügen, der vor ausländischen Pressevertretern jegliche Mißhandlung von Gefangenen ableugnet. Emigration ist für Kisch kein »Zustand«, sondern eine »Tätigkeit«, eine kämpferische Auseinandersetzung.

Rasches Reagieren auf die Erfordernisse des antifaschistischen Kampfes zeichnet die Arbeit Kischs in den Jahren des Exils aus. Er schaltet sich in die öffentlichen Kontroversen ein, die zwischen den Schriftstellern innerhalb und außerhalb Deutschlands geführt werden. Mit überzeugenden Argumenten weist er alle jene zurück, die um Verständnis werben für die »nationale Revolution« und für die neuen Machthaber in Deutschland. Vor allem polemisiert er gegen das später so oft und von vielen wiederholte Argument, daß allein die Daheimgebliebenen legitimiert seien, über Belange Deutschlands zu reden.

Hauptzielpunkte seines publizistischen Kampfes in den ersten Monaten der faschistischen Herrschaft sind die Vorgänge um den Reichstagsbrand. Kisch untersucht sie als »Kriminalist«, als aufmerksamer Leser nazideutscher Zeitungen. Eine gründliche Analyse der Pressemitteilungen und öffentlichen Bekundungen der Naziführer reicht aus, um Widersprüche bloßzulegen und Hintergründe aufzudecken. Das dummdreiste Verbrechen macht die Parallele zwischen Faschismus und Gangstertum für jedermann offenkundig.

»Mit der plumpen Brandstiftung im Reichstagsgebäude hat das Dritte Reich begonnen. So wie diese größenwahnsinnigen, ordensgeblähten Bierbankpolitiker geglaubt haben, sie brauchten nur an die Regierung zu kommen, um Deutschlands Macht und Deutschlands Wirtschaft im Nu zu heben, so wie sie geglaubt haben, daß zur Führung eines Staatswesens nichts als Schneidigkeit, Zungenfertigkeit, Revolver, Konzentrationslager und Stahlruten nötig seien, so haben sie auch gedacht, ein Täuschungsmanöver lasse sich leicht begehen.

Sie haben *sich* getäuscht, nicht aber die Welt.«

Wichtiger als jede publizistische Äußerung erscheint in jenen Tagen die direkte politische Aktion. Täglich gehen Hunderte von Flüchtlingen aus Nazideutschland über die tschechoslowakische Grenze. In Prag bilden sich Hilfskomitees für politische Emigranten. Die bei Nacht und Nebel über die Grenze Gekommenen brauchen Unterkunft und Verpflegung und vor allem eine Aufenthaltsgenehmigung.

Egon Erwin Kisch hilft, wo er helfen kann. Das alte Haus in der Melantrichová wird zu einem Anlaufpunkt für Vertriebene. Mancher Flüchtling findet hier seine erste Bleibe.

Nicht in jedem Falle werden von den tschechoslowakischen Behörden Aufenthaltsgenehmigungen erteilt. Politische Halbherzigkeit und bürokratisches Unverständnis machen den Emigranten zu schaffen. In mancher schwierigen Situation weiß Kisch eine Lösung, auch wenn er beim Außenminister persönlich intervenieren muß.

Vor allem kümmert sich Kisch um die jungen Schriftstellerkollegen, die aus Deutschland kommen. Er hilft ihnen, in Prag Fuß zu fassen, die Stadt kennenzulernen, Verbindungen zu knüpfen. Es macht ihm Spaß, die vertrauten Stätten seiner Heimatstadt vorzuzeigen, die historischen Winkel, die Künstlerkneipen, die Zentren unverfälschten Prager Lebens. Er ist ohne Anspruch und »Würde«, aber streng in seinen Maßstäben und Forderungen.

Es kann passieren, daß einer der jungen Schreiber den Auftrag erhält, sich mehrere Tage an einer der belebtesten Ecken Prags zu postieren. Hier hat er die Gesprächsfetzen der Vorübergehenden festzuhalten und zu ergänzen. Aus den Notizen muß sich eine Story entwickeln lassen. So lernt der Debütant, genau zu beobachten und aufzuzeichnen, zu kombinieren und zu fabulieren.

Der Lehrer läßt nichts durchgehen. »Er fand jeden überflüssigen Satz«, erzählt Jan Koplowitz, »jede abgebrauchte Redewendung, jede Ausflucht, mit der man sich über das dünne Eis einer Ungenauigkeit retten wollte.«

Es ist wesentlich auch Kisch zu danken, daß sich der Bund proletarisch-revolutionärer Schriftsteller in Prag neu formieren kann. Im Sommer 1933 bildet sich hier ein »Initiativ-Komitee zur Sammlung aller antifaschistischen Kräfte auf dem Gebiete der Literatur«. Als die Redaktion der »Neuen Weltbühne« in Prag nach geeigneten Räumen sucht, steht Kisch mit Rat und Tat zur Seite. Im Dachgeschoß

Egon Erwin Kisch auf dem Balkon des Hauses
»Zu den zwei goldenen Bären«

eines Hauses in der Melantrichová, unweit des Bärenhauses, findet sich ein Domizil.

Auf Versammlungen und Kundgebungen berichtet Kisch über seine Erlebnisse in Deutschland, über den Reichstagsbrand und die Folgen. Aber es gibt Schwierigkeiten. Voller Besorgnis beobachtet die tschechoslowakische Regierung die Aktivitäten der deutschen Emigranten. Um den mächtigen Nachbarn im Norden nicht herauszufordern, kommt es zu Verboten.

Arbeiter und Intellektuelle treffen sich auf einer großen Kundgebung in der Prager Getreidebörse am 12. Mai 1933. Neben Egon Erwin Kisch und F. C. Weiskopf sprechen tschechische Schriftsteller, Hochschullehrer und Gewerkschaftsvertreter. Das Meeting soll die solidarische Verbundenheit der deutschen und der tschechischen Antifaschisten demonstrieren.

Für Arbeiten jenseits der tagespolitischen Aufgaben bleibt nur wenig Zeit. Fritz Erpenbeck, Redakteur der »AIZ«, erzählt, wie er eines Tages eine Reportage bei Kisch bestellt. Die Redaktion hat eine Fotoserie geschenkt erhalten: alte Prager Turmuhren. Damit läßt sich eine interessante Bildreportage herstellen. Den Text dazu könne Kisch schreiben, der Prag kennt wie seine Hosentasche und eine schnelle leichte Hand besitzt.

Kisch sagt zu, aber die Redaktion erlebt eine Enttäuschung. Der »rasende Reporter« hält den Termin nicht ein.

Ein Gespräch wird vereinbart. Erpenbeck trifft Kisch in einer verräucherten Bierkneipe, wo er eine fröhliche Runde mit Anekdoten unterhält.

Der Redakteur kann seinen Groll nicht verbergen. Zugesagt ist schließlich zugesagt. Er mahnt den berühmten Kollegen. »Wo es doch für Sie nur eine Kleinigkeit ist, Genosse Kisch ...«

»Eine Kleinigkeit?« fragt Kisch erstaunt. »Sie sind doch auch Journalist? Nun, dann wissen Sie doch, wie schwer so etwas zu schreiben ist. Kommen Sie morgen früh doch mal zu mir herauf; ich werde Ihnen zeigen, wie weit ich bin.«

Am nächsten Tag legt ihm Egon Erwin Kisch vier Manuskripte vor, jedes übersät mit Korrekturen. »Es gefällt mir noch keines. Es ist ja auch verteufelt schwer, auf so knappem Raum etwas wirklich Interessantes, Neues und vor allem Wichtiges zu sagen.«

Kisch sagt dem jungen Kollegen, was er unter einem wirklichen

Reporter versteht. »Der Reporter muß viel neugieriger sein als alle seine Leser. Er muß leidenschaftlich neugierig sein. Sogar bei den ganz alltäglichen Dingen, sonst entdeckt er nie ihr wahres Gesicht. Wenn der Schreibende nicht diese heilige Neugier hat, wie kann er dann von jemand erwarten, daß er neugierig sei, das Geschreibsel zu lesen?«

Es dauert einige Wochen, bis die Redaktion das zweieinhalbseitige Manuskript erhält. Wegen der Bildunterschriften, in die sich noch Wichtiges unterbringen läßt, vergehen weitere Tage. Auch in den Druckfahnen, deren Zusendung er sich ausgebeten hat, korrigiert er am Text, und noch zweimal schickt er Zettel mit kleinen Änderungen.

Für die Uhrenreportage von zweieinhalb Seiten hat Kisch nicht nur alles greifbare historische Material durchgearbeitet, sondern auch jede der alten Uhren an Ort und Stelle eingehend besichtigt. Bei Küstern, Uhrmachern und Kunsthandwerkern hat er sich bis ins kleinste unterrichtet und mancherlei Geschichten und Anekdoten gesammelt. Und das alles für hundert Kronen, die nicht einmal er selbst bekommt.

Prag vermag ihn auch diesmal nicht lange zu halten. Seit Jahren fast ununterbrochen auf Reisen, hält er es an einem Ort längere Zeit nicht mehr aus. Auch spürt er, daß er dem »Prager Leben schon ganz entwachsen« ist. Jeder kennt ihn hier, und jeder sucht seine Gesellschaft, seinen Rat, seine Unterstützung.

Die Verbote der Behörden behindern seine Bewegungsfreiheit. Der Kampf gegen den Hitlerfaschismus erfordert einen freien Standort. Er weiß, wohin er sich zu wenden hat, »nach Frankreich, das hundertfünfzig Jahre lang die Heimat der Heimatlosen, die Hauptstadt der Demokratie gewesen war«.

Zentrum der antifaschistischen Bewegung ist Paris. Hier haben führende Vertreter der deutschen Literatur ein neues Zuhause gefunden. Hier werden Nachrichten über Nazideutschland gesammelt und in die Öffentlichkeit gebracht. In Paris tagt der Untersuchungsausschuß zur Aufklärung des Reichstagsbrandes. Von hier aus wird die Verteidigung Dimitroffs und der anderen angeklagten bulgarischen Kommunisten organisiert.

Ende Mai 1933, zu Pfingsten, trifft Kisch in Paris ein. Im Saal

UNTER DEN UH

Die Straßenuhren dieser Stadt, die keine normalisierte Stadt ist, sind keine normalisierten Uhren. Sie gehen nicht alle ganz gleich, ihre Zifferblätter sind voneinander äußerst verschieden, und auch das Leben, das unter dem Ablauf einer prager Straßenuhr abläuft, unterscheidet sich von dem Leben unter jeder anderen prager Straßenuhr. Da ist zum Beispiel die des Bräuhauses „Zum Fleck". Statt der Ziffern stehen die Buchstaben des Namens im Rund, selbstverständlich in Frakturschrift, denn das ist „national". In Frankreich gilt Fraktur als altfranzösisch, in Deutschland als altdeutsch und in Böhmen als alttschechisch. Und auch die Sprüche in den Schankräumen — Aufrufe, recht viel zu trinken und der nationalen Pflichten nicht zu vergessen — sind in der Schrift der Väter an die Wand gemalt.

Die Zeiger der jüdischen Rathausuhr gehen den Weg zurück, sie verlaufen von links nach rechts entlang eines Kreises, den die ersten zwölf Buchstaben des hebräischen Alphabets bilden, Zeichen der Zeit auch sie, aber einer längst vergangenen. Nur der Mann in Kaftan und Stirnlöckchen kennt sich da noch aus.

Aber wer kennt sich denn in der neuen Zeit aus? Seht die Uhr des supermodernen Kirchenhauses auf dem Georgsplatz. Da haben wir sie, schön aufgenommen, aber der Beschauer des Fotos kann trotzdem nicht erkennen, was man eigentlich auf einer Uhr erkennen sollte: wie spät es ist. Wie sollen da Schüler und Schülerinnen, die sehnsüchtig nach dem Turm spähen, mit wünschenswerter Genauigkeit wissen, in wieviel Minuten es zur Pause schlagen wird, die sie mit einem paarweisen Spaziergang entlang der Blumen- und Spielzeugbuden des Marktes von St. Georg verbringen dürfen? Die Uhr auf dem Veitsdom ist auch nicht zu enträtseln, allzuhoch hängt sie über der Stadt, der Fremde, der hinaufschaut, tut es mehr aus architektonischen Gründen, als um zu erfahren, wie spät es ist. Auch an der berühmten Sonnenuhr des Altstädter Rathauses. Dem sinnreichen Ablauf der Planeten, den schwelgerischen Versinnbildlichungen der Monate, gemalt vom größten tschechischen Maler Josef Mánes, schenkt von den Neugierigen, die sich allstündlich hier zu Hunderten versammeln, wohl niemand einen Blick. Alles schaut nur zu den beiden Fensterchen darüber, alles wartet, bis die sich öffnen werden, die zwölf Apostelfiguren heranmarschieren und unter dem Krähen und Flügelschlag eines Hahnes wieder verschwinden.

Berühmt ist auch die Uhr von Loretto auf dem Prager Hradschin; auch sie ist ein mechanisches Wunderwerk, aber die Neugierigen bekommen kein Apostelspiel zu sehen, sie bekommen überhaupt nichts zu sehen, sondern nur zu hören. Die Uhr spielt frome Melodien, und wenn die verklungen sind, eilen die Klosterbrüder zur Messe. Das Kloster birgt eine der reichsten Schatzkammern der Welt, Monstranzen, Kronen und Ornate aus purem Gold und mit den kostbarsten Kleinodien versehen. Ungeheure Werte bergen die vergitterten Schreine; aber für die Wohlfahrt, die das Kloster versehen soll, ist kein Geld da. Die Armen, die sich bei den gutgenährten Mönchen um ein Almosen anstellen müssen, bekommen kaum etwas anderes als ein Stück trockenen Brotes. Wenn sie diese Mahlzeit verschlungen haben, können sie auch trinken: im Hof steht eine Pumpe.

Unter den Uhren der Militärgebäude ist mehr Geld für Nahrung vorhanden, man ertüchtigt und ernährt die Jugend für den Heldentod. Vorläufig freilich freuen sich die jungen Militärtechniker noch ihres Lebens, sie denken nicht daran, in welche Zeit der Zeiger über ihren Häuptern vorrücken soll.

Da ist die Uhr des Wilsonbahnhofes. In seinen Hallen, auf den Bänken des Stadtparks verbringt der Obdachlose die Nacht, die nicht vorübergehn will. Wenn der Polizist kommt und ihn zur Ausweisleistung verhält — wie viele der Schlafburschen unter der Bahnhofsuhr verstehen nicht, was der prager Schupo ihnen sagen will, sie verstehen nicht tschechisch. Eben haben sie vielleicht noch von Deutschland geträumt und haben vergessen, daß sie Flüchtlinge sind. Sie erwachen, ein Polizist steht vor ihnen, und sie erinnern sich mit Schrecken, des „erwachten Deutschland", das sie vertrieben.

Die Uhr in der Karolinenthaler Königstraße zeigt sechs. Sechs Uhr abends oder sechs Uhr morgens, das ist Anfang oder Ende der Fabrikszeit. Man geht müde in die Werkstatt oder kehrt müde heim. Weg in die Arbeit. Ein Verkehrsunfall ereignet sich. Zwei Autos sind zusammengestoßen, gerade auf den Schienen. Die Straßenbahnen müssen stehenbleiben. Die Arbeiter müssen warten. Wenn sie zu spät an die Werkbank kommen, niemand läßt ihre Entschuldigung gelten. Vom Akkordlohn geht eine Stunde verloren. Oder sie kommen eine Stunde später zum Abendbrot, zu Weib und Kind. Verkehrsunfall. Das wird in die Arbeitszeit nicht eingerechnet. Die Uhr geht weiter ....

Matthias Brunhauser

Die Zeiger der jüdischen Rathausuhr gehen den Weg zurück; an Stelle von Ziffern sehen wir die ersten zwölf Buchstaben des hebräischen Alphabets ... eine längst vergangene Zeit; nur der Mann in Kaftan und Stirnlöckchen kennt sich auf ihr aus.

Die berühmte Sonnenuhr des Altstädter Rathauses. Dem sinnreichen Ablauf der Planeten und den Versinnbildlichungen der Monate schenken täglich die vielen Betrachter weniger Beachtung als den Aposteln, die aus den Türchen rechts und links treten, wenn die Uhr die vollen Stunden schlägt...

Die Uhr des Bräuhaus
als die „Schrift der V
tschechischen" Biers
Pflichten" auffordern.

Da ist die Uhr des Wi
übergehen will. Manch
scheuchte vielleicht de

Wer kennt sich in der
auf dem Georgsplatz –
spät es ist! Wie sollen
gen, und die Marktfra
Zeit des Feierabends

»Unter den Uhren von Prag« in der »AIZ« vom 8. 6. 1933

PEN VON PRAG

k". Statt Ziffern zeigt sie Buchstaben in Frakturschrift, die in vielen Ländern ihr sind auch die Aufrufe in den „altdeutschen", „altfranzösischen" und „alt-die den „braven Mann" zum vielen Trinken und Nichtvergessen der „nationalen

Berühmt ist auch die Uhr von Loretto auf dem prager Hradschin; sie schlägt nicht, sondern spielt fromme Melodien. Das Kloster enthält ungeheure Schätze; aber die „milden Gaben", welche Erwerbslose von den frommen Klosterbrüdern erhalten, sind knapp und dürftig ...

es. In seinen Hallen verbringt der Obdachlose die Nacht, die nicht vor-n Polizist steht vor ihm — mit Schrecken erinnert er sich der Aufge-Deutschland", das ihn vertrieben hat, weil er kein Lump sein wollte...

aus? Seht die Uhr des supermodernen Kirchenbaues t sie aus; nur eins kann man nicht: erkennen wie und Schülerinnen, die ihre Pause unter ihr verbrin-wann das Viertelstündchen um ist, oder wenn die

Pleyel findet ein antifaschistischer Kongreß statt. Egon Erwin Kisch spricht über Faschismus und Kultur. Der Hitlerfaschismus richtet sich nicht nur gegen die revolutionäre Arbeiterbewegung, er richtet sich gegen die Menschheitskultur. Reichstagsbrand und Bücherverbrennung sind Zeichen des Ungeistes.

»Verbrennen Sie nur ruhig Marx, Engels und Lenin auf Ihren Scheiterhaufen, Herr Hitler! Verbrennen Sie auch andere Werke der menschlichen Kultur, die untrennbar zum Begriff des Marxismus gehören – aus den Flammenzeichen wird auch der sozial unaufgeklärte Geistesarbeiter in seinem Elfenbeintürmchen begreifen lernen, daß Reaktion und Faschismus so untrennbar zusammengehören wie Kultur und Marxismus.«

Der Kampf kann nur erfolgreich geführt werden, wenn viele ihn unterstützen. Das Fehlen der antifaschistischen Einheitsfront, das Kisch in der Gemeinschaftszelle des Berliner Polizeipräsidiums, in den Kasematten von Spandau schmerzlich erfahren hat, wird zur Mahnung und Verpflichtung für den kommunistischen Schriftsteller. Mit der Autorität seines Wortes und seines Werkes wirbt er Bundesgenossen, weist er auf vorhandene Gemeinsamkeiten. Aufklärerische, humanistische, revolutionäre Traditionen werden beschworen, um sie für die Aufgaben des Tages nutzbar zu machen. Mit seinem Optimismus, seiner Hilfsbereitschaft, seinem Humor begegnet Kisch Stimmungen der Niedergeschlagenheit und Resignation, die sich unter den Emigranten ausbreiten.

Reisen in die Schweiz und nach England dienen dem Ziel, die antifaschistische Front zu stärken. Die wachsende Einflußnahme der Hitlerregierung ist überall spürbar. Ein Vortrag in der Schweiz wird verboten. Als Kisch im September 1933 am Londoner Gegenprozeß des Leipziger Reichstagsbrandprozesses teilnehmen will, wird er »auf Intervention der deutschen Botschaft an der englischen Küste gestoppt«.

Haupttätigkeitsfeld aber bleibt Paris. »Allwöchentlich«, schreibt Bruno Frei, »versammelten sich die antifaschistischen Schriftsteller im ersten Stock eines alten Cafés mitten unter den Devotionalienläden von St-Sulpice. Hier erfüllte Kisch mit der launigen Verbissenheit, die ihm eigen war, seine Funktion als Vorsitzender des damals neben dem Schutzverband Deutscher Schriftsteller bestehenden ›Bundes proletarisch-revolutionärer Schriftsteller‹. Ob man über ein

Die Brücke zum Boulevard Saint-Michel in Paris, im Hintergrund das Polizeipräsidium und die Kathedrale Notre-Dame

Buch diskutierte oder über die Notwendigkeit und die Möglichkeiten, als Schriftsteller den großen Kampf zu unterstützen – Kisch polterte, witzelte, ärgerte sich und andere, immer aber riß er mit.«

Im Mittelpunkt des publizistischen Kampfes steht der Reichstagsbrand und der von den Nazis vorbereitete Prozeß, der vom 21. September bis 23. Dezember 1933 in Leipzig und Berlin stattfindet. Die verschiedenen Artikel und Kommentare zum Reichstagsbrand und Reichstagsbrandprozeß stellt Kisch zu einer Dokumentation zusammen, die als Tarnschrift nach Deutschland gelangt. Durch exakte Information und beweiskräftige Enthüllung hilft der Schriftsteller, den Menschen die Augen zu öffnen und den antifaschistischen Widerstand zu stärken. Der Kampf gegen die »Lüge, die ewige Bundesgenossin der Reaktion«, rückt ins Zentrum journalistischer Arbeit.

An der Vorbereitung des »Braunbuches über Reichstagsbrand und Hitlerterror« ist Kisch mittelbar beteiligt. Es kommt im August 1933 in Paris heraus und wird innerhalb von wenigen Wochen in sechzehn Sprachen übersetzt.

Als der Schutzverband Deutscher Schriftsteller im Juli 1933 in Paris neu gegründet wird, gehört Egon Erwin Kisch dem Vorstand an. Der Schutzverband kämpft darum, das Leben seiner in Hitlerdeutschland verbliebenen Mitglieder »vor der physischen Vernichtung durch den Faschismus zu retten«. Er organisiert Kundgebungen für die Freilassung antifaschistischer Schriftsteller und bemüht sich um die materielle Sicherung und Förderung seiner Mitglieder.

So nimmt Kisch an einem Solidaritätsabend teil, den der Schutzverband im November 1933 mit Lesungen aus Werken von Theodor Lessing, Erich Mühsam und Carl v. Ossietzky veranstaltet. Am 19. April 1934 spricht er auf einer Kundgebung für Carl v. Ossietzky, Ludwig Renn und Erich Mühsam. Auch bei der Eröffnung der Deutschen Freiheitsbibliothek in Paris am 10. Mai 1934 tritt er als Redner hervor. Unter seiner Leitung finden im Mai 1934 Diskussionsabende über theoretische und praktische Fragen der Reportage statt.

Trotz des enormen politischen Einsatzes arbeitet Kisch mit Energie an neuen Büchern. Im Oktober und November 1933 unternimmt er eine Spanienreise, die ihn von Biarritz und San Sebastián über Saragossa, Madrid und Toledo weit ins Innere Spaniens bis in die Quecksilberstadt Almadén führt. In einem Brief an den Bruder Paul vom

16. November 1933 heißt es: »Was mich anbelangt, bin ich eben aus Spanien zurück und noch ganz drin, ganz in spanischen Studien, spanischen Büchern, spanischen Menschen. Aber schon haben mich auch wieder die Emigration und die Politik in den Klauen, es gibt hier viel zu tun für andere, und materiell geht's einem dabei selbst nicht zum besten.«

Die Berichte über Spanien bilden den Rahmen für eine neue Reportagensammlung.

Ende Dezember 1933 fährt Kisch nach Belgien, um sich ungestört dem Schreiben widmen zu können. Er wohnt in dem Städtchen Mechelen, was den Schüttelreim provoziert: »Du weißt nicht, / was ein Lächeln macht. / Kisch ist in Mechelen, / und ganz Mechelen lacht.« In der zweiten Januarhälfte besucht er Antwerpen und Amsterdam, wo er die Arbeit der Diamantenschleifer studiert, und hält sich einige Tage in Gheel auf, einer kleinen belgischen Stadt, deren Einwohner sich mit der Betreuung von Geisteskranken befassen. »Ein Zigeunerleben führe ich«, klagt er in einem Brief an die Mutter, »hab schon für eine Zeitlang genug davon.«

Der niederländische Journalist und Reporterkollege Nico Rost, der Übersetzer seiner Werke, begleitet Kisch bei Fahrten durch Belgien. Er macht ihn wahrscheinlich auf die Irrenkolonie aufmerksam. Schon tagelang vor dem Besuch in Gheel, erzählt Rost, übt Kisch, zum Entsetzen aller Bekannten, auf Plätzen und Straßen, in Bahnen und Autobussen, »Irrer«.

Der Berichterstatter verschafft sich eine genaue Kenntnis der Geschichte des Ortes, gräbt alte Legenden aus, informiert sich über die Tradition der »Irrenpflege ohne Irrenhaus«. Er spricht mit den Patienten, forscht nach über ihr Schicksal, besucht die Gemeinschaftsräume und macht sich vertraut mit den verschiedenen Stadien und Formen der Krankheit. Natürlich trifft Kisch auch hier einen Prager Bekannten. Zuletzt sah er ihn, als der Mann alle Gäste eines Prager Nachtlokals freihielt.

Fälle von Größenwahn kommen zur Sprache. Egon Erwin Kisch und Nico Rost reden mit einem Arzt, der in den Niederlanden, in Skandinavien und Deutschland in psychiatrischen Kliniken gearbeitet hat. Von ihm erfahren sie, daß fast nur reiche Patienten, die an Größenwahn leiden, in Gheel bleiben. Den Wahnvorstellungen der ärmeren Kranken können die Betreuer nicht immer entsprechen.

Der Arzt besitzt eine Statistik, wie viele liebe Gotte er schon behandelt hat, wie viele Mutter Gottes, wie viele Napoleons.

Die Schriftsteller fragen, ob keiner der Kranken sich für Hitler gehalten habe.

»Noch nicht. Aber einen Göring hatte ich schon, einen schweren Fall.«

»War das ein Deutscher?«

»Ja, der Göring.«

In dem niederländischen Badeort Zandvoort findet Kisch für einige Tage Ruhe, um die neuesten Nachforschungen zu Papier zu bringen. Der Band ist in wesentlichen Teilen fertig, als er in der zweiten Februarhälfte nach Frankreich zurückkehrt.

Aber Paris ist kein Ort für ungestörte Arbeit.

Draußen in Versailles mietet er sich im Hôtel Moderne ein, 2 Rue du Jeu de Paume, gegenüber dem historischen Ballhaus. Das scheint ungewöhnlich für einen Ausländer und macht ihn der Polizei verdächtig. Auch für die Freunde in Paris ist es nicht leicht, ihn zu erreichen, wenn seine Hilfe gebraucht wird. Mitunter hat Kisch nicht einmal Geld genug, um die Fahrkarte nach Paris bezahlen zu können.

Bis Ende März arbeitet der Schriftsteller an dem neuen Reportagenband. Am 31. des Monats meldet er der Mutter in Prag: »Heute nachts habe ich das letzte Manuskript meine Buches ›Eintritt verboten‹ weggeschickt, drei Monate lang habe ich daran gearbeitet (in fünf Ländern), jetzt wird es in Paris deutsch und französisch erscheinen, es ist ein schweres, aber nicht uninteressantes Buch, Erlebnisse in Lourdes, in einem Quecksilberbergwerk in Spanien, in einer Brillantschleiferei in Amsterdam, im Casino von Monte Carlo etc. etc.«

Am 12. Juli 1934 ist der Band ausgedruckt, und wenige Wochen später kommt »Eintritt verboten« im Pariser Exilverlag Editions du Carrefour heraus. Bruno Frei nennt »Eintritt verboten« eines der »besten Reportagenbücher« von Kisch. Arbeiten wie »Menschen im Quecksilber, Quecksilber im Menschen«, »Borinage, vierfach klassisches Land« oder »Seide aus Lyon« zeigen, was die literarische Reportage zu leisten vermag. Ganze Produktionsbereiche und Industriebezirke mit ihren vielfältigen sozialen, politischen und kulturhistorischen Beziehungen gewinnen durch die Anschaulichkeit und Prägnanz der Darstellung erzählerischen Glanz und Gegenwart.

Eingestreute »exotische«, »sensationelle« Sujets, wie der Besuch in Lourdes, die Schilderung der Irrenkolonie in Gheel, die Stippvisite in Monte Carlo oder die Beschreibung eines Stierkampfes, geben der Sammlung Erlebnisdichte und Spannungsreichtum. Die meisten der Reiseberichte sind eben erst geschrieben. Nur einzelne ältere Texte aus den Jahren um 1930, überarbeitet und aktualisiert, kommen hinzu.

»In diesem Bande sprengt Kisch die Form der Reportage«, schreibt Bruno Frei. »Er macht aus ihr mehr, als sie ist. Er setzt ihr Lichter auf, die sie in einer Verkleidung erscheinen lassen. Aus der Reportage wird Dichtung, und zwar in der fast vergessenen Form des Märchens. Viele dieser Reportagen beginnen und schließen mit der spielerischen Phantasie des Märchenerzählers. Es war einmal ...«

»Eintritt verboten«, das ist das Signum kapitalistischer Wirklichkeit Anfang der dreißiger Jahre, einer Gesellschaftsordnung, die dem Arbeiter den »Eintritt in die Arbeit« und in ein menschenwürdiges Leben verwehrt. »Eintritt verboten«, das ist zugleich das Kennzeichen für die Situation des antifaschistischen Schriftstellers, der sich durch Verbote und Pressionen in seiner Arbeit behindert sieht.

Aber der Reporter läßt sich durch Mauern und Sperrschilder nicht abweisen. »Kisch gelangt, indem er ein Ereignis durchdringt, immer zu einer verbotenen Tür«, bemerkt Heinz Raabe im »Neuen Tagebuch«. »Diese merkwürdige Eigenschaft unterscheidet ihn von seinen Kollegen, die streng darauf halten, offene Türen einzurennen. Seine Wünschelrute, die ihn zu diesen verbotenen Türen führt, heißt: Gewissen.«

Das soziale Gewissen weist dem Schriftsteller den Weg durch die Heimlichkeiten bürgerlichen Lebens. Mit heiterem Lächeln plaudert er aus der Schule kapitalistischen Alltags. Rücksichtsloses Gewinnstreben, Spielrausch, Wunderglaube und Wahnvorstellungen sind die Krankheitssymptome dieser Zeit.

Zwei Monate nach »Eintritt verboten« kommt im Amsterdamer Exilverlag Allert de Lange die Sammlung »Geschichten aus sieben Ghettos« heraus. Kisch greift auf ein Thema zurück, das ihn von Jugend an begleitet. Die Bilder des Prager Ghettos vor Augen, die Erzählungen seiner Eltern und Verwandten im Ohr, bewahrt er ein stetes Interesse für jüdische Lebensverhältnisse und Schicksale. In allen Städten, durch die er kommt, sucht er die Wohnbezirke der Juden auf. Vielerorts leben sie noch, wie vor Jahrhunderten, in ghettoähnlichen Verhältnissen. Religiöse Tradition und strenge Familienbindung bestimmen ihre Existenz.

Kein Volk dieser Erde hat so viele Legenden, Sagen und Geschichten aufbewahrt wie das jüdische. Kein Volk hat aus der Vergangenheit anderer Völker so viel in sich aufgenommen und weitergegeben. Kein Volk hat so viele Träumer und Fabulierer hervorgebracht.

Das ursprüngliche Erzähltalent Egon Erwin Kischs, gepaart mit scharfer Beobachtungsgabe und Sinn für historische Details, kann sich hier frei entfalten. Erinnerungen aus der Prager Kindheit und aus den frühen Journalistenjahren werden lebendig und präsentieren eine Fülle unverfälschter jüdischer Gestalten.

Kisch zeigt, daß die Lösung des jüdischen Problems keine religiöse und keine nationale, sondern eine Klassenfrage ist. Solidarität auf Grund von Religion und Rasse, schreibt er in den »Notizen aus dem Pariser Ghetto«, sei utopisch. Allein durch den entschlossenen Kampf »gegen Dumpfheit und Reaktion und für eine Welt ohne Ghetto und ohne Klassen« können sich die Juden aus ihrer Misere befreien.

Verschiedene der Ghettogeschichten übernimmt Kisch aus älteren Sammlungen. Der Verfasser geht aus von der Situation und der Geschichte der Juden in Prag und in Böhmen. Bei Reisen und Recherchen in den zwanziger Jahren kann er seine Erfahrungen und Einsichten vertiefen.

Mit den Erlebnisberichten über Schanghai, Paris und Amsterdam, zum Teil für die neue Sammlung geschrieben, geht der Erzähler über den lokalen Bereich hinaus. Er bringt Gesichtpunkte ein, die für die Lage der Juden auch in anderen Ländern Gültigkeit besitzen. In einer Zeit zunehmender faschistischer Pogrome macht Kisch auf die »Tragik eines versprengten, ausgesperrten, zur Ruhelosigkeit verurteilten und inquisitorisch gequälten Volkes« aufmerksam und trägt zum Verständnis der Situation und der Geschichte der Juden und zu ihrem Selbstverständnis bei.

Das Jahr 1934 weckt gute Hoffnung für Egon Erwin Kisch. »Eintritt verboten« verspricht, wenn man die begrenzten Absatzmöglichkeiten berücksichtigt, einen beachtlichen Erfolg. Der Band erscheint nicht nur in Paris, sondern auch innerhalb der Universum-Bücherei, Zürich – Prag, und in Moskau. Gleichzeitig kommt bei Editions du

Carrefour eine französische Ausgabe heraus. Darüber hinaus bringt der große Pariser Verlag Gallimard eine französische Ausgabe von »China geheim« heraus. Zu guter Letzt erscheinen die »Geschichten aus sieben Ghettos«.

Keine schlechte Bilanz für einen exilierten Schriftsteller, der seinen Buchmarkt in Deutschland verloren hat und unter erschwerten Bedingungen arbeiten muß. Schon beschäftigen ihn neue literarische Projekte. Sie führen in die französische Geschichte und sollen stärker als bisher auch in Frankreich und in den englischsprachigen Ländern Leser gewinnen.

16.
Bei den Antipoden

Wieder einmal überfällt ihn das Unvorhergesehene. Kisch liebt die schnell improvisierten Reisen. Sie erfordern Umsicht, rasches Reagieren, Geistesgegenwart. Sie sind die wahren Abenteuer des Journalisten.

Wegen der beiden fertigzustellenden Bücher »Eintritt verboten« und »Geschichten aus sieben Ghettos« hat er seine Sommerreise immer wieder verschieben müssen. »Ich möchte gerne ans Meer fahren«, schreibt Kisch am 6. September 1934 aus Versailles, »aber es klappt noch nicht mit dem Wegkommen, und wenn's nicht bald klappt, wird es vielleicht zu spät.«

In der zweiten Septemberhälfte findet sich doch noch eine Möglichkeit, Versailles den Rücken zu kehren. Kisch fährt an die französische Kanalküste. Eine neue Geschichte beschäftigt ihn, eine Episode aus der Zeit der Französischen Revolution.

Mitten in der Arbeit erreicht ihn am 8. Oktober 1934 ein Telegramm von Henri Barbusse, der ihn bittet, sofort nach Paris zu kommen. In Paris fragt man, ob er als Delegierter des Weltkomitees gegen Krieg und Faschismus zum Antikriegskongreß nach Melbourne fahren wolle.

»Wann?«

»Morgen abend nach Marseille, übermorgen von Marseille nach Australien, aber nicht mit dem Schiff bis Melbourne, da kämen Sie zu spät zum Kongreß. Von Fremantle, dem ersten australischen Hafen, nehmen Sie die Bahn nach Melbourne, das kostet zwölf englische Pfund; die Schiffskarte macht etwa achtzig Pfund, Touristenkarte hin und zurück. Reisegeld haben die Australier telegrafisch geschickt, allerdings ...«

»Allerdings?«

»Allerdings haben Sie's nach England gekabelt, weil das billiger ist, und London wird es mit uns verrechnen. Wir sollen es vorläufig auslegen.«

»Könnt ihr es auslegen?«

»Wir müssen, die Australier haben doch das Geld geschickt. Morgen kriegen Sie von uns das Geld.«

»Ja, aber ...«

»Aber? Was: aber? Wollen Sie nicht fahren? Wir haben gedacht, Sie werden begeistert sein.«

»Bin ich auch. Aber die Sache hat einen Haken: ich bin aus England ausgewiesen.«

»Steht das in Ihrem Paß?«

»Es stand darin, jetzt habe ich einen neuen.«

»Nun, wunderbar, da können Sie also fahren.«

»Soll ich nicht vorher beim britischen Konsulat fragen, ob keine Schwierigkeiten bestehen? Es wäre doch sinnlos, eine Weltreise zu machen und dann nicht landen zu dürfen.«

»Sie werden schon landen.«

»Wär's nicht sicherer, statt meiner ein unbeschriebenes Blatt zu schicken?«

»Unsinn! Einen anderen stoppt man auch. Delegierte zu Kongressen gegen Krieg und Faschismus stoppt man immer. Dafür sorgen schon die Hitlerdiplomaten im betreffenden Land.«

»Also werde ich doppelt gestoppt.«

»Vielleicht. Aber *Sie* kommen hinein.«

»Gott erhalte euch euren Glauben.«

»Gut. Und jetzt fahren Sie zu Cook.«

Im Reisebüro weiß man nicht, ob noch ein Platz auf der »Strathaird« verfügbar ist.

Melbourne bereitet sich auf die Jahrhundertfeier vor. Die meisten Schiffe sind ausgebucht.

Man fragt in Marseille an. Tatsächlich, in einer Kabine mit vier Betten ist noch ein Platz frei.

»Sollen wir den reservieren?«

»Ja.«

»Das ist gleich zu bezahlen.«

Der Kunde hat soviel Geld nicht bei sich.

»Eine Anzahlung genügt.«

Der Kunde hat überhaupt kein Geld bei sich. Ob es nicht bis morgen Zeit hat?

»Ohne Garantie.«

Ein Einreisevisum, so zeigt sich, ist nicht erforderlich. Tschechoslowakische Staatsbürger mit Rückfahrkarte brauchen kein Visum.

Es muß alles sehr schnell gehen. Viel Zeit bleibt dem Reisenden nicht, sich vorzubereiten. Aus den Bibliotheken besorgt er sich alle wichtigen Bücher über Australien. Gisl Lyner sucht alles verfügbare Geld zusammen und gibt es ihm. In den kommenden Monaten wird sie von den wenigen Francs, die sie verdient, und einer kleinen Unterstützung, die Ernestine Kisch aus Prag schickt, leben müssen.

Inzwischen spielt sich ein blutiges Drama ab. König Alexander I. von Jugoslawien stattet der französischen Republik einen Staatsbesuch ab. Außenminister Barthou begleitet ihn. Bei einem Besuch in Marseille am 9. Oktober fallen Schüsse. König Alexander I. und der französische Außenminister werden getötet. Hinter den Attentätern stehen faschistische Gruppen, deren Zentren sich in Ungarn, aber auch in Österreich, Italien und Deutschland befinden.

Die französische Polizei sucht nach den Attentätern. Alle politischen Emigranten werden überprüft. Es kommt zu Verhören und Verhaftungen. Auch Egon Erwin Kisch muß, als er am nächsten Morgen sein Hotel in Versailles verlassen will, Rede und Antwort stehen: Warum er in Frankreich lebe, wieso er tschechoslowakischer Staatsbürger sei, ob er Jugoslawen kenne oder sonst verdächtige Leute.

Der Delegierte hat kaum Zeit, sich von den Freunden zu verabschieden. Am 12. Oktober abends kommt er mit dem Zug in Marseille an. Am nächsten Morgen lichtet die »Strathaird«, ein englischer Passagierdampfer von über zwanzigtausend Bruttoregistertonnen, die Anker. Etwa zwölfhundert Passagiere befinden sich an Bord.

Über Port Said und den Suezkanal geht die Fahrt nach Aden und Bombay. In Bombay und später in Colombo haben die Reisenden Gelegenheit, für einige Stunden an Land zu gehen. Von Ceylon aus nimmt das Schiff Kurs auf Australien.

Nach fast vierwöchiger Fahrt trifft die »Strathaird« am 5. November vor Fremantle an der westaustralischen Küste ein. Von hier aus muß Kisch mit der Bahn weiterreisen, um rechtzeitig in Melbourne zu sein.

Der Kongreß gegen Krieg und Faschismus findet am 9. und 10. November statt. Der Delegierte will sich nicht lange in Australien aufhalten. Anfang Dezember fährt die »Strathaird« nach Europa zurück. Kisch hofft, Anfang Januar 1935 wieder in Marseille zu sein. Für Jahresbeginn 1935 hat er seinen Besuch in Prag angekündigt.

Doch es wird nichts aus der Eisenbahnfahrt quer durch den australischen Kontinent, es wird nichts aus dem Pragbesuch Anfang des nächsten Jahres. Der Zollbeamte in Fremantle erklärt dem Reisenden, daß ihm im Namen des Commonwealth und der Bundesregierung die Einreise nach Australien verwehrt sei. Jeder Versuch, das Land zu betreten, werde schwere Strafen nach sich ziehen.

Mit dem Verbot beginnt ein zäher, erbitterter Kampf. Ein einzelner lehnt sich auf gegen einen Staat. Noch während sein Gepäck durchsucht wird, forscht er nach Möglichkeiten, um die demokratische Öffentlichkeit zu alarmieren.

Auf der »Strathaird« haben sich ein paar Reporter eingefunden, die von dem Vorfall Wind bekommen haben. Kaum sind Polizei und Zoll verschwunden, geht Kisch auf die wartenden Journalisten zu. Mit ein paar witzigen Bemerkungen weist er sich als Mann vom Fach aus.

Im Rauchzimmer ist man unter sich. Die australischen Kollegen stellen Fragen nach Kischs Parteizugehörigkeit. Man will den Besucher aus Europa als kommunistischen Agitator festlegen.

Kisch spricht über die Antikriegsbewegung in Europa. Nicht gegen Deutschland will er agitieren, sondern gegen den Nationalsozialismus, der eine Gefahr für den Frieden darstellt. Es sei ein Irrtum, das deutsche Volk gleichzusetzen mit dem Hitlerregime.

Die Journalisten notieren. Kisch veranstaltet eine regelrechte Pressekonferenz. Je nach der Stellung des Blattes liefert er spezielle Informationen.

Später verfaßt er ein Telegramm an die Bundesregierung in Canberra, in dem er seine Überraschung über das Einreiseverbot zum Ausdruck bringt und um Beseitigung des offenkundigen Mißverständnisses bittet. Die Männer von der Presse notieren sich auch das.

Der Delegierte aus Europa muß an Bord bleiben. Zum Kongreß in Melbourne wird er nun nicht mehr zurechtkommen.

Erst in Adelaide, der Hauptstadt von Südaustralien, legt die »Strathaird« wieder an. Viele Pressevertreter kommen an Bord, um den Schiffsreisenden wider Willen, der das Interesse der Öffentlichkeit auf sich gezogen hat, zu sehen, zu interviewen, zu photographieren.

Allmählich werden die bürgerlichen Blätter Australiens auf den Fall Kisch aufmerksam. Man beginnt von dem Antikriegskongreß in Melbourne Notiz zu nehmen. Überall hat die Friedensbewegung die Öffentlichkeit mobilisiert, um die Landung Egon Erwin Kischs zu erzwingen.

Als die »Strathaird« in Port Phillip, dem Hafen von Melbourne, einläuft, kommen viele Leute an Bord, die etwas mit dem Mann aus Marseille zu besprechen haben. Eine Rechtsanwältin taucht auf, die einen Prozeß gegen den Kapitän des Schiffes wegen Kidnapping führt. Ein Notar trifft ein, der die Identität von Kisch feststellen läßt. Auch eine Zeugin ist vorhanden. Parlamentsmitglieder sind zu sehen, Abgesandte des Antikriegskongresses, Gewerkschaftsführer.

Am Ende veranstalten die Besucher ein regelrechtes Meeting, auf dem gegen das Landungsverbot protestiert und die Freilassung von Kisch gefordert wird. Boote mit Fahnen und antifaschistischen Losungen umkreisen das Schiff. Die Jungen und Mädchen heben die Ruder und rufen im Sprechchor: »We want Kisch!«, und Egon Erwin Kisch steht oben an der Reling und ruft hinunter: »I want you.«

Aber das Einreiseverbot wird nicht aufgehoben. Der Schriftsteller muß an Bord bleiben.

Die »Strathaird« erhält die Anweisung, abzulegen. Alle Besucher müssen das Schiff verlassen. Die Anker werden gelichtet, die »Strathaird« setzt sich in Bewegung.

Plötzlich sehen die Menschen unten auf dem Kai etwas Ungewöhnliches. Fünfeinhalb Meter über ihnen schwingt sich ein Mann vom Achterdeck auf die Reling und springt herunter. Er fällt auf eine Stahlschiene des Piers, macht noch einen Schritt vorwärts und bricht zusammen. Leute, die in der Nähe stehen, wollen ihm helfen. Doch von allen Seiten stürzen Polizisten heran, packen den am Boden Liegenden und tragen ihn auf das Schiff zurück.

Der Verletzte protestiert. »Wenn Sie mich an Land verhaftet haben, dürfen Sie mich nicht auf ein Schiff bringen!«

Der Protest bleibt unbeachtet. Die »Strathaird« ist zum Kai zurückgekehrt und hat eine Landungsbrücke ausgeworfen. Egon Erwin Kisch wird auf das Schiff zurückgebracht. Mit dem Zwangsreisenden

Egon Erwin Kisch bei seiner Ankunft in Australien

an Bord, der sich einen Schienbein- und Knöchelbruch zugezogen hat, legt die »Strathaird« zum zweitenmal ab.

Die Situation scheint hoffnungslos. Der Verletzte windet sich in Schmerzen. Vom Schiffsarzt ist wenig Hilfe zu erwarten. Es gibt keinen Röntgenapparat an Bord.

Fieberträume verfolgen den Kranken. Sein Gewissen plagt ihn. Hat er richtig gehandelt, als er vom Schiff sprang? Womöglich wird er seine Tage als Krüppel beschließen müssen.

Aber die Kameraden in Melbourne haben ihn nicht vergessen. Sie haben eine Frau an Bord geschmuggelt, die dem Lädierten zur Seite steht. Sie wacht darüber, daß man Kisch nicht auf ein anderes Schiff verschleppt oder sonstwohin bringt, um ihn von der Öffentlichkeit abzuschneiden.

Der unerwünschte Besucher wird in einer Art Schiffshaft gehalten. Verläßt der Steward den Raum, schließt er die Tür hinter sich zu. Mehrmals gibt es Probealarm, und die Schotten werden dichtgemacht. Der Verletzte liegt hilflos in seiner Kabine.

Inzwischen gelangt die »Strathaird« nach Sydney. Vor dem Obergericht von Neusüdwales hat eine neue Verhandlung begonnen. Jetzt entscheidet es sich, ob Kisch weiterhin auf dem Schiff festgehalten werden darf, ob er nach Europa zurücktransportiert wird oder an Land gelassen werden soll. Einer der besten Juristen des Landes, der Soziologe, Kunsthistoriker und Linguist Piddington, vertritt den Delegierten.

Endlich wird auch das gebrochene Bein geröntgt. Die Ärzte können einen Gipsverband anlegen. Hinfort trägt Kisch einen dicken Klotz am Bein.

Durch die versperrte Tür des Krankenzimmers erfährt er, was sich in Sydney ereignet hat.

»Kamerad Kisch! Sie dürfen ans Ufer. Hören Sie uns?«

»Ja.«

»Das Gericht hat Ihre Freilassung verfügt.«

»Hurra!«

Aber die Freude währt nicht lange. Vom Schiff aus wird Egon Erwin Kisch sofort zum Polizeipräsidium gefahren, wo er sich der gesetzlich vorgeschriebenen Diktatprüfung zu unterziehen hat. Der in Frankreich lebende deutschsprachige Schriftsteller tschechoslowakischer Staatszugehörigkeit wird in gälischer Sprache geprüft. Da er die Prüfung nicht besteht, wird er als verhaftet erklärt. Im Gefängnis sperrt man ihn in eine schmutzige Einzelzelle. Schreiend erhebt er Einspruch.

Der laute Protest hat immerhin zur Folge, daß der Verletzte in ein ordentliches Krankenhaus überführt wird. Hier liegt er, bewacht von vier Polizisten, mit achtzig Mann in einem großen Saal, in der Halle der Knochenbrüche. Ein neuer Gipsverband wird angelegt.

Wieder transportiert man ihn zur Polizei. Wegen nicht bestandener Intelligenzprüfung, das heißt wegen Unkenntnis der gälischen Sprache, soll ihm der Prozeß gemacht werden. Piddington beantragt, den Prozeß zu vertagen und den Angeklagten vorerst auf freien Fuß zu setzen, da er nicht alle Akten einsehen konnte. Gegen eine Kaution von hundert Pfund wird Kisch freigelassen.

Kaum ins Hospital zurückgekehrt, bedrängen ihn die Freunde. Am nächsten Tag, einem Sonntag, findet ein großes Meeting statt. Zwei Tage später ist ein Auftritt in der Australia-Hall vorgesehen. Unmittelbar danach soll Kisch nach Melbourne fliegen. Und am Freitag, wenn der Prozeß fortgeführt wird, wollen die Arbeiter in Sydney in den Streik treten, um den Delegierten in geschlossenem Zug zum Polizeigericht begleiten zu können.

Ein volles Wochenprogramm also, für einen gesunden Mann mehr als genug. Die Ärzte sind wütend, sie drohen mit der Amputation. Kisch muß eine Erklärung unterschreiben, daß er auf eigene Verantwortung und gegen den Rat der Ärzte das Spital verläßt.

Der 18. November, ein Sonntag, ist ein strahlender Hochsommertag. Kisch hält seine erste Rede auf australischem Boden. Im Domain, dem Forum der Arbeiter von Sydney, haben sich zwanzigtausend Menschen versammelt. Reverend Arthur Rivett, ein namhafter Vertreter der Bewegung gegen Krieg und Faschismus, spricht zu den Versammelten.

»Für die Rettung der Demokratie«, sagt Reverend Rivett, »glaubten die Völker den Weltkrieg zu führen, aber das Ergebnis ist, daß sie Faschismus oder Gefahr des Faschismus geerntet haben ... Friedenskämpfern hat man verboten, bei uns einzukehren, und diese Schmach noch vergrößert, indem man dieses Verbot mit der Unkenntnis entlegener Sprachen begründete. Käme Christus hierher, um für den Frieden der Menschen auf Erden zu werben, unsere Landpfleger und Zöllner würden ihn daran zu hindern versuchen, weil er ein Ausländer sei und keine europäische Sprache beherrsche, zumindest nicht Gälisch.«

Der Redner sieht das Taxi, das sich langsam dem Versammlungsplatz nähert. »Dort naht unser Gast, dessen Einlaß man verhindern wollte. Freuen wir uns, daß wir nicht vergeblich gekämpft haben, freuen wir uns, daß wir ihn sehen. Meine Zeit ist um, ich schließe.«

Reverend Rivett ist ein alter Mann. Jahrzehnte schon kämpft er gegen Krieg und Reaktion. Sein Herz ist den Aufregungen nicht gewachsen. Nachdem er mit den Worten »Ich danke Ihnen« geendet hat, sinkt er um und stirbt.

Minutenlang herrscht Totenstille. Freunde von Rivett sprechen Worte der Trauer und des Gedenkens. Dann erhält Egon Erwin Kisch das Wort. Wenige Tage sind vergangen seit jener Stunde, da der un-

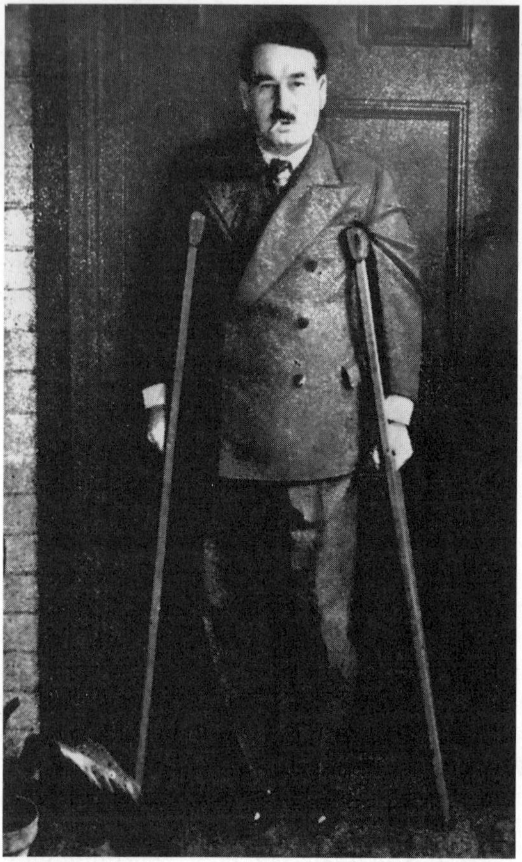

Egon Erwin Kisch
in Australien

erwünschte Passagier in Melbourne vom Deck der »Strathaird« sprang.

»Mein Englisch ist gebrochen«, ruft Kisch in die Menge, und der Satz prägt sich ein, »auch mein Bein ist gebrochen, nicht gebrochen aber ist mein Herz. Denn die Aufgabe, mit der mich die Antifaschisten Europas zu denen Australiens sandten, erfüllt sich, da ich zu euch spreche. So tief uns der Schmerz über den jähen Tod von Reverend Rivett bewegt, es war ein edler Tod; Reverend Rivett fiel mitten in der Ausübung einer selbstgewählten Pflicht. Sein Name, bisher nur den Australiern teuer, wird nun auch von europäischen Antifaschisten geehrt werden, und wenn ich ein Buch über Australien schreibe, dann soll darin, das verspreche ich hier, dem tapferen Priester ein Kreuz des Gedenkens errichtet sein.«

Fast jeden Tag findet irgendwo ein Treffen statt. Der Delegierte aus Europa, mit Gipsbein, in blauer Pyjamahose, wird im Auto herumgefahren. Freunde tragen ihn Treppen hinauf, in Versammlungsräume, auf das Podium.

Er spricht vor Eisenbahnwerkstätten, auf improvisierten Kundgebungen, die während der Mittagspause vor Fabriktoren abgehalten werden. Polizisten begleiten ihn, Provokateure versuchen ihn durch gezielte Zwischenrufe zu unbedachten Äußerungen zu verleiten.

Mitglieder des australischen Schriftstellerverbandes laden Kisch zu einem Bankett ein, das zu Ehren des englischen Hofdichters John Masefield veranstaltet wird. Masefield ist mit dem Sohn des britischen Königs nach Australien gekommen, um an der Jahrhundertfeier teilzunehmen.

Es kommt zum Streit im Verband. Diejenigen Mitglieder, die Kisch eingeladen haben, werden aufgefordert, ihre Einladung zurückzuziehen. Keiner denkt daran, einen solchen Schritt zu tun.

Fünfhundert Gäste sind geladen. Die Herren erscheinen im Cut, die Damen in großer Abendtoilette. Die Mitglieder der Bundesregierung und der Regierung von Neusüdwales, die ihre Teilnahme zugesagt haben, bleiben dem Bankett fern. Dafür findet sich Egon Erwin Kisch ein. Vier Männer tragen den Gast aus Europa in seiner blauen Pyjamahose durch die festliche Menge.

Der Delegierte zieht die Aufmerksamkeit auf sich. Sein Platz ist ständig von angeregt plaudernden Leuten umgeben. Mit seinen Anekdoten, seiner Welterfahrung, seiner genauen Kenntnis der internationalen Literatur weiß Kisch die Zuhörer zu fesseln. Man bewundert seine Fröhlichkeit, seinen Mut.

Am nächsten Tag, einem Freitag, wird der Prozeß fortgesetzt. In Liverpool Street, wo sich das Polizeigericht befindet, versammeln sich die Arbeiter. Durch ein Spalier von Menschen wird der Angeklagte die Freitreppe hochgetragen.

Wieder geht es um die Frage der Sprachprüfung. Man streitet sich darüber, ob Gälisch im allgemeinen und Schottisch-Gälisch im besonderen eine Sprache im allgemeinen und eine europäische Sprache im besonderen sei. Beweise und Gegenbeweise werden erbracht, Beweisanträge gestellt und Gegenbeweisanträge. Mehrfach wird die Verhandlung vertagt.

Schließlich verkündet der Richter das Urteil: Keltisch ist eine europäische Sprache, Schottisch-Gälisch ist eine Abart dieser Sprache und eine europäische Sprache im Sinne des Einwanderungsgesetzes. Der Angeklagte hat die Prüfung nicht bestanden. Er wird schuldig gesprochen, unbefugt in Australien eingereist zu sein. Das Urteil lautet: Sechs Monate Zwangsarbeit und Zahlung der Gerichtskosten.

Für Egon Erwin Kisch öffnen sich erneut die Gefängnistore. Auch Gerald Griffin, der Delegierte Neuseelands, der ebenfalls keine Einreiseerlaubnis erhalten hatte und illegal ins Land gekommen war, wird zu sechs Monaten Zwangsarbeit verurteilt.

Die beiden Urteile erregen die Öffentlichkeit Australiens. Die Arbeiter betrachten das Vorgehen der Behörden als Provokation. Die Protestbewegung wächst von Tag zu Tag.

Gegen das Urteil ist Berufung eingelegt worden. Verschiedene Instanzen beschäftigen sich damit, unter anderen das Oberste Bundesgericht in Sydney. Eine Woche lang berät man über die Frage, ob Kisch zu Recht in Schottisch-Gälisch geprüft worden sei. Die Entscheidung lautet: Er ist zu Unrecht geprüft worden. Bei Scotch-Gaelic handelt es sich um keine europäische Sprache im Sinne des Einwanderungsgesetzes.

Das Urteil des Polizeigerichts wird aufgehoben und jede weitere Verfolgung wegen Unkenntnis dieser Sprache oberstgerichtlich untersagt. Kisch fordert seinen Paß und das Reisebillett zurück, bekommt beides aber nicht. Man schreibt Mitte Dezember. Die »Strathaird« befindet sich längst auf der Rückfahrt nach Europa.

Egon Erwin Kisch ist ein freier Mann. Er darf sich ungehindert im Lande bewegen. Er fährt mit der Eisenbahn nach Melbourne, um an einem antifaschistischen Meeting teilzunehmen. Jetzt kann er sich in Ruhe die Stadt ansehen, nach der er als Gefangener der »Strathaird« so sehnsüchtig Ausschau gehalten hat.

Von Melbourne aus sind es nur hundert Kilometer bis Wonthaggi, einer Stadt an der Küste von Victoria, wo Kohle gefördert wird. Überall im Lande spricht der Delegierte über die Nazigreuel in Deutschland und über die Gefahr eines Krieges. Gleichzeitig sammelt er Material für sein Australienbuch.

Der Gegner indessen bleibt nicht untätig. In den bürgerlichen Blättern erscheinen große Artikel, deren Autoren für die Verwendung der gälischen Sprache bei Intelligenzprüfungen plädieren, um unerwünschte Ausländer vom Kontinent fernzuhalten. Ein neuer Prozeß wird anberaumt. Am 5. Januar 1935 erhält Kisch die Vorladung.

Wieder ist der Gast aus Europa wegen unbefugten Aufenthalts in Australien angeklagt. Die Anklage wird jetzt durch den Generalstaatsanwalt von Neusüdwales erhoben. Mit immer neuen Winkelzügen versuchen die Behörden, den unliebsamen Besucher schuldig zu sprechen.

Das Urteil lautet diesmal: drei Monate Zwangsarbeit und weitere hundertsechs Tage Haft für die Gerichts- und Berufungskosten. Offenbar war beabsichtigt, den antifaschistischen Schriftsteller auf einem Nazischiff zurücktransportieren zu lassen, was seinen sicheren Tod bedeutet hätte. Wieder wird Berufung eingelegt. Wieder wird der Angeklagte auf freien Fuß gesetzt, diesmal gegen eine Kaution von zweihundert Pfund.

Eine schon lange geplante Tournee durch Queensland mit Versammlungen und Diskussionsabenden kann beginnen. Wegen der Prozesse ist sie mehrfach verschoben worden.

Kisch spricht in Sportstadien, in Theatern, in Hochschulen, in Kinos und Kriegergedenkhallen. Der letzte Krieg ist noch nicht vergessen. Australien hatte sechzigtausend Tote zu beklagen, die höchsten Verluste, die ein Land, im Verhältnis zu seiner Bevölkerung, zu tragen hatte. Man fragt Kisch nach den Verhältnissen in der Sowjetunion. Man will wissen, was in Deutschland geschieht.

Das Gerangel um die beiden Antikriegsdelegierten, die nun schon seit Monaten die Öffentlichkeit beschäftigen, wird nachgerade zur politischen Farce. Der Generalstaatsanwalt des Staatenbundes, Menzies, versucht der Affäre ein Ende zu machen. Je länger Kisch, so verkündet er, sich der über ihn verhängten Strafe entziehe, desto länger werde er in Australien bleiben müssen. »Nicht ein Tag der Haftzeit wird ihm geschenkt. Das ist mein letztes Wort in dieser Angelegenheit.«

Nicht viel später reist der Generalstaatsanwalt nach London, um am Silberjubiläum des britischen Königs teilzunehmen. So ist es tatsächlich sein letztes Wort in dieser Angelegenheit.

Inzwischen fährt Egon Erwin Kisch weiter im Lande herum. Er

Karikatur auf Egon Erwin Kisch und Gerald Griffin

spricht mit den Leuten, stellt Fragen, beantwortet Fragen, besucht Betriebe, beobachtet Menschen und Verhältnisse. Nur selten schläft er im Hotel, meist bringen ihn Arbeiter in ihrer Wohnung unter.

»Einmal tragen Jugendgenossen unseren Mann meilenweit durch submarine Kohlenstollen, um ihm zu zeigen, wie unter dem Meeresgrund Kohle gefördert wird. Eine Welle von rührender Kameradschaft umfängt die Delegierten.«

Am 27. Februar 1935, dem Jahrestag des Reichstagsbrandes, veranstalten die Antifaschisten in Melbourne eine Kundgebung gegen den Terror in Deutschland. Die nazideutsche Konsularvertretung protestiert. Sie verlangt das Verbot der Veranstaltung.

Kisch und Griffin fahren nach Melbourne. Über zehntausend Menschen nehmen an der nächtlichen Demonstration teil, dreißigtausend stehen Spalier. An der Spitze des Zuges marschieren die beiden Delegierten. Ziel des Demonstrationszuges ist eine Wiese am Yarra-Fluß. Hier tauchten vor hundert Jahren die ersten weißen Siedler auf, um diesen Teil des Landes in Besitz zu nehmen.

Eine Tribüne ist aufgebaut, beleuchtet von zwei Scheinwerfern. Die Zuhörer sitzen in konzentrischen Kreisen. Von der hellen Tribüne tönen die Reden ins Dunkel. Egon Erwin Kisch spricht über die gälische Sprache und ihre jahrhundertelange Unterdrückung. Er spricht über die Nationalitäten- und Sprachenpolitik in der Sowjetunion. Er spricht über Faschismus und Rassenwahn.

Von Melbourne aus besucht Kisch Ballarat, die Goldgräberstadt. Hier fand 1854 jener revolutionäre Aufstand statt, der die Demokratie Australiens begründete. Peter Lalor, der steckbrieflich gesuchte Führer des Aufstandes, amtierte bald darauf als Präsident der neugeschaffenen Volksvertretung.

Nur noch wenige Tage bleiben bis zur Heimreise. Im Staate Victoria finden Parlamentswahlen statt. Griffin und Kisch nutzen die Gelegenheit, um an den Wahlversammlungen der Arbeiterparteien teilzunehmen. Überall werden sie aufgefordert zu sprechen.

Inzwischen ist Egon Erwin Kisch völlige Straffreiheit zugesichert worden. Er kann tun und lassen, was er will. Die Prozeßkosten gehen zu Lasten des Staates. Der Schriftsteller erhält seinen Paß zurück, damit er recht bald abreisen möge.

Am 5. März 1935 verläßt die »Orford«, mit Egon Erwin Kisch an Bord, den Hafen von Melbourne. Freunde haben sich eingefunden, um Abschied zu nehmen. Lieder werden angestimmt. Von Kranen und Verladegerüsten winken die Arbeiter und schwenken Fahnen.

Nach den Aufregungen der vergangenen Wochen, den anstrengenden Reisen quer durch den Kontinent, den unzähligen Versammlungen und Meetings muß Kisch tief Atem holen. Zuerst gilt es, der Mutter in Prag ein Lebenszeichen zu geben. »Dein Sorgenkind ist nach allerhand Trubel auf dem Heimweg aus Australien nach Europa und eilt, Dir vom Schiffe aus per Flugpost davon Mitteilung zu machen ...«, schreibt er am 6. März. »Ich hatte eine wilde Zeit hier, die wildeste meines Lebens, abenteuerreich und tragikomisch, jetzt aber bin ich müde – schließlich ist es auch schon just fünfzig Jahre her, seit Du mich im Eckzimmer geboren hast.«

Nach zwei Tagen macht die »Orford« Zwischenstation in Adelaide. Auch hier spricht Kisch auf zwei Versammlungen, auch hier wird er im Hafen von einer lautstarken Menge verabschiedet. Sprechchöre schallen über das Wasser: »Wer besiegte die Reaktionäre des Commonwealth?« – »Wer ließ sich nicht mundtot machen?«

Fremantle, erste entscheidende Station auf der Herfahrt, grüßt den Rückkehrenden. Am Morgen des 11. März 1935 geht Egon Erwin Kisch hier noch einmal an Land.

Auf dem Kai steht die australische Schriftstellerin Katharine Susannah Prichard mit dem antifaschistischen Frauenkomitee, um den Freund willkommen zu heißen. Kisch gibt sich wie ein ausgelassener Junge. Humpelnd rennt er die Laufplanken hinunter und umarmt die Kollegin. Die Damen des Komitees stehen ein wenig ratlos.

Mit dem Auto geht es in das vierzehn Kilometer entfernte Perth. In einem Park nahe am Fluß findet gegen Mittag eine große Kundgebung statt, Kischs letztes Meeting auf dem Kontinent, das hundertste, wie er sagt. Er hält eine kurze und bewegende Ansprache. Er appelliert an die Versammelten, die demokratischen Rechte weiter so energisch zu verteidigen, wie es zur Zeit seines Aufenthalts in Australien getan worden sei.

Mit der Abreise von Kisch geht ein bewegtes Kapitel in der neueren Geschichte Australiens zu Ende. Durch das mutige Auftreten der Delegierten aus Europa und Neuseeland und durch die Prozesse hat die Bewegung gegen Krieg und Faschismus im Lande eine ungeahnte Resonanz gefunden. Die mit Leidenschaft geführte Kampagne macht vielen Menschen auch hier bewußt, welche Gefahren vom internationalen Faschismus und von Hitlerdeutschland her drohen.

»Den Namen Kisch werden die Australier niemals vergessen«, schreibt Katharine Susannah Prichard. »Wer von uns, die Egon Erwin Kisch kannten, wird sich nicht stets an die Tapferkeit und die gute Laune erinnern, mit der er die Heimtücke und die Schikanen der australischen Bundesregierung ertrug? ... Tausende von Australiern standen zu seiner Verteidigung auf. Noch nie hatte es eine so weitgreifende und machtvolle Kampagne gegeben wie diese, die gegen Kischs Verfolgung durch die Regierung eintrat und für das Recht des Volkes, einen berühmten und bekannten Gast aus Übersee zu hören.«

Die letzten Stunden in Australien verbringt Kisch auf dem Wohnsitz von Katharine Susannah Prichard. Ihr Blockhaus steht mitten im

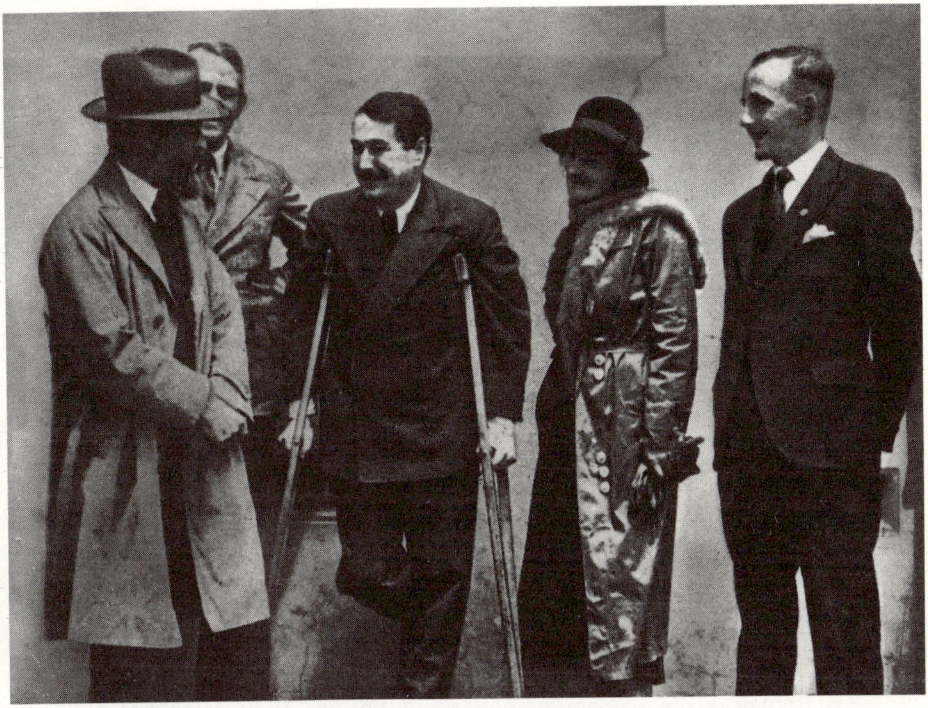

Egon Erwin Kisch, Katharine Susannah Prichard und Gerald Griffin

Busch. Auf dem Grundstück hört man Dingos heulen, springen Känguruhs umher, sieht man Koalabären in den Bäumen. Die versammelten Freunde tragen Kisch Grüße und Wünsche auf an die Kollegen in Europa.

Die Australienreise gehört zu den Höhepunkten im Leben Egon Erwin Kischs. Niemals vorher oder nachher rückte er so sehr ins Zentrum öffentlicher Auseinandersetzungen, hat er so viele Reden gehalten, wurde er zur Symbolfigur des politischen Kampfes. In den letzten fünf Monaten ist so viel auf ihn eingestürmt, daß er Jahre brauchen wird, um die Erlebnisse zu verarbeiten.

Auf der Rückfahrt nach Europa beginnt er die Notizen zu ordnen und sich über die einzelnen Stationen seiner Reise Klarheit zu verschaffen. Wenn es irgend geht, möchte er seine Ankunft in Frankreich so lange wie möglich geheimhalten. Vor allem möchte er »jedem Rummel ausweichen« anläßlich seines fünfzigsten Geburtstages.

Gisl Lyner erwartet ihn in Toulon. Gemeinsam mit ihr zieht er sich in den kleinen Ort Les Sablettes zurück, wo das Australienbuch in Angriff genommen wird. »Ich bin schon fast vertragsbrüchig«, schreibt er der Mutter, »es soll in drei Monaten fertig sein, aber das ist natürlich unmöglich.«

Anfang Mai wird die Rückkehr nach Versailles unvermeidlich. Die offizielle Geburtstagsehrung läßt sich nicht länger hinausschieben. Der Australiendelegierte ist zum Repräsentanten des antifaschistischen Kampfes geworden.

Erst in den Sommermonaten kommt er wieder zur Ruhe und kann sich auf die Arbeit konzentrieren. Ende August fährt er nach Breedene in der Nähe von Ostende, wo sich auch andere Schriftstellerkollegen eingemietet haben. Immer klarer wird ihm, daß das Buch über Australien »eine besonders schwere Sache« ist.

Am 6. September berichtet er der Mutter: »Ich arbeite sehr viel an meinem Australienbuch, ich hatte gehofft, es noch vor Weihnachten erscheinen lassen zu können, aber es gelingt mir nicht, so schnell fertig zu werden, man muß sich über vieles in Australien erkundigen, und es dauert drei Monate, bevor man Antwort bekommt. Auch sonst ist das Thema schwer und entlegen, aber wenn es auch nicht so schnell fertig wird, wird's ein gutes Buch und wird wahrscheinlich in England viel Erfolg haben.«

Auch im Oktober und November steckt er tief im Schreiben. Er fühlt sich wohl, wie immer, wenn er viel zu tun hat. Doch Geldsorgen machen ihm zu schaffen. Der Vorschuß für das Australienbuch ist längst aufgebraucht. An ein Erscheinen des Bandes ist noch lange nicht zu denken. Zwar sind »Secret China« in England und »Changing Asia« in den USA herausgekommen, aber viel Geld hat er dafür noch nicht erhalten. »Ich arbeite, arbeite, um Luft zu bekommen.«

Anfang 1936 kann er endlich den Besuch in Prag nachholen, den er schon für Januar 1935 versprochen hatte. Er ist froh darüber, die

Mutter wiederzusehen. Der Australienreport wird nun doch nicht vor Herbst 1936 fertig werden.

Immerhin bringt die »AIZ« von März bis Juli 1936 unter dem Titel »Wie ihn Australien entdeckte« einen großen Teil des Reiseberichts mit interessanten Fotos als Vorabdruck. Die Reportagen erscheinen zu einer Zeit, als die Volksfrontbewegung in Spanien und Frankreich ihre Erfolge erringt und als sich unter der Leitung Heinrich Manns in Paris der Ausschuß für eine deutsche Volksfront konstituiert. Sie erzählen von den Schwierigkeiten und den Fortschritten im Kampf gegen Faschismus und Krieg und weisen auf die Notwendigkeit des Zusammenschlusses aller antifaschistischen Kräfte.

Mitte April fährt Kisch wieder nach Belgien; auch in Versailles wird er »zu sehr gestört«. Anfangs hält er sich in Gent auf, später ist er für vier Wochen in Rotterdam eingeladen, »bei reichen Freunden, 2 Autos, Garten – alles, was das Herz begehrt«. Doch die Verpflichtungen dem Gastgeber gegenüber rauben Zeit; Ruhe zur Arbeit findet er auch hier nicht. Im Sommer zieht es ihn wieder nach Breedene. »Arbeit und wieder Arbeit, noch dazu immer am selben Buch schon seit zwei Jahren«, stöhnt er.

Ende August liegt die Hälfte des Bandes in Korrekturbogen vor, aber die andere Hälfte ist noch nicht zu Ende geschrieben. Die Arbeit nimmt nun schon ein Jahr länger in Anspruch als ursprünglich vorgesehen. Kisch hatte gehofft, daß es ein sehr gutes Buch wird. Jetzt glaubt er, daß es sein bestes Buch wird.

Am 8. November meldet er der Mutter: »Ich komme bald nach Prag, das Australien-Buch, an dem ich volle zwei Jahre wie meschugge geschuftet habe, nähert sich der Vollendung, und ich hoffe, daß es ein großer Erfolg werden wird.« Am 20. November ist das Manuskript endgültig abgeschlossen. Ende 1936, Anfang 1937 kommt der Band in den Buchhandel.

»Landung in Australien« ist nüchterner Rapport und leidenschaftliche Bekundung, Protokoll und Bekenntnis. Der Bericht über die Reise, über das Abenteuer der Landung, die Verhaftung und Verurteilung, die verschiedenen Prozesse und den Kampf um die Rehabilitierung füllt fast die Hälfte des Bandes. Die andere Hälfte ist dem Land und seinen Menschen gewidmet. Zwölf große Reportagen mit einem Umfang von zehn bis fünfzehn Seiten führen quer durch die Staaten Südostaustraliens. Dem Erlebnisbericht über eine verwehrte und dann doch erzwungene Landung sind Erfahrungsskizzen über eine ferne Weltregion hinzugefügt.

Die meiste Zeit hält sich der verletzte, der verhaftete und eingesperrte, der gegen Kaution freigelassene Delegierte in Sydney auf, der Hauptstadt von Neusüdwales. Von hier aus unternimmt er seine wichtigsten Erkundungsfahrten. Hier, an den Ufern der Botany Bay, sinnt er nach über die dunkle und abenteuerträchtige Geschichte dieses Kontinents und das Schicksal seiner Ureinwohner.

Er rudert zur Felseninsel Pinchgut hinüber, wo einst die nach Australien verbannten Sträflinge eingesperrt waren, und läßt sich vom Kustos über die Vergangenheit des Eilands informieren. Er geht in eine Haifischfängerei und sammelt greuliche Geschichten und interessante Einzelheiten über das »widerlichste und schädlichste«, das »sympathischste und nützlichste aller Wassertiere«. Und er besucht die Stätten sportlicher Betätigung und Schaustellung, die Rennbahnen, die Regattastrecken und Kricketplätze, denn die »wirtschaftlichen Wirkungen von Spiel und Sport«, der Renn- und Wettfanatismus der Australier geben politisch-soziologische Aufschlüsse, verraten manches über den Charakter dieses Volkes.

Zwischendurch liefert der Autor einen materialreichen Lehrgang über die Geschichte der australischen Gewerkschaftsbewegung und beleuchtet die sozialen Verhältnisse des Landes. Von der Sydneyer Wollbörse aus gibt er einen Abriß der australischen Schaf- und Wollproduktion, dem Fundament der nationalen Wirtschaft. Und der Abstecher zu einem stillgelegten Werk zur Ausbeutung von Ölschiefer dient dazu, die Abhängigkeit der heimischen Industrie von den großen internationalen Konzernen zu demonstrieren.

An drei verschiedenen Stellen informiert sich Kisch über die Kohleförderung des Landes, in Sydney, in Newcastle und in der Umgebung von Melbourne. Einmal läßt er sich mit geschientem Bein und Gipsverband in einen Stollen tragen, um die Kohleförderung unter dem Meer zu studieren.

Der Autor findet immer neue Blickpunkte, um ungewöhnliche, überraschende Einsichten zu gewinnen in die Geschichte und in die Gegenwart dieses Landes. In allen Berichten schwingt die Erregung mit über die Erlebnisse jener Monate des Kampfes.

Egon Erwin Kisch befindet sich nicht mehr nur auf journalistischer Entdeckungsfahrt, er reist mit politischem Auftrag. Er recherchiert eine soziale Wirklichkeit, der er zugleich als politisch Handelnder, als Agitator gegenübersteht. Der Reporter befragt nicht allein die Realität, er befragt auch sich selbst als einen ihrer Hauptakteure.

Unmittelbar in die gesellschaftlichen Auseinandersetzungen einbezogen, wird der Schriftsteller zur treibenden Kraft dieser Auseinandersetzungen. Gegenstand seiner Berichterstattung ist der revolutionäre Prozeß, in den er eingreift mit seinem Auftrag und der erst durch ihn in die Breite zu wirken beginnt und über die Grenzen des Landes hinweg ausstrahlt. Es geht nicht allein um eine objektiv angeschaute Welt, es geht um leidenschaftlich miterlebte, miterstrittene Gegenwart, die mit ihren Widersprüchen in die Darstellung einfließt. Die Welt wird nicht mehr nur betrachtet und interpretiert, sondern verändert und in ihrer Veränderung beschrieben.

»Denn dieses sachliche Buch«, heißt es in der »Pariser Tageszeitung« vom 20. Januar 1937, »ist ja zugleich ein sehr persönliches Buch, das einen Helden hat, eben Kisch. Aber er ist kein üblicher Held, keine solche Lichtgestalt wie Hitler, Göring oder Goebbels, sondern ein Mensch, der die Leiden der menschlichen Kreatur nicht nur auf sich genommen hat, sondern ihnen zugleich mit dem ganzen Einsatz all seines Trachtens, Wollens, Fühlens und Denkens unerschrocken zu Leibe rückt. Aus diesem Doppelspiel: Objekt der alten Gesellschaftsordnung zu sein und Subjekt der neuen, ergibt sich die – oft so abenteuerlich wirkende, in Wahrheit aber nur sozial zugängliche Vitalität Kischs. Hieraus ergibt sich zugleich seine typische Bescheidenheit, sein völliges Zurücktreten hinter der großen Sache der Unterdrückten, um die es ihm einzig und allein geht, seine Solidarität mit allen Erniedrigten und Beleidigten – welch großartiger, stets gegenwärtiger, hilfsbereiter Kamerad ist er! –, sein prachtvolles, durch nichts beirrbares Draufgängertum, und hieraus ergibt sich auch seine lachende Überlegenheit allen Widernissen einer hoffnungslos brüchig gewordenen Welt gegenüber.«

17.
Unter der Drohung des Krieges

Am 29. April 1935 feiert Kisch seinen fünfzigsten Geburtstag. Wenige Wochen vorher ist er aus Australien zurückgekommen. In drei Monaten soll er das Manuskript des Reisebuches abliefern. Müde von den Strapazen des heißen australischen Sommers, möchte er sich am liebsten in Südfrankreich versteckt halten.

Von überallher treffen Gratulationen ein, tausendzweihundert zählt er später. Alle wichtigeren Exilzeitungen und -zeitschriften bringen Glückwünsche und Würdigungen. Die »Neuen Deutschen Blätter« in Prag und die »Internationale Literatur« in Moskau kommen mit einer Sonderrubrik heraus.

Im »Gegen-Angriff« schreibt Bruno Frei: »Ich versuche mir vorzustellen, wie Du, ein Feind jeder pathetischen Zeremonie, die Leiden eines Jubilars über Dich ergehen läßt. Sicher tröstest Du Dich mit dem Bewußtsein, daß es bei ›uns‹ nicht einmal bei einem so persönlichen Anlaß um die Person geht, sondern um die Sache. Ob Du willst oder nicht – Du bist ein Teil der ›Sache‹. Wenn sie Dich heute grüßen, die nahen und fernen Freunde, dann grüßen Sie nicht allein Dich und Dein Werk – sondern vor allem den revolutionären Kampf, mit dem Du verbunden bist.«

Die offizielle Geburtstagsehrung, die der Schutzverband Deutscher Schriftsteller gemeinsam mit der Deutschen Freiheitsbibliothek in Paris vorbereitet hat, kann erst am 23. Mai stattfinden. Jean-Richard Bloch präsidiert. Paul Vaillant-Couturier, Ernst Busch, John Heartfield, Rudolf Leonhard und Wieland Herzfelde feiern den Jubilar. Erich Weinert rezitiert ein eigens für diesen Abend verfaßtes Gedicht. Kisch muß von seiner Australienreise erzählen.

Der Fünfzigjährige ist zu einem Repräsentanten der antifaschistischen Literaturbewegung geworden. In der zweiten Junihälfte soll der

Anna Seghers, Gisela Lyner und Egon Erwin Kisch in Versailles 1935

Internationale Schriftstellerkongreß in Paris eröffnet werden. Als Delegierter des Weltkomitees gegen Krieg und Faschismus hat Kisch in Australien bewiesen, was kämpferische Literatur, was entschlossenes Handeln auszurichten vermag. Die einigende Kraft seiner Persönlichkeit hilft gerade in diesen Wochen, die verschiedenen Individualitäten und Interessen auf ein gemeinsames Programm für die Verteidigung der Kultur festzulegen.

Nach manchen Schwierigkeiten und internen Auseinandersetzungen wird der Kongreß am 21. Juni 1935 in der Maison de la Mutualité in Paris mit Ansprachen von André Gide und André Malraux eröffnet. Der große Saal faßt etwa viertausend Personen. Schriftsteller aus achtunddreißig Ländern haben sich versammelt. Im Präsidium sitzen Henri Barbusse, Heinrich Mann, Edward Morgan Forster und Alexej Tolstoi nebeneinander.

Am ersten Verhandlungstag kommt auch Kisch zu Wort. In seinem Beitrag über das Kulturerbe skizziert er die Situation des Schriftstellers in der bürgerlichen Gesellschaft. Sie zwingt einen Stil der Dienstfertigkeit und Servilität auf. Jede politische Tendenz im dichterischen Werk wird als Verstoß gegen die Gesetze der Ästhetik betrachtet. Nur Schriftsteller jedoch, die mit den Volksmassen verbunden sind, können neue Ideen in die Literatur tragen.

Die »von der bürgerlichen Ästhetik diskreditierte« Reportage vor allem scheint geeignet, die Wirklichkeit der Zeit in ihrer revolutionären Veränderung zu spiegeln. Sie ist zur »Kunstform« und zur »Kampfform« geworden.

Der sozial bewußte Schriftsteller darf weder im Kampf noch in der Kunst zurückweichen, wenn er seine Aufgabe erfüllen will. Er muß sich vor Banalität ebenso hüten wie vor Demagogie. Er hat nicht nur die Tatsachen zu registrieren, sondern mit »logischer Phantasie« die »überprüfbare Wahrheit« zum »anklägerischen Kunstwerk« zu gestalten. »Wahrheit ist das edelste Rohmaterial der Kunst, Präzision ihre beste Behandlungsweise.«

Viele Redner auf dem Kongreß wenden sich gegen Resignation und Selbstaufgabe der geistigen Existenz in einer von Krieg und Faschismus bedrohten Welt. Sie fordern solidarischen Zusammenschluß und Selbstbehauptung der Schriftsteller. Als Aldous Huxley die Wirkungslosigkeit der Literatur beklagt und erklärt, die Wirkung Voltaires in den letzten Jahren seines Lebens im Volk sei so gut wie tot gewesen, ruft Kisch dazwischen: So tot möchten wir alle sein, wie Voltaire es war – ihm folgte 1789.

Unmittelbar nach dem Pariser Kongreß findet in Moskau der VII. Kongreß der Kommunistischen Internationale statt. Hier wie dort geht es um koordinierte Maßnahmen gegen Faschismus und Kriegsgefahr. Die Arbeiter und alle demokratischen Kräfte müssen sich zusammenschließen, um der faschistischen Bedrohung zu begegnen. Ein Jahr später erringt die Volksfront in Spanien, Argentinien und Frankreich bedeutende Erfolge.

Die politische Situation in Europa vor Augen, schreibt Kisch seinen Bericht über Australien. Die Erfahrungen, die er auf dem fünften Kontinent gesammelt hat, finden ihre Bestätigung in den politischen Vorgängen in Frankreich oder Spanien. Auf dem Pariser Kongreß ist über die Schwierigkeit literarischer Kommunikation gesprochen worden – hier läßt sich demonstrieren, wie ein Schriftsteller mit seinem Wort und seiner Persönlichkeit in den Gang der Ereignisse einzugreifen vermag.

Im Januar 1936 haben die linken Parteien und Organisationen in Spanien ein Abkommen über die Volksfront geschlossen. Bei den Corteswahlen am 16. Februar erringen sie einen spektakulären Sieg. Von 473 Mandaten entfallen 268 auf die Volksfront.

Wenige Monate später revoltieren General Franco und seine Offiziere in Spanisch-Marokko gegen die Volksfrontregierung in Madrid. Die Revolte greift nach Spanien über, und Anfang September bilden die spanischen Faschisten im nordspanischen Burgos eine Gegenregierung. Nur durch massive Unterstützung und Intervention Deutschlands, Italiens und Portugals gelingt es den Putschisten, Erfolge zu erringen.

Die Volksfrontregierung beantwortet das Vorgehen der Reaktion mit der Aufstellung der Volksarmee und der Bildung von Internationalen Brigaden. Im Herbst 1936 kommen die ersten Freiwilligen nach Spanien. Viele Deutsche, Österreicher, Polen und Tschechoslowaken sind darunter.

Über Europa ballen sich die Wolken eines drohenden Krieges. Die deutschen Faschisten melden immer unverhüllter ihre Forderungen an. Hermann Göring läßt keinen Zweifel daran, daß die Erzvorkommen Österreichs in die deutsche Kriegswirtschaft einbezogen werden müssen. Konrad Henlein, der Führer der sudetendeutschen Nazis, ruft nach einer »deutschen Selbstverwaltung« für die Grenzgebiete der Tschechoslowakei. Der Naziaußenminister von Ribbentrop fordert die Rückgabe der ehemaligen deutschen Kolonien. Vom Reichskriegsministerium werden Pläne ausgearbeitet für blitzartige militärische Aktionen in Österreich, in der Tschechoslowakei, in Polen.

Ende 1936, Anfang 1937 wiederholt Kisch seinen jährlichen Besuch zu Hause. Auch im April 1937 hält er sich in Prag auf. Die Kisch-Söhne machen sich Sorgen wegen der Gesundheit der Mutter.

Am 9. Mai 1937 stirbt Ernestine Kisch. Am Grab der Mutter sind die vier Brüder zusammen – keiner weiß, daß es das letztemal sein wird.

Die Stadt hat sich verändert. Die ständigen Drohungen und Erpressungen der Nazis hinterlassen Spuren im politischen Alltag. Egon Erwin Kisch trifft sich mit Freunden und Genossen, besucht seine Prager Stammlokale, ermuntert, frotzelt, regt sich auf.

Die zugespitzte politische Lage erfordert von der kommunistischen Presse Einfühlungsvermögen, sensibles Reagieren. Auch politisch Abseitsstehende sollen für die antifaschistische Bewegung gewonnen werden. Will eine Zeitung ihren Zweck erfüllen, muß sie zuerst gelesen werden.

Bei einem Besuch in der Prager Redaktion der »Roten Fahne«, der deutschen Kommunistischen Tageszeitung der Tschechoslowakei, geht es um eine effektivere Gestaltung des Blattes. Man darf nicht gleich mit der Tür ins Haus fallen, meint Kisch. Überschriften sollen neugierig machen und Spannung erwecken. Niemals dürfen die Berichte den Reiz des Neuartigen und Überraschenden verlieren. Artikel sind erst dann gut geschrieben, wenn auch politisch wenig Interessierte sie zu Ende lesen.

Die Atmosphäre der Stadt weckt bei Kisch Erinnerungen an früher. Da ist ein Mädchen, das ihn fesselt. Er glaubt sich in die Jahre seiner Jugend zurückversetzt. Das Mädchen ist stolz darauf, mit dem berühmten Schriftsteller in der Öffentlichkeit gesehen zu werden. Der Zweiundfünfzigjährige fühlt sich geschmeichelt. Sie liebt ihn mehr, als er wahrhaben will. Noch nach Spanien schreibt sie ihm lange, überschwengliche Briefe. Später, im März 1939, beim Einmarsch der deutschen Truppen in Prag, wird sie sich das Leben nehmen.

Mit dem Flugzeug kehrt Kisch nach Frankreich zurück. Am 20. Mai 1937 schreibt er aus Versailles, daß er nächste Woche wieder »tiefer in die Welt hinein« fahre. Die »Welt« – das ist das vom Bürgerkrieg zerrissene, um seine Freiheit kämpfende Spanien.

Über Barcelona fährt er nach Valencia, seit November 1936 Sitz der Volksfrontregierung, nachdem Madrid zur Frontstadt geworden ist. Von dort aus besucht er entlegene Abschnitte der Südfront, wo Einheiten der Internationalen Brigaden kämpfen. Überall, wo er auftaucht, wird er begeistert begrüßt. Tschechen, Österreicher und Deutsche reklamieren ihn als ihren Landsmann. Man reicht ihm Notizhefte, Foto's, Bücher, die er signieren muß.

»Den heutigen Tag an der Front, ich werde ihn nie vergessen«, schreibt er am 14. Juni 1937 im Frontabschnitt Peñarroya beim Bataillon »Tschapajew«. »Solche Lage, solche Formationen hat der Weltkrieg nie gekannt. Da oben stehen, vom Feinde eingesehen und ununterbrochen beschossen, von der Hitze beklemmt, von Schlangen, Fliegenschwärmen und Salamandern umhuscht, Monat um Monat, Tag um Tag, Nacht um Nacht die Genossen. Im südwestlichsten Winkel Europas, fern von Madrid, fern von der Welt hüten sie dort die Flanke der spanischen Einheitsfront, kämpfen sie dort, fast an der portugiesischen Grenze, gegen den Faschismus.

Und in welcher Kameradschaft, in welcher Einheit der Gesinnung stehen sie dort beisammen, Spanier und Polen, Deutsche und Franzosen, Engländer und Tschechen. Mit welchem kulturellen Interesse sie diskutieren. Welche Schicksale sie für ihre politische Überzeugung schon erlitten haben, welche Hindernisse sie überwinden müssen, um an die Front zu kommen …«

Von den Interbrigadisten umgeben, muß Kisch erzählen. Er muß von Australien erzählen, von der Prüfung in Gälisch, vom Gefängnis, von den Demonstrationen. Lachend zeigt er den lädierten Fuß vor.

Der Fuß macht ihm hier, in der heißen südspanischen Sonne, arg zu schaffen. Er muß sich setzen. Neben dem Schützenloch steht eine Kiste. Noch ehe ihn jemand zurückhalten kann, hat er sich darauf fallen lassen. Der Deckel bricht durch. Alle starren entsetzt. Dann brüllendes Gelächter: Kisch sitzt in den Handgranaten.

Der Schriftsteller hat sich zuviel zugemutet. Am Ende des Rundgangs kann er nicht weiter. Die Kameraden holen ein Maultier heran, auf dem er zurückreiten soll. Nur mit Mühe gelingt es, den schweren Mann auf das Tier zu bringen. Kaum sitzt er oben, sagt er würdevoll: »Don Kischote.«

Noch ist der Krieg nicht entschieden. An verschiedenen Stellen der Front gelingt es den republikanischen Truppen, die Faschisten zurückzuschlagen. Vergebens versuchen die Franco-Söldner, Madrid zu erobern. Die Angriffe nordöstlich der Hauptstadt bei Guadalajara sind zurückgeschlagen worden.

Kisch zeigt sich überrascht vom Zustand der Armee. Er glaubte einer eilig zusammengestellten Truppe zu begegnen ähnlich der im revolutionären Frankreich 1792. Aber er findet eine disziplinierte Armee in voller Entwicklung.

Die Internationalen Brigaden verkörpern für Kisch eine neue internationale Kampfgemeinschaft. Diese Männer aus über fünfzig Ländern, die aus allen Teilen der Welt herbeigeeilt sind und die gemeinsam für die Freiheit kämpfen, schaffen eine stärkere Bindung zwischen den Völkern, als alle Regierungsbündnisse es vermögen.

Seine Aufgabe sieht Kisch darin, »die heroischen Kämpfe des spanischen Volkes zu beschreiben«. Man erwartet von ihm ein Buch über den Krieg in Spanien. Ausgangspunkt der Berichterstattung ist Valencia.

»Der erste Eindruck? Er ist stark, überwältigend stark.

Ich kannte Valencia, als es sich noch des Friedens erfreute, und es ist vieles unverändert. Noch immer sitzt abends eine nach Hunderten zählende Menge auf den Steinbänken der Plaza Emilio Castelar, noch immer schlängelt sich zur gleichen abendlichen Stunde durch die Calle Ruzafa der Korso der jungen Leute, bevor er in die Eingänge der Kinos mündet, noch immer lädt mit blauem Lächeln das Mittelmeer den Schwitzenden zum Baden, noch immer schaut man verzückt die Schönheit der alten Kirchen, die Bogenführung ihrer Portale, ihre Skulpturen und ihre Türme, die verspielt in den Himmel ragen, noch immer staunt man vor dem steingehauenen Reichtum, dessen sich das Bürgertum des Mittelalters rühmen wollte, als es sich das Börsengebäude für seine Seidenwaren aufrichtete, die Lonja.«

Der Krieg hat dennoch das Antlitz der Stadt verändert. Durch die Straßen strömen Flüchtlinge aus Andalusien und Kastilien. In den Wohnvierteln haben die Bombengeschwader Francos ihre Spuren hinterlassen.

Egon Erwin Kisch bei den Internationalen Brigaden

Am 4. Juli 1937 wird in Valencia der II. Internationale Schriftstellerkongreß zur Verteidigung der Kultur eröffnet. Anschließend fahren die Delegierten in das umkämpfte Madrid. In unmittelbarer Nähe der Front finden vom 6. bis 8. Juli mehrere Sitzungen statt. Mit einer Zusammenkunft in Valencia geht der Kongreß am 10. Juli zu Ende.

In Madrid spricht Egon Erwin Kisch zu den Delegierten. Nichts Gefährlicheres, sagt er, bestehe in der gegenwärtigen Epoche als die Meinung, ewiges Verneinen und Mißtrauen mache die revolutionäre Gesinnung aus. Das ist auch zu jenen hingesprochen, die, durch die Prozesse und die Verletzung der sozialistischen Gesetzlichkeit in der Sowjetunion verunsichert, Zweifel säen und sich von der kommunistischen Bewegung abwenden. Den Schmähungen und Herabsetzungen, die der Feind durch die Straßen trommele, habe sich die bejahende Wahrheit gegenüberzustellen, meint Kisch, sei das Vertrauen in die Kampffront des Fortschritts zu stärken. Wer sich Schriftsteller nenne, müsse »heute seine ganze Energie, seine ganze Begabung und seinen ganzen Namen in die Waagschale werfen, um seine Leser zur Hilfe für Spanien aufzurufen«.

Kisch bleibt einige Zeit in Madrid, in der vom Krieg zerrissenen Stadt, im geschundenen Herzen Spaniens. Er geht die Straßen entlang, sieht die zerstörten Häuser, besucht die Paläste des Hochadels, die zu Hospitälern, zu Kinderheimen oder Hotels geworden sind. Das Leben in der Stadt erscheint fast normal, trotz der Nähe der Front.

»Selbst die Gran Via – sie wird jetzt ›Avenida de los obuses‹, die Avenue der Geschosse genannt – ist noch immer eine belebte Straße. Die Straßenbahn kreuzt sie, Autos durchfahren sie, in den Geschäften wird verkauft, die Hotels sind bewohnt, die Kaffeehäuser sind voll, und in den Billardsalons wartet man eine Stunde lang, ehe ein Brett frei wird.«

Der Besucher geht durch den leeren Prado – »du hast den Prado gekannt, du hast ihn dankbar geliebt« –, aus dem die Kunstschätze ausgelagert und an einem sicheren Ort verwahrt sind. Vor seinem geistigen Auge läßt er die Bilder von Ribera, Murillo, Velázquez und Goya vorüberziehen, die hier aufgehängt waren. Sie erzählen ihm von der Geschichte und verweisen auf die Gegenwart dieses Landes.

Zeitweilig ist Kisch im prunkvollen Stadtschloß eines Marqués einquartiert. Eine solche Unterkunft kann der Reporter nicht auf sich beruhen lassen. Er geht den Spuren nach, eine führt ihn nach Prag. Das Palais gehört einem Mann, dessen Ahn väterlicherseits 1620 auf dem Weißen Berg bei Prag mit dem spanischen Kontingent focht, das König Philipp III. aussandte, um den Freiheitswillen des böhmischen Volkes zu brechen.

Er besucht die Verteidiger Madrids, geht in die vorderen Gräben, spricht mit den Kameraden, läßt sich aus ihrem Leben erzählen. »An der Front, in Madrid«, schreibt die französische Journalistin Simone Téry, »in allen bombardierten Städten – überall ging er ruhig mit seinem guten Gesicht und dem ermutigenden Lächeln umher ... Auch in Spanien war Kischs Humor berühmt. Immer war er zu Scherzen aufgelegt. Er konnte wie kein anderer drollige Geschichten erzählen. In seiner Gegenwart fühlte sich jeder leichter, hoffnungsvoller, frischer.«

Im August und September 1937 wohnt er den schweren Kämpfen um Belchite bei, an denen ein tschechoslowakisches Bataillon beteiligt ist. Vier Wochen später kommt er erneut in die Stadt und sieht, wie die Einwohner in ihre zerstörten Häuser zurückkehren. Er ist viel unterwegs in jenen Monaten, oft an den Brennpunkten des Krieges zu finden.

Ende des Jahres erfährt er, daß das hart umkämpfte Teruel, an der Nahtstelle der Fronten zwischen Katalonien und Zentralspanien, von republikanischen Truppen erobert wird. »Da muß ich hin! Das muß ich mit eigenen Augen gesehen haben! Wenn ich ein Telegramm in die Tschechoslowakei mit folgenden Zeilen schicke: ›Ich war in Teruel!‹, kann diese siegreiche Schlacht der spanischen republikanischen Armee auch außerhalb Spaniens nicht mehr in Frage gestellt werden.«

Nach einer Autofahrt voller Hindernisse und Abenteuer durch die winterlichen Berge gelangt er nach Teruel. Artur Dorf, Kommissar für das Internationale Sanitätswesen, sein Begleiter, erzählt: »Am Stadtrand wurden wir von republikanischen Truppen, die dort mit einer Batterie stationiert waren, in Empfang genommen und sofort in einen ›toten Winkel‹ dirigiert, da es im Zentrum der Stadt noch einige Widerstandsnester gab, die mit ihrer Artillerie die Einfahrtstraße unter Beschuß nehmen konnten.

Nun erwachte in ihm der ›rasende Reporter‹. Mit einem ortskundigen Führer durchstreifte Kisch die befreiten Teile der Stadt, führte zahlreiche Gespräche mit Soldaten, Offizieren und Zivilisten.«

Wiederholt fährt Kisch an die Aragón-Front, wo mehrere Internationale Brigaden eingesetzt sind. Im Oktober ist er Augenzeuge einer durch Verrat fehlgeleiteten und verlustreichen Angriffsoperation im Ebrotal. Im Zeltlager bei Hans Kahle, dem Kommandeur der 45. Division, der die XII. und XIII. Internationale Brigade angehören, begegnet er Bodo Uhse. Der Wagen, der Uhse gebracht hat, soll Kisch wieder nach Barcelona zurückbringen. Am Nachmittag schlägt im Stabsquartier ein Artilleriegeschoß ein.

Kisch ist ganz verstört.

»Willst du wirklich hierbleiben?« fragt er Bodo Uhse.

Am nächsten Morgen gehen die republikanischen Truppen unten im Tal mit Panzern gegen die Faschisten vor. Die Tanks überrollen die Schützengräben der Franco-Leute und bleiben dann im Sumpf

Erich Weinert, Egon Erwin Kisch und Willi Bredel in Benicasím, Januar 1938

stecken. Von ihrer Beobachtungsstellung oben auf den Bergen aus sehen Kisch und Uhse, wie die Faschisten die Panzerfahrer herausholen und an den Geschützrohren aufhängen.

Die Spanische Republik befindet sich in einer schwierigen Situation. Im Sommer 1937 fällt Asturien, der Norden Spaniens, in die Hände der Faschisten. Im Raum von Teruel bereiten die Franco-Truppen eine Offensive vor, um Katalonien von den zentralen Gebieten der Republik abzuschneiden.

Die Zusammenarbeit zwischen Kommunisten, Sozialisten, Anarchosyndikalisten und bürgerlichen Republikanern ist täglich vor neue Belastungsproben gestellt. Immer wieder kommt es zu Aktionen anarchistischer, trotzkistischer und nationalistischer Gruppen, die der Republik Schaden zufügen.

Für den Schriftsteller ist es nicht leicht, Übersicht zu gewinnen. Die flüchtigen Eindrücke während der Stippvisite an den Fronten, die sich widersprechenden Erfahrungen reichen nicht aus für weitgespannte literarische Reportagen. Das drängende Gebot nach direkter Hilfeleistung läßt den Berichterstatter hinter dem Agitator und Propagandisten zurücktreten.

Egon Erwin Kisch sei in Spanien nicht sehr zufrieden gewesen, meint Bodo Uhse. Die Gelegenheit zur großen Reportage will sich nicht einstellen. Kischs Wunsch, eine große militärische Aktion von der Planung bis zur Durchführung mitzumachen, läßt sich nicht erfüllen.

Erst während seiner Aufenthalte in Benicasím findet er Zeit und Muße, sich gründlicher umzusehen und das Skizzierte zu vertiefen. Im September kommt Kisch zum erstenmal hierher. »Benicasím liegt, wenn man von Barcelona nach Valencia fährt, just am Wege, es liegt auch auf dem Wege zur Front nach Teruel.« Benicasím war Seebad des spanischen Adels und Bürgertums. Jetzt sind in den Landhäusern Hospitäler und Sanatorien der Internationalen Brigaden untergebracht.

In Benicasím arbeitet Friedrich Kisch, Kaspar genannt, der Jüngste der Kisch-Brüder, als Chirurg. Durch ihn wird der Reporter rasch mit den Ärzten und Schwestern, den verschiedenen Häusern und Stationen vertraut.

Hier, inmitten der Verwundeten und Genesenden, ist Kisch nicht mehr nur Besucher und Propagandist. Er kommt mit den Männern ins Gespräch, er kann sie ausfragen, ihren Erzählungen zuhören. Jeder der hier Lebenden hat ein Schicksal, das sich aufzuzeichnen lohnt.

»Im Juni sah man auf dem Meer einen Frachtdampfer, den ein Flugzeuggeschwader mit Bomben bewarf. ›Legazpi‹ hieß das Schiff, es führte einen ›Autochir‹, einen Wagen für chirurgische Operationen, an Bord und Tonnen von Sanitätsmaterial. Knapp vor dem Ziel wurde es von einer Brandbombe getroffen, und bald darauf standen

Holz und Äther und die Demijohns voll absoluten Alkohols und die Wattekisten und die Gazeballen in hellen Flammen. Die Mannschaft sprang ins Wasser.

Rekonvaleszenten fuhren in Booten hinaus, um zu retten, was zu retten war. Der Chef des Hospitals, obwohl er herzkrank war und Gelbsucht hatte, blieb die ganze Nacht und den nächsten Tag draußen, bis von dem Schiff nur der Eisenrumpf sich im Wasser drehte. Dann ging der Arzt heim, legte sich mit hohem Fieber zu Bett. Einige Tage später starb er. Er war ein Emigrant aus Deutschland und hieß Günther Bodetzk.«

In Benicasím trifft Kisch auf Max Bair, den er bereits vor Madrid kennengelernt hat. Max Bair gehört zum österreichischen Bataillon »12. Februar«. Am 24. August 1937 ist er im Gefecht bei Quinto verwundet worden. Vorher war er wegen Tapferkeit zum Unteroffizier, dann zum Sergeanten befördert worden.

Die Geschichte dieses Zwanzigjährigen ist ungewöhnlich. Sie weicht ganz und gar ab von den Lebenswegen der anderen Brigadisten.

Der Reporter will alles genau wissen. Er stellt immer neue Fragen, um die Vorgeschichte und die Vorvorgeschichte zu erfahren. Wie gerät ein Tiroler Bauer in die Schützengräben des spanischen Bürgerkrieges? Wunderlich zuweilen sind die Wege antifaschistischer Entscheidung. Eine »Bauerngeschichte zwischen Tirol und Spanien« entsteht, die sich so gänzlich abhebt von den Bauerngeschichten herkömmlicher Art.

Egon Erwin Kisch bleibt bis April 1938 in Spanien. Die Märzoffensive der Franco-Truppen und ihr Durchbruch zum Mittelmeer spalten das Territorium der Republik. Auf Grund einer internationalen Vereinbarung sollen die Internationalen Brigaden aus dem Frontgebiet zurückgezogen werden.

In Benicasím vollendet Kisch die Reportage »Die verwundeten Kameraden der Internationalen Brigaden«, später veröffentlicht unter dem Titel »Soldaten am Meeresstrand«, und die Erzählung »Die drei Kühe«. Beide Arbeiten erscheinen 1938 als Einzelpublikationen in Verlagen der Interbrigaden in Spanien. Am 2. Mai 1938 liest Kisch im Rahmen einer Veranstaltung des Schutzverbandes Deutscher Schriftsteller in Paris daraus vor.

Egon Erwin Kisch im Gespräch mit einem Interbrigadisten in Benicasím

Vom 22. Mai bis 12. Juni 1938 finden in der Tschechoslowakei Gemeindewahlen statt. Die Kommunistische Partei nominiert Egon Erwin Kisch als Kandidaten für die Gemeindevertretung von Prag. Der Schriftsteller, eben aus Spanien zurückgekehrt, kann nicht nach Prag kommen. In Abwesenheit wird er bei diesen letzten Gemeindewahlen der ersten tschechoslowakischen Republik in den Prager Stadtrat gewählt.

In Versailles wartet eine Arbeit auf Kisch, die er seit Monaten hat liegenlassen müssen. Eine Arbeit, die ihn schon lange beschäftigt und die ihm, je älter er wird, immer reizvoller erscheinen muß. Bereits dem Band »Die Abenteuer in Prag« sind zwei große autobiographische Kapitel vorangestellt. Episoden aus seinen frühen Journalistenjahren hat Kisch immer gern erzählt, variiert und neu geformt. In den zwanziger Jahren sind verschiedene Geschichten und Anekdoten veröffentlicht worden. Schon in der autobiographischen Skizze »Mein Leben für die Zeitung« von 1928 zeichnen sich Umrisse des Erinnerungsbandes ab.

Im Sommer 1936 ergibt sich eine Möglichkeit, das Projekt zu verwirklichen.

Nachdem »Secret China« in England und »Changing Asia« in den Vereinigten Staaten erschienen sind, darf Kisch hoffen, sich mit einem neuen Titel auch in den USA durchzusetzen. Da der Markt für deutschsprachige Bücher in Europa immer mehr zusammenschrumpft, wird ein solcher Erfolg zur Existenzfrage.

Die amerikanische Ausgabe von »Asien gründlich verändert« ist im New-Yorker Verlag von Alfred A. Knopf herausgekommen. Mit Knopf verhandelt Kisch über weiterführende Pläne. Am 11. Juni 1936 meldet er der Mutter, daß er Anfang Juli mit der Frau seines amerikanischen Verlegers eine Besprechung haben werde.

Bei diesem Gespräch legt Kisch wahrscheinlich ein Exposé über den geplanten Band vor. Auf Grund dessen wird noch 1936 ein Vertrag abgeschlossen, der dem Schriftsteller für einige Zeit ein festes Einkommen sichert.

Den Sommer und Herbst 1938 verwendet Kisch dazu, an den Erinnerungen zu arbeiten. In der zweiten Julihälfte fährt er für einige Wochen an die Kanalküste, um das Projekt voranzubringen. Der Titel lautet: »Schwimmend im Tintenstrom«.

Kisch leitet die autobiographischen Aufzeichnungen mit einer Art Vorrede ein. Sie trägt das Datum vom 1. Juni 1938. Der Autor bemerkt:

»Bevor dieses Buch begonnen sei, soll gesagt werden, daß die Anregung, es zu schreiben, einem amerikanischen Verlag entspringt.

Aus zwei Gründen, Gründen der Entschuldigung, muß das gesagt werden. Der erste ist der, daß der Autor nie auf den Einfall gekommen wäre, eine Selbstbiographie zu schreiben. Er nimmt sich nicht im mindesten wichtig, hat es immer verabscheut, von sich selbst zu sprechen, das Fürwort der ersten Person findet man nur selten in dem, was er bisher schrieb. Nun aber, da ihn die Verhältnisse zwingen, der lockenden amerikanischen Aufforderung Folge zu leisten, wird er nicht vermeiden können, von sich selbst zu sprechen, ja das ist sogar seine hauptsächliche Aufgabe.«

Der zweite Grund, der die Arbeit für den Autor noch schwerer mache, bestehe darin, daß er seine Memoiren für amerikanische Leser aufzeichnen soll, für ein Publikum, das ihn kaum kennt. Was macht den Schriftsteller Egon Erwin Kisch so wichtig, daß ihn Leute in Pennsylvania oder in Ohio zur Kenntnis nehmen sollen? Damit hängt der dritte Grund zusammen, die Erkenntnis nämlich, daß er als Journalist lange Zeit einer Illusion nachgelaufen sei.

Der Verfasser bekennt:

»Die Journalistik, der Wunsch, als erster eine Nachricht zu haben, die Jagd nach der Sensation, der Sport des Aufspürens von Details, all das, was des Autors Leidenschaft von Kindheit an war, lehnt er heute aus literarischen und politischen Gründen ab, er lehnt es ab, nur deshalb zu schreiben und deshalb gelesen zu werden, weil er etwas Interessantes zu berichten hat.

Weshalb also, werden die amerikanischen Leser fragen, weshalb nimmt er dann den Auftrag unseres Verlegers an, warum schreibt er dann sein Buch, und warum sollen wir es lesen?

Antwort: Weil er etwas Interessantes zu berichten hat.«

Bis Ende 1938 sind wesentliche Teile des Manuskripts fertiggestellt und gehen an den Verlag. Frau Knopf, die selbst nicht deutsch lesen kann, läßt ein Verlagsgutachten herstellen. Es fällt negativ aus.

In einem Brief an den Autor äußert Frau Knopf ihre Unzufriedenheit. Sie bemängelt, daß der Text sich nicht so »frisch, interessant und amüsant« ausnehme wie Kischs frühere Werke. Auch habe der Verfasser ganze Kapitel und Episoden aus anderen Büchern übernommen. Vor allem kritisieren die Gutachter, daß Kisch offenbar nicht beabsichtige, seine Erinnerungen bis in die Gegenwart fortzuführen.

In seinen Antwortbriefen weist Kisch auf die widrigen Umstände hin, unter denen er in Frankreich arbeiten muß. Er erklärt sich bereit, weiter an dem Manuskript zu arbeiten. Nicht bereit allerdings ist er, auf Episoden aus früheren Büchern zu verzichten. Er könne keine Erinnerungen schreiben, ohne auf jene Stationen einzugehen, durch die er sich als Journalist einen Namen gemacht habe. Die Weiterführung der Memoiren bis in die Gegenwart lehnt er ab. Sie widerspreche dem ursprünglichen Plan des Werkes, würde überdies mehrere Jahre in Anspruch nehmen.

Während dieser brieflichen Kontroverse hat sich die Situation der

Exilanten rapide verschlechtert. Durch die Okkupation Österreichs im März und die Besetzung des Sudetengebietes im September 1938 schrumpft der Markt für antifaschistische deutschsprachige Literatur. Nach der Unterjochung der Tschechoslowakei im März 1939 ist keine Unterstützung aus Prag mehr zu erwarten. Wie seine deutschen und österreichischen Kollegen wird auch Egon Erwin Kisch zum wirklichen Emigranten.

In dieser schwierigen Lage entschließt sich Kisch zu einem Schritt, der längst notwendig ist. Auf die Frage seiner Freunde, warum er Gisl Lyner nicht endlich heirate, pflegt er zu antworten: »Die Frau kenn ich zu gut, ist mir unsympathisch.« Aber die unsicheren politischen Verhältnisse verlangen juristische Klarstellungen und Sicherungen. Am 29. Oktober 1938 heiraten Gisela Lyner und Egon Erwin Kisch in Versailles.

Die selbstlose Gisl hat es nicht leicht mit ihrem Egonek. Er ist ein eigenwilliger, zuweilen rücksichtsloser Partner. Sein Leben ist völlig der Arbeit, der journalistischen Leidenschaft untergeordnet. Nach den vielen Jahren der Zusammenarbeit und des Zusammenlebens jedoch ist seine Existenz ohne Gisl nicht mehr vorstellbar. »Sie war Egons zweites Selbst«, schreibt Maxim Lieber. »Ich habe mich oft gefragt, ob ohne Gisl ein Egon Erwin überhaupt möglich gewesen wäre. Er nahm das Dasein von Gisl, ihre bescheidene stete Hilfsbereitschaft mit einer Selbstverständlichkeit hin, die ein wenig nach männlichem Chauvinismus aussah.«

Das Leben im Exil wird für Kisch zum existentiellen Problem. Die Vorschüsse für den geplanten Erinnerungsband sind aufgezehrt. Zu einschneidenden Änderungen seines Buches ist der Autor nicht bereit. Auf weitere Unterstützung des amerikanischen Verlages kann er nicht rechnen.

Dennoch bemüht sich Kisch, die Memoiren zu Ende zu bringen. Er schaltet befreundete Kollegen ein, die den Verlag zu einer anderen Meinung bewegen sollen. In einem Brief an Bodo Uhse vom 16. Juni 1939 hofft Gisl Kisch, daß das Manuskript von den Lektoren nicht mehr als »Gymnasiastenarbeit« bezeichnet werde.

Neben den Memoiren beschäftigt sich Kisch weiter mit der historischen Reportage über den Postmeister Jean-Baptiste Drouet, der im Juni 1791 nicht weit von der französischen Grenze den aus Paris geflohenen und als Lakaien verkleideten französischen König Ludwig XVI. erkennt, festnehmen und in die Hauptstadt zurückbringen läßt. Drouet gerät 1793 in die Hände der Österreicher und wird im Brünner Spielberg gefangengehalten. 1794 tauschen ihn die Franzosen gegen die Tochter der französischen Königin Marie-Antoinette, Marie-Thérèse-Charlotte aus, die später lange Zeit in Prag lebt.

Von den Materialien und Handschriften dieser Reportage ist nichts erhalten geblieben. Alle Manuskripte müssen in Versailles zurückgelassen werden. Beim Einmarsch der deutschen Truppen wurden sie wahrscheinlich vernichtet.

Egon Erwin Kisch ist ein behutsamer, sorgfältiger Arbeiter. Er prüft seinen Gegenstand gründlich von allen Seiten und treibt detaillierte Studien, ehe er zu schreiben beginnt. Die Ausarbeitung des Textes durchläuft verschiedene Phasen. Vier, fünf, oft erheblich voneinander abweichende Fassungen sind keine Seltenheit. Für unfertige Arbeiten aber zahlt kein Verlag einen Pfennig.

»Er schrieb langsam«, vermerkt Lenka Reinerová, »in einer ungewöhnlichen, barock anmutenden, verschiedenartig gewundenen, verschnörkelten und dann wieder gestrafften Handschrift. Seine Manuskriptblätter gleichen Pergamenten, besagen viel über die Denkarbeit und das Zögern, über die Spielfreude und Mühe ihres Autors. Die so geschriebenen Blätter übernahm dann Frau Gisl, tippte sie auf der Maschine ab und versah sie am Rande mit ›Fliegenschiß‹ – so nannte das Ehepaar die kuriosen Korrekturpünktchen, mit denen Gisl jede Zeile und jedes Wort bezeichnete, bei dem sie etwas zu bedenken hatte. Ihre Bemerkungen verarbeitete Kisch erneut in weiteren Stunden. Und wiederum wurde das Blatt abgeschrieben, abermals wurden die Sätze redigiert und ausgefeilt, bis sie so klar und selbstverständlich waren wie reines Wasser. Bei dieser Arbeitsweise war es kein Wunder, daß es recht lange dauerte, ehe Kisch ein Manuskript als satzfertig aus der Hand gab.«

In diesem letzten Jahr vor dem Krieg geht es den Kischs miserabel. Der Geldmangel ist chronisch geworden. Die Sorge um den Lebensunterhalt liegt auf den Schultern von Gisl. Abends werden in dem kleinen Hotelzimmer ein paar Kartoffeln mit Eiern gebraten. Im Café sitzt man stundenlang mit einer Tasse Kaffee, und oft fehlt auch dafür das Geld.

Die Situation ist verzweifelt. Die Niederlage der Spanischen Republik, der scheinbar unaufhaltsame Siegeszug des Faschismus in

Europa verbreiten unter den Emigranten ein Gefühl tiefer Ohnmacht. Nicht wenige der Vertriebenen verlieren alle Hoffnung, daß Hitlerdeutschland in seinem Welteroberungsdrang aufgehalten werden kann.

Im Mai 1939 nimmt sich Ernst Toller in seinem New-Yorker Hotelzimmer das Leben, etwa zur gleichen Zeit, als Joseph Roth, dem Alkohol verfallen, in einem Pariser Armenhospital stirbt. »Wie schmelzen wir zusammen!« schreibt Hermann Kesten an Klaus Mann. »Sie und ich, wir sind noch in den dreißiger Jahren und sollen schon anfangen, unsere Generationsgenossen zu begraben?«

Auch Egon Erwin Kisch wird in jenen Monaten von bitteren Gedanken heimgesucht. Mitunter erscheint ihm seine Misere als persönliche Schikane des Schicksals. Thomas Mann oder Lion Feuchtwanger leben in ihren schönen Häusern und brauchen sich nicht um das nächste Mittagessen zu sorgen. Er aber, in den zwanziger Jahren nicht weniger erfolgreich, muß jeden Franc umdrehen. An manchen Tagen sitzt er mit Gisl zusammen und stellt Kreuzworträtsel her, um sie an Zeitungen und Zeitschriften zu verkaufen.

»Toller und Roth waren bedrückende Ereignisse«, berichtet Gisl Kisch an Bodo Uhse, »wir waren bei Roths Begräbnis, ich war sehr traurig, aber dort war alles so gespenstisch, Du kannst es Dir nicht vorstellen, ein katholisch-monarchistisches Begräbnis mit Priester und schwarzgelben Kranzfahnen und fast nur Juden als Trauergästen, die laut das Vaterunser beteten ...«

Nach außen hin läßt sich Kisch nichts anmerken. Stets ist er bereit, Freunden und Kollegen, denen es oft schlechter geht als ihm selbst, zu helfen. Nach wie vor hält er ein gastfreundliches Haus, sei es auch nur im bescheidenen Hotelzimmer.

Gisl Kisch sagt von ihrem Mann: »Wenn der Egonek fünf Francs in der Tasche hat, dann glaubt er, daß er den Verlag und die Redaktion unserer Zeitung finanzieren und obendrein noch zehn Leute zum Abendessen einladen kann.«

Peter Kast erzählt, wie er Egon Erwin Kisch Anfang 1939 in Grasse an der Côte d'Azur begegnet. Kisch besieht sich bekümmert den abgerissenen Spanienkämpfer und schüttelt den Kopf: »Attraktiv siehst du nicht gerade aus. Ich glaube, man muß dich wieder mal einpuppen.«

Schon einmal, im Frühjahr 1933, nach seiner Flucht aus Deutschland, war Kast von Kisch in Prag eingekleidet worden. Damals sah die Situation anders aus. Jetzt ist Kisch selbst zum heimatlosen, mittellosen Schriftsteller geworden.

Aber der Unermüdliche weiß Rat.

In einem Luxushotel unweit von Grasse wohnt ein englischer Stahlindustrieller mit seiner Frau und der zwölfjährigen Tochter. Der Engländer bewundert das Werk von Kisch und möchte den Autor persönlich kennenlernen. Egon Erwin Kisch ist zum Tee eingeladen.

»Du gehst mit«, bestimmt Kisch. Es könne einem solchen Manne nicht schaden, jemanden zu sehen und zu sprechen, der die Auswirkungen der englisch-französischen Nichteinmischungspolitik in Spanien am eigenen Leibe erfahren hat.

»Im übrigen«, sagt Kisch, »habe ich mit dir mein Plänchen.«

Die Engländer sind schockiert. Man ist nicht darauf vorbereitet, den Tee gemeinsam mit einem zerlumpten Fremden einzunehmen. Stockend zieht sich das Gespräch hin. Verstohlen sieht Kisch zu Kast hinüber, und sein Blick ist nicht sehr hoffnungsvoll.

Plötzlich betritt die zwölfjährige Tochter den Salon. Mit einem Scherzwort gewinnt Kisch die Sympathie des Mädchens. Als er gar noch aus den Haaren und aus der Nase des Kindes Francstücke zaubert, ist der Bann gebrochen. Man lacht, man kommt in ein anregendes Gespräch. Plötzlich stehen Zigaretten und Kognak auf dem Tisch, und Kisch kann sein »Plänchen« in die Tat umsetzen.

So kommt Peter Kast doch noch zu seinem Anzug.

Mit dem Ausbruch des Krieges Anfang September 1939 wird die Situation auch für Egon Erwin Kisch lebensgefährlich. Als tschechoslowakischer Staatsbürger ist er zwar nicht, wie seine deutschen Kollegen, vom Internierungslager bedroht. Aber er muß Versailles verlassen und in ein kleines abgelegenes Dorf umziehen, wo er sich täglich beim Gendarmen zu melden hat.

Man muß befürchten, daß auch er wegen seiner politischen Haltung verhaftet wird und ins Lager kommt. Gisl bemüht sich, den Gefährdeten aus Frankreich fortzubringen.

Mit Unterstützung amerikanischer Hilfsorganisationen und deutscher Schriftsteller, die in die Vereinigten Staaten emigriert sind, gelingt es, einen Weg zu finden. Über die chilenische Botschaft in Frankreich und den amerikanischen Generalkonsul in Paris ist es möglich, ein chilenisches Visum und ein Durchreisevisum in die USA zu beschaffen.

Eines Tages kommt ein Amerikaner in das Dorf in der Nähe von Versailles. Er bringt die rettende Nachricht. Gisl aber muß vorerst in Frankreich zurückbleiben.

Wenige Tage später setzt sich Kisch in den Zug nach Antwerpen. An der französisch-belgischen Grenze wird er einer scharfen Kontrolle unterzogen. Der Koffer wird zurückbehalten. Mit leichtem Gepäck tritt der Schriftsteller die Reise über den Ozean an.

18. Zwischenstation New York

Auf der »Pennland«, einem Passagierdampfer der Holland-Amerika-Linie, verläßt Egon Erwin Kisch Mitte Dezember von Antwerpen aus den Kontinent. Die Fahrt ist langwierig und gefährlich. Mehrmals muß das Schiff Minenfelder passieren. Einem sinkenden griechischen Frachter, der von einem deutschen U-Boot torpediert worden ist, kommt die »Pennland« zu Hilfe.

Bedrohlich wird die Lage bei einer Zwischenlandung in Southampton. Die Kontrolle der britischen Behörden gilt dem kommunistischen Schriftsteller Egon Erwin Kisch.

»Sie verpatzten mir den Paß durch ein ostentatives Landungsverbot«, vermerkt Kisch in seinem Notizheft, »obwohl ich weder landen wollte noch konnte, und erhöhten die Wahrscheinlichkeit dessen, was bisher nur leichte Möglichkeit war: Landungsverbot in Amerika.«

Dennoch läßt sich der Reisende die Laune nicht verderben. Daß er seinen Koffer an der belgischen Grenze zurücklassen mußte, betrachtet er als gutes Omen für eine glückliche Heimkehr nach Europa. Er macht Bekanntschaften und wird, wie überall, zum Liebling der Kinder. Manche Erinnerung an die erste Überfahrt vor elf Jahren stellt sich ein.

Einen Tag vor Heiligabend, am Sonnabend, dem 23. Dezember 1939, fährt die »Pennland« im Hafen von New York ein. Kisch blickt sorgenvoll auf die Silhouette der Stadt. Er hat keine Adressen seiner Freunde und weiß nicht, wer ihm helfen wird, das Land zu betreten.

Ein kleines Boot legt an, und drei Männer klettern an Bord. Ein dicker Mann kommt direkt auf Kisch zu und sagt: »Hallo, Kisch! Ich komme zu Ihnen in Vertretung des Schriftstellerkomitees!«

Kisch notiert sich: »Erst heute, als die Freiheitsstatue und die Felsenlandschaft der Wolkenkratzer an uns vorüberschwamm, meldete sich die Krankheit wieder, die ich vor jeder Grenze zu überstehen habe: die Grenzenkrankheit. Mit dem Pilotenschiff kamen die Reporter und Leonard Mins namens der Guild of American Writers. Der Immigration Officer sagte, mein Paß sei nicht in Ordnung, denn ein chilenisches Visum aus Paris genüge nicht für ein Durchreisevisum nach Amerika, obwohl es dem Amer. Generalkons. in Paris genügt hatte. Ich müsse eines vom chilenischen Konsulat in N. York haben. Während er mit mir sprach, zeigte ihm ein Beamter einen Zettel, ohne Zweifel etwas über mich. ›Ich weiß‹, sagte er. Ich muß also auf ›Island‹ – Euphemismus für Ellis Island, die Insel der Tränen. Aber die Ellis Island ist komplett, die Mannschaft des deutschen Passagierdampfers ›Columbus‹, der sich vor drei Tagen in die Luft sprengte, ist dort untergebracht, 1000 Mann. Deshalb müssen wir auf der ›Pennland‹ bleiben, aber das ist die ›Pennland‹ nicht mehr. Bis jetzt waren Sie unsere Gäste, jetzt sind Sie unsere Gefangenen – sagte ein Steward, und sie ließen es uns fühlen ...«

Wieder, wie in Australien, avanciert Kisch vom Passagier zum Häftling. Seine Kabine ist verschlossen, das Schiff wird bewacht. Durch die Bullaugen grüßen die Docks und Wolkenkratzer von New York.

Aber die Freunde und Genossen haben ihn nicht vergessen. Von überallher erhält er Briefe und Telegramme. Joris Ivens und Grete und F. C. Weiskopf schicken ein Paket.

So verbringt Kisch den Weihnachtsabend und den ersten Feiertag, nachts in der Kabine, am Tag im Gesellschaftsraum, voller Sorge und Langeweile. Am 26. Dezember muß er die »Pennland« verlassen und wird auf Ellis Island, die Einwanderungsinsel, gebracht, wo auch die Mannschaft der »Columbus« haust, die ihr Schiff versenkte, damit es den Briten nicht in die Hände falle.

Ende der zwanziger Jahre besuchte Kisch die Insel als Reporter. Einiges hat sich verändert inzwischen. »Der Schlafsaal, in dem ich mit 22 andern lag, ist besser, als er vor 10 Jahren war. Aber einen Platz, wohin man die Kleider und Tageswäsche legen oder hängen könnte, gibt's nicht. Mittags vergaß ich meine Brille im Speisesaal und ging zurück. Dort aber war schon die nächste Schicht – 600 Nazis. Viele sahen mich groß an, ich hörte meinen Namen. Nichts ge-

Ellis Island, die Einwanderer-Insel im Hafen von New York

schah. ›Aber treff ich dich draußen im Freien ...‹ Die Brille war übrigens abgegeben worden.«

Der Schriftsteller ist um eine Gefängniserfahrung reicher. Er registriert jede Einzelheit. Vielleicht wird er einmal darüber schreiben.

Das Gefängnis, in dem er sich befindet, unterscheidet sich von jedem andern Gefängnis in der Welt: Es hat eine Telefonzelle. Man kann, sofern man die nötigen Geldstücke besitzt, jederzeit anrufen.

Da ist Irma Otte, eine Freundin von Gisl. Schon 1928 in New York hat sich Kisch mit ihr getroffen. 1934 kam Irma Otte zu Besuch nach Versailles. Jetzt braucht Kisch ihre Hilfe.

Am Telefon meldet sich eine fremde Stimme: »She passed away.«

Wann Irma wiederkomme, will Kisch wissen.

»Don't you understand, she passed away?«

Der Anrufer gerät ins Stottern. »Ist sie gestorben?«

»Ja.«

»Schrecklich, schrecklich«, vermerkt Kisch in seinem Notizbuch, »das ist es, was mich, bisher den einzigen Gutgelaunten, niederwirft.«

Die Freunde in New York, Grete und F. C. Weiskopf, Oskar Maria Graf, Hanns Eisler, Arne Laurin, sind informiert. Sie werden etwas für ihn tun. Die »League of American Writers«, eine in den dreißiger Jahren entstandene proletarische Kultur- und Schriftstellerorganisation, schickt ein Telegramm: Der chilenische Konsul in New York hat das Pariser Visum Kischs bestätigt.

Am 28. Dezember findet die Verhandlung wegen des Visums statt. Ein entfernter Berliner Verwandter, der nach New York emigrierte Paul Kisch, fungiert als Zeuge. Gegen eine Kaution von 500 Dollar kommt Egon Erwin Kisch frei. »Als ich dann«, sagt Kisch später, »vor dem Einwanderer-Ausschuß auf Ellis Island stand, erschien ein anderer Engel namens Folson, und der begleitete mich zur Fähre, wo ich mich, über die Maßen glücklich, wie toll benahm.«

Viele haben sich um seine Freilassung bemüht. Viele stehen ihm auch jetzt zur Seite. Aber die Bedingungen für Exilanten in den USA sind hart. Große Teile der Öffentlichkeit verhalten sich gleichgültig, wenn nicht ablehnend ihnen gegenüber. Emigrierte Schriftsteller, kommunistische zumal, haben kaum eine Möglichkeit, hier Fuß zu fassen. »Jeder hat dort eine Chance – mit Ausnahme der Dichter«, meint Claire Goll, die 1939 nach New York kommt. Bodo Uhse, der sich zu jener Zeit in Kalifornien aufhält, führt eine »wahre Bettelexistenz« und muß oft tagelang hungern.

Nicht wenige der Flüchtlinge besitzen wie Kisch lediglich eine befristete Aufenthaltserlaubnis. Jeden Tag müssen sie damit rechnen, abgeschoben zu werden. Selbst ein renommierter Autor wie Stefan Zweig, lediglich im Besitz eines Transitvisums, ist gezwungen, nach Südamerika weiterzufahren.

Kisch versucht mit der Situation fertig zu werden. Gleich in den ersten Tagen seines Aufenthalts in New York schreibt er einen Brief an die Frau seines Verlegers Knopf. Er bedauert, daß sich das Projekt der Lebenserinnerungen zerschlagen habe. Zum erstenmal in seinem Leben sei es ihm widerfahren, daß ein Verleger von seinem Werk enttäuscht worden sei. Er sei überzeugt gewesen, ein Werk zu liefern, mit allen Vorzügen, die für einen Bestseller nötig seien. Auch jetzt glaube er noch immer, daß ein anderer Lektor anders urteilen würde.

Die Wolkenkratzer von Manhattan

Aber Mrs. Blanche Knopf läßt sich nicht umstimmen. Im Brief vom 2. Februar 1940 kündigt sie den Vertrag, weil der Autor angeblich nicht das geliefert habe, was vereinbart worden sei. Sämtliche Vorschüsse werden zurückgefordert.

Kisch hat kein Glück in diesem Land. Seine Satire auf das »Paradies Amerika« ist nicht vergessen worden. Der amerikanischen Ausgabe seines Buches »Asien gründlich verändert« von 1935 blieb der Erfolg versagt.

Doch Egon Erwin Kisch läßt sich nicht entmutigen. Es gibt genug Leute in New York, die sein Werk schätzen und die ihm zur Seite stehen. Bei einem Künstlerfest im Café Vienna Ende Februar gehört Kisch zu den Prominenten. Mitglieder, Gönner und Freunde der »German American Writers Association«, der Vereinigung deutsch-amerikanischer Schriftsteller, treffen sich, um die Nacht des »Tanzenden Pegasus« zu begehen. Mittelpunkt des Festes ist Oskar Maria

Graf. Der Erlös des Balles fließt der Sozialhilfe emigrierter antifaschistischer Autoren zu.

Die deutschsprachigen Schriftsteller und Künstler kommen regelmäßig zusammen, arbeiten in antifaschistischen Komitees und Vereinigungen, versuchen einander und den gefährdeten Kollegen in Europa zu helfen. Bei der Feier anläßlich des 40. Geburtstages von F.C.Weiskopf am 2.April 1940 hält Kisch eine Rede. Er würdigt den Landsmann als Vermittler zwischen tschechischer und deutscher Literatur und als Schicksalsgenossen. Als eigenartiges Zusammentreffen mag es manchem erscheinen, sagt er, »daß wir alten Prager unsere aprilnen Geburtstage, er seinen vierzigsten und ich meinen fünfundfünfzigsten, in Amerika begehen, auf der loweren Ostseite New Yorks. Aber wo wir uns auch immer zusammenfinden, nirgendwo ist es ein Zufall, überall nur eine Folgeerscheinung der Tatsache, daß wir Verstoßene, Vertriebene und Geflüchtete sind.«

In den ersten New-Yorker Monaten ist es für Kisch nicht leicht, ohne Gisl zurechtzukommen. Erst im März 1940 erhält auch sie das Einreisevisum in die USA.

In einem der Armenviertel von New York, in der 74. Straße, wo viele Arbeiter und Angestellte tschechischer Herkunft wohnen, hat Kisch ein Zimmer gemietet. Mehrmals wechselt er die Adresse. Er weiß nicht, was die Behörden mit ihm vorhaben. Er weiß nur, daß er dieses Land bald wieder verlassen muß.

In seinem möblierten Zimmer besucht ihn eines Abends der amerikanische Schriftsteller Albert Maltz. Maltz hat Kisch vorher nicht gesehen, aber er wird diesen Abend nicht vergessen.

Egon Erwin Kisch läßt keine trübe Stimmung aufkommen, trotz seiner mißlichen Lage. Er ist voller Optimismus und guter Laune. Er erzählt von seinen Reisen, seinen Erlebnissen in fernen Ländern.

Der Gast spürt, daß hier ein Mann vor ihm sitzt, der verliebt ist in das Leben, in das Abenteuer des Lebens. »Sein Witz und sein Sinn für Komik waren bewundernswürdig, und immer wieder bogen wir uns vor Lachen. In ihm lebte eine Heiterkeit des Geistes, die keinen Raum für Pessimismus ließ. Nicht nur sein Verstand und seine Kenntnis der gesellschaftlichen Gesetze sagten ihm, daß die Macht der Nazis gebrochen und sein Vaterland befreit werden würden – auch sein Herz wußte es, sein ganzes Sein.« –

Nicht als Reporter ist Kisch diesmal in die Staaten gekommen, voller Neugier und Entdeckerlust, mit einer Rückfahrkarte in der Tasche. Er ist ein Flüchtling, ein Emigrant wie jeder andere, ohne finanzielle Mittel, nicht einmal einen Koffer hat er bei sich. Sein Prager Freund Arne Laurin mußte ihm ein Hemd auf die »Pennland« schicken. Kisch unterscheidet sich kaum von einem armen galizischen Juden, den Pogrom und Gewalt hierher verschlagen haben.

Er sieht sich um unter den Juden in New York. Er studiert ihre Geschichte, ihre Lebensformen, ihre Sitten und Gebräuche, er stellt Fragen.

Der erste Jude landete am 8. Juli 1654 mit dem Hollandschiff »Preboom« im damaligen New Amsterdam. »Er, Jacob Barsimson, hielt rechts und links Ausschau nach einem anheimelnden Profil. Nirgends entdeckte er einen Glaubensgenossen, der ihm die Richtung zu einem koscheren Familientisch gewiesen hätte oder gar zu einer Gruppe von zehn, durch diese Zahl zu einem Gottesdienst berechtigten Juden. Vergeblich. Weder in der Walstraat (heute Wall Street) noch in ihrem sozialen Gegenteil, der ›Bowery‹, fand er einen anderen Juden als sich selbst.«

Bald ist Jacob Barsimson in New Amsterdam nicht mehr allein. Aus allen Teilen der Erde strömen Juden in die Neue Welt, die ihnen Freiheit und Toleranz verspricht. Kaum einer kommt aus Abenteuerlust und Übermut. Die meisten sind durch Pogrome aus ihrer Heimat vertrieben worden. Aber es scheint, als hätten die Juden aus all diesen Erfahrungen nichts gelernt. Auch in der neuen Heimat behalten sie die alten Lebensformen bei, schließen sich noch enger in ihrer Familie, ihrer Gemeinde zusammen, wahren noch strenger die religiöse Tradition. Auch wagen sie sich kaum aus dem ersten Ort fort, den sie diesseits des Ozeans erreicht haben, und das ist in der Regel New Amsterdam oder New York.

Welcher Denkende, meint Kisch, könnte die untere Ostseite durchwandern, ohne sich unausgesetzt Fragen zu stellen, allgemeine und Detailfragen und wieder allgemeine. Er schreibt die Fragen auf, einen einzigen Artikel aus Fragesätzen. Für zahllose Juden in vielen Ländern sind es Existenzfragen.

»Warum – so fällt euch gleich eingangs ein –, warum leben die Juden dieses Bezirks gerade in diesem Bezirk? Gibt's in ganz New York nicht Wohnungen und Geschäftslokale, die besser und billiger sind, gibt's nicht schönere Straßen zum Handeln und Wandeln und Tandeln? Weshalb hocken sie überhaupt beieinand? Sind sie beziehungsweise ihre Väter nicht ebendeshalb aus der alten Heimat hinweggesiedelt, weil man sie einpferchen, von Andersgläubigen aussperren und unter Sondergesetz stellen wollte? Warum also bilden sie freiwillig wieder ein Ghetto, nein, nicht eines, sondern anderthalbtausend Ghettos, jedes mit dem Herkunftsort und nach dem Herkunftsanlaß ummauert, hermetisch geschieden von den andern? ...

Warum nehmen die Leute hier die neue Welt nicht auf, die sie aufgenommen hat? Warum lernen sie, die doch lernbegieriger und lesehungriger als die bäuerlichen und tagelöhnerischen Emigrationen anderer Völker sind, nicht einmal die englische Sprache? Warum gehen sie nur in die meist armseligen jiddischen Theater, lesen nur die jiddischen Zeitungen und hören vom ganztägigen Radio nichts als die durch die Reklamenachrichten verkürzte jiddische Stunde?

Ist vielleicht dieses Volk, einzeln als so frech und zudringlich verschrien, als Ganzes scheu und zurückhaltend? Oder ist es durch die Verfolgungen in einen Zustand der Verschüchterung und des Mißtrauens geraten, der sich mit dem Tausch des Weltteils nicht verflüchtigt?«

Kopfschüttelnd betrachtet der Beobachter das seltsame Gebaren, die Selbstgenügsamkeit und den existenzbedrohenden Konservativismus der Juden in New York. Diese Menschen mit ihren Sitten und Gewohnheiten stellen inmitten der modernen hochindustrialisierten Welt einen einzigen Anachronismus, eine Herausforderung an die Zeit dar.

»Während aus Europa die grauenhaftesten Verfolgungen von Juden gemeldet werden, während Kapital und Arbeit einander mörderische Schlachten liefern – was tun die Ostjuden Ost-New-Yorks in der Zwischenzeit?« fragt Kisch. Mit der charakteristischen Wendung »Was fragt ihr so dumm?« beschließt und pointiert er seine lange Frageliste.

New York ist für den Reporter, der es nach über zehn Jahren wiederentdeckt, noch immer eine Stadt voller Merkwürdigkeiten und Abstrusitäten. Sicher nicht die »phantastischste Stadt der Welt«, wie die exzentrische Claire Goll sie erlebt, als sie 1939 in die Vereinigten Staaten verschlagen wird. Aber von der »prickelnden Luft« dieses monströsen Gemeinwesens, die die Sinne hellwach hält, bleibt auch

Blick auf eine Straße im Osten New Yorks

Kisch nicht unberührt. »Ringsumher hörte man alle Sprachen und Dialekte, sah man alle Rassen, und jeder war von der gleichen Lebens- und Erfolgsgier besessen.«

Kisch durchwandert die Stadt, doch es ist weniger das New York des Jahres 1940, das ihn anzieht, als das New York vergangener Jahrzehnte. Er sucht nach einem festen Punkt. Er sucht Reste des alten Europa. In Yorkville, wo er wohnt, inmitten der Menschen, deren Herkunft sich nicht verleugnen läßt, spürt er etwas wie Vertrautheit und ein Zuhause.

Anders als viele jüdische Flüchtlinge aus Osteuropa haben sich die tschechischen Einwanderer weitgehend assimiliert. Nicht wenige Vertreter der revolutionären Bewegung in den USA sind tschechischer Herkunft. Die Politik, die sie machen, ist eine kompromißlose soziale Politik. Nach der Niederlage der Revolution von 1848/49 wanderten viele Tschechen in die Vereinigten Staaten aus. Sie ließen sich im Stadtteil Yorkville nieder, zwischen der 71. und 75. Straße, zwischen Second Avenue und York Avenue, umgrenzt, wie in Europa, von den Bezirken der Deutschen, der Ungarn und der Slowaken.

»Tschechische Bierbrauer machten das Pilsner Bier, tschechische Selcher den Prager Schinken. Aber auch weniger autochthone tschechische Waren wurden von autochthonen Tschechen produziert. Nur tschechische Musikanten spielten den Amerikanern den echten Wiener Walzer auf, und nur tschechische Schneider nähten dem Amerikaner den garantiert Londoner Anzug, und zwar in der Tat ausschließlich mit der Hand. Aber das alles ist dergestalt vorbei, daß nicht einmal der Dichter eine Spur davon erfühlen könnte.«

Inzwischen arbeiten die Nachkommen der tschechischen Einwanderer längst in anderen Berufen. Aber ihre Küche haben sie beibehalten und ihren Stammtisch und ihre politischen Debatten. Die Auseinandersetzungen über die Vorgänge in Europa sind immer noch so leidenschaftlich und so kontrovers wie vor fünfzig oder achtzig Jahren.

Wo Egon Erwin Kisch auch immer leben, wohin ihn das Schicksal verschlagen mag, stets befindet er sich auf Reportergang. Nichts gibt es auf seinem Wege, das nicht wert wäre, näher in Augenschein genommen, in größere Zusammenhänge gestellt und beschrieben zu werden. Seine Welterfahrung, sein in alle Erdenwinkel verstreuter Bekanntenkreis schafft überall Zugänge und Einsichten. Hat er von Prag aus früher die Welt gesucht, so findet er Prag jetzt überall in der Welt.

Trotz der Vertragskündigung des Verlages Alfred A. Knopf arbeitet er weiter an den Erinnerungen. Er bemüht sich, einen anderen Verleger dafür zu finden. Sicher hat er das Manuskript bei sich, als er sich im August zusammen mit Gisl einige Tage auf dem Lande im Staate New Jersey erholt.

Auch sonst ist Kisch nicht untätig. Er trifft sich mit vielen Leuten, hat wie immer Pläne und Projekte. Unter anderem erneuert er die Bekanntschaft mit Billy Wilder, der in Hollywood als Drehbuchautor bei Ernst Lubitsch gearbeitet hat und sich jetzt als Regisseur versucht. Die beiden lernten sich in den zwanziger Jahren in Berlin kennen. Man erinnert sich der Stunden in der Güntzelstraße, als sie ihre gemeinsame Fußballervergangenheit beschworen.

Die Phantasie von Kisch ist in Bewegung gesetzt. Er schlägt vor, einen »großen Soccer-Film« zu schreiben, der ein »riesiges Exportgeschäft« werden könnte. Auf sechs Seiten skizziert er die Geschichte, eine wilde, spannungsreiche Filmstory, eine Mischung von Kriminal-, Liebes- und Fußballergeschichte.

Aber sosehr sich Kisch auch bemüht, er findet nur schwer Zugang. Gleich anderen namhaften antifaschistischen Schriftstellern, die im Lande leben, wird auch Kisch von der »Neuen Welt« nicht angenommen. Das Signum »kommunistischer Schriftsteller« reicht aus, ihm den Eintritt in Verlage und Redaktionen zu verwehren.

New York bleibt eine Zwischenstation. Jeden Tag muß er damit rechnen, abgeschoben zu werden.

Wie andere Exilanten sucht auch Kisch nach einem Aufenthaltsort, wo man seine Fähigkeiten besser verwertet. Sein Blick geht nach England. Nach der Niederlage Frankreichs steht Großbritannien dem faschistischen Deutschland allein gegenüber. Im Sommer und Herbst 1940 tobt die Luftschlacht über England. Mit Angriffen gegen die Zentren der britischen Rüstungsproduktion und auf die großen Industriestädte versucht die deutsche Luftwaffe, das britische Wirtschaftspotential auszuschalten und die Bevölkerung zu demoralisieren.

Als antifaschistischer Schriftsteller und als tschechoslowakischer Staatsbürger betrachtet sich Egon Erwin Kisch im Krieg mit Hitlerdeutschland. Von Großbritannien aus könnte er mit der Waffe seines Wortes den Kampf unterstützen. In London hat sich am 22. Juli 1940 die tschechoslowakische Exilregierung unter Edvard Beneš konstituiert. In England leben viele Freunde und Genossen aus den Berliner und Pariser Tagen.

Kisch stellt einen Antrag auf Einreise nach Großbritannien. Der Antrag wird von Edvard Beneš weder befürwortet noch abgelehnt. Beneš erklärt lediglich, daß er Kisch als guten Journalisten und als Kommunisten kenne, daß er aber niemals, auch nicht im März 1933 nach dessen Verhaftung, für ihn interveniert habe.

Das reicht für die britischen Behörden aus, Egon Erwin Kisch die Einreise zu verweigern.

Im »Marktplatz der Sensationen« erinnert sich der Abgewiesene der gemeinsamen Jugend. Damals standen sich beide in Prag als Fußballspieler gegenüber. Beneš spielte in der Mannschaft des tschechischen Fußballklubs »Slavia« auf der rechten Seite. Beim Deutschen Ballspielklub »Sturm« stürmte Kisch als Linksaußen. In der politischen Auseinandersetzung haben sich diese Positionen nicht verändert.

Der Weg nach Europa, an einen Brennpunkt des Krieges, bleibt Kisch versperrt. In den Vereinigten Staaten kann und will er nicht bleiben. Mexiko bietet sich an. Dort leben Ludwig Renn und Bodo Uhse. »In New York erzählte mir der Vertreter des mexikanischen Tourist-Office, der meine Bücher kannte, viel von seiner Heimat und lud mich ein, mich in Mexiko anzusiedeln. Ende 1940 verschaffte er mir ein Visum, und ich fuhr hierher.«

19.
Entdeckungen in Mexiko

»Es gibt wenige Länder, die ein so mannigfaltiges Interesse einflößen als das Tal von Tenochtitlán, der Sitz der alten Kultur mexikanischer Völker«, schreibt Alexander von Humboldt in seinem »Versuch über den politischen Zustand des Königreichs Neu-Spanien«.

Das Interesse verstärkt sich im neunzehnten und zwanzigsten Jahrhundert eher noch. Schon das alte Österreich ist mit dem Schicksal Mexikos auf mehrfache Weise verknüpft. Unter der Herrschaft der Habsburger wurde das Land im sechzehnten Jahrhundert unterworfen und ausgeplündert. Böhmische Bergleute kamen nach Mexiko, um Gold und Silber zu fördern. Als die Kolonialmacht Spanien im neunzehnten Jahrhundert sich aus Mexiko zurückziehen mußte, versuchten die Franzosen unter Napoleon III. Fuß zu fassen. Der österreichische Erzherzog Maximilian ließ sich überreden, ein Kaiserreich von Frankreichs Gnaden etablieren zu helfen. Er wurde 1867 in Querétaro erschossen.

Leben und Sterben des unglücklichen Erzherzogs bewegte die Gemüter in Europa. Verfasser von Kolportageromanen bemächtigten sich des exotischen Stoffes. Der preußische Postbeamte Hermann Goedsche, der unter dem Namen Sir John Retcliffe zweifelhaften literarischen Ruhm erntete, schrieb ein mehrbändiges Werk darüber. Auch Karl May begann seine schriftstellerische Karriere mit der Ausbeutung der romantischen Geschichte. Sein Romanzyklus »Waldröschen« kam 1882 heraus.

Kein schlechter Ort für einen Autor wie Egon Erwin Kisch. Schon die Phantasie des Knaben wurde von dem Land der Vulkane und Kakteen angeregt. Ein Großonkel, Samuel Basch, soll Leibarzt des Kaisers Maximilian gewesen sein. Irgendwann einmal war er bei den

Egon Erwin Kisch in Mexiko

Kischs zu Besuch und erzählte von Mexiko. Die Kinder lauschten scheu und erregt; »wir fühlten die Weltgeschichte durch unser Speisezimmer rauschen«. Noch um die Jahrhundertwende wurde in Prag der Ball der Maximilian-Veteranen veranstaltet. Um Mitternacht unterbrachen sie ihr Fest und gedachten durch eine feierliche Polonäse ihres in Querétaro erschossenen Kaisers.

Ende 1940 kommen die Kischs mit der Eisenbahn in der mexikanischen Hauptstadt an. Freunde stehen auf dem Bahnsteig, um sie zu begrüßen. Ludwig Renn sorgt dafür, daß sie eine kleine Wohnung in der Avenida Amsterdam beziehen können.

México, die Sonnenstadt, in Tropennähe, zweitausenddreihundert Meter hoch gelegen, von schneebedeckten Vulkanen überragt, eine Stadt des Lichtes und der Farben, ein Ort des ewigen Frühlings, zieht jeden Besucher in seinen Bann, einen Augenmenschen wie Egon Erwin Kisch zumal.

Die wirtschaftliche Situation hellt sich auf. Gisl Kisch findet eine Büroarbeit. Egon Erwin Kisch bekommt vom Joint Antifascist Refugee Committee in New York eine kleine Unterstützung, die das Existenzminimum sichert. Dieses von dem Arzt und Spanienkämpfer Edward K. Barsky geleitete Komitee, kurz Barsky-Komitee genannt, durch Spendengelder antifaschistischer Bürger, durch Gewerkschaften und Hilfsorganisationen in den USA getragen, macht es möglich, daß verschiedene Schriftsteller in Mexiko monatlich eine bestimmte Summe erhalten.

Mexiko erweist sich als ein gastfreundliches Land. Die Revolution hierzulande ist nichts Verjährtes, Abgestandenes. Die Ziele der bürgerlich-demokratischen, der sozialen Revolution von 1910 bis 1917 sind noch nicht vergessen, sie leben im Bewußtsein der Menschen.

Unter der Präsidentschaft von Lázaro Cárdenas von 1934 bis 1940 erstarkte die demokratische Bewegung im Lande. Die regierende Partei der mexikanischen Revolution arbeitet eng mit den Gewerkschaften zusammen. Als es im Jahre 1937 bei den ausländischen Eisenbahn- und Erdölgesellschaften zu Lohnkonflikten und Streiks kam, unterstützte die Regierung die Forderungen der Arbeiter und verstaatlichte diese Gesellschaften. Ein faschistischer Putsch im Mai 1938, bei dem auch Hitlerdeutschland seine Hand im Spiele hatte, konnte zerschlagen werden.

Während des spanischen Bürgerkriegs stellte sich Mexiko auf die

Seite der republikanischen Regierung und unterstützte sie diplomatisch und mit Waffen. Auch nach der Niederlage der Republik leistete das Land weiter solidarische Hilfe und gewährte den Opfern des Faschismus Asyl. Mit der republikanischen Regierung gingen Zehntausende von Soldaten, Flüchtlingen und Angehörigen Internationaler Brigaden nach Mexiko ins Exil.

Deutsche Schriftsteller, die in Spanien gekämpft hatten, kamen auf solche Weise in das mittelamerikanische Land. Seit September 1939 lebt Ludwig Renn in der mexikanischen Hauptstadt. Im März 1940 folgte Bodo Uhse nach. Uhse vor allem setzt sich dafür ein, daß auch andere deutsche Emigranten nach Mexiko kommen können. Nach der Niederlage Frankreichs sind Zehntausende in ihrer Existenz bedroht.

Für die Exilanten ist es oft nicht leicht, die politischen Vorgänge im Lande richtig zu beurteilen. Die Präsidentenwahl im Jahre 1940 wird zu einer Bewährungsprobe für die Demokratie in Mexiko. Der faschistische Präsidentschaftsbewerber Almazán droht mit gewaltsamem Umsturz. Es kommt zu Zusammenstößen, zu öffentlichen Denunziationen, zu Attentaten. Wochenlang werden keine Einreisevisen für Emigranten ausgestellt.

»Die Situation in Mexiko ist sehr gespannt«, schreibt Bodo Uhse im März 1940. »Almazán hat Einfluß und Geld. Auf der Linken gibt es Verwirrung und Spaltung. Die Partei selbst ist nicht geschlossen.«

Als Kisch Ende 1940 nach Mexiko kommt, hat sich die Lage weitgehend stabilisiert. Der neue Präsident Avila Camacho scheint willens, die Politik seines Vorgängers fortzusetzen. Angesichts der bedrohlichen Entwicklung in Europa ist im September die allgemeine Mobilmachung angeordnet worden. Wirtschaftlich prosperiert das Land. Die verhältnismäßig hohen Rohstoffpreise auf den internationalen Märkten fördern die industrielle Entwicklung.

Gisl Kisch versucht, so gut es geht, angenehme häusliche Bedingungen für die Arbeit zu schaffen. Egon Erwin Kisch braucht jetzt vor allem Ruhe, um das Erinnerungsbuch zu Ende zu bringen. Das hauptstädtische Leben mit seinen Reporterverführungen lenkt zu sehr ab.

Gemeinsam mit der Familie Uhse verbringen die Kischs mehrere Wochen in Chapala, einem kleinen und billigen Badeort etwa vierhundert Kilometer nordwestlich von México. Egon Erwin und Gisl

Kisch sind im Ort untergebracht, während Bodo Uhse mit Frau und Kind in einer verfallenen Villa wohnt, die einem englischen Konsul gehörte.

»Zum See hin«, schreibt Bodo Uhse, »öffnete sich ein langer hölzerner Balkon. Er wurde unser Arbeitsplatz. An einem Ende des Balkons stand mein Tisch, am anderen Ende arbeitete Kisch, der damals mit dem ›Marktplatz der Sensationen‹ beschäftigt war. Wir saßen uns schweigend gegenüber, jeder in seine Arbeit versunken. Nur Gisl Kisch war der Zugang zum Balkon gestattet. Sie hatte am Nachmittag und Abend die Manuskripte Egons vom Vortage getippt und brachte sie nun mit vielen kleinen Punkten am Rande – wir nannten sie Fliegenschisse – zu Kisch. Flüsternd begannen sie miteinander zu streiten. War ich mit meinem Pensum fertig, wurde ich in die Diskussion mit einbezogen. Wie wurde da um jedes Wort, um jede Silbe, um jedes Komma gekämpft. Viel habe ich aus diesen Gesprächen gewonnen – nur was die Kommata betrifft, habe ich nichts gelernt. Vor dem Essen ging es dann an den Strand. Wir schwammen und rekelten uns in der heißen Sonne Mexikos. Am Nachmittag gab es eine kurze Siesta, dann wurde wieder bis zum frühen Abend gearbeitet.«

Wann immer Kisch Zuhörer findet, probiert er seine Geschichten aus. Unzählige Male werden die Episoden umgewendet und neu geformt. Die meisten Kapitel des Buches sind bereits in Frankreich entstanden. Jetzt werden sie überarbeitet, ergänzt und um weitere Kapitel bereichert.

Die Erinnerungen Kischs leben von der Anekdote. Anekdoten haben den Weg des Journalisten von den Anfängen her begleitet. Etliche dieser Geschichten sind schon in den zwanziger Jahren geschrieben worden. Das abenteuerreiche Leben des Egon Erwin Kisch im Dienste der Literatur ist selbst Literatur geworden.

All die kleinen und großen Prominenten der Zeit, mit denen der Zeitungsschreiber in Berührung kam, sind zu Ausstellungsstücken auf dem Markt journalistischer Sensation herausgeputzt. Kisch, der als Dichter begann, um dann Reporter zu werden, kehrt zur Dichtung zurück.

Einen authentischen Lebensbericht darf man nicht erwarten. Viele Episoden sind in der Erinnerung verwischt oder werden bewußt stilisiert. »Debüt beim Mühlenfeuer« zum Beispiel ist nicht viel mehr als ein vergnügliches Demonstrationsobjekt, eine lehrreiche, aber erfundene Anekdote – die Schittkauer Mühlen brannten im Dezember 1912, als Kisch längst ein anerkannter Journalist war. Das Bestreben des Autors, jede historische Begebenheit mit dem »Reiz des Erlebten« auszustatten, verführt ihn nicht selten dazu, die eigene Person mit Affären und Sensationen jener Jahre in eine engere Beziehung zu setzen, als das tatsächlich der Fall gewesen ist.

Wie andere seiner Schriftstellerkollegen führt Kisch die Auseinandersetzung mit der faschistischen Ideologie im Spiegel der eigenen Vergangenheit, versteht er Autobiographie, nach einem Wort Thomas Manns, »als Kritik des erlebten Zeitalters«. Die interessantesten Episoden aus dem Leben des Prager Lokalreporters, zeitgeschichtlich und autobiographisch zugeordnet, erhalten von der Höhe eines kämpferischen Antifaschismus eine neue, oft überraschende Pointierung.

Der erfahrene Weltreporter sieht dem jungen Lokaljournalisten gleichsam über die Schulter und rekapituliert einige wichtige Abschnitte seiner geistigen und beruflichen Entwicklung. Die Retrospektive wird zur »Reportage über die Reportage«. Auf ironisch-satirische Weise resümiert Kisch die lebenslange, durch Krieg und Revolution drastisch geförderte Auseinandersetzung mit der bürgerlichen Presse und den Inhalten und Zielen journalistischer Arbeit.

»Marktplatz der Sensationen«, dieses amüsante Kompendium über den Prager Journalismus und die deutschsprachige Prager Literatur vor 1914, ist ein Buch des Abschieds von der Vorkriegszeit und von den »alten Herren« eines anachronistisch gewordenen Zeitungsbetriebs. Kisch schreibt ein Stück Lebensgeschichte und damit zugleich ein Stück Zeitgeschichte. Er zeigt, wie die große Politik vor dem ersten Weltkrieg sich in der Berufsarbeit eines kleinen Lokalreporters spiegelt, wie sie zuerst episodisch, später vehement in die Existenz des Journalisten eingreift.

Der Autor nutzt jede Gelegenheit, um aus dem Manuskript vorzutragen. Am 3. Februar 1941 liest er in einer Veranstaltung der Liga für deutsche Kultur, und im Oktober stellt er sein Buch deutsch-jüdischen Emigranten vor. Ein Abend des Heinrich-Heine-Klubs am 19. Februar 1942 ist ebenfalls dem »Marktplatz« gewidmet.

Unter dem Titel »Sensation Fair« erscheinen die Erinnerungen Ende 1941 im New-Yorker Verlag Modern Age Books. Das Buch wird in den Vereinigten Staaten freundlich aufgenommen, aber es macht keine Sensation. Kischs Art zu erzählen findet wenig Resonanz. Die Vorgänge in der Habsburger Monarchie vor dem ersten Weltkrieg, die Auseinandersetzungen zwischen Deutschen und Tschechen im alten Prag liegen weit außerhalb der Erfahrungswelt amerikanischer Leser.

Das Bemühen Kischs, auf anregende und vergnügliche Weise einiges über sein Leben und seine Zeit auszusagen, wird erst durch die deutsche Ausgabe honoriert. Hermann Kesten bezeichnet »Marktplatz der Sensationen« als das »beste Buch von Kisch und eines der amüsantesten Bücher, die bisher in der Emigration erschienen sind«.

Im Laufe des Jahres 1941 kommen, zum Teil auf abenteuerlichen Wegen, immer mehr Antifaschisten nach Mexiko, unter ihnen Anna Seghers, Bruno Frei, Alexander Abusch, Paul Merker. Die Arbeit der deutschen Kommunisten kann auf eine breitere Basis gestellt werden. Der Überfall Hitlerdeutschlands auf die Sowjetunion zwingt dazu, den antifaschistischen Kampf in Lateinamerika offensiver und wirksamer zu führen.

Noch unterhält Mexiko diplomatische Beziehungen zu Hitlerdeutschland. In der deutschsprachigen Propaganda beherrschen die Nazis nahezu uneingeschränkt das Feld.

Mexiko war für die deutsche Industrie schon immer ein begehrtes Einflußobjekt. Der Rohstoffreichtum des Landes und die politischen Differenzen mit dem mächtigen Nachbarn im Norden locken Agenten und Agitatoren an. Mit Hilfe der im Lande lebenden Deutschen versuchen die Faschisten ihre Ziele durchzusetzen. Mexiko wird zu einem Zentrum für die Tätigkeit der Fünften Kolonne in Lateinamerika.

In Mexiko leben etwa zehntausend Deutsche, davon fast die Hälfte in der Hauptstadt. Die meisten davon sind Plantagenbesitzer, Fabrikanten, Kaufleute, Ingenieure und leitende Angestellte deutscher Firmen. Vor allem der Eisenwarenhandel und das Braugewerbe befinden sich zu wesentlichen Teilen in deutschen Händen.

Die Mehrzahl der in Mexiko lebenden Deutschen ist mit nationalistischen und faschistischen Ideen infiziert. Als der nazideutsche Schriftsteller Colin Ross 1937 den »Balkan Amerikas«, wie er Mexiko und die mittelamerikanischen Staaten nennt, bereist, gilt seine Aufmerksamkeit vorrangig den deutschsprachigen Kolonien im

Lande. Seine Eindrücke und Erwägungen lassen erkennen, welche politische und strategische Bedeutung man den Vereinigten Staaten von Mexiko in Hitlerdeutschland beimißt. Deutsche Latifundistas mit der Arroganz von Herrenmenschen bekunden ihre Verachtung gegenüber den einheimischen Indios, die als »faul und kommunistisch verhetzt« bezeichnet werden, unfähig, das Land selbst zu regieren.

Im vertrauten Kreise gibt Hitler unverblümt zu, zu welchen Plänen ihn Mexiko inspiriert. Der ehemalige Gauleiter von Danzig, Hermann Rauschning, notiert in seinen »Gesprächen mit Hitler« die heimlichen Wünsche des deutschen Diktators: »Wenn wir das Land hätten, dann wären wir aus allen Schwierigkeiten ... Dieses Mexiko ist ein Land, das nach einem tüchtigen Wirt schreit ... Deutschland könnte groß und reich sein, mit den Bodenschätzen. Warum gehen wir nicht an solche Aufgaben! ... Mit ein paar hundert Millionen könnte man dieses ganze Mexiko haben. Warum soll ich nicht mit Mexiko ein Bündnis machen, eine Währungsfreundschaft, eine Zollgemeinschaft.«

Der Propagandaarbeit der Nazis in Mexiko gilt es entgegenzutreten. Denn es gibt auch andere Deutsche dort. Und es gibt viele jüdische Einwanderer, die durch die Nazipogrome und Nazigesetzgebung aus Deutschland vertrieben worden sind. Durch ihr persönliches Schicksal verbittert, stehen sie dem politischen Leben ablehnend gegenüber.

Zwar existiert in Mexiko seit 1937 auch eine deutschsprachige Antinaziorganisation, die Liga pro cultura alemana en México, die Liga für deutsche Kultur. Hier haben sich neben einigen Kommunisten vor allem linke Sozialdemokraten und parteilose Hitlergegner zusammengefunden. Die dominierende Persönlichkeit dieser Vereinigung jedoch, der Wirtschaftswissenschaftler, Publizist und Reiseschriftsteller Alfons Goldschmidt, ein profunder Kenner Mexikos, ist Anfang 1940 gestorben. Seitdem herrschen in der Liga trotzkistische und antisowjetische Einflüsse vor.

Und was tun wir? Diese Frage stellt Egon Erwin Kisch immer wieder sich selbst und seinen Mitstreitern.

Eine gelegentliche Mitarbeit an mexikanischen oder ausländischen Blättern allein reicht nicht aus. Nach dem Einfall der Armeen Hitlerdeutschlands in die Sowjetunion wird der Mangel eines antifa-

Egon Erwin und Gisela Kisch in Mexiko

schistischen deutschsprachigen Organs in der Öffentlichkeit immer spürbarer.

Obwohl die elementarsten Voraussetzungen fehlen, kann die Herausgabe einer eigenen Zeitung nicht mehr nur theoretisch behandelt werden. Selten sitzen so viele erfahrene Journalisten und Schriftsteller an einem Ort zusammen, erfüllt von einem leidenschaftlichen Willen, beseelt von einer gemeinsamen Idee.

»Wir waren unserer eine Handvoll von Emigranten«, schreibt Kisch, »und wollten eine deutsche Zeitschrift zum Kampf gegen Hitler gründen, ohne konfessionelle oder parteimäßige Bindung, ein Organ für alle antifaschistischen Emigranten und Auslandsdeutschen. Aber während wir das besprachen, wußten wir auch, daß wir eine Utopie besprachen. Hatte sich doch einst die Deutsche Kolonie in México, unterstützt von der Deutschen Gesandtschaft, eine Druckerei angeschafft und Setzmaschine und Setzer aus Deutschland kommen lassen müssen, um ihre Zeitung zu machen, die jetzt zu einem regelrechten Nazi-Moniteur geworden war. Wir hatten keine Druckerei und keine Setzmaschine, geschweige denn eine mit deutschen Lettern, wir hatten keinen Setzer, geschweige denn einen, der deutsch verstand. Und was wir vor allem nicht hatten, war Geld. Vorsichtige Fachleute aus dem Pressewesen waren sich darüber einig, daß man nicht beginnen könne, ohne das Kapital für Druck und Papier und Porto eines Jahrgangs beisammen zu haben, also 10 000 Pesos. Vorläufig hatten wir summa summarum keinen Centavo und keinen Pfennig.

Im Oktober 1941 veranstalteten wir Vorträge, die 500 Pesos an Eintrittsgeldern einbrachten. Nun war von einer zweiseitigen Zeitschrift kleinen Formats, wie wir sie projektiert hatten, keine Rede mehr. Mit einem Monsterkapital von 500 Pesos (d. i. 100 Dollar) denkt man nicht an ein so popliges Unternehmen. Wir machten Vorarbeiten für eine Zeitschrift von zweiunddreißig dreispaltigen Seiten großen Formats, ein Blatt also im Ausmaß der ›Nation‹ in New York oder des ›New Statesman‹ in London; bestes Papier, bester Druck und so viele anerkannte Mitarbeiter, wie sie keine deutsche Zeitschrift der Friedenszeit je besessen.

›Aber wenn uns das Geld ausgeht, bevor Nummer eins draußen ist?‹

›Nun, dann decken wir's aus den einlangenden Abonnementsbeiträgen; wenn jeder von uns seine Freunde und Bekannten bearbeitet, müßte es mit dem Teufel zugehen, bekämen wir nicht hundert Abonnenten. Wie? Na schön, also sagen wir fünfzig.‹

›Können wir denn die einlangenden Jahresabonnements für eine einzige Nummer verausgaben?‹

›Nun, so machen wir wieder einen Vortragsabend in englischer Sprache für die amerikanische Kolonie.‹

›Und dann?‹

›Dann wird Gott schon weiterhelfen oder unsere Leser.‹«

Im November 1941 erscheint die erste Nummer der Zeitschrift »Freies Deutschland«, anfangs von Bruno Frei, später von Alexander Abusch geleitet. Egon Erwin Kisch gehört zu den maßgeblichen Mitarbeitern. Fast in jeder Nummer ist ein größerer Beitrag von ihm zu finden. Daneben kümmert er sich um die kleinen Notizen und Miszellen. Der Leser will in knapper Form über viele aktuelle Ereignisse informiert werden. Das »Freie Deutschland« soll einen großen Kreis auch unpolitischer Menschen ansprechen.

»Das Wichtigste sind die Rubriken in der Zeitschrift«, sagt Kisch. Er meint die Spalten »FD hört« und »FD liest« im hinteren Teil des Blattes. Dafür liefert er Beiträge und Anregungen.

Bereits in der ersten Nummer weist sich Kisch mit dem Aufsatz »Karl May, Mexiko und die Nazis« als genauer Kenner der deutschsprachigen Mexikoliteratur aus. Was in den letzten Jahren über Mexiko geschrieben worden ist, spiegelt den Bewußtseinsstand der deutschen Kolonie. Kisch nimmt sich besonders der Mexikobücher von Colin Ross und Josef Maria Frank an. Die Verfasser dieser Werke hat er aus den Berliner Jahren noch in schlechter Erinnerung. Beide sind schnell ins Nazilager übergeschwenkt.

»Gemeinsame Sprache dieser Kolumnisten ist telegrafiertes Zakkig«, schreibt Kisch. Von der deutschen Literatur über Mexiko dürfen sie nichts wissen. Sie haben weder Alexander von Humboldt gelesen noch das große Romanepos »Die weißen Götter« von Eduard Stucken oder das Cortez-Drama »Der weiße Heiland« von Gerhart Hauptmann, geschweige denn Heinrich Heine oder »den geheimnisvollen Deutschen Traven«, »der seinem Gastlande den sozialen Roman schenkte«, oder die brillanten Analysen von Alfons Goldschmidt.

Alexander von Humboldt und sein Werk wird für Kisch zum

Schlüssel für Mexiko. Der Begründer der deutschen Mexikoforschung steht ihm bei seinen Recherchen und bei den Reisen durch das Land zur Seite.

Die Nazis benutzen den Namen des deutschen Naturforschers, um ihre dunklen Geschäfte zu betreiben. Zur deutschen Kolonie in Mexiko gehören Humboldthäuser und Humboldtvillen. Die Deutsch-Mexikanische Humboldtgesellschaft steht in enger Verbindung zur deutschen Botschaft und zum Deutschen Auslands-Institut in Stuttgart.

Dem Humboldt-Bild der Nazischreiber stellt Kisch das Bild des Humanisten und Menschenfreundes Alexander von Humboldt gegenüber. Dessen Eintreten für die Gleichberechtigung aller Völker und Rassen, seine freundschaftlichen Beziehungen zu jüdischen Wissenschaftlern und Künstlern stehen in schroffem Gegensatz zur nazistischen Rassentheorie. Alexander von Humboldt wird zu einer Schlüsselfigur geistiger Auseinandersetzung im Exilland Mexiko.

Noch vor der Gründung der Zeitschrift »Freies Deutschland« haben sich die Antifaschisten in Mexiko eine andere Form öffentlicher Wirksamkeit geschaffen. Im Oktober 1941 treffen sich Anna Seghers, Egon Erwin Kisch, Bodo Uhse, Rudolf Feistmann und der ehemalige Rowohlt-Lektor Paul Mayer im Hause des österreichischen Musikers und Dirigenten Ernst Römer, der 1938 nach Mexiko gekommen ist. Ein kulturelles Zentrum soll entstehen, das der freiheitlichen deutschen und österreichischen Kunst und Literatur in Mexiko eine Heimstatt bietet.

Die neue Organisation soll den Namen Heinrich Heines tragen – ein Vorschlag, der von Kisch stammen könnte. »Heine hat alle Stadien der Emigration mit uns geteilt«, schreibt Anna Seghers, »die Flucht und die Heimatlosigkeit und die Zensur und die Kämpfe und das Heimweh.« Heinrich Heine – das ist das Signum für heitere Kunst, kämpferische Entschlossenheit, Fortschrittsglaube.

Anfang November 1941 findet die Gründungsversammlung statt. Zwar kommt nur ein einziger Besucher, aber die Gründer lassen sich dadurch nicht entmutigen. Ein Vorstand wird gebildet, dem auch Egon Erwin Kisch angehört. Später wird er zum Vizepräsidenten gewählt.

Schon nach wenigen Wochen zählt der Heine-Klub über hundertfünfzig Mitglieder und gewinnt einen festen Besucherkreis von dreihundert Personen. Literaturabende und Theateraufführungen wechseln ab mit Vorträgen und musikalischen Darbietungen. An vielen dieser Veranstaltungen ist Kisch direkt oder indirekt beteiligt. Er gibt Einführungen, tritt auf als Conférencier, organisiert, referiert, rezensiert. Stets voller Ideen und guter Laune, kommunikationsfreudig, begeisterungsfähig, gehört er zu jenen, die der Klubarbeit ihren Stempel aufdrücken. Seine Ermittlungen, seine Entdeckungsfahrten über Land, seine Kontakte überallhin liefern manche Anregungen.

Das erste Stück, das der Klub Anfang 1943 zur Aufführung bringt, ist die »Himmelfahrt der Galgentoni«. Der Autor läßt es sich nicht nehmen, selbst in Erscheinung zu treten. Im Schlußbild tanzt Kisch als der blonde Willi mit der Hauptdarstellerin Steffie Spira den Šlapak, mit dem er einst in Prag Furore machte.

Das eigentliche Wirkungsfeld jedoch bleibt das geschriebene Wort. Die Möglichkeiten, Bücher herauszubringen, sind auf ein Minimum beschränkt. Bücher erscheinen, wenn überhaupt, lediglich in Übersetzungen. Die Autoren können sich nur selber helfen.

Anläßlich des neunten Jahrestages der faschistischen Bücherverbrennung am 9. Mai 1942 findet im Palacio de Bellas Artes, im Palast der Schönen Künste von Mexiko-Stadt, eine Kundgebung statt. Mexikanische und deutsche Schriftsteller bekennen sich gemeinsam zur »freien deutschen Literatur«.

Während der Veranstaltung wird die Gründung des Verlages El Libro Libre (Das Freie Buch) bekanntgegeben, der die Bücher der emigrierten deutschen Schriftsteller herausbringen soll. »Der Siegesmarsch der von Quisling und Laval und Seyß-Inquart geführten Nazitruppen unterwarf Europa mitsamt den neu erstandenen Verlagsorten«, schreibt Kisch. »Amerika ist frei, Boden für einen neuen Versuch. Wir freuen uns, daß die nach Mexiko geretteten Schriftsteller, eine Schar der kämpferischen und besten aus der deutschen Literatur, diesen Versuch wagen. Am 10. Mai, dem Jahrestag der brennenden Schmach, treten sie mit dem brennenden Wunsch hervor, diese Schmach zu tilgen, soweit es in ihren Kräften steht.«

Ein kühnes Unterfangen. Wie bei der Gründung des »Freien Deutschland« fehlt jegliches Startkapital. Lediglich Manuskripte sind vorhanden. Auch Mitarbeiter gibt es genug.

Die Leitung des Unternehmens liegt in den Händen eines literarischen Beirats, dem Ludwig Renn, André Simone, Anna Seghers, Bodo Uhse und Egon Erwin Kisch angehören. Der Beirat entscheidet über das Programm und alle grundsätzlichen Fragen des Verlages. Als Lektor arbeitet Paul Mayer.

Um ein bescheidenes Grundkapital zusammenzubekommen, werden Vorträge und Lesungen in deutscher, englischer und spanischer Sprache veranstaltet. So findet am 11. Juni 1942 im Hotel Reforma, wo vorwiegend Touristen aus den USA absteigen, ein Literaturabend in englischer Sprache statt. Neben Anna Seghers und Ludwig Renn ist auch Egon Erwin Kisch beteiligt. Er liest aus dem »Marktplatz der Sensationen«. Der Abend wird zu einem vollen Erfolg.

Bereits Ende Mai 1942 geht das Manuskript von Kischs »Marktplatz« in die Druckerei. Zu diesem Zeitpunkt befindet sich noch kein einziger Peso in der Verlagskasse. Paul Merker, der eben nach Mexiko kommt, hat den Eindruck, als ob keiner der Beteiligten sich darüber im klaren sei, was die Gründung eines Verlages, will er sich behaupten, alles erfordert.

Schon tauchen Probleme auf. Die Druckerei, die Kischs Manuskript erhalten hat, verlangt einen Vorschuß. Alle Mittel müssen aufgeboten werden, um die Summe zusammenzubringen. Es gilt, unter den deutschen und österreichischen Emigranten und unter den Mexikodeutschen möglichst viele Subskribenten für das Buch zu gewinnen.

Egon Erwin Kisch wird zur Lokomotive des jungen Verlagsunternehmens. Er kann sich auch in Mexiko auf eine Lesergemeinde stützen. Es finden sich genügend Interessenten, die bereit sind, das Buch durch ihre Subskription zu finanzieren. Die von der Druckerei geforderte Anzahlung kann rechtzeitig überwiesen werden.

Das Wagnis gelingt.

»Marktplatz der Sensationen« wird termingemäß fertiggestellt und am 12. Juli 1942 ausgeliefert. Nach der Abrechnung ergibt sich ein beachtlicher Gewinn. Ein Teil davon dient als Anzahlung für Satz und Druck des zweiten Titels. So kann der Verlag mit Hilfe des Subskriptionsverfahrens und durch den Erlös aus den verkauften Büchern sich fortwährend weiter finanzieren.

El Libro Libre erweist sich als eine Verlagsgemeinschaft, ein kollektives Unternehmen im besten Sinne.

Wenige Tage nach dem Erscheinen der ersten Edition findet das neue Unternehmen in der mexikanischen Öffentlichkeit eine unerwartete Anerkennung. Am 24. Juli 1942 gewährt der mexikanische Staatspräsident Ludwig Renn, Anna Seghers, Egon Erwin Kisch und Bodo Uhse eine Audienz. Die Besucher überreichen Manuel Avila Camacho ein Exemplar von Kischs »Marktplatz der Sensationen« mit einer Widmung, in der die Dankbarkeit der deutschen Schriftsteller zum Ausdruck gebracht wird.

Während des Gesprächs wird der Präsident auch über die Absicht der Verlagsgemeinschaft informiert, ein Sammelwerk in spanischer Sprache herauszugeben, in dem die emigrierten Autoren ihren Protest und ihren Abscheu über die Greuel zum Ausdruck bringen, die der deutsche Faschismus an den Völkern Europas verübt. Vorerst jedoch sei dieses Vorhaben wegen fehlender finanzieller und drucktechnischer Voraussetzungen nicht zu verwirklichen.

Das lebhafte Interesse Avila Camachos ermuntert die Schriftsteller, ihn um die Schirmherrschaft für dieses Vorhaben zu bitten.

Aus dem hier entwickelten Plan geht ein Jahr später die mit Unterstützung des mexikanischen Staates herausgegebene Anthologie über Terror und Widerstand hervor: El Libro Negro. Dieses Schwarzbuch, das größte dokumentarische und literarische Werk in spanischer Sprache über Leiden und Heldentum der Völker Europas in den Jahren der Naziherrschaft, erscheint 1943 in zwei Auflagen von jeweils zehntausend Exemplaren und findet überall in Lateinamerika großen Zuspruch.

Auch Kisch gehört zu den Autoren des Sammelbandes. In dem Aufsatz »Desprecio y Barbarie en checoslovaquia« (Verachtung und Barbarei in der Tschechoslowakei) schildert er den Terror der Hitlerfaschisten.

Die politische Arbeit ist in jenen Jahren vor allem darauf gerichtet, den Kampf des Sowjetvolkes gegen die faschistischen Eindringlinge zu unterstützen. Egon Erwin Kisch knüpft Beziehungen zu den deutschen Schriftstellern in der Sowjetunion. In einem Brief an Johannes R. Becher bittet er um Beiträge. Das »Freie Deutschland« veröffentlicht fortan regelmäßig auch Arbeiten von Becher, Bredel, Plivier, Scharrer und Weinert.

Aus der besonderen Situation der Jahre 1941/42, als sich das Schicksal der Völker Europas untrennbar mit dem Verteidigungswillen der Roten Armee verbindet, ist das harte Urteil über Gustav Regler verständlich, mit dem Kisch in gemeinsamer Front gekämpft hat und dem er freundschaftlich verbunden war. Der Verrat Reglers trifft ihn tief. Frontwechsel und Verrat in kritischer Situation disqualifizieren das Talent und das Werk eines Schriftstellers.

Gustav Regler arbeitete im Pariser Exil am »Braunbuch« mit, nahm 1934 am Schriftstellerkongreß in Moskau teil und kämpfte 1936 in den Internationalen Brigaden. Nach einer schweren Verwundung lebte er wieder in Frankreich und kam nach der Internierung im Herbst 1939 Ende 1940 über die USA nach Mexiko. »Es war uns zwar rätselhaft«, erinnert sich Ludwig Renn, »wie Regler so schnell und vor allem allein nach Mexiko kam, aber zusammen mit Kisch und Uhse suchte ich ihn auf. Wir tranken gemeinsam Kaffee, und es schien alles in bester Ordnung zu sein, bis von unseren Genossen in Frankreich ein Brief kam.«

Regler hat sich durch »Abschwörung seiner Gesinnung und durch Hilfsdienste im Informationsbüro seine Entlassung« aus dem Internierungslager »erkauft«. Das Lager brachte ihn dahin, sich »auch innerlich frei zu machen von allen und die Flucht vorzubereiten«. Er wurde zum Antikommunisten und Feind der Sowjetunion.

Der Fall Regler erscheint exemplarisch für die Haltung mancher linker Intellektueller in dieser Zeit. Der demagogische Gebrauch der Begriffe Freiheit und Fortschritt hat nicht wenige Schriftsteller in das Lager der Sowjetgegner gebracht.

Selten wird der antikommunistische Kampf in der Literatur mit offenem Visier geführt. Fast immer sind die Gründe für die Ablehnung oder das Totschweigen eines Autors »ausschließlich ästhetischer Natur«. Auch die Zuerkennung der Literaturpreise, der Zugang zu den Akademien reguliert sich nach solchen Kriterien.

Kisch sieht eine neue Welle der Verleumdung gegenüber dem ersten sozialistischen Land voraus. »Eine neue Hetze ist im Gange, eine Antisowjethetze, die von wirtschaftlichen Interessen veranlaßt ist und verbreitet wird mit den ›geistigen Mitteln‹ der anscheinend wohlmeinenden Kritik, der phantasievollen Erfindung, der dichterischen Übertreibung und schließlich dem ekstatischen Haßgesang.«

Um so zwingender ergibt sich die Notwendigkeit, die antifaschistische Einheit zu stärken. Mexiko ist zu einem Sammelpunkt der deutschen Exilliteratur geworden. Mit dem »Freien Deutschland« haben sich die deutschen Antifaschisten ein Kommunikationsorgan geschaffen auch für die Emigrationszentren in Südamerika und in den Vereinigten Staaten.

Egon Erwin Kisch benutzt die freundschaftlichen Kontakte zu Schriftstellerkollegen in anderen Ländern, um an die solidarische Verantwortung zu appellieren. Nicht immer hat er Erfolg, aber er betreibt seine Aufgabe mit Nachdruck und gutem Humor. An Hermann Kesten schreibt er: »Lieber Kesten, was werden Sie antworten am Tage des Jüngsten Gerichts auf die Frage des antifaschistischen Gottes nach Ihren Taten in der Emigration? Sie werden vieles antworten und gutes antworten … Aber dann wird der Herr die Frage an Sie stellen: ›Hermann, hast du deinen Freunden und Kollegen in Mexiko geholfen durch Mitarbeit in ihrer Zeitschrift‹ … Armer Kesten!«

Neben den politischen Tagesaufgaben beschäftigen den Schriftsteller die Bewohner dieses Landes, ihre Lebensverhältnisse, ihre Vergangenheit. Sonderbare Begegnungen und Erlebnisse fordern die Reporterneugier heraus. Ein Gespräch mit einem Taxifahrer, der Besuch einer Kräuterbude, Fahrten über Land werden zu Erkundungsreisen.

Beim Gang durch die Straßen bemerkt Kisch auf dem Rocksaum eines Taxichauffeurs einen Davidstern. In der Stadt, so stellt sich heraus, gibt es indianische Staatsbürger jüdischen Glaubens. Sie besitzen sogar eine Synagoge.

Eine solche Entdeckung kann der Reporter nicht auf sich beruhen lassen. Mit einem Freund, einem Religionshistoriker und Spezialisten für Vergleichende Ritenforschung, fährt er in die Elendsbezirke der Stadt, um das Bethaus aufzusuchen.

Weit draußen in Vallejo, wo die Ärmsten der Armen wohnen, finden sie die Synagoge. Sie sieht aus wie eine Scheune. Aber die Wände sind weiß getüncht, und von der Stirnwand leuchtet es in hebräischen Lettern: »Höre, Israel, Jehova ist unser Gott, Jehova ist es allein.«

Die Gemeinde besteht aus achtzig Indios, und sie ist keineswegs die einzige in Mexiko. Überall im Lande gibt es Indio-Judengemeinden. In vielen hundert Ortschaften leben kleinere Gruppen, oft nur eine einzige Familie. Insgesamt zählt man in Mexiko mehr als dreißigtausend Indios, die sich als Juden bezeichnen und zum größten Teil in der »Congregación de Elohim« organisiert sind.

Von bestimmten Begegnungen und Problemen her macht sich

Das Haus in der Avenida Tamaulipas, wo die Kischs von 1942 bis 1946 wohnten

Kisch das Gastland zu eigen. Die kleine Wohnung in der Avenida Tamaulipas, wo die Kischs von 1942 an zu Hause sind, verwandelt sich in ein Studio. Auf den Tischen und Schränken türmen sich Bücher und Zeitschriften, Manuskripte, Notizhefte, Fotos und Landkarten. Kisch durchforscht die mexikanische Nationalbibliothek nach geeigneten Quellen. Die Bibliothekare lassen ihn gewähren. Selbst bibliophile Kostbarkeiten kann er mit nach Hause nehmen.

Einmal schleppt er sich mit einem in Schweinsleder gebundenen Riesenfolianten. Auf dem Arbeitstisch bleibt kaum eine Ecke zum Schreiben frei. Der weitläufige Titel des Buches lautet: »Museum Museorum oder Schaubühne aller Materialien und Specereyen ...« Jahrelang hat Kisch in Europa nach diesem Werk von Michael B. Valentini aus dem Jahre 1714 gesucht – jetzt findet er es hier in Mexiko.

Sogar die Einrichtung der Wohnung ist abgestimmt auf die Studien des Hausherrn. Mit Stolz führt Kisch seine prächtige Kakteensammlung vor. Zu Hunderten stehen die Sukkulenten in kleinen Töpfen auf dem Fensterbrett. Gisl hat nicht wenig Mühe mit den stachligen Gewächsen.

Lange Zeit schwankt Kisch, ob er sein Buch über Mexiko mit einem Beitrag über den Kaktus oder über den Mais eröffnen soll. Der Kaktus steht zwar nicht am Anfang, aber er genießt den Vorzug einer betont wissenschaftlichen Behandlung. In der »Kulturgeschichte des Kaktus«, einem der wichtigsten Kapitel des Bandes, gibt der Autor einen Abriß der Geschichte des Landes und bezieht sowohl Literatur und bildende Kunst als auch Manufakturwesen, Ethnographie, Pharmakologie, Heraldik, Gastronomie und Hydrologie in seine Darstellung ein.

Von den wichtigsten Bodenschätzen, den landschaftbestimmenden Pflanzen her baut Kisch sein »Lehrbuch« über Mexiko auf. Mais, Baumwolle, Silber, Erdöl, Agaven, Mica und Chicle liefern die Stichworte für historische, wirtschaftliche und soziologische Exkursionen.

Selten ist die literarische Erkundung eines Landes so systematisch betrieben worden wie hier. Zielstrebig folgt Kisch seinem Ideal, ein Gesamtbild zu geben, eine Vorstellung von der Welt als eines einheitlichen Ganzen zu vermitteln, in dem alle Teile von Bedeutung sind.

Bei seinen Ausflügen in die Provinz ist Kisch zumeist auf die Hilfe von Freunden angewiesen. Hier bewährt sich unter anderen Kurt Bartholomäus Wolter, ein Kaufmann, der sich in seiner politischen Haltung der antifaschistischen Emigration verbunden weiß. Mit seinem Wagen fährt er oft über Land. Viele der Eindrücke und Erfahrungen, die der Schriftsteller in seinen Berichten verarbeitet, gehen auf solche Reisen zurück.

Auch Theodor Balk, den Kisch als seinen »jungen Mann« in Mexiko gern neben sich hat, begleitet den Reporter mitunter bei seinen Entdeckungsfahrten, etwa zum neugeborenen Vulkan in der Nähe des Dorfes Paricutín, in die Hahnenkampfarena von Mexiko-Stadt oder nach Oaxaca mit seinem Markt und den Monte-Alban-Ruinen.

Später kann er das Erlebte mit dem von Kisch Geschilderten vergleichen.

Ein so unscheinbares Objekt wie die Kräuterbude auf dem Markt von Oaxaca gerät ins Enzyklopädische. »Welches Dekamerone von Miniaturgeschichten zaubert Kisch aus dem Sammelsurium von feilgebotenen Gräsern, Wurzeln, Muscheln, Steinen, Spinnen, Samen und Salamandern!« Mit seinen umfassenden historischen Kenntnissen vermag Kisch jeden Ort, wohin sie kommen, noch lebendiger zu machen.

Mexiko gehört zu den wenigen Ländern in Amerika, wo sich eine urwüchsige indianische Volkskultur erhalten hat. Ihre Zeugnisse und Überlieferungen gilt es aufzuzeichnen. Die Früchte seiner Nachforschungen sind für Kisch, nicht anders als analoge Bemühungen des Heine-Klubs, »mehr als pure Freude an der Kultur, sie sind didaktisch; denn sie lehren dich das Land genießen, in dem du bist«.

Alle Mittel journalistischer, literarischer Präsentation stehen dem Schriftsteller zur Verfügung. Er setzt den Erlebnisbericht ebenso ein wie die historische Miniatur, das Interview wie das Märchen, die Sportreportage wie die wissenschaftliche Polemik. Manche Beiträge sind nach Art eines kulturgeschichtlichen Exkurses aufgebaut, andere geben sich als Wirtschaftsfeuilleton oder als Wundergeschichte, wieder andere gleichen einer Kriminalerzählung oder einem Filmszenarium.

Der Blick in die Vergangenheit hilft, die politischen Vorgänge in der Gegenwart zu begreifen. Die geschichtliche Überlieferung aus der vorspanischen Zeit spielt eine wichtige Rolle bei der Suche nach der nationalen Identität. Sie bestärkt die Menschen im Kampf gegen wirtschaftliche und politische Einflüsse von außen.

Die bürgerlich-demokratische Revolution von 1910 bis 1917 und die Enteignung der ausländischen Erdölgesellschaften 1938 waren entscheidende Schritte auf dem Wege zur nationalen Unabhängigkeit. Folgerichtig stellt Kisch die Reportage über das Erdöl, »Die Petroleumleitung«, an das Ende seines »Lehrbuchs über Mexiko«. Mit der Nationalisierung der Ölgesellschaften beginnt ein neues Kapitel in der Geschichte des Landes.

Ein antifaschistischer Schriftsteller deutscher Sprache und tschechoslowakischer Nationalität lebt in Mexiko. Er hat fünf Kontinente bereist und verfügt über einen immensen Erfahrungsschatz. Ihm stehen die Glashütten in den böhmischen Bergen und die Baumwollfelder Tadshikistans, die Schaufenster New Yorks und die Gerichtsstuben Algeriens vor Augen, wenn er durch das Land fährt. Er nimmt den Juristenbezirk von London ebenso in seine Darstellung hinein wie die Ölraffinerien am Kaspischen Meer, das Spielcasino von Monte Carlo oder die Schafherden Australiens.

Stets aber bleibt dem Leser im Bewußtsein, daß ein grausamer, barbarischer Krieg geführt wird, während diese Berichte entstehen. Die Bombardierung englischer Städte, der Verteidigungskampf der Sowjetunion, die Nürnberger Gesetze und die Konzentrationslager in Hitlerdeutschland berühren auch die politische und soziale Wirklichkeit Mexikos. Was der Autor ausforscht und beschreibt, richtet sich gegen Gewalt und Unterdrückung, gegen Rassenvorurteil und politische Diskriminierung. Die Ermittlungen in Mexiko liefern eine Fülle von Material zur aktuellen Auseinandersetzung mit der faschistischen Ideologie.

Als die »Entdeckungen in Mexiko« Anfang 1945 im Verlag El Libro Libre erscheinen, sind zwölf der vierundzwanzig Reportagen im »Freien Deutschland« bereits abgedruckt worden. Es handelt sich vor allem um jene kürzeren Texte, die aus aktuellem Anlaß oder mehr oder weniger zufällig entstanden sind. Die umfangreicheren Arbeiten mit historischen und kulturgeschichtlichen Sujets kommen erst in der Buchausgabe hinzu.

Der Berichterstatter befindet sich in einer ungewöhnlichen Situation. Er erzählt von einem Land, das ihm, dem Emigranten, Gastrecht gewährt. Was er schildert, kann an Ort und Stelle nachgeprüft werden. Jeder Leser ist ein Kenner der Materie. Wird der Verfasser etwas Neues, Überraschendes zu sagen haben?

Kurt Bartholomäus Wolter spricht im Namen vieler Mexikodeutscher, als er sich am 15. Februar 1945 in der »Demokratischen Post« über das Buch äußert. Bei gemeinsamen Fahrten hat er die Arbeitsweise Kischs beobachten können. Und er kennt die in den letzten Jahren von Deutschen geschriebenen Bücher über Mexiko. Sie waren »regelmäßig eine Enttäuschung«. Mexiko habe immer das Pech gehabt, Autoren zu bekommen, die ein schlechtes Deutsch schreiben.

»Weshalb ist nun ›Entdeckungen in Mexiko‹ grundverschieden von dem, was wir bisher von Autoren unserer Sprache über Mexiko gelesen haben? Ganz einfach deswegen, weil Kisch das gleiche Rezept wie in allen seinen Reisebüchern anwendet: Warum die eigene Phantasie spielen lassen, wenn die reine Wirklichkeit schon phantastisch genug ist.«

Der jahrelange Aufenthalt in Mexiko habe dem Autor Gelegenheit gegeben, Details, die sein Steckenpferd seien, bis zum letzten auszuschöpfen. Gerade für den Mexikodeutschen und den im Lande lebenden Ausländer werde das Buch die überraschendsten »Enthüllungen« bringen.

Die Besprechung des Buches für das »Freie Deutschland« liefert kein geringerer als Heinrich Mann. Der Beitrag erscheint als Gruß zum sechzigsten Geburtstag Egon Erwin Kischs in der Aprilnummer 1945. Heinrich Mann rühmt die Erlebnisfähigkeit des Autors. »Ein Schriftsteller, aus Prag gebürtig, mag dieser Erde überaus kundig und auf alles gefaßt sein: ein Land wie Mexiko war ihm bisher nicht vorgekommen, es erregt seine Natur von allen Seiten.«

Wer hat Mexiko vor Kisch gesehen? fragt Heinrich Mann. »Niemand ganz, das steht zu vermuten. Niemand ihm zugewiesen mit allen den dringlichen Angelegenheiten eines soeben noch unbekannten Landes. Man nannte es sonst ›forschen‹. Alexander von Humboldt, den Kisch genau kennt – aber wen kennt er nicht alles –, war von früheren Mexiko-Forschern der umsichtigste. Humboldt, ein wohlbestallter Reisender mit vorher befristetem Aufenthalt und gesicherter Rückkehr, ist rundweg Forscher. Er ist nicht Interviewer, Mephisto und Virtuose.

Kisch hat dies und einiges mehr. Er hat Visionen. Was hat er auf dem Gipfel eines soeben geborenen Feuerberges erblickt, mit realistischen Augen dennoch erblickt! Er hat einen prophetischen Sinn für das Gegenwärtige, das macht ihn zum Revolutionär und Dichter. Er hat ein artistisches Gefühl für die Wirkungen der Sprache, die er schreibt, für das Innere der Menschen, mit denen er spricht. Er will Reporter sein, wenn auch ein rasender; wird aber, ehe er sich versieht, Artist. Er erklettert, der sechzigjährige Akrobat, einen Raffinerieturm. Was ist er in dem Augenblick? Dichter.«

Als Kisch die Besprechung Heinrich Manns zu Gesicht bekommt, will er unverzüglich antworten. Doch der Brief fällt ihm schwerer als gewöhnlich. Ein bloßer Dank scheint ihm nicht ausreichend. Noch keiner hat mit solcher Einfühlungskraft über ihn geurteilt.

»Noch niemand hat bisher ausgesagt, daß das Wissen, das ich auf

Egon Erwin Kisch in Yucatán, Anfang 1945

jeder Reise anhäufe, zwischen zwei Büchern wieder abhanden gehen muß ..., denn in der Tat ist meine Arbeit wie ein Doping, dessen Wirkung auf mich erlischt, wenn ich es (durch Schreiben) kuriert hab. Ihre Formulierung des ›prophetischen Sinns für die Gegenwart‹ ist das höchste Lob, das ich je bekam ...«

Der sechzigste Geburtstag Egon Erwin Kischs ist, wie schon zehn Jahre vorher, mehr als nur ein Schriftstellerjubiläum. Der Krieg geht dem Ende zu. In Berlin haben sich die sowjetischen Truppen bis auf wenige hundert Meter an die Reichskanzlei herangekämpft. Hitler und Goebbels bereiten ihren Selbstmord vor. Die Welt beginnt aufzuatmen.

Die Geburtstagsgratulation wird zu einer Feier der antifaschistischen Emigration in Mexiko. Sehr wohl ist dem Jubilar nicht dabei. »Was mich anbelangt, so hasse ich Geburtstage und ähnliche Sentimentalitäten, insbesondere datumsmäßig festgelegte ...«, schreibt er in den »Entdeckungen in Mexiko«.

Ein internationales Schriftstellerkomitee ist gebildet worden, das eine Festschrift mit über fünfzig Beiträgen in zehn Sprachen herausgibt: »Egon Erwin Kisch – Seine Reise um die Welt in 60 Jahren«. Das offizielle Bankett findet am 26. April 1945 im Restaurant des Palacio de Bellas Artes statt. Freunde und Kollegen gratulieren und die Mitglieder des internationalen Festkomitees und die Vertreter der antifaschistischen Exilorganisationen und der Generalsekretär der Kommunistischen Partei Mexikos und das Präsidium des Heine-Klubs und viele mexikanische Schriftsteller und Künstler. In einer bewegten, humorvollen Ansprache dankt Kisch für die Glückwünsche.

Auch die tschechoslowakische Kolonie in Mexiko-Stadt veranstaltet ihre Feier. Reden werden gehalten, es wird gesungen und musiziert. Lenka Reinerová liest Prager Erinnerungen von Kisch, ins Tschechische übertragen.

Den 29. April jedoch behält der Jubilar sich selbst vor. Er erwartet großen Besuch. Die Kinder der Emigranten stürmen die Wohnung. Geschenke ohnegleichen stapeln sich auf dem Tisch. Da liegen farbige Murmeln, ein Hampelmann, ein Bilderbuch zum Ausmalen. Der kleine Julio hat einen Regen gezeichnet und Marielu ein windschiefes Haus; Burli hat ein spanisches Gedicht verfaßt und Rolf eine kleine Geschichte aufgeschrieben.

Durch die lärmende Kinderschar drängen sich Gratulanten und Postboten mit Paketen und Telegrammen aus aller Welt.

Es ist so recht ein Geburtstag nach Kischs Geschmack. Die Kinder nehmen alle Förmlichkeit. Zuletzt erhält der Jubilar ein Erinnerungsalbum mit den Fotos der Kinder, seiner Spielgefährten.

Höhepunkt der Kisch-Feiern jedoch – der Geburtstag dauert »ungefähr ein halbes Jahr«, spottet Kisch später – bildet die »einzigartige und einmalige« Aufführung des Stückes »Der Fall des Generalstabschefs Redl«. Am 10. Mai 1945 wohnen die Freunde und Besucher des Heine-Klubs im überfüllten Schiefersaal einem ungewöhnlichen Ereignis in der deutschen Literatur- und Bühnengeschichte bei.

Egon Erwin Kisch mit Emigranten-Kindern während seines 60. Geburtstages im April 1945

Mit dem Redl-Drama, dargeboten ausschließlich von Schriftstellerkollegen, wird Kisch für das Verdienst seines sechzigjährigen Lebens und Wirkens belohnt und zugleich für den »Unfug des Alterns« bestraft. Eine glanzvolle Besetzung ist aufgeboten: Bruno Frei präsentiert sich als sentimentaler Oberst Redl, Bodo Uhse, in prall sitzender Husarenuniform, agiert als Redl-Freund Stefan Hromádka, Lenka Reinerová spielt dessen Braut, Ludwig Renn den Conrad von Hötzendorf, Anna Seghers als Baronin Daubek erweckt den Eindruck, als sei sie mit Diadem, Lorgnon und Brillantenschmuck auf die Welt gekommen, Alexander Abusch verkörpert den Generalmajor Höfer, und Theodor Balk und Kurt Stern treten als Detektive in Erscheinung. »Soviel Schriftsteller, soviel Extempores – soviel Extempores, soviel Lacher, und alles zusammen ein Gaudium«, schreibt das »Freie Deutschland«.

Es ist ein kolossaler Spaß. Das gute alte Redl-Stück als Farce und Klamotte.

Die Schriftstellerkomödianten überbieten sich in Faxen und komischen Einfällen. Die Zuschauer kommen aus dem Lachen nicht heraus.

Der Jubilar macht gute Miene zum heiteren Spiel. Er ist ein wenig konsterniert. So hat er sein Drama noch niemals aufgeführt gesehen. Den Stückeschreiber Egon Erwin Kisch scheint man hier nicht ganz ernst zu nehmen. Die Freunde haben eine empfindliche Stelle berührt.

Ein bewegtes Journalisten- und Schriftstellerleben hat seinen Scheitelpunkt erreicht. Viel Zeit bleibt ihm nicht mehr. Mexiko, die Höhenlage der Stadt, das tropische Klima machen ihm zu schaffen. Beim Spazierengehen nimmt er oft den Arm seines Begleiters und stützt sich auf. Das beim Sprung vom Schiff lädierte Bein schmerzt.

Seine Gesundheit ist angegriffen. Die Freunde machen sich Sorgen. Seit Jahren raten ihm die Ärzte, sein Herz zu schonen, den übermäßigen Kaffee- und Zigarettenkonsum einzuschränken. Aber er mag seine Lebensgewohnheiten nicht ändern. Kisch ohne Zigarette – das ist kein echter Kisch.

Noch zeigt er sich voller Elan. Er will nicht zugeben, daß sein körperliches Leistungsvermögen beeinträchtigt ist. Er hat große Pläne. Er möchte den »Marktplatz der Sensationen« fortführen, er schreibt am zweiten Band der »Entdeckungen in Mexiko«, er will die Ghettogeschichten erweitern. Europa wartet auf ihn mit neuen Aufgaben.

Aber wird dieser alte, von Krieg und faschistischen Greueln verwüstete Kontinent noch etwas von ihm wissen wollen? Ist es noch ein Zuhause, was ihn dort erwartet. Schwermut und Todesgedanken stellen sich ein. Schon Heinrich Mann konstatiert in den »Entdeckungen« eine »merkwürdige Hinneigung zum Tode«.

Im vertrauten Kreis redet Kisch mitunter über Tod und Sterben. Schon überlegt er, wer den Nachruf schreiben soll. Das alte Prag rückt ihm näher denn je. Hier, weitab von Europa, fühlt er sich mehr denn je als Bürger der Tschechoslowakei. Wenn sich eine Gelegenheit ergibt, spricht er tschechisch. Vor allem mit Lenka Reinerová, der gebürtigen Pragerin. Sie verkörpert für ihn ein Stück Heimat.

Er fühlt, daß ihm nicht mehr lange zu leben vergönnt sein wird. Und er spottet darüber in der ihm eigenen Art. »Weißt du«, sagt er zu Lenka Reinerová, »ich werde mir sehr fehlen, wenn ich nicht mehr dasein werde.«

Seine Gedanken weilen oft jenseits des Atlantiks bei den Freunden und Verwandten in Prag. Grauenhafte Nachrichten dringen aus den vom Hitlerterror befreiten Gebieten. Niemals habe sie größeren Schmerz in seinem Gesicht gesehen als in Mexiko, schreibt Simone Téry. Tief graben sich die Falten in das Gesicht.

In einem Dorf in der Nähe von Pachuca nimmt Kisch an einem Gottesdienst von Indios jüdischen Glaubens teil. Am Ende stellt sich die Gemeinde vor dem Altartisch auf zum Totengebet.

»Auch ich trat vor, schloß die Füße aneinander und sprach nach, was der Rabbi uns vorsprach, nur die Namen seiner Toten fügt jeder Betende selber ein.

Mein Vater und meine Mutter waren in Prag geboren, lebten dort, starben dort und sind dort begraben. Niemals konnte ihnen in den Sinn kommen, daß einer ihrer Söhne den Totenspruch für sie in einer Gruppe von Indios sprechen werde, im Schatten der silbertragenden Berge von Pachuca. Meine Eltern, die ihr Leben im Bärenhaus der Prager Altstadt verbrachten, ahnten nicht, daß ihre Söhne einmal aus dem Bärenhaus verjagt sein würden, nach Mexiko der eine, nach Indien der andere und die beiden, die dem Hitlerterror nicht entfliehen konnten, in unbekannte Stätten unvorstellbaren Grauens. Meine Gedanken schweifen weiter, Verwandte, Freunde,

Bekannte und Fremde, Opfer Hitlers, alle haben Anspruch darauf, daß ihrer im Totengebet gedacht werde.

Ein Zug von Millionen. Frauen und Männer, die sich zeit ihres Lebens darum gesorgt, ihre Familien zu ernähren und ihre Kinder zu nützlichen Mitgliedern der menschlichen Gesellschaft zu machen ... Unübersehbar, unaufhörlich ist ihre Reihe. An kalten Fratzen vorbei, wanken sie dem Ziele zu. Dort steht es, ein rauchender Bau. Alle wissen, was dieser Bau bedeutet, woraus der Rauch besteht, der aus dem Schlot aufsteigt ... Unübersehbar ist die Kolonne, sie zieht dahin, als hätte es nie eine Menschheit gegeben, als hätte es nie einen Sinn der Menschheit gegeben, niemals das Streben, mehr Brot, mehr Recht, mehr Wahrheit, mehr Gesundheit, mehr Weisheit, mehr Schönheit, mehr Liebe und mehr Glück in die Welt zu bringen.«

An dem Tag, an dem die Nachricht vom Sieg über Hitlerdeutschland bekannt wird und die Menschen auf den Straßen von Mexiko-Stadt jubeln und tanzen, geht Kisch bedrückt umher. Er denkt an all jene, die diesen Tag nicht mehr miterleben können.

»Er trug einen dunklen Anzug«, erzählt Lenka Reinerová, »hatte seine ewige Zigarette in der Hand, es war heiß, seine Schuhe bedeckte eine Staubschicht. Er blickte mir, ohne zu lächeln, entgegen, selbst in seinen Augen funkelte es nicht, seine ganze Person drückte unendliche Müdigkeit und Trauer aus.

›Egonek‹, sagte ich erschrocken, ›der Krieg ist doch zu Ende.‹

›Eben.‹ Er seufzte, hängte sich schwer in mich ein, wie jemand, der einen Halt sucht. ›Was werden wir jetzt erst alles erfahren. Das ganze unfaßbare Sterben.‹«

Wenige Wochen später erhält Egon Erwin Kisch aus Prag die Nachricht, daß seine Brüder Paul und Arnold von den Nazis verschleppt und ermordet worden sind. »Briefe aus Europa«, schreibt er im August 1945, »enthalten heute Todesnachrichten, von einzelnen und ganzen Gruppen. Jeder Tag bringt neue Kunde von Familien, die durch die braunen Meuchelmörder in den Jahren ihrer Macht ausgerottet wurden. Allüberall herrscht privater Schmerz.«

Arbeit allein vermag darüber hinwegzuhelfen. Noch ist viel zu tun, auch in Mexiko. Die Erkundung des Landes scheint noch lange nicht abgeschlossen. Im »Freien Deutschland« werden weitere Reportagen veröffentlicht. Bis Februar 1946 bringt die Zeitschrift sechs Beiträge über Mexiko, die in der Buchausgabe noch nicht enthalten sind.

Unter dem Titel »Descubrimientos en México« kommen die »Entdeckungen« im August 1945 auch in spanischer Sprache heraus. Gegenüber der deutschen Erstausgabe sind drei Beiträge neu aufgenommen. Es handelt sich um die Texte »Der Hafen der Seeräuber«, »Der Kaugummi, erzählt vom Ende bis zum Anfang« und »Die fetten und die mageren Jahre der Stricke«, Resultate einer Reise nach Yucatán, die Kisch im Januar und Februar 1945 unternommen hat.

In den Rezensionen zeigt man sich beeindruckt von dem Einfühlungsvermögen des Autors in mexikanische Probleme und von seiner ungewöhnlichen Sicht. Die »Entdeckungen« werden als das »gründlichste und liebevollste Buch eines Ausländers über Mexiko« bezeichnet, das seit einem Jahrhundert in Spanisch erschienen sei.

Noch beansprucht Mexiko das Interesse Kischs. Aber mit seinen Gedanken ist er schon in Europa. Die Zeitungen sind angefüllt mit Nachrichten über politische, soziale Veränderungen in der Tschechoslowakei, in Ostdeutschland.

Auf den antifaschistischen Schriftsteller warten neue Aufgaben. Im Exil sind Bücher entstanden, die er seinen Lesern daheim vorlegen möchte. Vieles ist zu tun, was nur zu Hause getan werden kann.

Die Emigranten bereiten ihre Rückkehr in die Heimat vor. Auch Egon Erwin Kisch schreibt Briefe nach Prag. Und er schickt ein Lebenszeichen an seinen Freund Karl Kreibich im Londoner Exil. Kreibich ist einer der Mitbegründer der Kommunistischen Partei der Tschechoslowakei und kennt Kisch noch aus der Zeit vor 1914.

»Das hätte ich mir auch nie träumen lassen«, sagt Kisch, als er den Brief zur Post trägt, »daß ich eines Tages als Prager Stadtrat von Mexiko aus an einen Nationalrat in London, meinen alten Freund Karlíček, schreiben werde, damit ich von hier losfahren kann, während er im stolzen Albion schon auf dem Koffer sitzt.«

Nicht allen ist es vergönnt, den Tag der Heimkehr zu erleben. Viele aus dem Kreis der Exilanten haben schon vorher aufgegeben. Viele bleiben noch jetzt, im Angesicht des Sieges, am Wege zurück.

Egon Erwin Kisch steht an manchem Grabe, spricht für manchen Freund die letzten Worte. Bei den 1945 und 1946 für das »Freie Deutschland« geschriebenen Beiträgen handelt es sich zumeist um Nekrologe.

Anfang 1945 ist in New York der alte Prager Freund Arne Laurin gestorben. Ende Juni verfaßt Kisch einen Nachruf auf den Romancier und Erzähler Bruno Frank. Am 26. August erliegt der um fünf Jahre jüngere Landsmann aus den Prager Jugendjahren Franz Werfel in Kalifornien einem Herzleiden. Im Oktober stehen die Mexiko-Emigranten am Grabe von Carl Alwin, dem langjährigen Kapellmeister der Wiener Staatsoper, der dem Heine-Klub angehörte und die musikalische Arbeit des Klubs betreute. Noch in seinem letzten Beitrag, den das »Freie Deutschland« – es heißt jetzt »Neues Deutschland« – im Februar 1946 publiziert, trauert Kisch um Leopold Jeßner, der Ende 1945 in Hollywood begraben worden ist.

Der Tag des Abschieds rückt näher. André Simone und Egon Erwin Kisch sind von der Regierung der ČSR in die Heimat eingeladen worden. Die öffentliche Ehrung für André Simone Anfang Januar 1946 wird zu einer Ehrung für die gesamte antifaschistische Emigration in Mexiko. Durch ihre publizistische Arbeit haben die Schriftsteller aus Europa manches zur Klärung politischer Probleme auch in Mexiko beigetragen.

Am 1. Februar 1946 treffen sich die Mitglieder und Freunde des Heinrich-Heine-Klubs zum letztenmal. Die Auflösung des Klubs bedeutet kein Ende der deutschen Kulturarbeit in Mexiko. Aber durch das Kriegsende und die bevorstehende Abreise vieler Mitglieder ist eine neue Situation entstanden.

Manches von dem, was in den vergangenen Jahren geleistet worden ist, wird noch einmal in Erinnerung gebracht. Egon Erwin Kisch erzählt von den Anfängen der Organisation und von den Schwierigkeiten, die zu überwinden waren. Steffie Spira rezitiert einen Monolog aus der »Galgentoni«. Anna Seghers sieht im Abschied vom Heine-Klub den »Aufbruch zu dem neuen Ziel«.

Wenige Wochen später, am 17. Februar, versammelt sich auf dem Bahnhof von Mexiko-Stadt eine Gruppe von Menschen. Hände werden geschüttelt, Grüße übermittelt, Scherzworte getauscht. Zusammen mit André und Ilse Simone besteigen Egon Erwin Kisch und Gisl Kisch den Zug. Man freut sich, daß die vier nach Europa zurückfahren können, daß sie in eine Stadt heimkehren, die vom Krieg, äußerlich wenigstens, weitgehend verschont geblieben, in ein Land, das nicht vom Faschismus verseucht ist. Und man beneidet sie darum.

Es ist ein bewegender Abschied. Wann wird man sich wiedersehen? Für viele ist es ein Abschied für immer.

20.
Wieder zu Hause

Nach mehrtägiger Eisenbahnfahrt treffen Egon Erwin Kisch und André Simone mit ihren Frauen am 22. Februar 1946 in New York ein. Bis zur Abfahrt des Schiffes nach Europa bleiben noch einige Tage Zeit.

Kisch besucht Freunde und Bekannte, unter anderem Wieland Herzfelde, der 1944 mit F. C. Weiskopf, Oskar Maria Graf, Heinrich Mann, Bertolt Brecht und anderen den »Gemeinschaftsverlag elf antifaschistischer Schriftsteller« »Aurora« gegründet hat. Man trifft Absprachen für die Arbeit zu Hause.

Mit seinen Gedanken ist Kisch schon auf neuen Entdeckungsfahrten. Mancherlei Projekte beschäftigen ihn. Er möchte ein Buch über die neue Tschechoslowakei schreiben.

In London, der zweiten Zwischenstation, kommt es zu einem freundschaftlichen Treffen mit Kronanwalt Denis Nowell Pritt, der 1933 beim Internationalen Untersuchungsausschuß zur Aufklärung des Reichstagsbrandes im Londoner Gegenprozeß den Vorsitz führte. Kisch spricht im Klubhaus des Freien Deutschen Kulturbundes in Hampstead. Alte Freunde aus der Zeit des Bundes proletarisch-revolutionärer Schriftsteller, Jan Petersen und Max Zimmering, besuchen ihn im Hotel.

Mit dem Flugzeug treffen die Kischs und die Simones am 21. März in Prag ein. Es ist ein sonniger Frühlingstag. Mit breitkrempigem Hut und Überzieher kommt Egon Erwin Kisch gutgelaunt die Gangway herunter. Seine beiden alten Freunde Josef Rybak und Vincenc Nečas winken ihm zu.

»Was macht Prag?« fragt Kisch. »Steht's noch?«

In einem Begrüßungsartikel der Kulturzeitschrift »Tvorba« heißt es: »Nach mehr als dreißigjährigen Reisen durch alle Staaten der

Der Altstädter Ring in Prag im Mai 1945

Welt, nur durch kurze Aufenthalte in Prag unterbrochen, kehrt er endlich zu uns zurück, angeblich für immer. Das ›angeblich‹ sage ich, das ›für immer‹ dagegen sagt er. Wenn es nur wahr wäre.«

Vorerst wohnen die Kischs im Hotel »Alcron« in der Štěpánská nahe dem Wenzelsplatz. Hier werden in den Monaten nach dem Krieg viele von denen untergebracht, die in die Heimat zurückgekehrt sind. Hier logieren auch Gäste aus westlichen Ländern, Kaufleute, Diplomaten, Journalisten, Agenten, zweifelhafte Existenzen mit dubiosen politischen Missionen.

Vom ersten Tag an steht Kisch im Mittelpunkt öffentlichen Interesses. Von überallher kommen Journalisten, um ihn zu sehen und zu interviewen. Auch ein österreichischer Journalist ist dabei.

»Ein origineller Einfall, ein solcher Besuch. Offenbar ist die ganze Stadt gleichzeitig auf die gleiche Idee gekommen. Im Hotel Alcron in Prag ist die Halle voll von Leuten, die um ihn herumstehen und etwas von ihm wollen. Manche wollen ihm nur die Hand schütteln in Erinnerung an irgendeine Nacht, an die er sich wahrscheinlich gar nicht mehr erinnert. Andere haben in der Schlacht von Teruel ihren schweren Schuß bekommen, gerade als sie an der Seite von Kisch vorwärtsstürmten. Einer will etwas über seine Verwandten in Australien wissen, das Kisch schon vor elf Jahren verlassen hat. Andere fragen nach den Lebensverhältnissen in Mexiko, woher Kisch kommt. Wieder andere machen Interviews mit ihm in tschechisch, englisch, spanisch und einer auch auf österreichisch. Der bin ich.«

Kisch erzählt lachend, daß er ein staatliches Amt übernehmen soll. Aber wenn seine Freunde gedacht haben, daß er ein Amt annehmen würde, dann muß er sie enttäuschen. Er kann sich nach sechzigjährigem ehrlichem Vagabundenleben nicht plötzlich auf einen Beamtenstuhl setzen. Er möchte seine Ruhe haben.

Diese Ruhe ist von seltsamer Art. Während Kisch dem österreichischen Journalisten das Interview gewährt, gewährt er anderen Journalisten gleichzeitig Interviews anderer Art. Die Kinder der Hotelgäste springen um ihn herum und bitten ihn, Zauberkunststücke vorzuführen. Eine Deputation der Škodawerke möchte, daß er bei ihnen einen Vortrag hält. Autogrammjägerinnen umringen ihn und sind bereit, einen Kuß pro Unterschrift zu zahlen. Ein Filmregisseur erbittet die Rechte für eine Wiederverfilmung der »Galgentoni«. Dazwischen tönt es aus dem Lautsprecher: »Pan Kisch k telefonu.«

Kisch fühlt sich in seinem Element. Er ist wieder in Prag, der Globetrotter, der unverwüstliche Journalist, der sich jedem Tumult gewachsen zeigt. »Prag ist ein Wetterwinkel in der Welt«, sagt er. »Nie habe ich es hier lange ausgehalten. Jetzt möchte ich es.«

Von allen Seiten erhält er Angebote. Er soll leitender Mitarbeiter im Informationsministerium werden. Zeitungen und Zeitschriften bitten um seine Mitarbeit. An verschiedenen Orten soll er Vorträge halten. Der zweite Band vom »Marktplatz der Sensationen«, von den »Entdeckungen in Mexiko« wartet auf seine Vollendung. Das Reportagenbuch über die neue Tschechoslowakei muß begonnen werden.

Wenige Tage nach seiner Ankunft in Prag, am 28. März 1946, wird im Lucerna-Saal in der Štěpánská, gegenüber dem Hotel Alcron, der VIII. Parteitag der Kommunistischen Partei der Tschechoslowakei eröffnet. Egon Erwin Kisch nimmt als Gast daran teil. Er wird von den Delegierten stürmisch gefeiert.

Der VIII. Parteitag ist der erste Parteitag der KPČ nach der Befreiung des Landes. Die Partei kann auf bedeutende Erfolge zurückblikken. Der Arbeiterklasse unter Führung der KPČ ist es gelungen, eine stabile Beteiligung an der Macht zu erkämpfen und die Führung im Staate zu übernehmen.

Die Demonstrationen am 1. Mai stehen im Zeichen dieses Parteitages. Egon Erwin Kisch beobachtet die Umzüge vom Flugzeug aus. Fast kommt es durch ein unsachgemäß angebrachtes Fahnentuch zu einer Havarie. Der Reporter läßt sich davon nicht beeindrucken. »Hallo, Genosse, ich spreche vom Flugzeug aus und möchte dir sagen, wie unser Demonstrationszug vom Himmel aus wirkt.«

Als deutscher Jude, als antifaschistischer Schriftsteller verfolgt Kisch den Prozeß gegen den ehemaligen »Reichsprotektor« Karl Hermann Frank. Er ist Zeuge der Hinrichtung. Er schreibt darüber die Reportage »Die letzten Schritte des K. H. Frank«. Ein karger, nüchterner Bericht, ohne anekdotisches Beiwerk, scheinbar ohne innere Beteiligung verfaßt. Dieser Mann da, vom Volke, von der Welt zum Tode verurteilt, ist kein Gegenstand für eine große Reportage. »Dort oben hängt ein Mensch«, so endet der Bericht, »der, wenn er je einer war, keiner mehr ist.«

Zuweilen versucht der Journalist dort wieder anzuknüpfen, wo er vor zwanzig Jahren aufgehört hat. Aber das alte Prag gibt es nicht mehr. »Prag fand ich voll von Freunden, die nicht mehr leben«, heißt es in einem Brief an Paul Wiegler, »jedes Haus, jede Straßenecke drängen Tränen in die Augen.«

Mitunter macht er sich etwas vor, strahlt eine Munterkeit aus, die nur verdeckte Trauer ist. Norbert Frýd erzählt, wie er Kisch 1946 zum erstenmal begegnet.

Man trifft sich im alten Café Tumovka. »Dort habe ich immer verkehrt«, sagt Kisch am Telefon, »ich bin ein Lokalpatriot, verstehen Sie? Ein Patriot aller Lokale auf dieser Erde.«

Frýd kommt etwas früher, fragt den Kellner, ob Egon Erwin Kisch schon dagewesen sei. Der Ober kennt ihn nicht.

»Aber Herrn Kisch! Den bekannten Schriftsteller! Den kennen Sie nicht?«

Der Ober kennt ihn nicht. Seit 1938 sind in der Tschechoslowakei keine Bücher von Egon Erwin Kisch mehr herausgekommen.

Doch als der Kellner nach wenigen Minuten am Tisch von Norbert

Frýd einen älteren Herrn sitzen sieht, fragt er höflich: »Was wünscht Herr Kisch?«

Kisch zwinkert Frýd belustigt zu. »Sehen Sie, die kennen mich noch! Ich hätte es selbst nicht mehr geglaubt. Als ich heute mit der Straßenbahn am Klarov vorbeifuhr, stand ein ganz junges Mädchen auf, lächelte und ließ mich sitzen. Stellen Sie sich das vor!«

Egon Erwin Kisch ist überzeugt, daß die Höflichkeit dem bekannten Autor und nicht dem alten Herrn gegolten hat. Er sieht sich im Café um, sucht in jedem Kellner, in jeder jungen Frau Bekannte von ehedem. Er möchte rasch in das Prag von einst zurückkehren. Er will in wenigen Wochen wieder Fuß fassen.

Er geht hinaus nach Žižkov, zum Prager Judenfriedhof von 1787 bis 1890, um die Vergangenheit zu suchen. Er liest die Namen auf den Grabsteinen, und er erinnert sich mancher Geschichte, über die er geschrieben hat. Ein Stück Lokalhistorie von Prag wird lebendig. Sie reicht bis in die neueste Zeit.

»Manchen der in diesem Gottesacker vermoderten Lenden sind, bevor sie vermoderten, Söhne entsprossen, denen im Zeitalter der Monopole eine Rolle zugedacht war, so den Brüdern Petschek, den Alleinherrschern über die Braunkohle Europas. Ihr Kontorhaus in Prag wurde 1939 von der Gestapo zu einer Folterkammer umgestaltet – kaum ein Gebäude in der Menschheitsgeschichte hat so vielen Martern, Morden und Selbstmorden die Mauer gemacht wie dieses. Noch heute spricht man das Wort ›Pečkarna‹ mit Schaudern aus, obwohl keine Aufschrift und kein Aktenstück diesen Namen nannte.«

Lange jedoch hält es den Schriftsteller auch jetzt nicht in Prag. Die alte Reporterneugier läßt ihn nicht los. Er möchte nach Italien fahren, nach Ungarn, nach Deutschland. Im Sommer 1946 ist er mit André Simone in Jugoslawien. Gemeinsam mit anderen ausländischen Journalisten wohnen beide dem Prozeß gegen den serbischen General Draja Michailowitsch bei, der als Kriegsverbrecher vor Gericht steht.

Während des Besuchs in Jugoslawien kommt es zu einer Begegnung mit Josip Broz Tito. Kisch kennt den Marschall aus der Pariser Zeit, da Tito als Beauftragter der Komintern in Paris die Zusammenstellung und den Transport von Freiwilligen nach Spanien organisierte.

Kisch spricht mit Tito wie mit einem alten Genossen. Ohne Um-

Egon Erwin Kisch auf dem Jüdischen Friedhof in Žižkov am Grab seines Großvaters Jonas Kisch

schweife geht er auf sein Ziel los, läßt sich vom Augenblick inspirieren. Er fragt den Marschall, wie er all die Strapazen des Krieges überstanden habe, die Kälte, die Hitze, den Hunger, die endlosen Märsche durch das Gebirge.

Dank einem treuen Kameraden, erwidert Tito, seinem verläßlichen Pferd.

»Interessant«, bemerkt Kisch und will wissen, wo das Pferd jetzt sei.

Er habe sich nicht von ihm getrennt, sagt der Marschall lächelnd. Er habe es sogar hier bei sich, im Stall hinter dem Haus.

Daraufhin steckt Kisch seine Zigaretten ein, verstaut Notizblock und Bleistift in der Rocktasche und steht auf.

Tito sieht erstaunt auf.

»Sie eilen, Genosse Kisch?«

»Keineswegs, ich möchte Sie nur ersuchen, so liebenswürdig zu sein und mit mir in den Stall zu gehen, ich möchte Ihr Pferd kennenlernen.«

Tito, belustigt über den ungewöhnlichen Wunsch des Besuchers aus Prag, geht mit ihm hinunter in den Stall, um das Pferd zu zeigen.

Kaum ist Kisch aus Jugoslawien zurück, winkt eine neue reizvolle Aufgabe. Im September 1946 soll an der ehemaligen Pension »Germania« in Karlovy Vary eine Gedenktafel angebracht werden. Hier wohnte in den Jahren 1874, 1875 und 1876 der Privatier und Doktor der Philosophie Charles Marx. Egon Erwin Kisch ist eingeladen und soll eine Rede halten. Karl Marx und Karlsbad – das sind zwei Begriffe, die seinen Spürsinn wecken und seine Vorstellungskraft beflügeln.

Am 14. Juli 1946 beginnt er die Reportage über Karl Marx in Karlsbad zu schreiben.

Während der folgenden Monate treibt Kisch umfangreiche Studien, um die Karlsbader Aufenthalte von Karl Marx bis in alle Einzelheiten zu verfolgen. Er befragt die Marx-Literatur, stöbert in den Akten der Archive, sieht die vergilbten Kurlisten und das »Kurtax-Journal« der siebziger Jahre durch, leiht sich Prager Adreßbücher aus dem vorigen Jahrhundert aus und blättert in alten Zeitungen. Er zieht alles heran, um sich die Situation zu vergegenwärtigen, in der sich Marx Mitte der siebziger Jahre befunden hat. Er geht alle Wege ab, die Marx damals gegangen sein mag, interviewt Fräulein Stadler, eine Enkelin der ehemaligen Besitzer jenes Hauses, in dem Marx gewohnt hat, und balanciert auf dem Dach des Gebäudes, um sich die Landschaft ringsum ins Gedächtnis zu prägen.

Bis in die neueste Zeit hinein verfolgt er die Geschichte des Hauses, in dem der Begründer des wissenschaftlichen Sozialismus einst gewohnt hat.

»Im Marx-Haus unterhielten die Nazis ein Lazarett für hundertfünfzig Offiziere und Soldaten. Die Korruption, die dort herrschte, war eine preußisch geregelte Korruption; genau die Hälfte der überwiesenen Gelder und Lebensmittel wurde vom Zahlmeister und der Oberschwester unterschlagen, genau die Hälfte verwandte man für die Patienten. Die allabendlichen Festmähler, zu denen Zahlmeister und Oberschwester meist nur sich selbst einluden, ließen an Üppigkeit nichts zu wünschen übrig – Fräulein Stadler weiß es, sie hat damals als Krankenpflegerin Dienst tun müssen.

›In Ihrem Zimmer da‹, sagt sie, ›ist ein Soldat gestorben, ein junger Bursche aus Berlin, Gott, hat der geschimpft auf Hitler und auf die Nazis, wenn wir allein waren.‹

›Wußte er, daß er im Zimmer von Marx lag?‹

›Aber nein. Das wußte niemand.‹

Vielleicht hätte es ihm – so überlegen wir – die Todesstunde erleichtert, wenn er es gewußt hätte ...«

Die Reportage »Karl Marx in Karlsbad« ist zu Lebzeiten Kischs nicht mehr publiziert worden. Lediglich am 22. September 1946, anläßlich der Marx-Feiern in Karlovy Vary, bringt »Rudé právo« eine erste kurze Fassung.

Als selbständige Publikation erscheint die Arbeit erst 1953. Wahrscheinlich ist der Verfasser mit dem Resultat seiner Nachforschungen noch nicht zufrieden, möchte den Bericht in einzelnen Partien überarbeiten und weiter ausführen.

»Karl Marx in Karlsbad« gehört zu jenen tiefschürfenden historischen Darstellungen, wie Kisch sie in viele seiner Sammelwerke aufgenommen hat. Mit seinen Recherchen steuert er manches wichtige Detail zur Marx-Forschung bei.

Die Vergangenheit begleitet den Schriftsteller überallhin. Ständig trifft er auf Spuren der Nazijahre. Mitunter geht der Zufall ungewöhnliche Wege.

Ein ehemaliger Bekannter mit dem Namen Rudolf Fischer, einst Mitglied des Prager Fußballklubs »Sturm«, liest im April 1946 in der Zeitung, daß Egon Erwin Kisch aus dem mexikanischen Exil zurückgekehrt ist. Der Mann war nach dem Einmarsch der deutschen Truppen 1939 aus seiner Villa in Prag-Střešovice exmittiert worden. Er kam nach Auschwitz und hatte das seltene Glück zu überleben. Jetzt erhielt er sein Haus zurück. Aber er wohnt fast allein in der Villa. Seine Angehörigen sind in den Lagern umgekommen.

Fischer bietet Kisch die Wohnung im ersten Stockwerk an. Die Straße heißt U laboratoře, Beim Laboratorium. Ein rechtes Domizil für einen Mann, der in die Arbeit, in die Wissenschaft vernarrt ist. Wenn man aus dem Fenster blickt, sieht man den Turm des Veitsdoms. Hier kann sich Kisch vergraben, wenn ihn die Lust ankommt, barocke Schriftzeichen über ein weißes Blatt zu ziehen.

Aber die grauenhaften Reminiszenzen verfolgen ihn auch hier.

Die Straße U laboratoře war während der Naziokkupation in Mollischstraße umbenannt worden. In dem Hause Mollischstraße 22 hatte sich von 1940 bis 1945 ein Mann einquartiert, der Anfang der sechziger Jahre noch einmal auf sich aufmerksam machen sollte, als man ihn in Argentinien aufspürte und später in Israel verurteilte: der Leiter des Dezernats IV B4 des Reichssicherheitshauptamtes Adolf Eichmann.

1939, nach dem Einmarsch der deutschen Truppen in die Tschechoslowakei, befand sich Eichmann vorübergehend auch in Prag. In dieser Zeit war es nicht ungewöhnlich, daß sich Nazigrößen in Böhmen und Mähren ein Schloß oder eine Besitzung zulegten. So mochte Adolf Eichmann das Haus U laboratoře 22 requiriert haben, aus dem man den Juden Rudolf Fischer verschleppt hatte. Eichmann machte sich Sorgen um das Leben seiner Frau und der Kinder. Deshalb brachte er sie in einem Prager Villenvorort unter, um sie vor Bombenangriffen zu bewahren.

Eine seltsame Vorstellung. In den Zimmern, die Kisch bewohnt, lebte vor nicht allzulanger Zeit die Familie des Massenmörders Eichmann, der von Berlin aus die Deportationen jüdischer Menschen organisierte. Im Garten des Grundstücks spielten die Knaben. Die beiden kräftigen Bäume an der Westseite des Hauses, vor der Terrasse, hat Eichmann fällen lassen. Vielleicht verdunkelten die Bäume die Zimmer des Hauses, vielleicht auch wünschte sich der neue Hausherr von der Terrasse aus freie Sicht zur Straße hin.

Střešovice jedoch ist nicht das Prag Egon Erwin Kischs. Der Schriftsteller ist gewöhnt, nur wenige Schritte zu gehen, um in das nächste Kaffeehaus zu gelangen, seinen Stammtisch zu besuchen, Freunde und Kollegen zu treffen. In der Straße U laboratoře jedoch befindet sich weit und breit kein Kaffeehaus. Mit der Straßenbahn braucht man über eine halbe Stunde, um ins Zentrum zu gelangen. Bis zur nächsten Haltestelle muß man zehn Minuten laufen.

Mag das Haus auch außerhalb liegen, Kisch versteht es, die Welt zu sich heranzuholen. Bald ist U laboratoře 22 ein ebensolcher Treffpunkt wie das alte Bärenhaus in der Melantrichová oder das Hôtel Moderne in Versailles oder die kleine Wohnung in der Avenida Tamaulipas in Mexiko-Stadt.

Kisch nimmt Anteil vor allem an der Arbeit der jungen Schriftsteller- und Journalistenkollegen. Meist wartet er gar nicht ab, bis sie mit ihren Nöten und Zweifeln zu ihm kommen. Er ruft sie zu sich, er spricht sie an. Seine ungeheuchelte, unforcierte Kameradschaft wirkt wohltuend und ermutigend.

Hat es geläutet, dann spielt sich die bekannte Zeremonie ab. Aus dem Vorhausfenster im ersten Stockwerk sieht ein strahlendes Gesicht heraus: »Herr Kisch ist nicht zu Hause.«

Freunde und Kampfgefährten von überallher stellen sich ein. Die Fürnbergs besuchen ihn hier, André Simone wohnt nicht weit entfernt, der Oberbürgermeister von Prag, der alte Freund Vaclav Vacek, sieht herein, Karl Kreibich kommt regelmäßig vorbei, Bruno Frei meldet sich an, ein Rechtsanwalt aus Ceylon, mit dem Kisch 1935 unter fremdem Namen zusammentraf, feiert ein unverhofftes Wiedersehen, Ruth Radvanyi, die Tochter von Anna Seghers, bleibt einige Tage als Gast.

Auch die französische Journalistin und Schriftstellerin Simone Téry, die Kisch von Mexiko her kennt, besucht ihn in der neuen Wohnung. Mit dem Taxi fährt sie hinaus nach Střešovice.

»Nachdem wir die Moldau passiert hatten, kamen wir bald in einen lieblichen Teil Prags. Das Taxi hielt an der angegebenen Stelle, vor einer hübschen mit wildem Wein umrankten Villa. Kisch stand an einem Fenster des ersten Stocks, um mich als erster ankommen zu sehen. Nie werde ich dieses Bild vergessen: Noch ehe ich Zeit gehabt hatte, aus dem Taxi zu springen, rief mir Kisch durch das Rankenwerk des wilden Weins hindurch etwas zu, warf als Zeichen seiner Freude beide Arme in die Luft, stieß wie ein Straßenjunge Jubelschreie aus und schüttelte seine graue zerzauste Mähne, die ihm das Aussehen eines alten Löwen gab. Ich erkannte meinen alten Kisch nicht wieder. Er hatte sich um zwanzig Jahre verjüngt.«

Gern spricht Kisch von Mexiko, wenn er mit anderen zusammen

Egon Erwin Kischs letzte Wohnung U laboratoře 22 in Prag-Střešovice

ist. Mit Mexiko verbinden ihn viele Freundschaften und gute Erinnerungen. Der tschechische Publizist und Romancier Norbert Frýd, von 1947 an Kulturattaché in Mexiko, trifft vor seiner Abreise mit Kisch zusammen, um Informationen und Hinweise zu erhalten.

Frýd schildert Kisch als einen eher kleinen und formlosen Mann mit einem alten formlosen Hut. Der offenstehende Kragen seines Hemdes wird nur leicht durch eine Krawatte festgehalten. Kisch wirkt unruhig und lebhaft, interessiert und sorglos zugleich. Genauso ist die Art seines Erzählens. Die Worte überstürzen sich. »Apropos, wissen Sie auch ...« oder »Das erinnert mich ...« Bei jeder Gesprächswendung hält er eine historische Reminiszenz bereit.

Allmählich kommen die beiden auf Mexiko zu sprechen. Nun ist Kisch nicht mehr zu halten. Er erzählt aus der Geschichte des Landes und von seinen Entdeckungsfahrten.

Schließlich zieht er aus der ausgeweiteten Tasche seines Mantels ein in Zeitungspapier gewickeltes Buch. Er packt es aus und sagt: »Sie wünschten doch eine Information für Ihre Arbeit in Mexiko? Wann wollen Sie denn reisen? Das hier habe ich für Sie mitgebracht ...«

Kisch zählt eine Menge Namen wichtiger Leute auf, charakterisiert sie kurz und weist darauf hin, wer mit wem verkehrt, wen man unbedingt kennenlernen muß, wen nicht. »Sagen Sie nur allen, daß Egon Sie schickt – und man wird Sie jeden Abend woandershin einladen.«

Was Kisch sagt, klingt irgendwie auf gut Glück erdacht, unwirklich. Norbert Frýd notiert alles, so rasch er kann. Manchmal kommt er nicht nach, und einiges scheint ihm nicht unbedingt wichtig.

»Als ich nachher alles ordnete und in dem wilden Knäuel von Notizen den zusammenhängenden logischen Faden erkannte, begann sich in mir auch der Eindruck, den ich bei meiner ersten Begegnung mit Kisch gewonnen hatte, merklich zu ändern. Er hörte auf, ein kleiner, formloser Mann zu sein, er wuchs, wuchs sichtlich in die Höhe, und die Logik seines Denkens nahm imposante Formen an. Und nach vier Jahren, in Mexiko, sah ich immer mehr, daß Kischs chaotische Informationen das Beste waren, was mir irgend jemand auf den Weg mitgeben konnte.«

Von dem Haus in Střešovice aus bereitet Kisch neue Entdeckungsfahrten vor. Von 1913 an weilte er nur noch vorübergehend in Prag. Unendlich viel hat sich in der Tschechoslowakei seither verändert. Vieles wird der weitgereiste Schriftsteller jetzt erst kennenlernen.

Seine Pläne sind ebenso ehrgeizig wie umfassend. In einem Notizbuch steht all das vermerkt, was näher ins Auge zu fassen ist.

»Fischteich von Třeboň (Fischfang), Kladno, Strakonice (Fezfabrikation), Textil (Wolle, Baumwolle, Leinen), Hopfen, Porzellan, Glas, Alkohol, Holz, Gummi (Pneumatiks). Pilsen (Škoda, Bier). Baťa. Streichhölzer (Sušice). Papier (Č. Krumlov). Bleistifte (Č. Budějovice – Koh-i-noor). Macocha, Blei, Zucker (Zuckerrübenzucht). Příbram, Kutná Hora. Altstädter Rathaus. Bäder. Radium. Flüssiges Glas. Neruda, Kollár, Theresienstadt. Grenzgebiet. Neue Weiden – Landwirtschaft. Sadská (Gänse). Pitavaliana. Persönlichkeiten in Böhmen.«

Ein riesiges Arbeitspensum ist vorgezeichnet. Es umfaßt alle wesentlichen Wirtschaftsbereiche des Landes. Aber nur einen Bruchteil davon kann Kisch noch zu sich heranholen. Nach wie vor überläßt er sich gern dem Zufall.

Den ersten Punkt der langen Themenliste immerhin kann er abhaken. Im Oktober 1946 folgt Kisch einer Einladung des Ministers für Landwirtschaft nach Südböhmen, zum Abfischen der Karpfenteiche von Třeboń. Darüber schreibt er die legenden- und symbolträchtige Reportage »Fischfang im Südböhmischen See«.

Auch zu dem Stichwort »Gummi (Pneumatiks)« findet sich das entsprechende Objekt. »Von Genossen-Landsleuten eingeladen«, besucht Kisch im Februar 1947 die Prager Gummifabrik »Mitos«. Er wird herzlich begrüßt, doch zugleich gewarnt: »Wir unterstehen militärischer Kontrolle, auf keinen Fall darfst du über die Produktionsweise schreiben.« Eine passende Gelegenheit für den Berichterstatter, sich über Produktionsgeheimnisse in kapitalistischen Betrieben auszulassen. Die Camouflagen dienten vor allem dazu, »dem eigenen Arbeiter seine eigene Arbeit zu verheimlichen, ihm vorzuspiegeln, daß seine Arbeit nicht von ihm geleistet wird, sondern von einer mysteriösen, ihm nicht zugänglichen Kraftquelle. Ein Geschäftsgeheimnis? Das wäre nicht so wichtig. Aber ein Betriebsgeheimnis, ein Geheimnis für den eigenen Betrieb – das kann mal wichtiger werden, als man selber denkt. Könnte nicht sonst in verwirrten Zeiten die Belegschaft auf den Einfall kommen, das Unternehmen ohne die allwissenden Verwaltungsräte weiterzuführen?«

Der am 26. Februar 1947 begonnene Bericht »Gummifabrik« wird nicht zu Ende geführt, bricht mitten im Satz ab.

Alle bisher geschriebenen und begonnenen Reportagen spiegeln nicht in erster Linie die Wirklichkeit der neuen Tschechoslowakei, sie sind weitgehend Abrechnungen mit der Nazivergangenheit.

Im Frühjahr und Sommer pflegt Kisch gewöhnlich zu reisen, auch in diesem Jahr 1947. Mancherlei bewegt ihn, vieles möchte er noch ausforschen und beschreiben. Wenn man ihn fragt, was er jetzt machen werde, dann verweist er, wie in seiner Jugend, auf den jüdischen Reisenden, der eine Eisenbahnfahrkarte für zehn Kronen kaufen wollte. »Wohin wollen Sie denn fahren?« fragt ihn der Schalterbeamte. »Das ist mir ganz egal. Ich habe überall zu tun.«

Da ist die Aufführung der »Tonka Šibenice« im Svobodně divadlo

(Freien Theater) in Brno, die er sich ansehen muß. Und wenn man sich schon in Südmähren aufhält, »kann man bequem einer Einladung von Brünner Freunden Folge leisten, ›mal in die Macocha zu kommen, die schon so oft beschrieben worden ist, ohne daß wir bisher eine Beschreibung von ihr haben‹«. Aber Kisch lehnt es ab, seine »Beobachtungsgabe und Schilderungskraft« an Felswände, Berghöhlen und unterirdische Gewässer zu verschwenden. »Das einzige«, sagt er, »was uns einigermaßen faßbar ist, ist die Menschenarbeit, hier vollbracht innerhalb eines Jahrhunderts.« Und so spricht er von jenen, die die mährischen Kalksteinhöhlen für die Wissenschaft und für den Tourismus erschlossen haben, von den Gelehrten, den Lehrern und Studenten und »von den ewig anonymen Lohnarbeitern ..., die hier den schwierigsten Teil der Arbeit vollbrachten«.

Im Juni des Jahres 1947 begeht die mährische Stadt Zlín, das heutige Gottwaldov, die Feier ihres fünfhundertjährigen Bestehens. Auch der weitgereiste Reporter aus Prag wird dazu eingeladen. Das trifft sich gut, denn Zlín war die Metropole des mährischen Schuhkönigs Baťa, dessen Imperium schon das Interesse Ilja Ehrenburgs auf sich zog. Auf der Liste von Egon Erwin Kisch steht auch der Name Baťa.

Augenscheinlich ist der Schriftsteller nicht zum erstenmal in Zlín. Aber der Plan, eine Reportage über das Schuhwerk zu schreiben, gewinnt wohl jetzt erst reale Gestalt. Freund und Kollege André Simone fährt hin und wieder nach Zlín und hält Vorträge über internationale Beziehungen und über Fragen des Schuhexports. Der 1945 enteignete Schuhkonzern spielt in den politischen Auseinandersetzungen der Jahre nach dem Kriege eine wichtige Rolle. Wiederaufbau und Entwicklung dieses Werkes bezeichnen den Weg der neuen Tschechoslowakei.

Ende Juni kommt Kisch nach Zlín und wird im Hochhaushotel unmittelbar neben dem Werk untergebracht. Er läßt sich durch die einzelnen Abteilungen des Betriebes führen, besichtigt das Schuh-Museum, spricht mit Arbeitern und Ingenieuren, stellt immer neue Fragen, verlangt detaillierte Informationen, schreibt viele Blätter voll mit Notizen, Zahlen, Bemerkungen. Vor allem unterhält er sich mit dem tschechischen Schriftsteller Svatopluk Turek, der einst als Plakatmaler in der Reklameabteilung des Werkes arbeitete und 1933 den Roman »Botostroj« veröffentlichte, eine entlarvende Darstellung der Ausbeutungsmethoden bei Baťa, die auf Betreiben der Konzernleitung sofort verboten und konfisziert wurde.

Die Umrisse einer großen Reportage zeichnen sich ab, die am Anfang des Buches über die neue Tschechoslowakei stehen, vielleicht sogar einen eigenen Band bilden könnte. Sie geht weit zurück in die Jahre der ersten tschechoslowakischen Republik, leuchtet in die Familien- und Seelengeheimnisse eines mährischen Pantoffelschusters und späteren Großkapitalisten, die sich ausnehmen wie reine Kolportage.

Aber noch ehe der Schreiber mit seinem Bericht in die Gegenwart eines in Staatseigentum übergegangenen Schuhbetriebes gelangt, bricht das Manuskript ab. Die Reportage über das einstige und das neue »Wirtschaftswunder« von Zlín bleibt Fragment.

Dafür bringt Kisch einen anderen Beitrag mit nach Hause, der sich aus einer zufälligen Begegnung ergeben hat. Am dritten Tag seines Besuches in Zlín fragt man ihn, ob er den auf einem Dorf in der Nähe wohnenden neunundsiebzigjährigen Postbeamten Vladimír Vašek besuchen wolle, der in der Literatur unter dem Namen Petr Bezruč bekannt geworden ist.

Doch ein solcher Besuch birgt Schwierigkeiten. Bezruč zeigt eine krankhafte Scheu vor der Öffentlichkeit. Er möchte unerkannt und anonym bleiben. Um alle Interviewer und Fotoreporter macht er einen großen Bogen.

Eine echte Herausforderung für Egon Erwin Kisch. Bisher gelang es ihm noch immer, auch den hartnäckigsten Schweiger, den scheuesten Sonderling aus der Reserve zu locken. Warum sollte das bei Petr Bezruč, den er von Jugend an verehrt, nicht möglich sein?

Zwei Mitglieder des Betriebsrates vom Schuhwerk in Zlín, die Bezruč schon einmal besucht und ihm im Auftrag der Belegschaft ein Paar neue Schuhe geschenkt haben, erklären sich bereit, Kisch zu begleiten. Durch ihre Vermittlung gelingt es, mit dem Dichter ins Gespräch zu kommen.

Die Betriebsratsmitglieder fragen Bezruč, ob er mit den Schuhen zufrieden sei, die sie ihm im Vorjahr gebracht haben, und ob er nicht neue brauche. Aber nein, er müsse zuerst die alten Schuhe abtragen. Bezruč zeigt die Füße vor. Er trägt Sandalen.

»Und Ihr Hut?« fragt Kisch. »Was ist's mit Ihrem Hut? Sind Sie jetzt ein Jäger geworden?«

»Mit meinem Hut ist das so«, sagt Bezruč. »Er hat meinem Bruder gehört, der ist vor zwanzig Jahren gestorben, und seither trage ich ihn. Bis zu meinem Tod wird er schon aushalten.«

»Nun, Meister, Sie werden ja jetzt erst achtzig. Das wird eine anstrengende Zeit für Sie sein, die Feierlichkeiten und alles mögliche.«

»Ja, ja«, sagt er, »aber mich geht das nichts an. Ich habe schon alles organisiert. Ich kenne einen Förster, der hat ein Hegerhaus irgendwo im Wald, wo niemand hinkommt. Dort werde ich meinen Geburtstag verbringen. Und er stellt einen Heger hin, der schießen wird, wenn sich jemand nähert, das hat mir der Förster versprochen. So«, er reicht den Männern die Hand zum Abschied, »leider habe ich keine Zeit. Ich muß zum Verschönerer gehn.«

»Wohin, Meister?«

»Zum Verschönerer. Er soll mich rasieren und mir die Haare schneiden.«

»Dürfen wir Sie begleiten, Meister?«

Bezruč lacht. »Aber mein Verschönerer ist gar nicht hier in Kostelec, der ist in einem ganz anderen Ort, in Bilovice.«

»Können wir Sie nicht hinfahren?«

»Im Auto?«

»Ja.«

»Oh, das wäre sehr schön.«

Gemeinsam fahren die vier Männer nach Bilovice, eine Strecke von etwa zwei Minuten. Man fragt Bezruč, ob er wegen seiner Prominenz im Dorf belästigt werde. Der Dichter erzählt, daß ihn hier niemand als Bezruč kenne, sondern nur als Postrat Vašek. Der Dackel von Bezruč scheint bei der Dorfjugend populärer zu sein als der alte Dichter, der sich längst überlebt hat.

Egon Erwin Kisch erinnert sich, was Bezruč einst für ihn bedeutete. Die während des ersten Weltkriegs in der deutschen Nachdichtung von Rudolf Fuchs und mit einem Vorwort von Franz Werfel erschienenen »Schlesischen Lieder« wirkten als Stellungnahme gegen Völkermord und für die internationale Solidarität der Völker.

»Petr Bezruč hieß der«, schreibt Kisch, »der mir die Tür aufstieß in die Welt der sozialen Literatur und mir begreiflich machte, wie sehr das tschechische Volk unterdrückt war. Er wurde mir Schrittmacher zu lebensentscheidender Kunstbetrachtung, die mich nun leicht zu den Skulpturen Constantin Meuniers, zu den Versen Paul Verlaines, zu der Weltanschauung führen mußte, der ich verhaftet blieb.«

Nun steht er dem wunderlichen Alten gegenüber, der wenig gemein hat mit dem Bild, das er von Bezruč im Herzen trägt. Er fährt nach Zlín zurück, um über die Begegnung zu schreiben. Die Frage läßt ihn nicht los, ob der alte Mann wirklich Petr Bezruč gewesen ist, das Ideal von Zehntausenden. »Habe ich heute mit ihm auch nur ein Wort erlebt, das ein Beitrag zu seinem Werk war?«

Neben der Arbeit an den Tschechoslowakei-Reportagen bemüht sich Kisch immer wieder, Publikationsmöglichkeiten für seine Bücher zu finden. Längst hat er Verbindung aufgenommen zu neu gegründeten Berliner und Wiener Verlagen. Die Menschen in Deutschland und in Österreich müssen mit jenen Werken bekannt gemacht werden, die in den Jahren des Exils entstanden sind.

Aber Papiermangel, Valutaprobleme und Übermittlungsschwierigkeiten verzögern die Herausgabe. Noch im April 1947 klagt Kisch in einem Brief an Ernst Sommer: »Ich bin schon weit über ein Jahr in Prag und habe noch nicht ein einziges Buch im Satz geschweige denn im Druck.« Und er fügt hinzu, daß bis jetzt von keinem der Freunde ein Buch herausgekommen sei, obwohl alle schon vor einem Jahr Verträge abgeschlossen haben.

Doch bereits einen Monat später bringt der Berliner Aufbau-Verlag eine Kisch-Edition heraus. »Endlich ist nach dem Kriege und dem faschistischen Zusammenbruch in Deutschland der erste Band von Egon Erwin Kisch erschienen, ›Entdeckungen in Mexiko‹ heißt er«, meldet das »Neue Deutschland« am 25. Mai 1947.

Ende 1947 veröffentlicht der Wiener Globus-Verlag die erste Nachkriegsausgabe des Erinnerungsbuches »Marktplatz der Sensationen«. Sie enthält gegenüber der ersten Edition sieben neue Arbeiten. Außerdem stellt Kisch für den Globus-Verlag eine veränderte und stark erweiterte Sammlung der »Abenteuer in fünf Kontinenten« zusammen.

Besonders am Herzen liegen dem Autor die Ghetto-Geschichten. Angesichts der faschistischen Verbrechen am jüdischen Volk scheint eine Neuherausgabe der Sammlung von 1934 geboten. Viele neue Reportagen und Erzählungen sind hinzugekommen, aus New York,

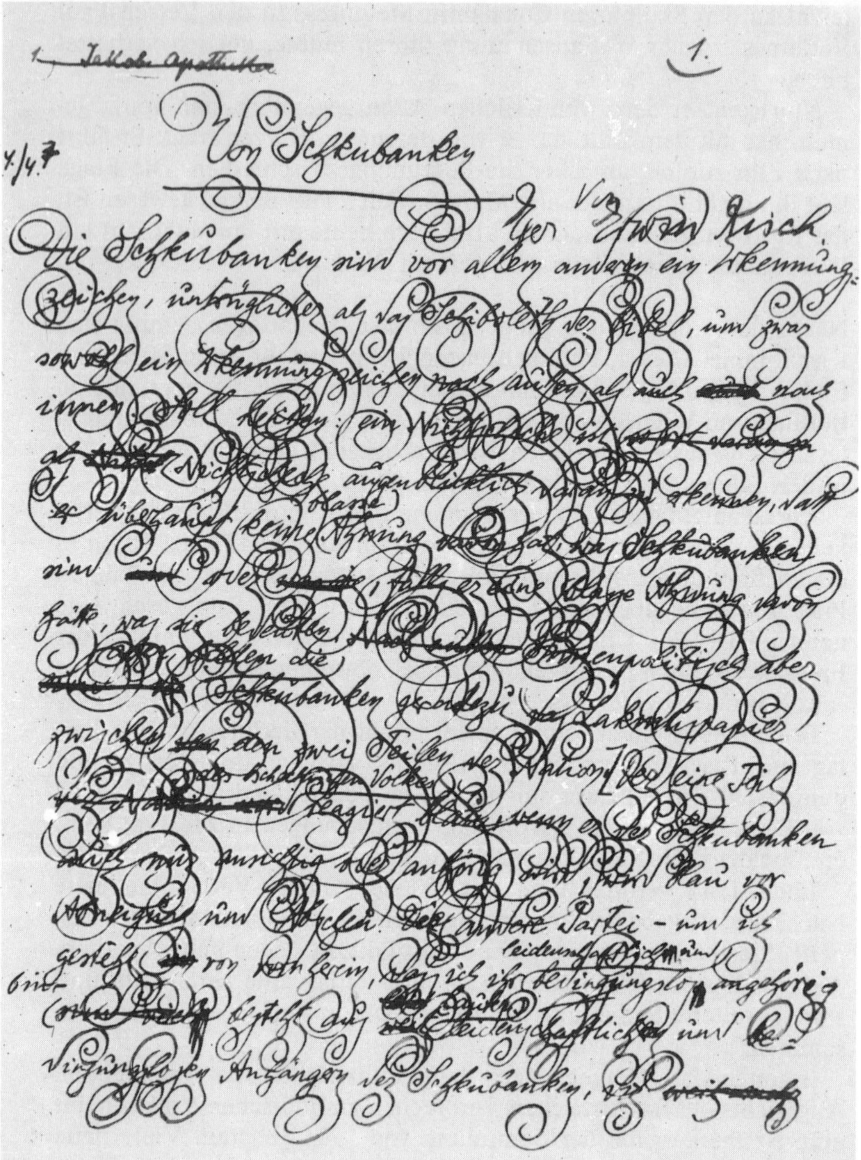

Die erste Seite der Handschrift »Von Schkubanken«

aus Mexiko, aus Böhmens Vergangenheit. Der Band kann jetzt mit gutem Recht »Geschichten aus vierzehn Ghettos« genannt werden.

Im Frühjahr 1947 verhandelt Kisch mit Vera und Curt Ponger, die den Band in ihrem Wiener Verlag »Continental Edition« herausbringen wollen. Das Manuskript liegt vor, als dem Verleger Bedenken kommen. Am 12. Juni 1947 fragt Curt Ponger an, ob es richtig sei, die Sammlung »Geschichten aus vierzehn Ghettos« als erstes der Bücher von Kisch in Österreich erscheinen zu lassen. »Der Grund, warum uns Bedenken gekommen sind, ist der spezifische Inhalt dieses Bandes, der vielleicht für die heutige Situation in Österreich noch etwas zu früh wäre.«

Auch der Leiter des Aufbau-Verlages kommt wenige Jahre später zu einem ähnlichen Resultat. »Nach Hitler ist es doch eine ungeeignete Kost. Der Hitlerismus steckt den Leuten zu tief in den Knochen. Was früher harmlos war, ist heute schädlich ...«

Die schonungslos realistische Darstellung jüdischer Lebensformen birgt die Gefahr in sich, antisemitische Ressentiments zu bestätigen oder neu zu wecken. So kann eine der farbigsten und kulturgeschichtlich interessantesten Sammlungen Egon Erwin Kischs, in der vor allem der Erzähler zu Wort kommt, zu Lebzeiten des Schriftstellers in einer neuen Ausgabe nicht mehr erscheinen.

Noch im Herbst 1947 beschäftigt sich Kisch mit Prager Ghettogeschichten. Noch einmal geht er zurück in die Geschichte jenes Volkes, dem er entstammt, befragt er die eigene Vergangenheit.

Er hält sich zur Kur im Herzbad Poděbrady östlich von Prag auf. Es sieht nicht gut aus mit seiner Gesundheit. Das Herz macht ihm zu schaffen. Der Arzt empfiehlt dringend, das Rauchen sein zu lassen.

Kisch spürt, daß ihm nicht mehr allzuviel Zeit bleibt. Als er im Frühjahr 1946 nach Prag heimkehrte, sagte er: »Ich bin zurückgekommen, um nicht irgendwo in der Welt zu sterben, sondern zu Hause.«

Im November 1947 trifft ihn der erste Schlaganfall. Noch widersteht seine robuste Natur der heftigen Attacke. Die Freunde sehen mit Schmerzen, wie Kisch in seinem Bewegungsdrang behindert ist. Nur mit großer Anstrengung gelangt er vom Bett zum Tisch. Jedes Wort bereitet ihm Mühe. Er, der über alles Bescheid wissen will, der immerfort Fragen stellen möchte, der angefüllt ist mit Geschichten und Anekdoten, kann nur noch stockend sprechen. Um jede halbe Zigarette feilscht er mit Gisl.

Es gibt noch so unendlich viel zu tun. So viele Notizen sind noch nicht ausgearbeitet, so viele Begebenheiten noch nicht aufgeschrieben.

Während Kisch das Krankenbett hütet, spitzen sich im Lande die politischen Auseinandersetzungen zu. Auf Grund der extremen Trockenheit wird die tschechoslowakische Landwirtschaft 1947 von einer schweren Mißernte heimgesucht. Die konservativen Führungskräfte der bürgerlichen Parteien versuchen die wirtschaftlichen Schwierigkeiten den Kommunisten in die Schuhe zu schieben. Im Februar 1948 reichen die Minister ihre Demission ein, um die volksdemokratische Regierung unter Ministerpräsident Klement Gottwald handlungsunfähig zu machen.

Die Arbeiter gehen auf die Straße. Sie bereiten den Generalstreik vor zum Schutze der legalen Regierung. Am 25. Februar 1948 unterzeichnet Präsident Beneš die von Klement Gottwald vorgelegte neue Ministerliste. Unter Führung der Kommunistischen Partei erobert die Arbeiterklasse die vollständige Macht im Staate.

Egon Erwin Kisch scheint sich auf dem Wege der Besserung zu befinden. Er will über alle Vorgänge genau Bescheid wissen. Die politischen Veränderungen im Lande wecken neue Arbeitslust. Befreundete Journalisten, Korrespondenten ausländischer Zeitungen kommen zu Besuch, um mit ihm über die Ereignisse zu sprechen.

Von Tag zu Tag wird die Krankheit unleidlicher für ihn. Die Unruhe treibt ihn aus dem Bett. Er muß hinaus, mit den Leuten sprechen. Als ihn ein Freund aus Deutschland besucht, meint der Kranke spöttisch: »In Berlin hat man schon erzählt, daß ich tot sei, was? Gesteh's nur!«

Schon macht er wieder Reisepläne. Er möchte nach Südböhmen fahren. Von dort sind Nachrichten über neue historische Funde zu ihm gedrungen. Aus Italien liegen Einladungen vor, aus Ungarn.

Am 24. März, einem feuchtwarmen Frühlingstag, trifft ihn der zweite Schlaganfall. Eine Körperhälfte ist gelähmt. Er kann sich nicht mehr bewegen, kaum noch sprechen.

Auf einer Tragbahre bringt man ihn aus dem Haus U laboratoře 22 in den Krankenwagen. An der Gartentür, so erzählt man, steht eine alte Frau und schluchzt: »Egonku! Egonku!« Es ist Emča Revoluce,

Trauerzug am Haus der Kommunistischen Partei in Prag

die ehemalige Tänzerin aus dem Prager Nachtcafé »Montmartre«. Mit Tränen in den Augen nimmt sie Abschied von dem Freund ihrer Jugend.

Der Kranke wird eingeliefert in das Klinikum in der Katerinská Ulice 468 in der Prager Neustadt. Das Zimmer ist abgedunkelt. Seine Frau besucht ihn täglich. Alle hoffen auf eine Besserung.

Auch am 31. März sitzen Gisl Kisch und die Übersetzerin Jarmila Nečasová gegen Mittag an seinem Bett. Der Schwerkranke gibt sich nicht auf. Er will zu seiner Arbeit zurück. Die beiden Frauen verlassen für kurze Zeit das Krankenhaus. Als sie eine Stunde später zurückkommen, ist das Bett schon leer. Gegen dreiviertel zwei ist Egon Erwin Kisch gestorben.

Im Haus des Zentralkomitees der Kommunistischen Partei der

Tschechoslowakei wird die Leiche aufgebahrt. Freunde und Genossen stehen Wache. Unzählige Menschen, seine Leser, seine Verehrer, ziehen vorüber und nehmen Abschied.

Der 5. April 1948 ist ein trüber, naßkalter Tag. Vom Gebäude der Prager Organisation der Kommunistischen Partei führt der Trauerzug durch die Straßen der Innenstadt. Ehemalige Interbrigadisten aus dem spanischen Kriege und Arbeiter in ihren Arbeitsanzügen folgen dem Sarge. Schriftsteller und Journalisten geben dem großen Kollegen die letzte Ehre. Zehntausende von Menschen säumen die Straßen. »Er ging noch einmal durch Prag«, schreiben die Zeitungen am nächsten Tag. Hauptredner bei der Trauerfeier sind Kischs alter Freund, der Oberbürgermeister von Prag Vaclav Vacek und Antonín Zápotocký, der spätere Ministerpräsident und Staatspräsident.

»Stell Dir vor«, sagt Anna Seghers in ihrem Nachruf, einem letzten Wort an Egon Erwin Kisch, »heut holt man mich plötzlich an den Berliner Rundfunk. Ich soll auf Dich eine Rede halten. Das ist gerade das, was Du und ich am allerungernsten haben. Man behauptet aber, ich soll es unbedingt tun. Man behauptet, Du seist tot. Kisch, was für unsinnige Ideen haben Deine Leute, diese Journalisten, nicht alles zu erfinden, auf was für Schwindel die Menschen immer wieder reinfallen, Kisch! Man braucht Dich doch nur gekannt zu haben, um zu begreifen, daß Du uns nie, nie, nie im Stich lassen wirst. Du, der Du das allerdurchlebenste Leben von uns allen gehabt hast, der Du das allerdurchlebenste Leben von uns allen hast, wie kannst denn Du so einen Verrat am Leben begehen und von uns weggehen? Du bist immer treu gewesen, seitdem Du damals aus der zusammengebrochenen österreichischen Armee nach dem ersten Weltkrieg zurückgekommen bist. Du bist treu zu uns gewesen, Du bist treu zu der Oktoberrevolution gewesen, Du bist treu zu uns allen, zu den jungen und alten Freunden. Wie kannst Du uns nur, sag mal, uns plötzlich im Stich lassen? ... Wir können das unmöglich begreifen. Ist es Dir denn wirklich gelungen, uns allein zu lassen? Es ist uns zumute, als hättest Du nur einen von Deinen vielen Tricks angewandt, um Dich irgendwo über eine verbotene Grenze zu schleichen und später eine um so seltsamere, um so wildere Reportage zu verfassen über das, was Du gesehen hast, zum Beispiel jetzt zu berichten über das unbekannte Land, das einzige, das die Minister aller auswärtigen Angelegenheiten nicht kennen.«

Anhang

Zeittafel

1885 Am 29. April als zweites Kind des Tuchhändlers Hermann Kisch und seiner Frau Ernestine geb. Kuh im Haus »Zu den zwei goldenen Bären« in der Melantrichgasse in Prag geboren

1887 22. Mai: Wolfgang Kisch geboren

1889 15. Juni: Arnold Kisch geboren

1894 17. April: Friedrich Kisch geboren

1895 Besuch der I. deutschen Staatsrealschule in Prag

1901 19. Januar: Tod des Vaters

1903 Juli: Abschluß der Realschule mit Matura
August/September: Ferienreise durch Bayern und Österreich
Immatrikulation an der deutschen technischen Hochschule in Prag

1904 Gasthörer an der Prager deutschen Universität
Die Gedichtsammlung »Vom Blütenzweig der Jugend« erscheint im Verlag E. Pierson in Dresden
Militärdienst als Einjährig-Freiwilliger

1905 Besuch der »Journalistenhochschule« von Richard Wrede in Berlin

1906 Kurze Zeit Volontär am »Prager Tagblatt«
Lokalreporter an der deutschsprachigen Zeitung »Bohemia«
»Der freche Franz und andere Geschichten« erscheinen im Hugo Steinitz Verlag, Berlin

1907 Mittelmeerfahrt nach Piräus, Konstantinopel und Neapel

1909 Adriareise nach Brioni

1910 Juni: Reportagefahrt auf einem Floß die Moldau und Elbe hinunter bis Magdeburg
Unter dem Titel »Prager Streifzüge« bringt die »Bohemia« vom 7. August bis zum 2. April 1911 jeden Sonntag ein Feuilleton von Kisch

1911 November: Im Verlag von A. Haase, Prag/Wien/Leipzig, kommt die Sammlung »Aus Prager Gassen und Nächten« heraus

1912 August/September: Reise nach London und Antwerpen

1913 Mai: Als »Spezialberichterstatter« der »Bohemia« in Skutari
25. Mai: Selbstmord des Korps-Generalstabschefs in Prag, Oberst Alfred Redl, in Wien; Kisch deckt die Hintergründe auf
Juni: Übersiedlung nach Berlin; Mitarbeiter des »Berliner Tageblatts«
September: Die Sammlung »Prager Kinder« erscheint

1914 Dramaturg am Berliner Künstlertheater
Mai: Der Roman »Der Mädchenhirt« erscheint im Erich Reiß Verlag, Berlin
Teilnahme an der Jungfernfahrt des Passagierdampfers »Vaterland« nach Southampton; Aufenthalt in London
August: Als Korporal an die serbische Front
3. September: Wolfgang Kisch fällt an der russischen Front

1915 Februar: Verlegung der Prager Division an die russische Front
18. März: Kisch wird schwer verwundet; Krankenhausaufenthalt in Prag
Als »felddienstuntauglich« nach Orşova kommandiert

1916 Februar: Versetzung nach Gyula

1917 Mai: Kommandierung ins Kriegspressequartier nach Wien

1918 Angehöriger des illegalen Soldatenrats, der am Januarstreik beteiligt ist
Juni/Juli: Als Berichterstatter in Pola; Teilnahme an der Ausfahrt der Schlachtschiffflotte
September/Oktober: Aufenthalt in Belgien an der deutschen Westfront
November: Kommandant der Roten Garde in Wien; Kisch schließt sich der Föderation revolutionärer Sozialisten »Internationale« an
21. November: Zum Vorsitzenden des Soldatenrates der Roten Garde gewählt

1919 März bis Juni: Lokalreporter der linksbürgerlichen Zeitung »Der Neue Tag« in Wien
Mai: Die Föderation revolutionärer Sozialisten »Internationale« vereinigt sich mit der Kommunistischen Partei Deutschösterreichs; Kisch wird Mitglied der KPDÖ
Arbeit an der Sammlung »Die Abenteuer in Prag«
7./8. Dezember: Teilnahme an der Reichskonferenz der KPDÖ als Delegierter der Soldatengruppe

1920 Mai: In Prag erscheint der Band »Die Abenteuer in Prag«
Juni: Rückkehr nach Prag; Mitarbeit am »Prager Tagblatt«
September/Oktober: Fahrt mit dem Moldaudampfer »A. Lanna 8« von Prag über Hamburg und Wilhelmshaven nach Mainz

1921 Mai/Juni: Reportagefahrt durch die Slowakei
August: Reise nach Frankreich
Herbst: Übersiedlung nach Berlin

1922 Mitarbeit an den »Lidové noviny« in Brno
Oktober: Das Kriegstagebuch »Soldat im Prager Korps« erscheint im Verlag der K. Andréschen Buchhandlung Leipzig/Prag

1923 Herausgabe der Anthologie »Klassischer Journalismus«

1924 In der Reihe »Außenseiter der Gesellschaft« des Verlages Die Schmiede, Berlin, kommt »Der Fall des Generalstabschefs Redl« heraus
März/April: Reise nach Dänemark
Eintritt in den Schutzverband Deutscher Schriftsteller (SDS)
November: Im Erich Reiß Verlag, Berlin, erscheint die Sammlung »Der rasende Reporter«

1925 Juli: Aufenthalt in der Schweiz
18. November: Kisch wird Mitglied der Kommunistischen Partei Deutschlands
Dezember: »Hetzjagd durch die Zeit« kommt heraus
Reise in die Sowjetunion

1926 Fahrt in das Donezgebiet, nach Transkaukasien und nach Leningrad
Juli: Reise durch die Niederlande
Dezember: Fahrt über Marseille nach Nordafrika

1927 Januar/Februar: Reise durch Algerien und Tunesien
»Kriminalistisches Reisebuch«, »Zaren, Popen, Bolschewiken« und »Wagnisse in aller Welt« erscheinen
Herausgabe der »Briefe aus dem Zuchthaus« von Max Hoelz

1928 Die Broschüre »Sieben Jahre Justizskandal Max Hoelz« erscheint
Mai: Reise nach Belgien
18. Juli: Kisch holt Max Hoelz aus dem Zuchthaus Sonnenburg ab
Oktober: Aufenthalt in London, Reise in die Vereinigten Staaten

1929 Januar/Februar: Als Leichtmatrose auf einem Frachtdampfer von Baltimore durch den Panamakanal nach Los Angeles
Über San Francisco, Chicago und Detroit Rückkehr nach New York
April: Rückkehr nach Europa
November: »Paradies Amerika« erscheint

1930 Mai/Juni: Reise nach Südfrankreich, Monte Carlo, Korsika
November: Teilnahme am Kongreß der Internationalen Vereinigung revolutionärer Schriftsteller in Charkow; von der Universität Charkow zum Professor der Journalistik ernannt

1931 Februar: Erneut in der Sowjetunion
März: Die Sammlung »Prager Pitaval« erscheint
Juni: Reise durch Sowjet-Mittelasien
Aufenthalt in Gorki bei Moskau

1932 März–Juli: Von Moskau aus Reise nach Schanghai, Peking und Nanking
August: Rückfahrt über Tokio und Chabarowsk nach Moskau
»Asien gründlich verändert« erscheint
November: Rückkehr aus der Sowjetunion
Dezember: »China geheim« kommt heraus

1933 Rückkehr nach Berlin
28. Februar: Nach dem Reichstagsbrand verhaftet und in Spandau gefangengehalten
11. März: In die Tschechoslowakei abgeschoben
Mai: Übersiedlung nach Paris
Oktober/November: Reise durch Spanien

1934 Januar/Februar: Aufenthalt in Belgien und in den Niederlanden
Februar: Neuer Wohnsitz Hôtel Moderne in Versailles
Die Sammlung »Eintritt verboten« erscheint in Paris und in Moskau
Im Verlag Allert de Lange, Amsterdam, kommen die »Geschichten aus sieben Ghettos« heraus
Oktober: Vom Weltkomitee gegen Krieg und Faschismus zum Antikriegskongreß in Melbourne delegiert
Verweigerung der Einreise nach Australien; in Port Phillip, dem Hafen von Melbourne, springt Kisch vom Achterdeck des Schiffes und bricht sich ein Bein
In Sydney wird er verhaftet und zu sechs Monaten Zwangsarbeit verurteilt; Protestbewegung im Lande gegen das Urteil

1935 Nach langem Kampf und mehreren Prozessen wird Kisch freigesprochen
März/April: Rückfahrt nach Europa
Juni: Auf dem I. Internationalen Schriftstellerkongreß zur Verteidigung der Kultur spricht Kisch über »Reportage als Kunstform und Kampfform«
Arbeit am Australienbuch

1936 Die Sammlung »Abenteuer in fünf Kontinenten« erscheint in Paris und in Moskau
Mai–August: Aufenthalte in Belgien und in den Niederlanden
Mit dem amerikanischen Verleger Alfred A. Knopf schließt Kisch einen Vertrag über eine Selbstbiographie
Dezember: Im Verlag Allert de Lange, Amsterdam, kommt »Landung in Australien« heraus

1937 7. Mai: Tod der Mutter; Aufenthalt in Prag
Kisch geht nach Spanien; Teilnahme am II. Internationalen Schriftstellerkongreß in Madrid
Fahrten an verschiedene Abschnitte der Front, wo Internationale Brigaden eingesetzt sind
Aufenthalt in Benicasím, dem Hospital der Internationalen Brigaden

1938 »Die drei Kühe« und die Reportage »Soldaten am Meeresstrand« kommen in Verlagen der Internationalen Brigaden in Spanien heraus
April: Rückkehr nach Frankreich
Arbeit an der Selbstbiographie
29. Oktober: Gisela Lyner und Egon Erwin Kisch heiraten in Versailles

1939 März: Aufenthalt in einem Schriftstellerheim in Grasse in Südfrankreich
September: Umzug in ein Dorf bei Versailles, wo Kisch unter Polizeiaufsicht steht
Dezember: Überfahrt nach New York

1940 Februar: Der Verlag Alfred A. Knopf kündigt den 1936 geschlossenen Vertrag über die Selbstbiographie
Arbeit an Reportagen über die Lebensverhältnisse der Juden in New York
Übersiedlung nach Mexiko

1941 »Sensation Fair« (»Marktplatz der Sensationen«) erscheint im Verlag Modern Age Books, New York
November: Gründung des Heinrich-Heine-Klubs in México; die erste Nummer der Zeitschrift »Freies Deutschland« kommt heraus

1942 Juli: Als erster Band der am 10. Mai gegründeten Verlagsgemeinschaft El Libro Libre (Das freie Buch) erscheint »Marktplatz der Sensationen«
Arnold Kisch wird im Konzentrationslager Łódź von den Nazis ermordet

1943 Kisch gehört dem Redaktionskollektiv an, das die Dokumentation »El Libro Negro del Terror Nazi en Europa« (Schwarzbuch über den Naziterror in Europa) herausbringt

1944 Paul Kisch stirbt im Konzentrationslager Theresienstadt

1945 Januar: Im Verlag El Libro Libre erscheinen die »Entdeckungen in Mexiko«
Januar/Februar: Reise durch Yucatán
26. April: Bankett für Kisch anläßlich seines 60. Geburtstages

1946 17. Februar: Abreise aus Mexiko; über New York und London Rückkehr in die Tschechoslowakei
21. März: Ankunft in Prag
28.–31. März: Teilnahme am VIII. Parteitag der Kommunistischen Partei der Tschechoslowakei
Juni: Aufenthalt in Belgrad; Teilnahme am Prozeß gegen den serbischen Četnikführer Mihailovič
21./22. September: Teilnahme an den Feiern zu Ehren von Karl Marx in Karlovy Vary; Arbeit an der Reportage »Karl Marx in Karlsbad«

1947 Juni/Juli: Aufenthalt in Zlín (heute Gottwaldov) und Besuch bei dem tschechischen Lyriker Petr Bezruč
September: Aufenthalt im Herzbad Poděbrady
November: Erster Schlaganfall

1948 In Wien erscheint die veränderte und erweiterte Ausgabe der »Abenteuer in fünf Kontinenten«
24. März: Zweiter Schlaganfall
31. März: Egon Erwin Kisch stirbt in Prag
5. April: Trauerfeier in Prag und Trauerzug durch die Straßen der Innenstadt

Literaturverzeichnis

Egon Erwin Kisch: Gesammelte Werke in Einzelausgaben. Herausgegeben von Bodo Uhse und Gisela Kisch, fortgeführt von Fritz Hofmann und Josef Poláček, Band I–X, Berlin/Berlin und Weimar 1960–1985

Egon Erwin Kisch: Briefe an den Bruder Paul und an die Mutter 1905–1936. Herausgegeben von Josef Poláček unter Mitarbeit von Fritz Hofmann, Berlin und Weimar 1978

Egon Erwin Kisch: Nachlaß im Literarischen Archiv des Museums für tschechische Literatur, Prag-Strahov

Klassischer Journalismus. Die Meisterwerke der Zeitung. Gesammelt und herausgegeben von Egon Erwin Kisch, Berlin und Weimar 1982

Max Brod: Streitbares Leben. Autobiographie, München 1960

Julius Deutsch: Ein weiter Weg. Lebenserinnerungen, Zürich/Frankfurt/Wien 1960

Bruno Frei: Der Papiersäbel. Autobiographie, Frankfurt am Main 1972

Claire Goll: Ich verzeihe keinem. Eine literarische Chronique scandaleuse, Berlin 1980

Klaus Haupt/Harald Wessel: Kisch war hier. Reportagen über den »Rasenden Reporter«, Berlin 1985

Hans Hautmann: Die verlorene Räterepublik, Wien/Frankfurt am Main/Zürich 1971

Wolfgang Kießling: Alemania Libre in Mexiko, Band 1/2, Berlin 1974

Kisch-Kalender. Herausgegeben von F. C. Weiskopf unter Mitarbeit von Dieter Noll, Berlin 1956

Johann Kronberger: Egon Erwin Kisch. Seine politische und publizistische Entwicklung vom bürgerlichen Journalisten zum Schöpfer der literarischen sozialistischen Reportage, Diss., Wien 1979

Kunst und Literatur im antifaschistischen Exil 1933–1945, Band 1–7, Leipzig 1981

Annemarie Lange: Das Wilhelminische Berlin, Berlin 1967

Josef Poláček: Der junge Kisch I. In: Philologica Pragensia, 8. Jg., Nr. 1, Praha 1965

Josef Poláček: Der junge Kisch II. In: Philologica Pragensia, 9. Jg., Nr. 3, Praha 1966

Josef Poláček: Egon Erwin Kisch 1914–1920. In: Philologica Pragensia, 10. Jg., Nr. 3, Praha 1967

Josef Poláček: Zu zwei Fragen der Egon-Erwin-Kisch-Forschung. In: Acta Universitatis Carolinae, Philologica 5, Germanistica Pragensia VI, Praha 1972

Josef Poláček: Unbekannte Texte zur Biographie von Egon Erwin Kisch aus dessen Nachlaß (1903–1906). In: Literární Archív VII, Praha 1972

Josef Poláček: Zur Frage der Weglassungen in Egon Erwin Kischs Kriegstagebuch 1914–15. In: brücken. Germanistisches Jahrbuch DDR–ČSSR 1984/85, Praha 1985

Dieter Schlenstedt: Egon Erwin Kisch. Leben und Werk, Berlin 1985

Servus, Kisch! Erinnerungen. Rezensionen. Anekdoten. Herausgegeben von Fritz Hofmann unter Mitarbeit von Josef Poláček, Berlin und Weimar 1985

Christian Ernst Siegel: Egon Erwin Kisch. Reportage und politischer Journalismus, Bremen 1973

Bodo Uhse: Reise- und Tagebücher I/II. Herausgegeben von Günter Caspar, Berlin und Weimar 1981

Emil Utitz: Egon Erwin Kisch, der klassische Journalist, Berlin 1956

Weltfreunde. Konferenz über die Prager deutsche Literatur, Prag 1967

Franz Werfel: Barbara oder Die Frömmigkeit, Berlin – Wien – Leipzig 1929

Zur Tradition der deutschen sozialistischen Literatur, Band 1–4, Berlin und Weimar 1979

Anmerkungen

Der Nachweis der Kisch-Zitate folgt jeweils der ersten Auflage der »Gesammelten Werke in Einzelausgaben«, Berlin 1960ff. Die unveröffentlichten Materialien befinden sich im Besitz des Literarischen Archivs des Museums für tschechische Literatur in Prag.

5 »Die Abenteuer in Prag«, Bd. II/1, S. 323

8 ebenda, S. 354

10 Brief Egon Erwin Kischs an Paula-Louise Kisch vom 25. 2. 1917

13 »Die Abenteuer in Prag«, Bd. II/1, S. 346

14 ebenda, S. 360

16 Anton Kuh, »Prag. Eine Vision der Wirklichkeit«, in: »Luftlinien«, Berlin 1981, S. 11 u. 12

»Marktplatz der Sensationen«, Bd. VII, S. 85f.

20 ebenda, S. 32

»Die Abenteuer in Prag«, Bd. II/1, S. 363

22 ebenda, S. 395

23 »Der große Lehrer, der zugleich der teure Genosse war«, Bd. IX, S. 418

»Die Abenteuer in Prag«, Bd. II/1, S. 257

24 »Marktplatz der Sensationen«, Bd. VII, S. 45

25 ebenda, S. 46

»Die Abenteuer in Prag«, Bd. II/1, S. 408

26 ebenda, S. 410f.

ebenda, S. 402

27 ebenda, S. 403

28 Anton Kuh, »Prag. Eine Vision der Wirklichkeit«, in: »Luftlinien«, Berlin 1981, S. 14

30 Tagebucheintragung vom 1. 9. 1903, in: Josef Poláček, »Unbekannte Texte zur Biographie von Egon Erwin Kisch«, S. 143

30 Tagebucheintragung vom 1. 9. 1903, S. 144

31 Tagebucheintragung vom 5. 9. 1903, S. 146

Tagebucheintragung vom 11. 9. 1903, S. 152

32 Tagebucheintragung vom 15. und 16. 9. 1903, S. 156f.

33 »Marktplatz der Sensationen«, Bd. VII, S. 47f.

Brief Egon Erwin Kischs an Paul Kisch vom 9. 12. 1903

36 »Marktplatz der Sensationen«, Bd. VII, S. 65

Wiedergegeben von Josef Poláček, »Der junge Kisch II«, Praha 1966, S. 240

37 »Marktplatz der Sensationen«, Bd. VII, S. 65

»Vom Blütenzweig der Jugend«, S. 70f.

38 ebenda, S. 48

ebenda, S. 23

39 ebenda, S 24f.

40 ebenda, S. 25

»Erinnerung an Prag«, Bd. X, S. 189

Brief Egon Erwin Kischs an Paul Kisch vom 9. 10. 1907, »Briefe«, S. 16

41 Mitgeteilt von Josef Poláček, »Unbekannte Texte zur Biographie«, S. 157

»Aus Prager Gassen und Nächten«, Bd. II/1, S. 181

42 »Marktplatz der Sensationen«, Bd. VII, S. 49f.

43 Mitgeteilt von Josef Poláček, »Unbekannte Texte zur Biographie«, S. 138

44 Brief Egon Erwin Kischs an Paul Kisch vom 11. 11. 1905, »Briefe«, S. 7f.

ebenda, S. 7

46 Brief Paul Kischs an Egon Erwin Kisch vom 24. 1. 1906, »Briefe«, S. 418

»Marktplatz der Sensationen«, Bd. VII, S. 68

ebenda, S. 68f.

47 »Der freche Franz«, S. 17

ebenda, S.61

»Prager Kinder«, Bd. II/1, S. 261

48 ebenda, S. 266

»Bohemia« vom 22. 4. 1906

49 Emil Faktor, »Gespräche und Konflikte mit Egon Erwin Kisch«, »Servus, Kisch!«, S. 14

50 »Dogma von der Unfehlbarkeit der Presse«, Bd. VIII, S. 209

51 »Marktplatz der Sensationen«, Bd. VII, S. 76

52 ebenda, S. 84

ebenda, S. 92

54 Emil Faktor, »Gespräche und Konflikte mit Egon Erwin Kisch«, »Servus, Kisch!«, S. 13

55 »Marktplatz der Sensationen, Bd. VII, S. 177

56 ebenda, S. 183

59 ebenda, S. 156f.

60 ebenda, S. 349

Brief Egon Erwin Kischs an Paul Kisch vom 16. 12. 1907, »Briefe«, S. 22

61 »Marktplatz der Sensationen«, Bd. VII, S. 139

»In der Strafanstalt«, Bd. VIII, S. 19

62 »Gaunerstreiche«, Bd. VIII, S. 64

»Marktplatz der Sensationen«, Bd. VII, S. 141

64 ebenda, S. 146f.

65 ebenda, S. 150

66 Brief Egon Erwin Kischs an Paul Kisch vom 29. 12. 1910, »Briefe«, S. 38

Brief Egon Erwin Kischs an Paul Kisch vom 21. 2. 1908, »Briefe«, S. 24

67 Brief Paul Kischs an Egon Erwin Kisch vom »Aschermittwoch 1908«, »Briefe«, S. 424

Text eines Zeitungsausschnitts vom September 1907, »Briefe«, S. 421f.

68 Brief Egon Erwin Kischs an Paul Kisch vom 9. 10. 1907, »Briefe«, S. 17

Brief Egon Frwin Kischs an Paul Kisch vom 30. 4. 1908, »Briefe«, S. 25

70 ebenda, S. 25

70 ebenda, S. 26

71 Brief Egon Erwin Kischs an Paul Kisch vom 21. 2. 1908, »Briefe«, S. 24

Brief Egon Erwin Kischs an Paul Kisch vom 30. 4. 1908, »Briefe«, S. 25

73 Brief Egon Erwin Kischs an Paul Kisch vom 1. 11. 1910, »Briefe«, S. 35

»Aus Prager Gassen und Nächten«, Bd. II/1, S. 195

74 »Der absolvierte Handelsakademiker und die Presse«, Bd. VIII, S. 84

75 Paul Wiegler, »Gedenkrede«, »Servus, Kisch!«, S. 61f.

76 Brief Egon Erwin Kischs an Paul Kisch vom 6. 11. 1911, »Briefe«, S. 54

Brief Egon Erwin Kischs an Paul Kisch vom 10. 10. 1911, »Briefe«, S. 56

77 Karl Hans Strobl in der »Bohemia« vom 7. 1. 1912

Max Brod, »Streitbares Leben«, S. 117

78 Paul Wiegler, »Gedenkrede«, »Servus, Kisch!«, S. 61

79 Karl Kreibich, »Zu dritt am Anfang – zu dritt am Ende«, »Servus, Kisch!«, S. 101f.

81 »Vorlesung Karl Kraus«, Bd. VIII, S. 67

»Herr Karl Kraus«, Bd. VIII, S. 158

83 Zitiert von Kurt Krolop, »Zur Geschichte und Vorgeschichte der Prager deutschen Literatur des expressionistischen Jahrzehnts«, »Weltfreunde«, S. 63

84 Brief Egon Erwin Kischs an die Mutter vom 3. 8. 1912, »Briefe«, S. 63f.

»Streifzug durch das dunkle London«, Bd. V, S. 191

89 »Prager Pitaval«, Bd. II/2, S. 152f.

90 ebenda, S. 154

Brief Paul Kischs an Egon Erwin Kisch vom 5. 7. 1913

91 Franz Kafka, »Tagebücher 1910–1923«, Darmstadt 1962, S. 401

Otto Pick, »Kritik öffentlicher Angelegenheiten«, November 1913

92 »Deutsches Abendblatt« vom 29. 11. 1913

93 Brief Egon Erwin Kischs an Paul Kisch vom 11. 7. 1913, »Briefe«, S. 80

94 »Literatur in Berlin«, Bd. X, S. 23

95 ebenda, S. 28

Brief Egon Erwin Kischs an Paul Kisch vom 18. 11. 1913, »Briefe«, S. 83

96 »Ein Prager Roman«, Bd. VIII, S. 127

98 »Die Katastrophe«, Bd. VIII, S. 81

»Literatur in Berlin«, Bd. X, S. 23

99 »Der Mädchenhirt«, Bd. I, S. 59

100 ebenda, S. 46f.

101 ebenda, S. 150

102 »Literatur in Berlin«, Bd. X, S. 30

Karl Kreibich, »Zu dritt am Anfang – zu dritt am Ende«, »Servus, Kisch!«, S. 103

103 Hans Natonek in der »Saale-Zeitung« (Halle) vom 18. 6. 1914

Karl Hans Strobl, »Ein Roman vom unterirdischen Prag«, in der »Bohemia« vom 30. 7. 1914

104 »Die Abenteuer in Prag«, Bd. II/1, S. 334 u. 335

Alfred Kerr, »Amerika«, in der »Neuen Rundschau«, 24. Jg., Heft 8, Berlin, August 1914

105 »Bei den Heizern«, Bd. VIII, S. 173 u. 177

106 »Der rasende Reporter«, Bd. V, S. 145f.

ebenda, S. 7 u. 8

107 »Das ›Café Größenwahn‹ von Whitechapel«, Bd. VIII, S. 181

»Literatur in Berlin«, Bd. X, S. 30f.

110 »Schreib das auf, Kisch!«, Bd. I, S. 189

111 ebenda, S. 212

112 ebenda, S. 218f.

»Marktplatz der Sensationen«, Bd. VII, S. 321

113 ebenda, S. 315

Josef Poláček, »Zur Frage der Weglassungen in Egon Erwin Kischs Kriegstagebuch 1914–15«, »brücken«, Praha 1985, S. 18

ebenda, S. 21

114 Brief Egon Erwin Kischs an die Mutter vom 12. 10. 1914, »Briefe«, S. 94

114 Brief Egon Erwin Kischs an die Mutter vom 22. 10. 1914, »Briefe«, S. 95

»Schreib das auf, Kisch!«, Bd. I, S. 321 f.

115 ebenda, S. 323

ebenda, S. 351

»Der Kampf um die letzte Frist«, Bd. VIII, S. 184 f.

»Der Heldentod des Hauptmanns Wieronski«, Bd. VIII, S. 187

116 »Schreib das auf, Kisch!«, Bd. I, S. 374

117 ebenda, S. 401

118 Brief Egon Erwin Kischs an die Mutter vom 4. 3. 1915, »Briefe«, S. 108

»Schreib das auf, Kisch!«, Bd. I, S. 415

121 Brief Egon Erwin Kischs an die Mutter vom 22. 12. 1915, »Briefe«, S. 113

»Marktplatz der Sensationen«, Bd. VII, S. 371

»Der rasende Reporter«, Bd. V, S. 81

124 Brief Egon Erwin Kischs an die Mutter vom 1. 9. 1916, »Briefe«, S. 121

»Dürers ungarische Vaterstadt«, Bd. VIII, S. 187 f.

Brief Egon Erwin Kischs an Paul Kisch vom 9. 11. 1916, »Briefe«, S. 127

127 Alfred Polgar, »Theorie des Café Central«, »Die Mission des Luftballons«, Berlin 1975, S. 107

Brief Egon Erwin Kischs an die Mutter vom 15. 5. 1917, »Briefe«, S. 133

128 »Das Kriegspressequartier«, Bd. VIII, S. 299

Karl Nový, »Eine Handvoll Erinnerungen«, »Servus, Kisch!«, S. 112

Brief Egon Erwin Kischs an die Mutter vom 3. 6. 1917, »Briefe«, S. 135

129 Franz Werfel, »Barbara oder Die Frömmigkeit«, Berlin – Wien – Leipzig 1929, S. 247

»Marktplatz der Sensationen«, Bd. VIII, S. 332

130 Franz Werfel, »Barbara oder Die Frömmigkeit«, S. 309

131 »Kriegspropaganda und ihr Widerspiel, Bd. X, S. 49 f.

132 ebenda, S. 50

133 ebenda, S. 50f.

ebenda, S. 51

ebenda, S. 52

135 Brief Egon Erwin Kischs an die Mutter vom 6. 6. 1918, »Briefe«, S. 181

»Kriegspropaganda und ihr Widerspiel«, Bd. X, S. 53f.

137 »Hetzjagd durch die Zeit«, Bd. V, S. 389

ebenda, S. 397

138 Brief Egon Erwin Kischs an die Mutter vom 16. 7. 1918, »Briefe«, S. 184

139 »Wagnisse in aller Welt«, Bd. V, S. 544

Brief Egon Erwin Kischs an die Mutter vom 25. 10. 1918, »Briefe«, S. 190

140 Brief der Mutter an Egon Erwin Kisch vom 28. 10. 1918, »Briefe«, S. 380

142 Franz Werfel, »Barbara oder Die Frömmigkeit«, S. 612

143 Julius Deutsch, »Aus Österreichs Revolution«, Wien 1921, S. 35

»Die Mobilmachung der Roten Garde«, Bd. VIII, S. 226 u. 227

»Wien und die Rote Garde«, Bd. VIII, S. 225

145 Julius Deutsch, »Aus Österreichs Revolution«, S. 35f.

»Wien und die Rote Garde«, Bd. VIII, S. 225f.

146 Julius Deutsch, »Ein weiter Weg«, Wien 1960, S. 118f.

»Hauptmann Frey – ein Gendarm?«, Bd. VIII, S. 352

147 »Angst, Rote Garde und Presse«, Bd. VIII, S. 231

149 Guido Zamiš, »Egon Erwin Kisch und die Wiener Rote Garde«, »Servus, Kisch!«, S. 222

150 Georg Suter, »Der rasende Reporter«, Bd. X, S. 554

151 Karl Kraus, »Die Sintflut«, »Die Fackel« vom 20. 11. 1918

»Hauptmann Frey – ein Gendarm?«, Bd. VIII, S. 352

Guido Zamiš, »Egon Erwin Kisch und die Wiener Rote Garde«, »Servus, Kisch!«, S. 225

152 »Die Rote Garde und die Parteien« und »Das Staatsamt für Hin- und Heerwesen«, Bd. VIII, S. 234 u. 242

»Kappe ab, zum Schwören!«, Bd. VIII, S. 240

153 »Das Staatsamt für Hin- und Heerwesen«, Bd. VIII, S. 243

154 »Auf in den Kampf, Torero!«, Bd. VIII, S. 244

ebenda, S. 246

155 »Neujahr und neue Jahre«, Bd. VIII, S. 246

ebenda, S. 248

Brief Egon Erwin Kischs an die Mutter vom 3. 1. 1919, »Briefe«, S. 191

157 »Der gesetzlich eingeführte Wahlschwindel«, Bd. VIII, S. 254

»Die soziale Revolution« vom 26. 3. 1919

159 Brief Egon Erwin Kischs an die Mutter vom 29. 5. 1919, »Briefe«, S. 193

Karl F. Kocmata, »Offener Brief an Egon Erwin Kisch«, Bd. VIII, S. 497

»Antwort auf einen offenen Brief«, Bd. VIII, S. 310

»Die soziale Revolution« vom 26. 3. 1919

160 Brief Egon Erwin Kischs an die Mutter vom 1. 8. 1919, »Briefe«, S. 195

161 Brief Egon Erwin Kischs an die Mutter vom 11. 12. 1919, »Briefe«, S. 199

»Rede an sozialistische Setzer«, Bd. VIII, S. 355

163 Brief Egon Erwin Kischs an die Mutter vom 7. 3. 1920, »Briefe«, S. 201

164 Karl F. Kocmata im »Arbeiterkampf« (Wien) vom 15. 9. 1920

Joseph Roth im »Berliner Börsen-Courier« vom 19. 9. 1920

166 Brief Egon Erwin Kischs an Paul Kisch vom 14. 9. 1920, »Briefe«, S. 202

Max Brod, »Prager Tagblatt. Roman einer Redaktion«, Frankfurt am Main 1968, S. 9

168 »Kde Wacht am Rhein ...«, Bd. VIII, S. 375

169 ebenda, S. 378

»Der rasende Reporter«, Bd. V, S. 49f.

171 »Über Longens Tod«, Bd. X, S. 462

172 ebenda, S. 463

»Die Himmelfahrt der Tonka Šibenice«, Bd. VIII, S. 393

174 Karl Kreibich, »Zu dritt am Anfang – zu dritt am Ende«, »Servus, Kisch!«, S. 103

175 »Allerhand aus Preßburg«, Bd. VIII, S. 426

»Wagnisse in aller Welt«, Bd. V, S. 579

176 »Hetzjagd durch die Zeit«, Bd. V, S. 413

Claire Goll, »Ich verzeihe keinem«, Berlin 1980, S. 111

»Hetzjagd durch die Zeit«, Bd. V, S. 428

»Der rasende Reporter«, Bd. V, S. 244 u. 135

177 ebenda, S. 260 u. 60

ebenda, S. 118, 128 u. 121

178 Bruno Frei, »Zweimal Kisch«, in: »Text und Kritik«, München 1980, Heft 67, S. 10f.

Brief Egon Erwin Kischs an Paul Kisch vom 19. 9. 1923, »Briefe«, S. 204

179 »Die Prager an der Ostsee«, Bd. X, S. 328

181 »Am Tage von Rathenaus Ermordung«, Bd. X, S. 317

»Die Karikatur in Deutschland«, Bd. X, S. 360

ebenda, S. 358

182 Alfred Polgar in der »Weltbühne« vom 20. 9. 1923

Stefan Großmann im »Tage-Buch« vom 26. 5. 1923

183 F. C. Weiskopf in »Berlin am Morgen« vom 2. 7. 1930

Brief Egon Erwin Kischs an Paul Kisch vom 28. 7. 1922, »Briefe« S. 203

»Arne Laurin«, Bd. IX, S. 516

184 Karel Nový, »Eine Handvoll Erinnerungen«, »Servus, Kisch!«, S. 113

»Dogma von der Unfehlbarkeit der Presse«, Bd. VIII, S. 213

ebenda, S. 216

»Das ewig Heutige«, Bd. X, S. 247

185 Otto Flake in der »Glocke« vom 10. 9. 1923

»Klassischer Journalismus«, S. 7

»Das ewig Heutige«, Bd. X, S. 250

186 Hermann Bahr, »Journalismus«, in der »Neuen Freien Presse« vom 23. 10. 1923

187 »Klassischer Journalismus«, S. 6

»Prager Pitaval«, Bd. II/2, S. 151f.

188 ebenda, S. 132

Kurt Tucholsky, »Außenseiter der Gesellschaft«, in der »Weltbühne« vom 10. 3. 1925

192 »Das Land der Pfennige«, Bd. X, S. 407

»Journalismus als Buchliteratur«, Bd. VIII, S. 471

»Das ist ein Leben!«, Bd. VIII, S. 450f.

193 ebenda, S. 454

194 »Der rasende Reporter«, Bd. V, S. 68f.

Brief Egon Erwin Kischs an die Mutter vom 5. 6. 1924, »Briefe«, S. 207

ebenda, S. 208

Brief Egon Erwin Kischs an Paul Kisch vom 14. 8. 1924, »Briefe«, S. 208

195 Brief Egon Erwin Kischs an Jarmila Nečasová vom 5. 9. 1924, »Servus, Kisch!«, S. 135f.

Brief Egon Erwin Kischs an die Mutter vom 22. 8. 1924, »Briefe«, S. 209f.

Brief Egon Erwin Kischs an die Mutter vom 7. 9. 1924, »Briefe«, S. 212

Brief Egon Erwin Kischs an Paul Kisch vom 22. 9. 1924, »Briefe«, S. 213

»Hetzjagd durch die Zeit«, Bd. V, S. 343

196 Brief Egon Erwin Kischs an die Mutter vom 17. 11. 1924, »Briefe«, S. 215

Paul Wiegler im »Tage-Buch« vom 20. 12. 1924

198 »Kriegspropaganda und ihr Widerspiel«, Bd. X, S. 55f.

199 »Der rasende Reporter«, Bd. V, S. 101

ebenda, S. 235

200 ebenda, S. 660

ebenda, S. 659

Kurt Tucholsky in der »Weltbühne« vom 17. 2. 1925

205 Brief Egon Erwin Kischs an die Mutter vom 17. 1. 1926, »Briefe«, S. 221

206 »Zaren, Popen, Bolschewiken«, Bd. III, S. 204

Anatoli Lunatscharski in der »Literaturnaja Gaseta« vom 8. 7. 1929

207 »Zaren, Popen, Bolschewiken«, Bd. III, S. 153

»Welche neuen Gestaltungsmöglichkeiten geben Ihnen die neuen Inhalte, das außerliterarische Ziel der proletarischen Literatur?«, Bd. IX, S. 268 f.

208 Brief Egon Erwin Kischs an die Mutter vom 8. 6. 1926, »Briefe«, S. 222

»Soziale Aufgaben der Reportage«, Bd. IX, S. 9

209 »Gibt es eine proletarische Kunst?«, Bd. IX, S. 220

211 »Der Bergmann Erich Friehe«, Bd. IX, S. 33

»Der Gefangene Max Hoelz«, Bd. IX, S. 90

212 »Vom Zuchthaus in den Lustgarten«, Bd. IX, S. 174

»Mein Leben für die Zeitung«, Bd. IX, S. 211 f.

213 »Wagnisse in aller Welt«, Bd. V, S. 605 f.

216 Kurt Kersten in der »Welt am Abend« vom 20. 7. 1927

217 Brief Egon Erwin Kischs an die Mutter vom 16. 12. 1927, »Briefe«, S. 234

219 Henry Ford, »Das große Heute. Das größere Morgen«, Leipzig 1928, S. 18

Otto Heller, »Paradies Amerika«, in »Inprekorr«, 1930, Heft 4, S. 78

Hans A. Joachim, »Romane aus Amerika«, in der »Neuen Rundschau«, 40. Jg., Heft 9, September 1930, S. 398

220 Brief Egon Erwin Kischs an die Mutter vom 12. 7. 1928, »Briefe«, S. 235

221 Brief Egon Erwin Kischs an die Mutter vom 2. 11. 1928, »Briefe«, S. 237

Brief Egon Erwin Kischs an die Mutter vom 30. 11. 1928, »Briefe«, S. 239

Brief Egon Erwin Kischs an die Mutter vom 2. 11. 1928, »Briefe«, S. 237

222 Kurt Tucholsky, »Auf dem Nachttisch«, in der »Weltbühne« vom 25. 3. 1930

222 »Paradies Amerika«, Bd. IV, S. 281

ebenda, S. 257

ebenda, S. 62f.

224 Brief Egon Erwin Kischs an die Mutter vom 30. 11. 1928, »Briefe«, S. 239

»Paradies Amerika«, Bd. IV, S. 67

225 Brief Egon Erwin Kischs an die Mutter vom 22. 1. 1929, »Briefe«, S. 239

»Hollywood ohne Schminke«, Bd. IX, S. 233

227 »Bankett in Hollywood«, Bd. IX, S. 248

»Paradies Amerika«, Bd. IX, S. 163

228 ebenda, S. 229ff.

ebenda, S. 306

ebenda, S. 137f.

230 ebenda, S. 117

ebenda, S. 267

231 Brief Egon Erwin Kischs an die Mutter vom 19. 4. 1929, »Briefe«, S. 241

»Selbstanzeige: ›Paradies Amerika‹«, Bd. IX, S. 248

»Paradies Amerika«, Bd. IV, S. 97

232 ebenda, S. 293

ebenda, S. 303

»Selbstanzeige: ›Paradies Amerika‹«, Bd. IX, S. 247

233 Kurt Tucholsky, »Auf dem Nachttisch«, in der »Weltbühne« vom 25. 3. 1930

234 »Über die Rolle des Schriftstellers in dieser Zeit«, Bd. IX, S. 247

236 Anna Seghers, »Egon Erwin Kisch«, »Servus, Kisch!«, S. 64f.

237 Hilde Eisler, »Kisch in der MASCH«, in der »Weltbühne« vom 30. 10. 1984

238 Max Herrmann-Neiße, »Gottfried Benns Prosa«, in der »Neuen Bücherschau«, 7. Jg., Heft 7, Juli 1929

239 Zitiert von Gerhart Pohl, »Über die Rolle des Schriftstellers in dieser Zeit«, in der »Neuen Bücherschau«, 7. Jg., Heft 9, September 1929

»Über die Rolle des Schriftstellers in dieser Zeit«, Bd. IX, S. 243

239 »Literatur und Emigration«, Bd. IX, S. 347

242 O. Biha, »Die proletarische Literatur in Deutschland«, in »Literatur der Weltrevolution«, 1931, Heft 4, »Zur Tradition der deutschen sozialistischen Literatur«, Bd. 1, S. 266

243 »Asien gründlich verändert«, Bd. III, S. 253

244 ebenda, S. 287

ebenda, S. 382

245 ebenda, S. 354

ebenda, S. 300

ebenda, S. 301

246 ebenda, S. 361

ebenda, S. 386

247 ebenda, S. 295

ebenda, S. 397

250 Ruth Werner, »Sonjas Rapport«, Berlin 1977, S. 32 f.

ebenda, S. 103

251 »China geheim«, Bd. III, S. 604

ebenda, S. 606

252 ebenda, S. 588

253 ebenda, S. 597

ebenda, S. 591

254 »Egon Erwin Kisch erzählt ...«, Bd. X, S. 513

255 »Das Einreiseverbot für Egon Erwin Kisch«, Bd. X, S. 513

256 »Drei Viertel des Vierjahrplans«, Bd. IX, S. 412

Brief Egon Erwin Kischs an die Mutter vom 4. 2. 1933, »Briefe«, S. 244

257 »Die Welt am Abend« vom 22. 2. 1933

Heinrich Mann, »Ein Zeitalter wird besichtigt«, Berlin und Weimar 1973, S. 343

258 Bruno Frei, »Als ich Karl Franz wurde«, in der »Weltbühne« vom 22. 2. 1983

260 »In den Kasematten von Spandau«, Bd. IX, S. 320 f.

261 Brief Egon Erwin Kischs an die Mutter vom 4. 3. 1933, »Briefe«, S. 244 f.

261 »In den Kasematten von Spandau«, Bd. IX, S. 330

ebenda, S. 332

262 ebenda, S. 333f.

Alexander Abusch, »Der Deckname«, Berlin 1981, S. 326

263 »Über die Hintergründe des Reichstagsbrandes«, Bd. IX, S. 384

264 Jan Koplowitz, »Geschichten aus dem Ölpapier«, Halle (Saale) 1972, S. 158

266 Fritz Erpenbeck, »Die historischen Uhren und der spritzige Stil«, »Servus, Kisch!«, S. 116ff.

267 »Exilland Mexiko«, Bd. X, S. 179

270 »Faschismus und Kultur«, Bd. IX, S. 354f.

»Landung in Australien«, Bd. IV, S. 334

Bruno Frei, »Kisch in Paris«, »Servus, Kisch!«, S. 36

272 »Des Hellsehers letztes Wort«, Bd. IX, S. 394

273 Nico Rost, »Zur Ergänzung eines Porträts«, »Servus, Kisch!«, S. 29

Brief Egon Erwin Kischs an die Mutter vom 31. 1. 1934, »Briefe«, S. 256

»Eintritt verboten«, Bd. VI, S. 182

274 ebenda, S. 199

Brief Egon Erwin Kischs an die Mutter vom 31. 3. 1934, »Briefe«, S. 260

275 Bruno Frei, »Von Reportagen und Reportern«, im »Gegen-Angriff«, 2. Jg., Nr. 42, Oktober 1934

Heinz Raabe im »Neuen Tagebuch« vom 29. 9. 1934

276 »Eintritt verboten«, Bd. VI, S. 122

Werner Türk, »Kisch als Erzähler«, in den »Neuen Deutschen Blättern«, 2. Jg., Nr. 5, Juni 1935

278 Brief Egon Erwin Kischs an die Mutter vom 6. 9. 1935, »Briefe«, S. 267

»Landung in Australien«, Bd. IV, S. 315f.

279 ebenda, S. 316

282 ebenda, S. 350

ebenda, S. 355

284 ebenda, S. 370

285 ebenda, S. 385

286 ebenda, S. 386

289 ebenda, S. 423

290 ebenda, S. 425f.

291 Brief Egon Erwin Kischs an die Mutter vom 6. 3. 1935, »Briefe«, S. 271

292 »Landung in Australien«, Bd. IV, S. 434

Katharine Susannah Prichard, »Wie ich ihn kannte«, »Servus, Kisch!«, S. 121

294 Brief Egon Erwin Kischs an die Mutter vom 10. 4. 1935, »Briefe«, S. 274

Brief Egon Erwin Kischs an die Mutter vom 26. 11. 1935, »Briefe«, S. 285

295 Brief Egon Erwin Kischs an die Mutter vom 11. 6. 1936, »Briefe«, S. 292

Brief Egon Erwin Kischs an die Mutter vom 1. 7. 1936, »Briefe«, S. 294

296 »Landung in Australien«, Bd. IV, S. 535

ebenda, S. 449

297 Wolf Frank, »Kisch landet in Australien«, in der »Pariser Tageszeitung« vom 20. 1. 1937

298 Bruno Frei im »Gegen-Angriff« vom 26. 4. 1935

300 »Reportage als Kunstform und Kampfform«, Bd. IX, S. 399f.

303 Brief Egon Erwin Kischs an Liesl Káchová vom 20. 5. 1937

»Beim Bataillon ›Tschapajew‹«, Bd. X, S. 264

304 »Die neue Ära des spanischen Bürgerkrieges«, Bd. IX, S. 436

»Valencia heute«, Bd. VI, S. 301

306 »Zum Zweiten Internationalen Kongreß der Schriftsteller«, Bd. IX, S. 436f.

»Die Häuser und Paläste von Madrid«, Bd. VI, S. 337

»Im ausgeräumten Prado«, Bd. VI, S. 306

Simone Téry, »Du gehörst auch dem französischen Volke …«, »Servus, Kisch!«, S. 141f.

307 Artur Dorf, »Egon Erwin Kisch«, in: »Brigada Internacional ist unser Ehrenname …«, Bd. 2, Berlin 1974, S. 141f.

309 »Die verwundeten Kameraden der Internationalen Brigaden«, Bd. VI, S. 453

»Soldaten am Meeresstrand«, Bd. VI, S. 334

312 »Schwimmend im Tintenstrom«, Bd. X, S. 7

313 ebenda, S. 8

314 Steffie Spira-Ruschin, »Erinnerung an einen Freund«, »Servus, Kisch!«, S. 273

Maxim Lieber, »Brief über Kisch«, »Kisch-Kalender«, S. 204

315 Lenka Reinerová, »Melantrichgasse zwischen Nr. 14 und Nr. 7«, »Servus, Kisch!«, S. 245f.

316 Brief Hermann Kestens an Klaus Mann vom 27. 5. 1939

Lenka Reinerová, »Melantrichgasse zwischen Nr. 14 und Nr. 7«, »Servus, Kisch!«, S. 246

Peter Kast, »Generalkonsul Egonek«, »Servus, Kisch!«, S. 99f.

319 »Tagebuchaufzeichnungen Weihnachten 1939«, Bd. X, S. 151

»Rede vor dem Exiled Writers Committee in den USA«, Bd. X, S. 465

320 »Tagebuchaufzeichnungen Weihnachten 1939«, Bd. X, S. 151f.

ebenda, S. 153

322 »Rede vor dem Exiled Writers Committee in den USA«, Bd. X, S. 466

Claire Goll, »Ich verzeihe keinem«, Berlin 1980, S. 224

324 »Geburtstagswunsch für F. C. Weiskopf«, Bd. X, S. 156

Albert Maltz, »Erinnerung an einen Abend«, »Kisch-Kalender«, S. 177

325 »Die werbende und bindende Kraft des Todes«, Bd. VI, S. 386

»Israelitische Feiertage in New York«, Bd. VI, S. 429f.

326 ebenda, S. 434

Claire Goll, »Ich verzeihe keinem«, S. 224

328 »Bei den Tschechen von New York«, Bd. X, S. 158

330 »Exilland Mexiko«, Bd. X, S. 180

333 »Entdeckungen in Mexiko«, Bd. VII, S. 484

334 Bodo Uhse, »Reise- und Tagebücher«, Bd. I, Berlin und Weimar 1981, S. 486

335 Bodo Uhse, »Allzu persönliche Erinnerungen«, »Servus, Kisch!«, S. 182

337 Brief Hermann Kestens an den Verlag »Das Freie Buch«, im »Freien Deutschland«, 2. Jg., Nr. 3, Februar 1943

338 Hermann Rauschning, »Gespräche mit Hitler«, New York 1940, S. 66

340 »Erinnerungen eines alten Mitarbeiters«, Bd. IX, S. 486f.

341 Alexander Abusch, »Landung und Kampf unter Mexikos Sonne«, in »Sinn und Form«, 32. Jg., 3. Heft, Mai/Juni 1980

»Karl May, Mexiko und die Nazis«, Bd. IX, S. 458

342 Anna Seghers, »Abschied vom Heinrich-Heine-Klub«, »Aufsätze, Ansprachen, Essays 1927–1953«, Berlin und Weimar 1980, S. 207

343 »Zur Gründung des Verlages ›Das Freie Buch‹«, Bd. X, S. 175

346 Ludwig Renn im Gespräch mit Wolfgang Kießling, Wolfgang Kießling, »Exil in Lateinamerika«, Leipzig 1980, S. 198

»Ein Held unserer Zeit«, Bd. IX, S. 465

Gustav Regler, »Das Ohr des Malchus«, Köln 1960, S. 477

»Zur Literaturgeschichte des letzten Vierteljahrhunderts«, Bd. IX, S. 497f.

347 Brief Egon Erwin Kischs an Hermann Kesten vom 14. 10. 1942

»Das Rätsel der jüdischen Indianer«, Bd. VI, S. 421ff.

348 »Entdeckungen in Mexiko«, Bd. VII, S. 406

350 Theodor Balk, »Der Mann mit den goldenen Händen«, »Servus, Kisch!«, S. 80

»Mexikanischer Abend im Heine-Klub«, Bd. IX, S. 509

351 Kurt Bartolomäus Wolter, »Mais, Kakaobohnen, Vulkane und Pulque«, in der »Demokratischen Post« vom 15. 2. 1945

Heinrich Mann, »Kisch, der Entdecker Mexikos«, im »Freien Deutschland«, 4. Jg., Nr. 5, April 1945

352 »Heinrich Mann 1871–1950. Leben und Werk in Dokumenten und Bildern«, Berlin und Weimar 1971, S. 323

354 »Entdeckungen in Mexiko«, Bd. VII, S. 587

»Besuch bei Egon Erwin Kisch«, Bd. X, S. 535

356 Albrecht Viktor Blum, »Schriftsteller spielen Theater«, in der »Demokratischen Post« vom 17. 5. 1945

»Zu Kischs Sechzigstem« im »Freien Deutschland«, 4. Jg., Nr. 7, Juni 1945

357 Lenka Reinerová, »Melantrichgasse zwischen Nr. 14 und Nr. 7«, »Servus, Kisch!«, S. 271

»Entdeckungen in Mexiko«, Bd. VII, S. 567 f.

358 Lenka Reinerová, »Melantrichgasse zwischen Nr. 14 und Nr. 7«, »Servus, Kisch!«, S. 263

»Bruno Frank«, Bd. IX, S. 516

359 Lenka Reinerová, »Melantrichgasse zwischen Nr. 14 und Nr. 7«, »Servus, Kisch!«, S. 265

360 Anna Seghers, »Abschied vom Heinrich-Heine-Klub«, »Aufsätze, Ansprachen, Essays 1927–1953«, Berlin und Weimar 1980, S. 208

362 »Besuch bei Egon Erwin Kisch«, Bd. X, S. 533

364 »Der Erste Mai vom Himmel aus«, Bd. X, S. 471

»Die letzten Schritte des K. H. Frank«, Bd. II/2, S. 350

Brief Egon Erwin Kischs an Paul Wiegler vom 23. 11. 1946

Norbert Frýd, »Egonek«, »Servus, Kisch!«, S. 150

365 »Friedhof, reichend von Industrierevolution zum Imperialismus«, Bd. II/2, S. 358

366 Lenka Reinerová, »Melantrichgasse zwischen Nr. 14 und Nr. 7«, »Servus, Kisch!«, S. 267 f.

368 »Karl Marx in Karlsbad«, Bd. II/2, S. 386 f.

370 Simone Téry, »Du gehörst auch dem französischen Volke ...«, »Servus, Kisch!«, S. 146 f.

Norbert Frýd, »Egonek«, »Servus, Kisch!«, S. 150 f.

372 Theodor Balk, »Der Mann mit den goldenen Händen«, »Servus Kisch!«, S. 73

373 »Gummifabrik«, Bd. X, S. 143 u. 145

374 »Die überwältigte böse Stiefmutter«, Bd. X, S. 137, 139 u. 141

375 »Ein Tag mit Petr Bezruč«, Bd. II/2, S. 371 f.

376 ebenda, S. 368

377 ebenda, S. 378

Brief Egon Erwin Kischs an Ernst Sommer vom 16. 4. 1947

379 Brief Erich Wendts an Gisela Kisch vom 2. 1. 1950

380 Paul Wiegler, »Gedenkrede«, »Servus, Kisch!«, S. 63

382 Anna Seghers, »Egon Erwin Kisch«, »Servus, Kisch!«, S. 64 ff.

Bildnachweis

ADN Zentralbild, Berlin
Akademie der Künste der DDR, Berlin
Museum für tschechische Literatur, Prag
Josef Poláček, Prag
Sammlung des Autors

Inhalt